Sana SASSI

Les Réécritures des romans de Chrétien de Troyes

Du XIIIe au XVe siècle

Collection "Le Scribe Cosmopolite"
Dirigée par Osama Khalil

www.editions-harmattan.fr

ISBN : 978-2-343-15302-5
EAN : 9782343153025

À la mémoire de mes parents,
Aux prunelles de mes yeux, Rina & Léane,
À mon époux, Farouk,
Je dédie ce livre.

INTRODUCTION

La genèse de la littérature française coïncide avec le début du XIIè siècle. La littérature narrative profane de cette époque se trouve alors dominée par la forme vers. Diffusé par les poètes lyriques du sud de la France que sont les troubadours, l'esprit courtois se répand grâce à des génies créateurs dont le plus illustre demeure Chrétien de Troyes, un trouvère qui tente de revivifier la matière de Bretagne. On s'achemine ensuite doucement vers le XIIIè siècle qui voit la naissance du roman en prose et qui tente, par là, de dépasser les règles d'art imposées jadis par le XIIè siècle. Le XIIIè siècle voit naître (ou renaître) des œuvres balançant entre vers et prose. Progressivement et non systématiquement pour autant, la prose prend de l'envergure en dépassant – et non en négligeant – l'essence même, d'une trame narrative qui a vu le jour à l'aube du XIIè siècle.

Comme toute écriture ne peut se faire *ex nihilo*, les romans en prose seront séduits par les romans en vers et subiront leur influence. Celle-ci transparaît à travers le passage du vers à la prose. C'est ce que certains critiques contemporains appellent « *la mise en prose ou prosification*[1] ». Cette appellation, plutôt savante, implique une source connue (les romans en vers) et reprise par les clercs pour réécrire des textes qui ont séduit le public médiéval. Toutefois, aussi fidèle soit-elle, cette reprise a su se démarquer de sa source pour créer et recréer, écrire et réécrire. Bref, une « *voie de l'aventure* » romanesque qui sera à l'origine d'une « ***récréïture*** » : à la fois une création (et donc une source nouvelle) et une ré-écriture supposant un éternel retour à un texte préexistant ; lequel texte devient un réel moule thématique ré-exploité grâce à l'imaginaire de compilateurs qui considèrent la prose comme «*la forme la plus apte pour dire la vérité*[2]», puisque déjà la forme prônée et privilégiée par la Bible elle-même.

---

1 Gérard Genette, *Palimpsestes*, Paris, éditions du Seuil, 1982, p. 303.

2 Emmanuèle Baumgartner, « Remarques sur la prose du Lancelot » in *De l'histoire de Troie au livre du Graal,* Paris, Paradigme, 1994, p. 61.

Chrétien de Troyes a créé un monde arthurien s'appuyant sur un motif, la quête. Allant d'*Érec et Énide* au *Conte du Graal*, ce motif se trouve exploité et fonctionne comme un véritable leitmotiv. Il concerne des héros – qui sont des chevaliers – entrant dans l'action première du ou des romans et partant, dans l'errance, à l'aventure et à la quête d'une «identité». L'histoire s'ouvre et se ferme à la cour du roi Arthur (excepté dans *Cligès*[1]) ; entre temps, des aventures adviennent au chevalier élu, par le biais desquelles et au bout desquelles il parvient à réinstaurer l'ordre, achevant, ainsi, le roman, et ce en clôturant le récit par un retour au point de départ, ici la cour d'Arthur. Tout se passe *hic et nunc* : le lecteur-auditeur vit l'action et devient un témoin lucide de la métamorphose progressive du chevalier élu, de la suprématie de ce héros solitaire et bien sûr du triomphe de l'amour. Toutefois, aussi séduisants soient-ils, les romans de Chrétien de Troyes laissent des fils en suspens, accentuant de la sorte le caractère fictif et mystérieux du récit. Une fois l'histoire finie, le charme s'estompe et le lecteur-auditeur rejoint le monde réel : un monde modelé sans vers ni rimes. Les héros de Chrétien de Troyes sont dépourvus de toute généalogie et les personnages « secondaires » flottent dans l'anonymat. Cela ne laissera pas insensibles les romanciers du XIIIè siècle. Ces fils d'Ariane planant dans le vide agiront sur leur esprit. C'est alors que seront reprises les aventures des chevaliers de Chrétien de Troyes, mais cette fois, exploitées et ré-exploitées dans le but « *d'affiner la logique du texte au nom du principe de la vraisemblance*[2]» : le souci d'« *élucidation* » verra alors le jour. Le caractère flou et sibyllin qui plane autour de la vie des chevaliers de Chrétien de Troyes envahit tous les romans de ce dernier. *Érec et Énide*, *Cligès*, et *Le Chevalier au lion* restent pour autant des romans peu ou prou achevés. Mais les deux autres romans, à savoir *Le Chevalier de la charrette* et *Le Conte du Graal*, sont inachevés. Et l'on explique souvent le caractère inachevé du second par la disparition du romancier, alors que la fin inhabituelle et surprenante qui caractérise *Le Chevalier de la charrette*, elle, a toujours attisé la curiosité du lecteur-auditeur. D'ailleurs, ce roman ne sera-t-il pas repris et complété par Godefroi de Leigni qui avoue,

---

[1] C'est le roman atypique de Chrétien de Troyes. L'action se passe dans un va-et-vient entre l'Orient et l'Occident.

[2] Elisabeth Gaucher, « La Vie du terrible Robert le dyable : un exemple de mise en prose (1496) », in Cahiers de Recherches Médiévales (XIIIè-XVè siècles), *Le Choix de la prose* n°5, Paris, Champion, 1998, p. 154.

ou peut-être prétend, avoir continué le roman de la *Charrette* avec l'accord du romancier-pionnier ? Ce roman inachevé sera donc l'une des sources principales (avec *Le Conte du Graal*), mais pas l'unique, de « *la mise en prose*[1] » des romans versifiés. A la suite de Chrétien de Troyes, plusieurs prosateurs seront, en effet, tentés de redonner au meilleur des chevaliers de la Table Ronde une généalogie. En d'autres termes, on dotera le héros d'un passé qui viendra agrémenter et expliquer la notoriété et l'élection de ce héros au détriment des autres. Mais on lui fournira également un avenir élucidé en bribes dans un cycle appelé par les critiques modernes le *Lancelot-Graal*. Ce cycle volumineux, dépassant de loin celui des romans de Chrétien de Troyes, est un véritable théâtre d'aventures accordées non plus à un seul et unique chevalier, mais à plusieurs. Ceux-ci sont, pour la plupart, liés de près ou de loin au « *mieldres chevaliers dou monde* ». Ce cycle *Lancelot-Quête-Mort Artu* ira de l'enfance et des enfances du personnage éponyme de la prose jusqu'à atteindre le déclin du monde arthurien ; lequel déclin sera marqué par la mort du roi Arthur lui-même et de tous ses chevaliers.

Le XIIIè siècle est considéré comme le siècle déclencheur de ce nouveau mode d'écriture biblique qu'est l'écriture en prose. La « *prosification* » des romans versifiés devient, dès lors, en vogue... Et l'on voit poindre aux côtés du cycle du *Lancelot-Graal* d'autres mises en prose prenant vie à partir du XIIIè siècle et s'élargissant et s'étendant jusqu'au XVè. Le *Lancelot* en prose ; une saga culte ; une histoire qui suscite d'abord et surtout l'intérêt de ses contemporains. Des mises en prose de textes anciens se succèdent, en effet, mettant en scène des héros ayant déjà évolué dans l'espace-temps d'une source souvent écrite en vers. Le *Lancelot* en prose ; un roman qui ne laissera pas insensible ses successeurs : un héros peu ordinaire, un monde arthurien riche en rebondissements, un mode d'écriture nouveau comparé à une source pourtant reconnue par des lecteurs-auditeurs... Tout stimule la reprise pour rappeler, faire découvrir ou tenter de concurrencer une histoire créée au XIIè et développée en saga au XIIIè siècle. En réponse aux 7123 vers du *Chevalier de la charrette* de Chrétien et de Godefroy de Lagny répondent, au courant du XIIIè siècle, deux versions en prose du *Lancelot*[2]: une version courte[1],

---

[1] Gérard Genette, *Palimpsestes*, *op.cit*, p. 303.

2 Voici un aperçu des éditions qui ont pris en charge la publication du roman du *Lancelot* en prose, que ce soit en version complète ou partielle, en bilingue ou

éditée en deux volumes, et une version longue s'étendant sur neuf volumes et éditées toutes les deux par Alexandre Micha. On y retrace la généalogie de la famille de Lancelot ; on y traverse le temps, accompagné pour cela par la progéniture de Lancelot. Une vraie saga s'y installe, s'y développe et continue dans *La Queste del Saint Graal* et *La Mort Artu*. Et c'est alors que naît, au courant du XIVè, une version qui vient presque de nulle part et qui cherche à être reconnue en tant que nouvelle version du roman de Chrétien[2]. Invention d'un auteur du XIVè – qui, peut-être, connaissait la version rimée du roman du maître champenois – cette version de la *Charrette,* jugée peu originale selon certains critiques[3], a le mérite d'offrir une nouvelle lecture du roman du poète, très différente, on le verra, de celle du XIIIè ... La langue évolue et la prose prend de plus en plus de place et de légitimité dans les écrits de la fin du Moyen Age... Et l'on voit se multiplier de nouvelles mises en prose de romans, entre autres ceux de Chrétien qui continuent à galvaniser les successeurs du poète. Les versions se font concurrence. Prenant toujours appui sur les romans en vers du Champenois, le travail sur les mises en prose des romans arthuriens reprend de plus belle. Les romans en vers sont dépoussiérés et repris. Les « prosateurs » profitent de la situation politique sous le règne des ducs de Bourgogne pour ressusciter des romans et les actualiser de manière à les rendre évocateurs et parlants pour

---

uniquement en ancien français : *Conte de la Charrette* : Sommer vol. IV, 155-226, Short Cyclic Version, based on Add. 10293, ff. 180v col. a, line 20-205, col. c, line 45 ; *Lancelot du Lac,* Roman français du XIIIè siècle, texte présenté, traduit et annoté par François MOSES, d'après l'édition d'Elspeth Kennedy. Préface de Michel Zink. Le Livre de Poche, Paris, 1991 (Lettres Gothiques) ; *Lancelot*, roman du XIIIè siècle, éd. bilingue (incomplète), Paris, Lettres gothiques, 5 volumes, 1999, éd.Y.Lepage et M.L. Ollier, « L'enlèvement de Guenièvre » ; *Lancelot*, roman en prose du XIIIè siècle, éd. Critique avec introduction et notes par Alexandre Micha. 9 volumes, Droz, Genève, 1978-1983 ; *Lancelot*, traduction partielle d'A. Micha, Paris, 10/18, 2 vol, 1983-1984 : l'épisode de la « Charrette » correspondant aux pages 13-68 du tome 2.

[1] *Lancelot*, traduction partielle d'A. Micha, Paris, 10/18, 2 vol, 1983-1984, *op.cit.*, pp. 13-68.

[2] David F. Hult, *Le Conte de la Charrette : Version dérimée du Chevalier de la Charrette de Chrétien de Troyes*, In *Romance Philology*, Vol 57, Spring 2004 ; *Le Conte de la Charrette dans le Lancelot en prose : une version divergente de la Vulgate*, édité par Annie Combes, Champion, Paris, 2009. .

[3] David Hult, *Introduction au Conte de la Charrette*, *op.cit*, pp. 127-172.

l'auditoire bourguignon et pour son duc[1]. Peut-être dans le but de célébrer la bravoure de chevaliers de la Table Ronde autres que Lancelot[2], les « prosateurs » se sont empressés de reprendre la vie des héros de Chrétien, en leur donnant un nouveau souffle de vie. Cependant, il n'en fut rien, à en croire certains critiques[3]. La réception des mises en prose de l'*Érec* et du *Cligès* fut quelque peu décevante[4]. En témoigne, d'ailleurs, la pauvreté des manuscrits qui nous en sont parvenus. Les mises en prose du XV[è] siècle des romans de Chrétien ne furent que peu saluées par leur auditoire[5]. Cela dit, l'histoire d'*Érec et Énide* renaît sous une tout autre forme baptisée l'*Érec* en prose[6]. Nous retenons trois mises en prose de ce roman, distinctes aussi bien les unes par rapport aux autres, que chacune par rapport au roman de Chrétien, mais se rapprochant et se liant entre elles par des « *motifs* » littéraires et linguistiques qui reviennent dans chacune de ces versions. Nous retenons une version complète et deux versions partielles de ce roman ; certainement à cause de manuscrits détériorés, car mal conservés[7].

---

[1] Des rapprochements sont à faire entre le modèle de représentation du roi Arthur dans les romans du XV[è] qui devient comme le note Maria Colombo Timelli, « *le modèle et la projection de Philippe le Bon* », introduction au *Cligès* en prose, p. 17-18.

[2] Il ne faut pas oublier qu'une des versions dérimées du *Lancelot* en prose du XIII[è] siècle est une version très étendue (neuf volumes présents dans l'édition d'Alexandre Micha). Reprendre l'histoire de Lancelot ne serait, peut-être, pour les remanieurs, que moins bien faire que cette version.

[3] Nous pensons notamment à Georges Doutrepont et Maria Colombo Timelli.

[4] Ne serait-ce que par leurs volumes respectifs, les versions en prose de ces deux romans sont beaucoup plus courtes que la mise en prose du *Lancelot* du XIII[è] siècle.

[5] Maria Colombo Timelli affirme dans l'introduction à l'*Érec en prose,* qu' « *un lecteur « moyen » du XV[è] siècle n'aurait pas été à même de lire et de comprendre, et, même s'il avait possédé les compétences linguistiques nécessaires, sans doute n'aurait-il pas apprécié le récit sous sa forme et dans son contenu originaux* », L'*Érec* en prose, *op.cit,* p. 21. Elle rajoute concernant le *Cligès* en prose que cette « *réfection tardive du célèbre roman de Chrétien de Troyes nous est parvenue en un seul manuscrit* », Le *Cligès* en prose, *op.cit*, p.7 ; voir aussi p. 17.

[6] Maria Colombo Timelli, *L'Histoire d'Érec en prose,* Roman du XV[è] siècle, édition critique, Textes littéraires français, Droz, Genève, 2000.

[7] Dans son introduction au *Cligès* en prose, Maria Colombo Timelli note que « *la moitié au moins des mises en prose de romans de cette époque sont transmises par un seul manuscrit unique* », *Le Livre de Alixandre empereur de Constentinoble et de Cligès son filz, op, cit,* p. 12.

Ces versions paraissent dans une même édition critique de Maria Colombo Timelli. Celle-ci confronte les trois versions de l'*Érec* en prose : un texte **B**, qu'on appellera **ms. 7235**, « Bruxelles B.R. 7235[1] » qui représente une version complète du roman ; un texte **P**, qu'on appellera **ms. 363**, « *contenu aux ff. 193r°b-222r°b du ms. Paris, B.N. fr. 363*[2] » et un fragment conservé dans le texte **O** qui « correspond au texte de **P**, ff.211r°b-212v°a, et aux chapitres 14 (fin) et 15 de **B »**. Rappelons aussi que les textes **P** et **O** sont des versions incomplètes de l'*Érec* en prose. Il en est de même pour le *Cligès* en prose. Le roman d'aventures d'Alexandre et de son fils Cligès reprend vie au courant du XV[è]. On n'en retient qu'un seul manuscrit « *conservé aujourd'hui à l'Universitäts bibliothek de Leipzig sous la cote Rep.II.108*[3] ». Le dilemme concernant le titre attribué à ce roman est résolu grâce à un « prosateur » qui redonne sa part de légitimité au personnage d'Alexandre dont Chrétien raconte la vie avant de se consacrer à celle de son fils. La prose associe le nom de Cligès à celui de son père dans le titre même du roman et redonne ainsi plus d'ampleur au personnage dont le nom, au Moyen Age, ne peut pas être anodin[4]... Tout l'imaginaire toponymique qui forme le moule de ce roman « *à séquences orientales*[5]» est ré-exploité dans le but de donner plus de crédibilité à une histoire qui, chez Chrétien, demeure assez fictive; un imaginaire toponymique habillé de divers noms réels qui nous parviennent aussi bien de l'Orient que de l'Occident, et qui « *nous confronte [...] sans cesse à la question délicate des liens entre l'histoire et l'Histoire, entre la fiction et les réalités historiques et culturelles du passé représenté ou du présent de la composition de l'œuvre*[6] » et qui viennent en cela concurrencer l'imaginaire toponymique du *Lancelot* en prose... Et l'on verra jusqu'à quelle

---

[1] *L'Histoire d'Erec en prose*, **ms. 7235**, 101-212.

[2] *L'Histoire d'Erec en prose*, *op.cit*, p. 12.

[3] *Le Livre de Alixandre empereur de Constentinoble et de Cligès son filz*, *op.cit*, p. 7.

[4] Nous connaissons tous la notoriété de l'histoire d'*Alexandre le Grand* au Moyen Age ; une notoriété qui permit au personnage de léguer son nom au dodécasyllabe, baptisé dès lors « l'alexandrin », en référence aux versions du *Roman d'Alexandre* écrites en dodécasyllabes. L'on ne s'étonne donc pas de retrouver le nom de ce personnage mythique d'abord chez Chrétien de Troyes, et ensuite dans les mises en prose de ses romans, en l'occurrence dans le *Cligès* en prose.

[5]Catherine Gaullier-Bougassas, *La Tentation de l'Orient dans le roman médiéval, Sur l'imaginaire médiéval de l'Autre*, Paris, Champion, 2003, p. 13.

[6] Catherine Gaullier-Bougassas, *op.cit*, p. 12.

mesure la notion de « *réécriture* » respecte le rituel de certains fonctionnements diégétiques, mais avec souvent une volonté d'apporter à la langue un nouveau souffle guidé par l'envie de vraisemblance et de véridicité. Ce champ d'écriture, certes nouveau, rédéfinit la langue médiévale, et aux soucis linguistiques et extra linguistiques qu'implique le passage du vers à la prose s'ajoutent les contraintes du passage de l'ancien français au moyen français ; un passage qui touche à la langue et à tout ce qu'elle englobe entre autres dans sa syntaxe.

De nouvelles tendances se créent, se distinguant ainsi de l'écriture du XIIIè siècle qui a cette prédilection de la prolifération et de l'extension de la trame principale, voire secondaire de l'histoire, ou plutôt des histoires contées. Ces nouvelles tendances sont dirigées par « *l'âge du Moyen français [qui] est l'âge où la vieille langue se détruit, [et] où la langue moderne se forme*[1] ». Cette langue, on le verra, tend à se détacher de l'ancien français, soit en exploitant des procédés éprouvés des archétypes en vers, soit en inventant de nouvelles formules qui lui sont propres et qui participent de la littérarité des œuvres écrites au XVè. Un « *continuum* narratif » constant déjà préconisé par la prose du XIIIè siècle s'épanouit davantage dans l'écriture du XVè. L'on présente au lecteur – encore auditeur – une prose savamment et méticuleusement structurée dans sa forme linguistique ; une prose tendant, cependant, à l'ampleur, et parfois même à la lourdeur de la phrase, le tout stimulé par l'envie de dire, d'expliquer et d'esthétiser une nouvelle « éthique » d'écriture dictée par l'esprit du XVè au sein d'une société et d'un fief bourguignons. Deux formes d'écriture, le vers et la prose, différentes l'une de l'autre; deux langues tout aussi distinctes : l'ancien et le moyen français; deux, voire trois structures mentales très hétérogènes dues aux diverses époques ; différents « prosateurs »... autant d'aléas qui font de ces « prosifications » un nouvel espace d'expression pour des auteurs qui prennent appui sur ce que dit « *l'histoire* » pour nous inventer un nouveau « *conte* » se rapprochant plus des attentes des auditeurs et prenant appui sur l'actualité et les exigences de l'époque.

---

[1] Christiane Marchello-Nizia, *Histoire de la langue française aux XIVè et XVè siècles*, Série de langue française dirigée par Jean Batany, Bordas, Paris, 1979 ; Dunod, Paris, 1992.

Sans prétendre à l'exhaustivité, notre analyse tentera d'étudier tant les rapports du vers aux proses que les rapports de la prose du XIII[è] **avec** et **aux** proses du XIV[è] et du XV[è] siècles. Pour donner une assise à notre recherche, nous choisissons de centrer notre analyse sur ce qui dans le *Lancelot* en prose correspond à la version de la *Charrette* du XIV[è] en passant par la version originale de Chrétien de Troyes. De même, nous analyserons les différentes lectures des deux romans de Chrétien, repris dans le *Cligès* et l'*Érec* en prose. Nous tenterons de dégager et les ressemblances et les divergences qui touchent aussi bien à la forme qu'au fond des deux romans tout en les comparant à l'écriture du XIII[è], en l'occurrence à celle du *Lancelot* en prose. Et l'on verra comment l'évolution de la langue se fait ressentir entre le style d'écriture de la prose du XIII[è], du XIV[è] et du XV[è] siècles.

On verra d'abord que le passage du vers à la prose et de la prose du XIII[è] à la prose du **XV[è]** touche divers niveaux de la composition. L'aspect narratologique des versions étudiées est le premier à être concerné par le phénomène de réécriture. L'instance énonciative qui prend en charge de conter les aventures des chevaliers varie selon les versions. Le crédit rendu au maître champenois fonctionne comme un leitmotiv, mais pas dans toutes les versions. De nouveaux procédés sont, en effet, empruntés. Ils génèrent des remaniements éprouvés sur les diverses formes de progression de la narration. Celle-ci subit en effet des changements considérables qui mettent en vedette une technique revendiquée par les prosateurs : « *l'entrelacement*[1] ». Et c'est cette technique qui favorise une esthétique de mouvement que l'on choisit de baptiser l'écriture dialogique. Elle rappelle combien « *le poète [peut se souvenir] de l'avenir*[2] »... et engendre, de ce fait, une forme d'impermanence chronologique. Celle-ci prend la forme de divers entrelacements et fonctionne comme un motif alimentant et vivifiant, entre autres, la créativité du compilateur de la « *Charrette* ». Elle structure le récit selon un modèle kaléidoscopique qui, bien

1 A la suite d'Alexandre Micha, Annie Combes rappelle que cette notion a été utilisée en premier par Ferdinand Lot dans son *Étude sur le Lancelot en prose*. Voir Annie Combes, *Les Voies de l'aventure*, chapitre 2 : « L'Entrelacement ou la diffraction du récit », Paris, champion, 2001, p. 403, note 1.

2 Citation de Jean Cocteau in *Journal d'un inconnu*, Éditions Grasset, collection "Les Cahiers rouges", 1953.

que ressemblant à un véritable manège tourbillonnant, ménage à merveille la cohésion du ou plutôt des récits d'aventures des chevaliers. Et l'on verra qu'au fil des mises en prose de Chrétien, certains prosateurs du XV^è^ opéreront presque un retour à la technique d'écriture de Chrétien, abandonnant ainsi la transe créée par l'écriture kaléidoscopique du *Lancelot* en prose.

En un deuxième temps, on démontrera comment la prose tente de dépasser et de combattre le dénuement onomastique qui frappe la quasi totalité des personnages et le cadre spatial mis en place par Chrétien de Troyes. Les « prosateurs » usent d'ailleurs d'une panoplie de stratégies qu'on tentera, chemin faisant, d'analyser pour en dégager et les spécificités et l'originalité. L'onomastique acquiert de plus en plus d'importance dans une prose empreinte de vraisemblance et de véridicité. Au delà de la prolifération des noms propres relatifs aux héros principaux, mais aussi aux personnages qui, chez Chrétien, sont dits passagers, les prosateurs font appel à de nouveaux toponymes réels ; témoins d'une « *histoire* » qui, se voulant factuelle, tente d'échapper à des faits, souvent dits, fictionnels... A l'image de la prose du XIII^è^ siècle, les réécritures du XV^è^ des romans de Chrétien de Troyes tentent d'éclairer, autant que faire se peut, le lecteur-auditeur : les questions-réponses se multiplient dans des styles épars, balisant un souci d'identification, voire d'apprivoisement... Ils tentent de réinventer l'histoire, de la rendre peut-être plus proche de l'esprit des lecteurs-auditeurs du XV^è^ en lui octroyant des éléments incontournables pour sa vraisemblance...

En dernier lieu, le principe de l'écriture lui-même est un théâtre d'aventures accordées à une langue en pleine évolution ; à une grammaire en pleine ébullition ; à des dialectes en concurrence et une tendance à ne rien laisser d'inapprivoisé... A ce niveau de l'étude, nous nous attarderons sur l'analyse stylistique qui offre un outil irremplaçable pour comparer ces différentes versions écrites à diverses époques. Les thèmes que l'on retrouve dans chacune des mises en prose des romans de Chrétien sont des thèmes susceptibles d'être répertoriés : ils fonctionneraient comme des «*motifs*» se réitérant dans chaque roman. Pourtant, les prosateurs les exploitent selon les exigences de la langue de leurs époques et parfois même selon leurs propres fantaisies... La trame de chacun des romans est gérée par l'action même des chevaliers. On verra que ce qui chez Chrétien de Troyes prend de l'envergure peut devenir anodin dans l'une des prosifications de ses romans...et *vice versa*. Il en est de même entre la prose du XIII^è^, celle du XIV^è^ et celle du XV^è^ siècle : ce qui peut être d'importance dans une mise en prose des romans de Chrétien l'est moins dans un roman prosifié à une époque ultérieure...

L'évolution de la langue se fait ressentir par un style d'écriture en perpétuelle tornade... Les structures phrastiques, déjà envahissantes chez Chrétien, s'allongent davantage à partir du XIII^è^ siècle qui garde, néanmoins, une certaine cohésion quant à la construction syntaxique de ses séquences phrastiques ; chose que certaines proses du XV^è^ ignoreront. A force de ne vouloir laisser aucun détail anodin, les auteurs de l'*Erec* et du *Cligès* en prose rendent ardue la tâche de la délimitation des séquences phrastiques. La parataxe et l'hypotaxe se concurrencent dans des phrases interminables ; des phrases qui font tourbillonner le sens recherché par le, ou les auteurs...créant *ipso facto* des entremêlements syntaxiques, et parfois-même sémantiques... De même, un jeu d'écriture transparaît à travers cette volonté qu'a principalement l'auteur de la version du *Lancelot* du XIV^è^ de se dégager du roman de Chrétien, tout en lui restant fidèle et tout en cherchant à obtenir son indépendance par rapport à une version qui, était envahissante, ne serait-ce que par son volume ; celle, évidemment, du *Lancelot* du XIII^è^ siècle.

PARTIE I : Une évolution narratologique au gré des réécritures

Il convient d'abord de définir un concept clé et central autour duquel pivote tout un mécanisme qui permet la mise en prose d'un roman versifié et *vice versa* : celui de **réécriture**. Morphologiquement et étymologiquement parlant, « réécrire » est construit à partir d'un verbe, en l'occurrence «écrire». Provenant du latin «*scribere*», ce verbe implique, dans la tradition littéraire, l'existence d'un agent, voire d'un scribe, détenant le pouvoir du verbe et créant des *personae* en perpétuel déplacement dans un chronotope donné. Ce verbe se trouve préfixé d'un monème chargé d'un sens de réitération. Certes, ce monème monosyllabique suppose une reprise, mais celle-ci implique – du moins en ce qui concerne le passage du vers à la prose, mais aussi d'une prose à une autre – des modifications touchant, en premier lieu, à l'aspect linguistique de l'écriture. Dans le cas des mises en prose des romans de Chrétien de Troyes, les prosateurs/compilateurs usent d'une pluralité de techniques balançant entre un écho fidèle à la source et la création d'histoires inédites. On verra que « *la réécriture* » touche divers niveaux de la composition, à commencer par le régisseur de la narration qui se duplique et se présente sous diverses configurations. Celui-ci passe du statut de narrateur des aventures d'un des chevaliers de la Table Ronde à celui d'un narrateur qui délègue cette mission à des personnages conteurs, ou encore à un conteur qui prend à témoin son auditoire et qui fait de l'histoire contée une référence à une histoire ancienne ; une histoire connue de tout un chacun, mais qu'on s'amuse à répéter devant un auditoire averti... Cette « *écriture nouvelle* » ou « *réécriture* » participe également d'une prospection mise surtout au service de cette technique attribuée par excellence au *Lancelot* en prose, à savoir l'entrelacement. En effet, et outre l'agencement particulier des faits, qui dépasse de loin celui qui est employé par Chrétien de Troyes, cet entrelacement s'épanouit par le biais d'une écriture dialogique se développant dans toutes ses potentialités à travers des jeux d'analepses et de prolepses. L'on traverse le temps dans son passé historique ou biblique jusqu'à frôler un futur encore inconnu dans la chronologie des faits contés. Ce nouveau mode d'écriture sera l'apanage de la prose du XIIIe siècle, mais on le retrouvera aussi dans les proses plus tardives des romans de Chrétien de Troyes. L'histoire proprement dite se duplique au profit d'une multitude d'histoires imbriquées les unes dans les autres et créant une énergie et une forme de circularité qui rappelle celle de la vie. Cette même forme de circularité, nous la trouverons accentuée par une nouvelle structure savante qui touche à l'ossature des romans en question. Il s'agit là d'un phénomène né et exploité principalement dans la prose du XIIIe siècle du *Lancelot*. En effet, les faits y sont en perpétuelle effervescence, et les personnages principaux qui y deviennent nombreux se distinguent par leurs divers parcours. Un va-et-vient fait naitre des péripéties, ou créées, ou revues dans des cadres identiques ou bien inventés. Celles-ci agrémentent le squelette-source que constituent les romans de Chrétien de Troyes, y faisant référence et le dépassant par la multiplicité des actants, des lieux et des motifs littéraires empruntés.

Nous proposons de nous focaliser sur tous ces aspects relevés dans le passage des vers de Chrétien aux mises en prose de ses romans, mais aussi dans le passage d'une mise en prose à une autre. On tentera de dégager les spécificités et les variantes de chacune des versions étudiées, d'en définir les caractéristiques et d'avoir, ainsi, une vision globale sur ce qu'on peut retenir du passage du vers à la prose et d'une prose à une autre, et ce au niveau des critères de distinction narratologiques. L'on étudiera l'expression de l'instance énonciative dans toutes ses configurations, le mouvement du temps, ou plutôt des temps de l'action et ce que cela implique en termes d'énergie dans la structure actantielle des romans retenus dans l'analyse.

CHAPITRE I
L'instance énonciative

Quelle que soit la nature d'un récit, celui-ci implique, ne serait-ce qu'en filigrane, la présence d'une instance énonciative cachée dans les coulisses, mais manipulant en arrière plan et à sa guise les fils directeurs de ses marionnettes. Pour ce qui est des romans de Chrétien de Troyes et des mises en prose de ses romans, cette instance narrative se déploie et se décompose, au profit d'une multiplication de procédés se situant entre les principes de l'écriture versifiée du XIIè siècle, les implications apportées par la vogue de la prose du XIIIè siècle et les conversions stimulées par celle du XIVè et celle du XVè siècles. Le degré d'« *implication du lecteur*[1] » varie et foisonne selon les versions. Les prologues ne sont plus systématiques et la voix de l'écrivain de chaque version étudiée n'est plus une, mais plusieurs. La présence indubitable d'une instance énonciative se déploie au profit d'une multitude de procédés qui permettent de revendiquer la légitimité de Chrétien de Troyes et de faire valoir ce qui lui revient de droit, dans une littérature à transmission dite orale. De même et suivant les versions étudiées, le degré de focalisation de l'instance énonciative[2] évolue et se renouvelle dans un mouvement circulaire qui semblerait, peut-être, autarcique, mais qui obéit vraisemblablement à certaines règles d'écriture liées ou aux exigences ou à la fantaisie des auteurs des différents romans en prose analysés. L'instance énonciative dépasse le statut de simple orateur et aspire à la « carrure » de « *conteur* », voire de « *chroniqueur* ». Elle se multiplie au profit d'un foisonnement d'histoires contées par plusieurs personnages, dont l'auteur, à

---

[1] Maria Colombo Timelli, « L'*Érec* en prose ou quelques traces de l'implication du lecteur dans un roman du XVè siècle », pp.117-132, in *Le Goût du lecteur à la fin du Moyen Age*, Éditions Le Léopard d'Or, Paris, 2006, p. 117.

[2] Gérard Genette, *Discours du récit, Essai de méthode*, Chapitre 4 : « Mode », pp. 163-218, éditions du Seuil, 1972, 1983.

divers niveaux de la narration et en présence d'un auditoire quelquefois averti.

1.1.1. Chrétien de Troyes : la revendication de l'auteur

Que le nom d'un auteur ou d'un pseudo-auteur apparaisse dans les manuscrits des romans du XIIè siècle n'est pas pour surprendre le lecteur-auditeur, tout au contraire. C'est l'une des pistes qui permet de reconstituer le cadre politico-social et intellectuel dans lequel une œuvre a vu le jour. D'ailleurs, et comme le rappelle Emmanuèle Baumgartner à propos des récits romanesques, *« une caractéristique commune à la plupart des textes du XIIè siècle [...] est d'enclore dans les prologues, les épilogues, et parfois dans le corps de la narration, une signature[1].»* *Le Chevalier de la charrette* et le *Lancelot* du XIIIè en offrent deux exemples. Dès le prologue de la *Charrette* en vers, l'auteur-narrateur annonce avant même de commencer l'histoire que

> *« Del Chevalier de la charrete*
> *Comance Crestïens son livre,*
> *Matiere et san li done et livre*
> *La contesse et il s'entremet*
> *De panser, que gueres n'i met*
> *Fors sa painne et s'antancïon[2].»*

Par la même occasion, cette citation nous renseigne sur la source d'inspiration du « *san* » et de la « *matiere* » du roman ; laquelle source n'est autre que Marie de Champagne. Peut-être aussi cette entrée dans le récit n'est-elle autre qu'un moyen par le biais duquel Chrétien de Troyes tenterait de se disculper et d'excuser la fin de son roman (emprisonnement de Lancelot dans la Tour construite par Méléagant). Cette « fin » déplaira, d'ailleurs, à Godefroi de Leigni, qui prendra en charge d'écrire la seconde partie du *Chevalier de la charrette*[3]... Cette mention de l'auteur encadre le

---

[1] Emmanuèle Baumgartner, « Masques de l'écrivain et masques de l'écriture dans les proses du Graal », in *De l'histoire de Troie au livre du Graal*, *op.cit*, p. 133.

[2] Chrétien de Troyes, *Le Chevalier de la charrette*, éd. Bilingue, C. MÉLA, Lettres gothiques, Paris, Librairie générale française, 1992, **v.24-29**, p. 46.

[3] Chrétien de Troyes finit son roman par l'emprisonnement de Lancelot dans la tour ; ce qui pourrait paraitre tout à fait plausible d'un point de vue éthique : Lancelot a commis l'adultère ; il reçoit un châtiment. Cependant, dans les romans de Chrétien de Troyes, l'histoire s'ouvre, mais surtout se ferme à la cour du roi.

récit dans la mesure où elle l'ouvre – nous venons de le voir – et également le referme par un épilogue à travers lequel le narrateur tente, autant que possible, de faire rejaillir le souci de vraisemblance et de vérité qui hante l'esprit médiéval. Il annonce à son lecteur que :

> *«Godefroiz de Leigni, li clers*
> *A parfinee la charrette*
> *[...]*
> *Tant en a fet des lors an ça*
> *Ou Lanceloz fu anmurez,*
> *Tant con li contes est durez*[1]*.»*

Sans cette notation finale, le lecteur-auditeur ne saurait guère ce qui a tant fait couler d'encre, à savoir « l'abandon », par le clerc, d'un roman qui exalterait, selon lui, des valeurs condamnées par la bienséance. Ces valeurs nous renseignent, pourtant, sur la conception que se font les troubadours de l'amour ; une conception selon laquelle le véritable amour ne peut s'épanouir ni se développer que dans une relation libre de toute contrainte, c'est-à-dire dans l'adultère. Quant au prosateur du *Lancelot* du XIIIe, il présente l'origine de ce passage au vu et au su de tous ses lecteurs, et ce au début de l'épisode correspondant à la *Charrette* en vers. En aucun cas, il n'essaiera de dissimuler sa dette envers son prédécesseur. Ainsi nous dit-il que Lancelot *« vint en la place ou Keu li senescaus fu abatus et navrés pour la royne ke il conduisoit, si com* ***li Contes de la Karete*** *le devise*[2] *».* On n'aura donc pas à deviner la source où puise l'auteur de la prose, puisque lui-même se charge de l'annoncer à son lecteur, présentant les faits comme un rappel de ce que le créateur de la *Charrette* a déjà conçu, de cet « *univers autarcique, fabriquant lui-même ses dimensions et ses limites et y disposant son temps, son espace, sa*

Peut-être que Godefroi de Leigni voulait faire perpétrer cette tradition, en raccommodant une fin digne d'un roman arthurien ; une fin où Lancelot reste, certes, puni, mais où il est racheté de ses péchés, en lui permettant d'accéder, à nouveau, à la Cour d'Arthur.

[1] *Charrette* en vers, *op.cit*, v.**7102-7104** et **7108-7110**, p. 466.

[2] *Lancelot en prose*, roman du XIIIe siècle, Tome V «L'enlèvement de Guenièvre», établi par Yvan G. Lepage, trad. Marie-Louise Ollier, Paris, Lettres gothiques, 1999, **§ 1**, p. 66.

population, sa collection d'objets et ses mythes[1] *».*Dans *le Conte de la Charrette* du XIVè, il n'est pas de prologue, ni de mention faite de la source au début de l'épisode. Celui-ci commence par la nouvelle de la soi-disant mort de Lancelot, l'indisposition de ce dernier et les soins qui lui sont prodigués par la Dame du Lac[2]. Et ce n'est qu'une fois Lancelot pris au piège par le nain et ses compagnons partis à la recherche de Gauvain au Pont de l'Épée, que l'auteur de cette version se réfère non pas au « *contes de la Karete* », mais au conte de Lancelot, et ce, dans le syntagme « *si comme le comte de Lancelot nous tesmoingne*[3] ». Fait-il référence ici au *Lancelot* du XIIIè ? Cela reste plausible. Dans tous les cas, compte tenu de ce détail, tout comme des références antérieures à la Dame du Lac et à ses agissements vis-à-vis de Lancelot, et à bien d'autres détails ne paraissant pas chez Chrétien de Troyes, force nous est constater que le « prosateur » connaissait la version du *Lancelot* en prose du XIIIè siècle, puisqu'il y emprunte les faits qu'il conte au début de sa version[4]. Il n'est pas non plus de prologue dans le *Lancelot* en prose du XIIIè. Cette absence ne s'explique pas par le fait que le début du roman ne correspond pas au passage de la *Charrette,* mais parce que même si nous nous référons au début de la saga, c'est « *en la marche de Gaule et de la petite Bretaigne*[5]» que le roman débute... En d'autres termes, on se trouve, ici, confronté à ce qu'Annie Combes a baptisé « *le prologue en blanc*[6] ». Ce qui nous est

---

1 Roland Barthes, « L'écriture du roman », in *Le Degré zéro de l'écriture*, Paris, Points, 1972, p. 27 ; cité par Emmanuèle Baumgartner dans «Retour des personnages et mise en prose de la fiction arthurienne», in *De l'histoire de Troyes au livre du Graal, op.cit*, p. 474.

2 David F. Hult, *op.cit,* pp. 172-174.

3 *Charrette* du XIVè, *op.cit*, p. 244.

4 On part du principe que cette version de la *Charrette* a été écrite au XIVè siècle, et qu'elle ne serait pas antérieure à la version vulgate du XIIIè, comme le suppose David Hult, dans son introduction de la *Charrette* du XIVè. A ce sujet, et dans son introduction à l'édition de la *Charrette* dérimée du XIVè, Annie Combes propose une méticuleuse analyse et prouve que cette version de la *Charrette* est postérieure à celle du *Lancelot* du XIIIè, in introduction au *Conte de la charrette dans le Lancelot en prose : une version divergente de la Vulgate*, Champion, Paris, 2009, pp. 9-333.

5 *Lancelot du Lac I*, éd., Elspeth Kennedy, texte présenté, traduit et annoté par François Mosés, Livre de Poche, Librairie Générale Française, Lettres gothiques, 1991, p. 39.

6 Annie Combes, « Le Prologue en blanc du *Lancelot* en prose », in *Seuils de l'œuvre dans le texte médiéval*, études réunies par Emmanuèle Baumgartner et

présenté n'est rien d'autres que le cadre spatio-temporel, les membres de la famille de Lancelot et leurs fonctions sociales.

Dans les mises en prose plus tardives des romans de Chrétien, en l'occurrence celles du *Cligès* et de l'*Érec* du XVè siècle, des prologues sont présents dans quasi toutes les versions, mais ils répondent à de nouvelles exigences. Comparons les versions en nous référant d'abord aux romans de Chrétien. Dans *Érec et Énide*, le nom du Champenois est évoqué (v.9). On sait d'ores et déjà qu'il en est l'auteur. Dans *Cligès*, on nomme Chrétien de Troyes, non pas par son nom, mais par une relative sans antécédent s'étendant sur plusieurs vers et énumérant une série d'œuvres écrites par celui-ci :

> « *Cil qui fist d'Erec et d'Enide,*
> *Et les comandemenz d'Ovide*
> *Et l'art d'amors en romanz mist,*
> *Et le mors de l'espaule fist,*
> *Dou roi Marc et d'Iseut la Blonde,*
> *Et de la hupe et de l'aronde*
> *Et du roisignol la muance,*
> *.I. novel conte recomence*
> *D'un vallet qui en Grece fu*
> *Dou lignage le roi artu*[1] »

Certes, cette mention permet de citer les œuvres de Chrétien, mais elle représente également un clin d'œil relatif à la popularité de ce dernier : il n'est peut-être plus besoin de le nommer ; ses écrits suffisant à le présenter ou peut-être que c'est non pas lui qui était célèbre, mais plutôt la matière de ses romans… Et c'est d'ailleurs ce qu'on retrouve dans le *Lancelot* en prose du XIIIè siècle : ce n'est pas le nom de Chrétien qui est évoqué, mais juste le titre du roman dont on s'inspire : ce qui est conté rappelle ce que « ***li Contes de la Karete*** *[…] devise* ». Le même phénomène est perçu dans les proses du XVè siècle, où le renvoi relatif à Chrétien n'est pas présent de manière directe. Dans l'*Érec* en prose, il n'est de prologue que dans le **ms. 7235** ; et c'est uniquement dans ce texte que la source est évoquée, et ce par la mention de « *le histoire de Erec le filz le roy Lach en rime*[2] » ; laquelle histoire est reprise par le « *prosateur* » qui

---

Laurence Harf-Lancner, Paris Presses de la Sorbne Nouvelle, 1er semestre 2002, p. 21.

[1] *Cligès* en vers, *op.cit*, **v. 2-10**.

[2] *Érec* en prose, **ms. 7235**, *op.cit*, p. 101.

va la « *transmuer de rime en prose*[1] ». Dans le *Cligès* en prose, il est seulement question de « *transmuer de ryme en prose les fais d'aulcuns nobles anchians*[2] » : à croire qu'au XVe siècle, il n'est plus besoin de présenter la source d'un roman mis en prose ! « *Ce silence [quant au choix d'ignorer le nom de Chrétien de Troyes] ne cesse de nous montrer la distance qui nous sépare d'un monde qui – selon les mots de Doutrepont – ne lit que pour connaitre l'histoire*[3] ». De même, et cette fois-ci, concernant toutes les proses, il n'est pas de signature de l'auteur : les manuscrits ne contiennent « *ni dédicace, ni marque de provenance*[4]. » Maria Colombo Timelli pense, d'ailleurs, que « *la suppression du nom de Chrétien [...] ne peut qu'être voulue par les auteurs du XVe siècle, à moins de supposer que ceux-ci travaillaient à partir de manuscrits des deux poèmes dépourvus des prologues*[5] » ; ce qui reste très peu probable. C'est l'hypothèse de l'ellipse volontaire du nom de Chrétien qui est la plus plausible, surtout dans une société qui connait vraisemblablement bien la matière de Bretagne.

On s'adresse, dès lors, à un public averti, instruit ; un public qui connait bien la source, à savoir la matière de Bretagne. Il n'est presque plus besoin de citer Chrétien de Troyes parce que la matière de ses romans gagne en renommée, grâce à l'apogée de la prose du XIIIe, en l'occurrence celle du *Lancelot*, et plus tard, à la cour bourguignonne, et particulièrement à la période du règne d'un bibliophile affirmé : Philippe le Bon. L'«*univers autarcique*» dont parle E. Baumgartner est exploité de manière à refléter l'une des ambitions des auteurs de la prose ; une ambition qui les différencie nettement de Chrétien de Troyes et qui fait qu'on passe de l'*in medias res* au «*conte*» et à l'«*histoire*».

1.1.2. De l'orateur aux chroniqueurs-copieurs ?!

Réécrire implique indubitablement l'existence d'un texte support et la création d'un nouveau texte uni à sa source aussi bien par des ressemblances que par des divergences. Les mises en prose des romans de Chrétien de Troyes entrent dans le moule caractéristique de cette réécriture. Le passage d'un roman en vers

---

1 *Érec* en prose, **ms. 7235**, *op.cit*, p. 101.

2 *Cligès* en prose, *op.cit*, p. 64.

3 Maria Colombo Timelli, introduction au *Cligès* en prose, *op.cit*, p. 10.

4 *Ibidem*, p. 10.

5 Maria Colombo Timelli, introduction à l'*Érec* en prose, *op.cit*, p. 18.

à sa « *prosification* » implique des exigences narratologiques et culturelles que certains prosateurs auront pour tâche de respecter et de perpétuer dans leurs mises en prose. Cela dit, le passage d'un roman « *prosifié* » au XIII^{è} à un autre roman mis en prose au courant du XIV^{è}, ou encore, au XV^{è} siècle n'implique pas les mêmes exigences et ne reflète par les mêmes répercussions textuelles et linguistiques. Au contraire, le choix de l'écriture reste arbitraire et dépend fortement de la « volonté » du « prosateur » et de ses intentions ; celles-ci pouvant être guidées, non seulement, par les besoins des lecteurs-auditeurs et l'aspect intellectuel et politique de l'époque où la mise en prose parait, mais aussi, par la dualité entre l'originalité et la fidélité à la source. Si le XII^{è} siècle est dominé par le vers qui domine la quasi totalité des créations littéraires, « *il semble [...] que la prose a[it] été perçue comme plus véridique et plus transparente que le vers*[1]. » Le passage du vers à la prose touche, en effet, à un point très important : celui du passage d'une littérature destinée à une diffusion orale à celle dont la lecture est supposée « silencieuse ». De même, en allant d'une époque à une autre, le passage d'une prose à une autre a provoqué certains changements au niveau des choix opérés par les « *prosateurs* », parfois « *copieurs* », qui étaient, certes, soucieux de vraisemblance et de véridicité, mais qui étaient également attentifs aux nécessités et aux exigences de leurs auditoires respectifs... le tout guidé par la plume, l'inspiration et la fantaisie de chacun d'entre eux... Au fil du temps, les romans de Chrétien de Troyes gagnent en popularité. Les auteurs qui ont pris en charge la mise en prose des romans du Champenois inaugurent une tradition qui bat son plein au XIII^{è} siècle et qui se développe et évolue courant XV^{è}. Une volonté nouvelle de donner au roman l'aspect d'un « ***conte*** » voit le jour. Celle-ci se manifeste principalement dans les prologues et les épilogues attribués, de part et d'autre, à certains de nos romans. Par exemple, à l'entrée descriptive surprenante du *Lancelot* en prose s'oppose le discours direct pris en charge par Chrétien de Troyes dans le prologue de son *Chevalier de la charrette*. Celui-ci dira :

«Puis que ma dame de Champaigne
Vialt que romans a feire anpreigne,
Je l'anprendrai molt volentiers
Come cil qui est suens antiers
De quanqu'il puet el monde feire
Sanz rien de losange avant treire.

---

[1] Emmanuèle Baumgartner, «Les Techniques narratives dans les romans en prose», in *De l'histoire de Troie au livre du Graal*, *op.cit,* p. 93.

Mes tex s'an poïst antremetre
Qui i volvist losange metre,
Si deïst, et jel tesmoigne,
Que ce est la dame qui passe
Totes celes qui sont vivanz[1]»

Il faudra d'ailleurs attendre le trentième vers pour que «l'histoire», proprement dite, débute, « *[...] a une Acenssïon* », là où « *li rois Artus cort tenue ot*[2]». Alors que l'auteur du *Lancelot* en prose du XIV[è] siècle débute l'épisode de la *Charrette* par une formule fidèle au *Lancelot* du XIII[è], à savoir « *or dist li comptes que...*[3] », les proses plus tardives, en l'occurrence celles du *Cligès* et de l'*Érec* du XV[è] siècle, suivent plutôt le modèle du *Lancelot* du XIII[è][4] qui semble épouser l'ossature du « *conte*[5] ». Le « *il était une fois* » apparaît en filigrane à travers l'évocation d'un cadre spatio-temporel agrémenté de description à l'imparfait et au passé simple de l'indicatif. Bon gré, mal gré, une distance se crée entre l'histoire, son émetteur et son récepteur. Rappelons les exemples :

***Ch.* du XIII[è]**	***Ch.* du XIV[è]**	***Cligès* en prose**	***Érec*, ms. 363**	***Érec* ms. 7235**
« *En la marche de Gaule et de la petite Bretaigne* ***avoit*** *deux rois encienement, qui* ***estoient*** *frere germain et* ***avoient***	« *Or dist ly comptes que ainsi est Lancelot perdus que nulz n'en scet enseingne a dire qui tant l'ait amé, car*	« *Au tamps que le tresnoble et victorieux roy Artus* ***portoit*** *la couronne du roiaulme de la Grant Bretaigne, reigna en Constantin-*	« *En ceste partie dist le conte que le roy Artus, duquel la renommee* ***s'espandoit*** *par tout le monde,* ***tint*** *ung jour de Penthecouste court au chastel de Caradigan a*	« *Le commenceme nt de nostre present compte est tel que le roy Artus, duquel la glorieuse renommé* ***s'espandoit*** *par tout le*

[1] *Charrette* en vers, *op.cit*, **v. 1-11**.

[2] *Ibidem*, **v. 30-31**.

[3] La *Charrette* du XIV[è], *op.cit*, p. 172.

[4] Notons que dans le **ms. 363** de l'*Érec* en prose, la formule « *dist li contes* » est présente, mais elle s'associe avec la présentation qu'offre l'auteur du cadre et surtout des personnages dont il va s'agir.

[5] Les tentatives de définition du « *conte* » sont multiples. La difficulté que représente cette tâche se résumerait par la définition apportée par *Le Dictionnaire des littératures française et étrangères* (sous la direction de Jacques Demougin, Paris, Larousse, 1985, p. 366) : « *le conte est par excellence la «* ***forme à problème*** *» de la typologie de l'histoire littéraire »*. Nous entendons par « conte » tout récit fictif encadré de part et d'autre par les formules stéréotypées « *il était une fois* » et « *ils se marièrent et eurent beaucoup d'enfants* »

<table>
<tr>
<td>*deux serors germaines a fames. Li uns des deux rois* ***avoit*** *non li roi Bans de Bonoyc, et li autres rois* ***avoit*** *non li rois Bohort de Gaunes*[1]»</td>
<td>*tous et toutes cuident bien que il soit mors*[2] *»*</td>
<td>*ople ung empereur nommé Alixandre, qui* ***fu*** *de grant prudence et plain de bonnes vertus*[3]*».*</td>
<td>*tresgrande et notable compaignie, car de roys, de ducz et de contes y* ***avoit*** *il plus qu'il n'****avoit*** *aprins ; de dames et de damoiselles de moult hault lignage y* ***avoit*** *il asséz*[4]»</td>
<td>*monde,* ***tinst*** *par ung jour de pasques sa court au chasteau de Karadigan,[...] . Car de roys, ducz, princez, contez, seigneurs et chevaliers* ***avoit*** *il lors plus avec lui que jamés il n'****avoit*** *eu pour ung jour*[5]»</td>
</tr>
</table>

Alors que Chrétien de Troyes relance la tradition arthurienne par un début fidèle à son chronotope de prédilection, à savoir la cour d'Arthur, lors d'une fête liturgique, ici l'Ascension, les prosateurs, eux, préfèrent construire un cadre tout autre. Ils choisissent un cadre historique leur permettant de renvoyer aux parents du héros éponyme du roman en prose (le cas du *Lancelot* du XIIIè) ou d'évoquer la renommée du roi Arthur et de sa cour, en installant l'ambiance de l'histoire qu'ils prennent en charge (le cas de *Cligès* et *Érec* en prose). Cet écart dans l'incipit des romans s'explique peut-être par l'opposition qui se crée entre le roman en vers et celui en prose ; une opposition qui confronte la lecture «silencieuse[6]» des romans en prose à l'oralité de ceux en vers. Les auteurs des proses tardives des romans de Chrétien, eux, ne renvoient pas aux aïeux des personnages centraux de leurs romans. Au contraire, ils gardent la même structure de présentation que celle privilégiée par Chrétien de Troyes, à ceci près que la forme de la présentation change. L'action débute, certes, à la cour du roi Arthur. Pourtant, la manière dont ces informations sont exposées se rapproche de l'ossature d'un « conte ». D'ailleurs, ils renforcent

---

[1] *Lancelot du Lac I*, éd., Elspeth Kennedy, texte présenté, traduit et annoté par François Mosés, Livre de Poche, Librairie Générale Française, Lettres gothiques, 1991, p. 39.

[2] La *Charrette* du XIVè, *op.cit*, p. 172.

[3] *Cligès* en prose, *op.cit*, p. 66.

[4] *Érec* en prose, **ms. 363**, *op.cit*, p. 102.

[5] *Érec* en prose, **ms. 7235**, *op.cit*, p. 103.

[6] Mais qui semblerait ne pas vraiment l'être.

cet aspect, le défendant, non seulement par des incipits, mais aussi par des excipits qui leur conviennent mieux et qui répondent à la définition qu'on attribue, généralement, au « *conte* ». En voici les références :

***Cligès* en prose**

*« mais dez dancez et aultres esbatements se taist nostre compte, mais nous verrons a conclusion de ceste histoire, par le contenu de laquelle Cligéz **fu** bien **amé** de son pueple et aussi **fu** Fenice. Ilz **fonderent** pluseurs chapellez durant leur vie, et par leurz bellez ausmonnez ilz **furent** tant **amés** de Dieu qu'ilz **eurent** de beaux enfans, lesquelz venus en aage, Cligès et Fenice **trespasserent** en paix de ceste vie, et leuz enffans, voire l'aisné filz se **fist** couronner. Duquel nous ne ferons nulle mencion, mais atant finirons ceste presente histoire transmuee de rime en prose le XXVIe jour de marz IIII^c^ et LIIII[1]. »*

***Érec*, ms. 7235**

*« Fin de nostre compte, aprés le couronnement a tresgrant chevalerie le roi Erec et Enide la reyne **prinrent** congié du roy Artus et de la reyne, et a tresnoble compaignie de haulz princez et barons ilz **furent convoiéz** jusquez en leur roiaulme, ouquel le roi Erec prist hommage et feaulté de sez noblez ; et vesqui depuis siantement et glorieusement avec sa belle dame la reyne Enide de laquelle il **eust** pluseurs beaux enfans ; et comme ils **fussent venus** en eage iceux, le roi Erec et Enide **trespasserent** en paix de ce ciecle, et furent leurz obsequez fais reveramment a grant pleurz de leurs enfanz, desquelz l'aisné filz fu roy ; mais non plus n'en fait nostre compte de mercion, si perdrons la fin de ceste presente histoire[2]. »*

Les héros **vécurent heureux**, **eurent beaucoup d'enfants** et **moururent**. Le choix des verbes n'est pas anodin. Il résume la vie des personnages. On apprend, à titre indicatif, qu'ils ont eu des enfants. L'épisode n'est pas étayé davantage. De même, les auteurs nous renseignent sur la fin des parcours de vie de leurs protagonistes. L'emploi du passé simple est très significatif, dans la mesure où il élève l'histoire au grade d'un « conte » connu des lecteurs tardifs qui s'amusent à « réécouter », sinon « relire » des histoires qui ont dû les bercer, eux, ainsi que leurs aïeux[3].

---

[1] *Cligès* en prose, *op.cit*, p. 163-164.

[2] *Érec* en prose, **ms. 7235**, *op.cit*, p. 211-212.

[3] On verra plus tard que les digressions participent également de cette volonté de passer de « *in medias res* » au « conte ». C'est plus précisément lorsqu'on évoque la vie de personnages mythologiques ou bibliques, que ce soit de manière longue ou condensée. Ces parenthèses rétrospectives créent certes une pause dans le récit principal, mais elles permettent, en même temps, un voyage à travers le temps, voire les temps des récits et rapprochent ainsi les mises en prose du

Inventer, créer, copier, recopier, s'inspirer, dépasser et innover pour re-conter différemment une même histoire... Que de missions prises en charge par des auteurs qui tentent de dépasser l'invention de Chrétien de Troyes en donnant une toute autre allure à des romans reçus à des époques différentes ; des romans se pliant à de nouvelles exigences. A l'instar de ce que Chrétien propose, lui-même, dans le prologue de son *Cligès*, il n'est plus nécessaire de se référer à un auteur dont la matière de ses romans devient une évidence à partir d'un XIII^è^. L'envergure du style des romans du XIII^è^ viendra presque effacer et faire oublier les romans de Chrétien de Troyes. L'orateur y tend à devenir chroniqueur. Il essaie de dépasser l'immédiat de l'action révélée chez Chrétien pour entrer dans la sphère du « *conte* »[1] : La voix du narrateur retentit. Ayant pour tâche d'instruire et de divertir à la fois, cette voix se déploie au profit d'une multiplication de voix/voies choisies par les auteurs des versions étudiées et qu'on tentera de décrypter pour mieux appréhender le fonctionnement de l'instance énonciative dans chacune des œuvres retenues dans l'analyse.

1.1.3. Les voix/voies de l'écrivain

Dans tout récit, la détermination de l'instance narrative est d'importance. Dans le cas des mises en prose des romans de Chrétien du XIII^è^ au XV^è^ siècles, les auteurs respectifs des versions que nous étudions usent de stratégies tout à fait originales par rapport à l'époque à laquelle ces romans ont vu le jour. Le génie créateur des artistes s'épanouit à travers un jeu plutôt lucide sur la parole donnée ou offerte ; sur une élucidation plutôt calculée et à des fins de vraisemblance. Celle-ci se manifeste (1) par un glissement du pronom personnel « **je** » et de ses allomorphes à l'expression tant fidèle aux proses : « **dist li contes** », (2) par le recours à la fonction d'interpellation du langage qui fait fondre les proses dans le moule des romans qui seraient lus à voix haute, et (3) par l'attribution de la narration à des personnages à la fois acteurs et conteurs de leurs propres aventures.

« *conte* » et de l' « *histoire* ». Voir *Infra*, partie I, chapitre 2 de notre thèse : « Les Récits rétrospectifs ou analepses ».

[1] Voir *Infra* Partie 3 : Les Péripéties du rythme et des structures phrastiques, p. 273 et ss.

1.1.3.1. De «*je*» à « *dist li contes*»

Différentes mais non opposées sont les stratégies utilisées par Chrétien et par chacun des prosateurs de ses romans. Au commencement étaient les romans en vers du Champenois dont un narrateur divulgue le charme. Tentant d'assaisonner ses récits d'un parfum de vraisemblance et de crédibilité, l'auteur grave sa marque personnelle aussi bien par l'emploi du pronom personnel «je» que par ses allomorphes. À ce sujet, E. Baumgartner « *estime [...] que le «cil» qui énonce le prologue est identique au «je» qui intervient dans la narration suivant des modalités diverses et que tous deux se «confondent» avec l'auteur du récit*[1] ». D'ailleurs, maints éléments corroborent cette idée. On constate que l'auteur-énonciateur avance des propos qui témoignent de sa présence lors des faits. Citons à titre d'exemple la question oratoire qu'il pose pour décrire l'accueil fait à Lancelot par les Captifs du château de Logres que sont l'arrière-vassal et sa famille. Marquant une subjectivité incontestable, le jongleur s'exclame :

> «*S'il* (c'est-à-dire Lancelot) *fu bien serviz au soper*
> *De ce ne quier* ***je*** *ja parler*[2]»,

ou encore lorsqu'il dit :

> «*Mes de* ***ma*** *part vos di* ***ge*** *tant*
> *Qu'ele ne set onques quel part*
> *Torner quant de la cort se part*[3]»,

et ce concernant la sœur de Méléagant partie à la recherche de Lancelot. Le narrateur se veut témoin de l'action et tente de persuader son lecteur-auditeur de sa présence au moment des faits. Cette même subjectivité se voit exprimée dans les trois romans analysés de Chrétien, et ce à différents moments de l'histoire. Citons ces exemples :

Ch. **en vers**	***Érec et Énide***	***Cligès***
«Ne ***pourroie*** *pour nule painne*	*«Des chevaliers i avoit tant,*	*« Et quant ill li a descovert*
Dire la joie qu'il demainne	*Quant eles en la sale entrerent,*	*Le voir,* ***si com vos le savez,***
De ce qu'ainsi est eschapez	*Qui encontre eles se leverent,*	***Qui oï dire le m'avez,***
De la ou il fu antrapez[1]*»*	*Que* ***je n'en sai nommer*** *le disme,*	*Lors dist Johan qu'il l'aseüre*

---

[1] E. Baumgartner, «Les Techniques narratives dans les romans en prose», *op.cit*, p. 172.

[2] *Charrette* en vers, *op.cit*, **v. 2071-2072**.

[3] *Ibidem*, **v. 6392-6394**.

Le trezieme ne le quinzisme[2]»	*De bien faire la sepulture* *Au mielz qu'il s'en savra pener*[3]»

Le lecteur-auditeur se voit ainsi pris dans le piège posé par l'énonciateur, et croit *ipso facto* en la vraisemblance du récit, puisque l'auteur appuie ses dires et impose une certaine connivence avec son lecteur-auditeur en le prenant à témoin. L'on retrouve également cette même signature subjective dans le *Lancelot* en prose du XIIIè. En témoigne la note personnelle du compilateur qui, voulant faire croire à la vraisemblance de son récit et donnant en même temps une aura plutôt sacrée à la scène, certifie que *« sans faille si estoient elles* », et ce s'agissant des voix claires et douces appartenant non pas à de « *tieriiennes coses, mais esperitueus*[4] » ; des voix entendues par Gauvain lors du passage subreptice du Graal. Dans les proses plus tardives des romans de Chrétien, cette même subjectivité parait. Présentons côte à côte des passages extraits des romans que nous étudions :

***Ch.* du XIVè**	***Érec* ms. 363**	***Érec* ms. 7235**	***Cligès* en prose**
« *et de ces deux choses* ***vous deisse je*** *tant que* ***je n'y prenisse*** *anuit mais fin, mais* ***je craindroye*** *trop a eslongnier mon compte,* ***si vous diray*** *comment le roy Baudemagus tint son filz a parolle, et de quoy il l'araisonna*[5] »	« *Atant s'en alla chascun a son repos. Erec fut couchiet en ung lit bel et riche,* ***mais je vous di bien qu'****il n'y dormy gueres, ains ne fina toute la nuit de penser a l'amour de la damoiselle*[6] »	« ***Comme vous avéz oÿ*** *se delivra Erec de sez ennemis, et, quant il eust longuement cheminé, voire par la forest et par pluseurz lieux deserz, il se trouva devant ung pont seant sur une grosse riviere qui bat a la muraille d'une grant tour*[7]»	« *des regretz de* ***Fenice ne ferons nous*** *nulle mencion, pour ce qu'il est tampz que nous parlons de Cligès, qui tant chemina par mer et par terre qu'il arriva a Galinguefort, une ville de la Grant Bretaigne*[8]»

---

[1] *Charrette* en vers, *op.cit*, **v. 6709-6712.**

[2] *Érec et Énide*, *op.cit*, **v. 1678-1682**.

[3] *Cligès* en vers, *op.cit*, **v. 5472-5478**.

[4] *Lancelot en prose*, *op.cit*, p. 724.

[5] *Charrette* du XIVè, *op.cit*, p. 217.

[6] *Érec*, **ms. 363**, *op.cit*, p. 120.

[7] *Érec*, **ms. 7235**, *op.cit*, p. 183.

[8] *Cligès* en prose, *op.cit*, p. 127.

On s'adresse au lecteur, on le prend à témoin, on lui explique, on argumente et on conclut quant à des choix d'écriture opérés par chacun des auteurs des proses. Les champs lexicaux de l'audition et de la parole sont nombreux dans toutes les mises en prose des romans de Chrétien ; ce qui confère au lecteur le rôle de témoin, presque, malgré lui ; un témoin « *impliqu[é] dans le temps et l'espace de l'énonciation*[1] » ; un témoin qui demeure dans l'attente des mêmes espoirs et des mêmes souhaits que ceux qu'expriment les auteurs. D'ailleurs, et comme le dit Danielle Bohler :

> « *[I]nscrite dans la texture de l'écrit se profile [...] la figure d'un lecteur pris en compte par des interventions narratives de plus en plus fréquentes : interlocuteur virtuel, ce futur lecteur est suggéré et souvent explicitement désigné par le bagage culturel qu'on lui prête et qu'on lui assigne*[2] ».

Il nous faut également nous pencher sur l'ossature des « *prosifications* » des romans de Chrétien. Un mode d'organisation et de présentation des aventures des chevaliers propre à la prose est cette :

> « *formule récurrente «or dist li contes» et son corollaire «mais atant se test li contes de...et retorne a...» qui scande [...] la narration en prose [...] et en assure le découpage en épisodes. Et cette formule, dans laquelle le conte « parole, devise, se test», etc., paraît, de manière assez bizarre, présenter le conte comme une voix qui viendrait se substituer à celle du narrateur du roman en vers*[3]. »

Signalons au passage que l'épisode de la *Charrette* forme un bloc plutôt indissociable dans la prose du XIII^è^. Nous n'avons, en effet, détecté aucun *« or dist li contes »* tout au long de l'épisode[4] ; mais on note l'unique présence de son corollaire, et ce dans quatre moments de ce même épisode. Cette formule marque le passage d'un épisode à un autre, et ce par le passage d'un protagoniste à un autre ; le point commun à ces corollaires étant que tous convergent vers le personnage éponyme de la prose qu'est Lancelot : qu'il soit sujet ou objet de l'action. Les occurrences sont les suivantes : la

---

[1] Maria Colombo Timelli, « L'Érec en prose ou les traces de l'implication du lecteur dans un roman du XV^è^ siècle », *art.cit*, p. 119.

[2] Danielle Bohler, Introduction au *Goût du lecteur à la fin du Moyen Age*, *op.cit*, p. 5.

[3] Emmanuèle Baumgartner, « Les Techniques narratives dans les romans en prose », *art.cit*, p. 175-176.

[4] A part celui qui ouvre l'épisode de la *Charrette* du XIII^è^, *op.cit*, **§1**, p. 64.

première formule figure à la fin du **§5** (p. 104) du volume étudié. Il y est question de la séparation entre Gauvain et de Lancelot partis, chacun de son côté, à la recherche de la reine. La seconde apparition se situe à la fin du **§13d** (p. 216-218) où l'auteur cesse de parler de Lancelot, enlevé par le nain, et où il reparle des compagnons de celui-ci restés inquiets. La troisième occurrence est détectée à la fin du **§15e** (p. 236). L'auteur passe de l'évocation de la cour d'Arthur à Lancelot. Quant à l'ultime prélèvement, il est relatif au passage du personnage de Méléagant à celui de sa sœur partie à la recherche de Lancelot porté disparu (fin du **§16**, p. 248).

Notons aussi qu'au début même du *Chevalier de la Charrette*, le jongleur avance aux vers **30** et **31** que « [...] *dit [c-à-d Chrétien] qu'a une Acenssïon/Li rois Artus Cort tenue ot...* ». A partir de là, tout le récit de la *Charrette* en vers n'est autre que le discours rapporté de Chrétien de Troyes. Le « *je* » dont il est question dans le prologue est celui du rapporteur de l'histoire et non du Champenois. La source est donc le roman de Chrétien qui est ici repris par écrit par un clerc. Ce dernier transcrit le conte récité à voix haute par un jongleur prenant en charge la lecture du roman de la *Charrette*. Le même constat nous le faisons concernant une phrase étonnante que nous retrouvons dans la version de l'*Érec* en vers, lorsque l'auteur avance que :

> « *Si con l'estoire nos reconte,*
> *Chevaliers estoit prouz et buens ;*
> *Mais de ce fist que fox li cuens,*
> *Que n'ot que l'escu et la lance* »
> v. 3586 et ss.

Abordant la seconde strate de l'instance narrative dans *Le Chevalier de la charrette* de Chrétien (la première étant la prédominance du pronom personnel «je» et de ses allomorphes), on a repéré la présence, quoique rare, d'une expression voisine des formules vedettes de la prose du *Lancelot* du XIII^{è} que sont le « *or dist li contes* » et son corollaire, et ce dans la version versifiée de la *Charrette*. Le narrateur omniscient organise un discours qui suggère, à plus d'un égard, que l'instance qui « *parole, se test, retorne* » est une création dont le germe a vu le jour déjà chez Chrétien de Troyes et dont la prose du *Lancelot* du XIII^{è} constitue une phase importante de croissance. Rappelons deux autres passages suggestifs et qui viennent appuyer cette idée. Dans la prose du *Lancelot* du XIII^{è}, il y a une structure figée et stéréotypée encadrant le récit. Dans le vers, nous retrouvons des interventions de l'auteur-énonciateur qui, détenant le pouvoir créateur, dessine, à sa façon, l'architecture de son récit. Pour donner de l'envergure à son chevalier élu, l'auteur, à l'image du gros plan cinématographique, revient à parler de Lancelot, créant une atmosphère attachante, et ce grâce à un suspense dégagé à travers la formule *« Mes cil don plus dire vos doi*[1] *»* ; formule qui, d'ailleurs, permet le passage fluide de l'évocation d'un groupe de personnages à une focalisation précise et pointilleuse sur le héros de l'aventure. L'exemple ci-dessous est encore plus expressif. L'auteur y avance que :

> *« De ces II choses vos deïsse*
> [C'est-à-dire du Bien et du Mal]
> *Molt, se demore n'i feïsse,*
> *Mes a autre chose m'ator,*
> *Qu'a ma matiere m'an retor*[2] *»*

C'est donc lui qui demeure l'unique démiurge. Il s'occupe, à sa guise, de la gestion de son récit. Et bien qu'il soit évident que ce va-et-vient dans la narration reste plutôt timide et court, il n'en demeure pas moins que Chrétien passe d'un sujet à un autre, mais toujours pour « *retorner* » à sa matière principale… Il le dit clairement dans le vers « *Mes a autre chose m'ator, /Qu'a ma matiere m'an retor* ». Peut-être ces parenthèses sont-elles un moyen utilisé par Chrétien de Troyes pour mieux mettre en valeur l'intrigue fondatrice de chacun de ses romans. En d'autres termes, on peut considérer chacune des bifurcations qu'il s'autorise comme une pause qui alimente le suspense du déroulement de la trame principale du roman. Peut-être pourrait-on également les considérer comme une plage qui suscite et autorise la comparaison des aventures du chevalier éponyme du roman dont il est question avec les péripéties d'un nouveau héros prenant vie dans le texte, des fois, l'espace d'une seule subordonnée ou d'une phrase, et parfois un peu plus… Nous y reviendrons plus tard[3], mais il nous est d'ores et déjà possible de citer l'exemple du récit de Calogrenant dans *Le Chevalier au Lion*. Cet exemple fait partie des longues bifurcations notées dans les romans du Champenois. Calogrenant conte son histoire sur plus de **500** vers. Toujours est-il que l'aventure advenue à ce chevalier sera le stimulus qui déclenchera toute la suite de l'histoire ; puisque Yvain voudra partir venger

---

[1] *Charrette* en vers, *op.cit*, **v. 2335**.

[2] *Ibidem*, **v. 3181-3184**.

[3] Voir *Infra*, Partie I, Chapitre 2, « Les récits rétrospectifs ou analepses ».

Calogrenant, qui n'est autre que son cousin. Le récit de celui-ci pourrait être perçu comme un prétexte pour l'annonce de la vraie trame principale de l'histoire, à savoir les aventures d'Yvain, dit aussi le Chevalier au Lion. L'on peut également faire référence aux trois vers que l'on retrouve dans *Le Chevalier de la charrette* et qui renvoient de manière allusive et expéditive à la Dame du Lac :

> « *Cele dame une fee estoit*
> *Qui anel doné li avoit,*
> *Et si le norri an s'anfance*[1] ».

Chrétien de Troyes ne s'attarde pas sur l'évocation de ce personnage qui, dans la prose, prend de l'envergure. On connaitra toute son aura et toute sa puissance dans le cycle du *Lancelot-Graal*. Outre l'explication qu'elle apporte quant à l'origine d'un objet féérique, en l'occurrence l'anneau de Lancelot, il reste néanmoins indéniable que cette évocation marque une pause dans la narration. Celle-ci est certainement voulue par un Champenois qui maitrise parfaitement la matière de Bretagne et qui s'adresse à un public, alors, averti ; l'explication est donc presque accessoirisée ; d'où sa brièveté.

Le modèle créé par le *Lancelot* du XIIIè [2]est célébré dans les proses plus tardives, mais pas dans toutes. Les formules se multiplient tout en se diversifiant d'une version à une autre et d'une mise en prose d'un roman à celle d'un autre. Le conte « *dist* » « *compte* », « *racompte* », « *devise* », « *retorne* », « *laisse a parler* » et « *finist* » l'histoire comme bon semble à chacun des prosateurs. Dans l'*Odyssée*, Pénélope tissait et détissait pour faire passer le temps et pour leurrer ses prétendants impatients. Dans les mises en prose des romans de Chrétien, les prosateurs tissent en faisant des pauses courtes ou longues, et retissant derrière dans une suite uniforme et continue. L'expression du temps se trouve rationnalisée ; elle se voit inscrite dans une suite « logique » correspondant à la corrélation des faits narrés. Nous avons fait le décompte des occurrences de la formule « *or dist li comptes* », de son corollaire et de toutes les expressions qui entrent dans le même cadre de répartition, et ce dans toutes les mises en prose prises en compte dans notre étude. Chaque roman creuse sa

---

[1] *Charrette* en vers, *op.cit*, **v. 2345-2347**.

[2] Voir *Supra*, « *or dist li comptes* » et ses corollaires, Partie I, Chapitre 1 de notre thèse, « *De « je à « or dist li contes » »*.

propre identité, se lie aux autres réécritures ou s'en différencie de par le choix des termes usités dans le classement et l'agencement des histoires racontées. Le maitre-mot revient au prosateur. C'est lui qui choisit tel terme aux dépens d'un autre, telle expression au détriment d'une autre. Dans tous les cas et malgré la diversité du relevé, la finalité des occurrences dégagées reste la même ; c'est celle d'apporter une infrastructure à des romans sujets de multiples réécritures. Cela crée une énergie interne qui anime chacune des mises en prose en concédant à chacune d'entre elles le droit d'être une écriture nouvelle ; une écriture qui rappelle la source mais s'en détachant par une authenticité qui lui est propre. En voici le relevé :

	***Ch.* du XIII[è]**	***Ch.* du XIV[è]**	***Cligès* en prose**	***Erec*, ms. 363**	***Erec*, ms. 7235**
« ***Le commencement de nostre present compte…*** »					**1**[1]
« *nostre present compte est fondé pour parler de Erec, si dist que…* »				**1**[2]	
« ***dist ly comptes…*** »	**1**[3]	**4**[4]		**6**[5]	**1**[6]
« ***ci endroit dist ly comptes…*** »		**1**[7]			
« *Et tesmongne nostre presente histoire que…* »					**1**[8]
« ***racompte l'istoire doncques que…*** »			**2**[9]		**1**[10]
« ***dist l'istoire que…*** »			**5**[11]	**2**[12]	**6**[13]
« *l'istoire met en escript les*				**1**[1]	

[1] *Érec* en prose, **ms. 7235**, *op.cit*, **§1**, p. 103.

[2] *Érec* en prose, **ms. 363**, *op.cit*, **§6**, p. 160.

[3] *Charrette* du XIII[è], *op.cit*, **§1,** p. 64.

[4] *Charrette* du XIV[è], *op.cit*, les quatre occurrences paraissent aux pages 172, 179, 192, 198.

[5] *Érec* en prose, **ms. 363**, *op.cit*, **§1**, p. 102 ; **§2**, p. 110 ; **§3**, p. 122 ; **§4**, p. 136 ; **§5**, p. 140 ; **§6**, p. 166.

[6] *Érec* en prose, **ms. 7235**, *op.cit*, **§3**, p. 113.

[7] *Charrette* du XIV[è], *op.cit*, p. 174.

[8] *Érec* en prose, **ms. 7235**, *op.cit*, **§3**, p. 111.

[9] *Cligès* en prose, *op.cit*, **§4**, p. 69 ; **§19**, p. 89.

[10] *Érec* en prose, **ms. 7235**, *op.cit*, **§15**, p. 161.

[11] *Cligès* en prose, **§9**, p. 75 ; **§13**, p. 81 ; **§32**, p. 106 ; **§40**, p. 115 ; **§59**, p. 143.

[12] *Érec* en prose, **ms. 363**, *op.cit*, **§5**, p. 158 ; **§6**, p. 160.

[13] *Érec* en prose, **ms. 7235**, *op.cit,* **§11**, p. 147 ; **§13**, p. 157 ; **§22**, p. 157, **§32**, p. 194, **§36**, p. 200 ; **§ 40**, p. 208.

noms»					
« ***mais atant laisse li comptes a parler… et retourne…*** »	**1**[2]	**2**[3]		**1**[4]	
« ***Atant revindrons nous a parler de…*** »					**1**[5]
« ***des lors se taist li contes et parole de…*** »	**1**[6]				
« ***se taist/se taira nostre compte…*** »			**4**[7]	**1**[8]	**2**[9]
« ***cessera nostre compte a parler de…*** »				**1**[10]	
« ***mais compte atant laissera a parler de […] et maintenant vendra au fait de…*** »					**1**[11]
« ***Nostre compte laissera a parler de […] et endementier parlera de…*** »			**1**[12]		
« Mais atant laisserons nous ung petit a parler de […], mais nous passerons brief… »					**1**[13]
«De…pour la faire breifve, nostre compte se taira »					**1**[14]
« De… ne parlera non plus avant nostre present compte »					**1**[15]
« De… ne fera nulle mencion nostre compte, car ce seroit trop longue					**1**[16]

[1] *Érec* en prose, **ms. 363**, *op.cit*, **§5**, p.152.

[2] *Charrette* du XIIIè, *op.cit*, **§13d**, p. 216-218.

[3] *Charrette* du XIVè, *op.cit*, pp. 204 et 261.

[4] *Érec* en prose, **ms. 363**, *op.cit*, **§7**, p. 168.

[5] *Érec* en prose, **ms. 7235**, *op.cit*, **§32**, p. 194.

[6] *Charrette* du XIIIè, *op.cit*, **§5**, p. 104.

[7] *Cligès* en prose, **§12**, p. 81 ; **§18**, p. 89 ; **§39**, p. 115 ; **§45**, p. 122.

[8] *Érec* en prose, **ms. 363**, *op.cit*, **§1**, p. 108.

[9] *Érec* en prose, **ms. 7235**, *op.cit*, **§30**, p.191 ; **§37**, p. 202.

[10] *Érec* en prose, **ms. 363**, *op.cit*, §**4**, p. 138.

[11] *Érec* en prose, **ms. 7235**, *op.cit*, **§9**, p. 139.

[12] *Cligès* en prose, *op.cit*, **§47**, p. 126.

[13] *Érec* en prose, **ms. 7235**, *op.cit*, **§34**, p. 198.

[14] *Érec* en prose, **ms. 7235**, **§14**, p. 157.

[15] *Ibidem*, **§17**, p. 169.

[16] *Ibidem*, **§14**, p.157.

chose a descripre… »					
« mais ne parolle plus ly comptes de… et retorne a… »	**2**[1]	**1**[2]			
«non plus n'en fait nostre compte de mencion »					**1**[3]
«nostre compte ne fera point de mention se pou non de »				**1**[4]	
«n'en parlera plus avant nostre present compte »				**1**[5]	
« ***entre lesquelz nostre compte mest…*** »					**1**[6]
«nostre present conte fait mention »				**1**[7]	
«Nostre compte ne s'arrestera point a parler de… mais trop bien pour entrer en matere vendra a dire que… »					**1**[8]
« ***nous les lairons, et maintenant vendrons a parler de…*** »			**2**[9]		**1**[10]
« Mais non plus n'en fait nostre compte de mencion, si prendrons la fin de ceste presente histoire »					**1**[11]
« ***atant finirons ceste presente histoire transmuee de rime en vers…*** »			**1**[12]		
« ***Fin de nostre compte*** »					**1**[13]

Les occurrences de « or dist li conte » et de ses corollaires dans les mises en prose des romans de Chrétien

---

[1] *Charrette* du XIIIè, *op.cit*, **§15e**, p. 236, **§16**, p. 48.

[2] *Charrette* du XIVè, *op.cit*, p. 252.

[3] *Érec* en prose, **ms. 7235**, *op.cit*, **§42**, p. 212.

[4] *Érec* en prose, **ms. 363**, *op.cit*, **§1**, p.102.

[5] *Ibidem*, **§7**, p.168.

[6] *Érec* en prose, **ms. 7235**, *op.cit*, **§13**, p. 153.

[7] *Érec* en prose, **ms. 363**, *op.cit*, **§5**, p. 152.

[8] **§1**, p. 103.

[9] *Cligès* en prose, *op.cit*, **§8**, p. 74 ; **§58**, p. 143.

[10] *Érec* en prose, **ms. 7235**, *op.cit*, **§14**, p. 155.

[11] *Ibidem*, **§42**, p. 212.

[12] *Cligès* en prose, *op.cit*, **§75**, p. 164.

[13] *Érec* en prose, **ms. 7235**, *op.cit*, **§42**, p. 211.

Le **ms. 7235** de l'*Érec* en prose présente **1** seule mention de « *or dist li contes* », alors que le **ms. 363** en propose **6**. Les deux manuscrits empruntent cette formule au *Lancelot* en prose du XIIIè. Dans l'épisode de la *Charrette* du XIIIè, nous avons noté la présence de cette formule **1** seule fois, alors qu'elle parait **4** fois dans la *Charrette* du XIVè siècle. Dans les proses plus tardives, une formule nouvelle est mise en vedette. Celle-ci est complètement absente de la prose du *Lancelot* du XIIIè et de la *Charrette* dérimée du XIVè. Elle est construite autour du lexème « *histoire* » qui vient remplacer à plus d'un endroit le lexème « *conte* » tant fidèle aux proses antérieures. Dans le **ms. 7235**, on la retrouve **1** fois dans l'expression « *racomptes l'ystoire* » et **6** fois dans « *dist l'hystoire* ». Nous avons noté **11** corollaires à ces expressions. Celles-ci permettent ou le passage de l'évocation d'un personnage à un autre, ou la focalisation sur une action donnée. Toute l'histoire est encadrée par « *le commencement* » et « *la fin de ceste presente histoire* » qui rappelle la structure d'un conte. Dans le **ms. 363** de l'*Érec* en prose, seules **5** mentions d'un corollaire de la formule vedette voient le jour ; la première de ces occurrences paraissant avant même le début du fragment mis en prose : « *En ceste partie dist le conte que...* »[1]. L'histoire est présentée comme faisant partie d'un ensemble de contes regroupés sous une même enceinte, celle peut-être d'un même manuscrit. Peut-être aussi cette version se voulait-elle une prémisse pour une éventuelle mise en prose complète de l'*Érec* (à la manière du *Lancelot* du XIIIè), avec des jeux de va-et-vient entre différents personnages mis en action dans le récit. Dans tous les cas, et pour revenir aux occurrences relevées dans ce manuscrit, leur nombre appuie l'idée de Maria Colombo Timelli qui note « *une absence frappante de l'auteur dans son histoire*[2] » ; une absence qui relèverait de « *la timidité du prosateur*[3] ». La *Charrette* du XIVè, quant à elle, valse entre une fidélité au style d'écriture de Chrétien et une volonté de concurrencer une version qui a su s'imposer au courant du XIIIè. L'auteur recourt à la formule « *or dist li contes* » **5** fois, contre **1** fois dans la *Charrette* du XIIIè. Le corollaire de cette formule parait **3** fois contre **4** dans la *Charrette* du XIIIè. Il reste à noter que l'auteur de la *Charrette* dérimée du XIVè a utilisé ces corollaires surtout au début

---

1 *Érec* en prose, **ms. 363**, p. 102.

2 Maria Colombo Timelli, « L'*Érec* en prose ou les traces de l'implication du lecteur dans un roman du XVè siècle », *art.cit*, p. 119.

3 *Ibidem*, p. 119.

de son roman. Plus l'action avance et plus ces formules se font rares, jusqu'à disparaitre complètement. Cela s'explique par le jeu entre le dérimage – proprement dit et attribué « légitimement » à la *Charrette* du XIVé –, la mise en prose du roman de Chrétien et l'invention qui vient dépasser non seulement la version du Champenois, mais aussi la version proposée par l'auteur du *Lancelot* du XIIIè [1]. Le *Cligès* en prose est façonné différemment. Le recours à ces formules est beaucoup plus fréquent que dans les autres mises en prose ; On note, en effet, **15** occurrences en tout. Les références relatives au « *conte* » et à « *l'istoire* » s'amalgament, mais elles s'accordent dans le fait que l'auteur de cette prose est beaucoup plus impliqué dans sa tâche que celui de l'*Erec* en prose[2]. **8** occurrences relatives à l'« *istoire* » paraissent. Cette dernière « *racompte* » **5** fois et « *dist* » **2** fois. Ensuite c'est au lexème « *compte* » de prendre la relève dans les corollaires de cette expression. Celui-ci « *laisse a parler de...* » **1** fois, et « *se taist* » ou « *se taira* » **4** fois. Ensuite, l'auteur de cette mise en prose boucle sa version par une proposition dans laquelle il réemploie le lexème « *histoire* », en l'occurrence « *atant finirons ceste presente histoire transmuee de rime en vers...* ». Il utilise ces formules pour faire valoir les droits de la source dont il s'inspire, tout en légitimant la mise à jour qu'il propose pour ce roman ; ce qui lui permet, par le même moyen, de distinguer le « *conte* » folklorique dont il s'inspire, de sa propre « *istoire* ».

Ainsi, pouvons-nous remarquer que, dans les proses, ces formules servent à structurer le récit et à consolider son architecture. Elles aident à répertorier l'action des chevaliers et à présenter les histoires dans une boite à tiroirs. Elles regroupent plusieurs actions et maints acteurs, les séparant, par moments, par des diptyques de transition. Les uns s'avèrent influencés par l'écriture en prose du *Lancelot*. D'autres cherchent à la dépasser. C'est le cas de la *Charrette* du XIVè qui valse entre l'écriture en vers de Chrétien et la mise en prose du XIIIè de son roman. Et c'est également le cas du *Cligès* en prose qui fait de la source « *un comptes* » dont il s'inspire pour alimenter sa propre « *histoire* ». Toutefois, et à la différence de la prose qui construit ses épisodes et les sépare les uns des autres par les formules dégagées plus

---

[1] Voir *Infra,* 3è partie de notre thèse.

[2] Nous rejoignons l'analyse proposée par Maria Colombo Timelli dans les deux introductions à ses éditions du *Cligès* et de l'*Érec* en prose du XVè.

haut[1], Chrétien de Troyes, lui, n'utilise, *a priori*, de telles formules que pour revenir à sa matière première, et ce ou à la suite d'une digression un tant soit peu brève, ou après une réflexion personnelle. Dans tous les cas, tout laisse à penser que chaque auteur est le seul et unique maître de la situation et des scènes qu'il propose et soumet à son lecteur. Il est le démiurge proclamé qui tire à sa guise les fils de ses marionnettes. Parfois, et selon les versions, il fait de son lecteur un récepteur actif ; il fait de lui également un témoin de l'action, ou du moins considéré comme tel ; un récepteur qui devient enfin *in presentia* au moment où le message est dit.

1.1.3.2. Le « sachiez ke » trompeur

Au « *désir de véridicité*[2] » qui plane sur la pensée médiévale s'attachent plusieurs indices sollicités par les écrivains dans leurs créations littéraires. Les poètes du XIIè siècle, en l'occurrence Chrétien de Troyes, utilisent des expressions presque figées, et s'adressent à leur auditoire par des formules qui permettent d'attiser l'intérêt de celui-ci. Il faut rappeler que les romans en vers du XIIè siècle étaient des romans destinés à la lecture à voix haute. La preuve en est la présence, non rare, d'expressions propres à la diffusion orale d'un message. Nous pouvons citer, de prime abord, les occurrences de l'expression « *sachiez que* » venant scander de bout en bout le roman de *La Charrette*[3] en vers. Nous choisissons d'éclairer cette idée par les vers que nous jugeons les plus susceptibles de le faire. Ceux-ci sont attribués à Godefroi de Leigni qui, *a priori*, porte beaucoup plus que Chrétien de Troyes le fardeau de la crainte de l'invraisemblance[4]. On verra, en effet, défiler la formule « ***sachiez*** » dans :

> « *Or a grant joie, ce* ***sachiez,***
> *Quant il* [Lancelot] *est de prison sachiez*
> *Et quant il d'iluec se remue*
> *Ou tel piece a esté an mue,*
> *Or est au large et a l'essor !*
> *Et* ***sachiez*** *bien* ***que*** *...*[5] »

---

[1] On étudiera plus tard la complexité de la structure du *Lancelot* en prose ; laquelle complexité se résumerait d'ores et déjà en la notion d'**entrelacement**.

[2] Annie Combes, *Les Voies de l'aventure*, Paris, Champion, 2001, p. 65.

[3] Citons à titre d'exemples les vers **6632** ; **6378** ; **6627-28** et **6632**.

[4] Celui-là est le continuateur de la *Charrette* et non son créateur ; la tâche devient de ce fait et à notre sens beaucoup plus pénible.

[5] *Charrette* en vers, *op.cit*, **v. 6627-6632**.

Et c'est ce qu'on ne retrouvera guère dans les vers attribués au créateur du *Chevalier de la charrette*. Toujours sous caution de vérité, on relèvera sans peine quelques occurrences de cette expression dans la *Charrette* du XIIIè. Citons comme exemple un début de séquence phrastique qui signe le commencement d'une description exhumant, de son oubli, la terre du père de Méléagant. L'auteur s'adresse à son lecteur (auditeur) en ces termes : *« Et* ***sachies ke*** *la tiere Bademagu deviers Bretaigne estoit close de deus grans eves, de cestui et de chelui sour coi li doi pont perelleus seoient...*[1]» Dans ce cas, comme dans d'autres, on pourrait interpréter la présence de cette formule comme un lapsus révélateur de l'oralité d'une prose régie par la fonction phatique du langage. En d'autres termes, l'emploi de cette formule n'est qu'une manière d'interpeller le lecteur-auditeur et d'attirer son attention. Dans le **ms. 363** de l'*Érec* en prose, au début même de l'histoire, on voit l'auteur s'exclamer quant au nombre de nobles gens présents à la cour du roi Arthur. Il apporte davantage d'explications à la description qu'il propose à son lecteur, et ce en ces termes : « *Et* ***sachiéz que*** *c'estoit noble chose a veoir de l'estat des ungs et des aultres*[2]. » Le message est agencé de manière à ce qu'il soit d'office accrédité et reconnu comme vraisemblable par son récepteur. On a, certes, déjà eu l'occasion de rencontrer cette expression dans l'écriture en vers. Cependant, sa redondance dans la prose du XIIIè, et même plus tard, n'est qu'une coquille qui rappelle les résidus du style d'écriture et des expressions devenues presque figées de l'écriture du XIIè siècle, en l'occurrence celle de Chrétien. Il est également des champs lexicaux qui marquent encore plus « *l'oralité* » apparente des romans retenus dans notre analyse. C'est, sans doute, la présence à plus d'un endroit du champ sémantique de l'audition. On trouve quelques occurrences de ce champ dans la *Charrette* en vers. Nous pouvons rappeler les exemples :

«*S'**oïr** et savoir le volez*[3]»

et

«*Bien poez **antendre** et gloser*[4]»

---

[1] *Charrette* du XIIIè, *op cit,* p. 115.

[2] *Érec* en prose, **ms. 363**, *op.cit*, **§1**, p. 102.

[3] *Charrette* en vers, *op.cit*, **v. 4256**.

[4] *Ibidem*, **v.4548**.

Outre la deixis, la présence de l'auteur se manifeste par d'autres procédés dans les versions en prose des romans de Chrétien. Une expression nouvelle, par le moyen de laquelle les auteurs se réfèrent à la source dont ils s'inspirent, est cette expression « *or dist li contes* » qui scande tout le *Lancelot* en prose du XIII^{è} et dont les auteurs ultérieurs s'inspirent. La voix qui annonce est celle d'un auteur omniscient qui conte ce que raconte le « *conte* » ou l'« *hystoire* » et qui est, de ce fait, régi par la focalisation zéro de l'écriture. L'écart dans ces emplois est frappant surtout entre les deux versions de la *Charrette*. A croire que l'auteur de la *Charrette* du XIV^{è} siècle a plus de mal à se détacher de la source, ou plutôt des sources dont il s'inspire, d'où, peut-être, l'importance manifeste qu'il accorde aux références au « contes »... D'autres expressions qui reflètent la présence de l'auteur sont les anticipations, les souhaits et les formes impersonnelles. Ils constituent des pauses dans la narration et introduisent des germes personnels de l'expression subjective de l'énonciateur. Les interventions du narrateur apparaissent plutôt dans la *Charrette* du XIV^{è} sous forme de souhait (**3**[1] mentions) et/ou sous forme d'une impersonnelle ou d'une appréciation. En voici un exemple :

> « *Et Amours le fait estre tout en ung lieu pensant, si comme celle qui tous les cuers justice.* ***Tous ? Non fait. Or ay dit trop mal, car moult y a de telz cuers que Amours n'y doingneroit justicier****.*[2]»

Au moment où Lancelot se voit obligé d'honorer sa promesse de partager la couche de la demoiselle, l'auteur prend la défense de son héros et se met presque à défendre la réticence de son protagoniste : « *car moult y a de telz cuers que Amours n'y doingneroit justicier* ». Dans le *Cligès* en prose, nous avons noté la présence de **10** anticipations qui sous-entendent la présence d'un auteur omniscient[3] et **8** autres occurrences diverses relatives à des expressions de souhait ou d'interpellation à la forme impersonnelle[4]. Dans le **ms. 7235** de l'*Érec* en prose, dans **6** cas,

---

[1] *Charrette* du XIV^{è}, *op.cit*, **p. 189** ; **p. 199** ; **p. 224**.

[2] *Charrette* du XIV^{è}, *op.cit*, **p. 189**.

[3] Voici le relevé, in *Cligès* en prose, *op.cit*, **§6**, p. 72 ; **§6**, p. 72 ; **§19**, p. 90 ; **§20**, p. 90 ; **§30**, p ; 105 ; **§39**, p ; 114-115 ; **§42**, p. 119 ; **§64**, p. 151 ; **§74**, p. 162.

[4] Les occurrences ont été relevées du *Cligès* en prose, *op.cit*, **§6**, p. 72 ; **§7**, p. 73 ; **§11**, p. 79 ; **§11**, p. 80 ; **§19**, p. 89 ; **§21**, p. 92 ; **§24**, p. 97 ; **§50**, p. 129.

l'auteur intervient en recourant à des propositions impersonnelles[1]. **6** autres cas témoignagent de la présence de l'auteur lors des faits[2]. Rappelons quelques exemples :

***Cligès* en prose**

1- **Anticipation** : « ***Ce voyage sera cause d'un treshault bien*** *: car celle qui ne daigna oncques amer chevalier ny escuier tant fust preu ne hardi au jour d'ui par une nouvelle mutacion sera convaincue et soubzmise aux lachs d'Amours.*[3]»

2- **Souhait** : « *Racompte l'istoire que, le premier assault fini et passé, le conte de Guinesores,* ***a qui Dieux veulle donner pugnicion de ses peschiés****, assambla sez hommes...*[5] »

***Erec*, ms. 7235**

A-« **Rappel** : *« Quant Yder se voit arrivé,* ***comme dessus est dit****, il descend...* [4]»

B- **Témoignage** : « ***Dieux scet que la joye est grande par la maison du chevalier*** *de la bonne fortune qu'ilz espoirent debvoir advenir a la povre damoiselle.*[6]»

Les auteurs sont maîtres de leurs romans (exemples 1, **A** et B). Ils commentent par fantaisie, comme à des fins morales (exemple **2**). Ail leurs, et outre le fait qu'une expression telle que « *si comme jou vous ai dit* » suppose une diction orale et une communication plutôt directe entre un émetteur « je » et un « vous », récepteur présent du message[7], nous avons pu relever quelques occurrences du verbe « *ouïr* » dans les proses. Citons celle qui paraît au début du paragraphe **6c** du *Lancelot* du XIII[è] et qui concerne «*la Terre Forainne*[8] ». L'auteur commence ainsi son paragraphe : « *a cel*

---

[1] *Érec* en prose, **ms. 7235**, *op.cit*, **§1**, p. 103 ; **§9**, p. 137, **§15**, p. 161 ; **§25**, p. 182 ; **§28+**, p. 187 ; **§33**, p. 196.

[2] *Ibidem*, **§3**, p. 111 ; **§3**, p. 113 ; **§4**, p. 117 ; **§11**, p. 147 ; **§13**, p. 153 ; **§14**, p. 157.

[3] *Cligès* en prose, *op.cit*, §6, p. 72.

[4] *Érec* en prose, **ms. 7235**, *op.cit*, **§9**, p. 137.

[5] *Cligès* en prose, *op.cit*, §19, p. 89.

[6] *Érec* en prose, **ms. 7235**, *op.cit*, **§4**, p. 117.

[7] Rappelons ce qu'en dit Annie Combes : *«la narration multiplie d'ailleurs les signes de cet investissement en adressant de nombreux appels au narrataire à travers des allocutions directes »*, *Les Voies de l'aventure*, Paris, Champion, 2001, p. 136.

[8] *Charrette* du XIII[è], *op.cit*, p. 114.

castiel ke vous avés oÿ vint li chevaliers de la Karete[1]. » A ce niveau, nous rejoignons l'idée d'Emmanuèle Baumgartner qui avance que :

> *« dans un récit médiéval, historique ou fictionnel, renvois et annonces, à l'intérieur du texte, se font très généralement à l'aide du vocabulaire de l'audition et non de la lecture». La médiéviste ajoute ensuite qu'il «n'y a donc pas lieu [...] de trop s'attarder sur l'étrangeté apparente d'une formulation qui ne fait que refléter sans doute les pratiques de «lecture» médiévale et qui ont subsisté dans les textes alors même que ces pratiques ont évolué*[2]*.»*

Et c'est ce que nous retrouverons dans les proses les plus tardives des romans de Chrétien[3]. Mais dans ce cas-là, c'est la figure du lecteur qui est mise en relief. Il est « *pris en compte par des interventions narratives de plus en plus fréquentes : interlocuteur virtuel, ce futur lecteur est suggéré et souvent explicitement désigné par le bagage culturel qu'on lui prête et qu'on lui assigne*[4].» Rappelons, à ce propos, le schéma actantiel élaboré jadis par Jakobson, dans ses *Essais de linguistique générale*[5]. Celui-ci implique la présence incontestable d'un émetteur et d'un récepteur d'un message donné[6]. Dans le cas d'une communication directe, le schéma de communication se voit alimenté de *deixis* venant agrémenter l'idée de discours direct, mais aussi celle de la présence de ces deux matrices fondatrices que sont le locuteur et son interlocuteur. Dans les mises en prose des romans de Chrétien, multiples sont les exemples. Le plus probant pour notre analyse est, sans doute, la variation dans les pronoms personnels ; une variation qui va d'un « je » énonciateur du message à un « vous » collectif, récepteur de celui-ci. On voit tracée « *la volonté de*

---

[1] *Charrette* du XIIIᵉ, *op.cit*, p. 116.

[2] Emmanuèle Baumgartner, «Les Techniques narratives dans les romans en prose», *op.cit*, p. 101.

[3] « *comme vous avez* ***oÿ*** », *Cligès* en prose, *op.cit*, **§6**, p. 72 ; « *Et de ces deux choses vous* ***deïsse*** *[...] eslongier mon compte [...]* », p. 217, *La Charrette* du XIVᵉ, *op.cit*, p. 217.

[4] Danielle Bohler, *Introduction* in *Le Goût du lecteur à la fin du Moyen Age*, *op.cit*, p. 5.

[5] Roman Jakobson, *Essais de linguistique générale*, Tome 1, chapitre « Linguistique et poétique » Paris, Éditions de Minuit, 1963.

[6] « *Jakobson distingue six paramètres qu'il décrit selon leur rôle »*, **le destinateur**, **le destinataire**, **le message**, **le contexte**, **le code** et **le contact**, Michèle Aquien et Georges Molinié, *op.cit*, p. 543.

l'écrivain de marquer hic et nunc sa présence et son intervention [1] »; une présence qui se greffe visuellement dans les proses, comme semble le prouver la présence du pronom personnel « *vous* », ou bien, le cas échéant, la marque de ce pronom[2]. Tentant de donner à son récit un air de vraisemblance, l'auteur de la *Charrette* du XIIIè prend à témoin son lecteur (auditeur) et crée avec lui un lien de connivence. Décrivant l'état du heaume d'un des chevaliers de Gallidé, vaincu par Boort, l'auteur avance : « *et ses hiaumes iert empériés et maumis et si atornez qe* ***vos*** *i* ***poissiez vos*** *poinz boter en mainz liex* [3]». Dans le **ms. 7235** de l'*Érec* en prose, subsiste une expression proche du « *sachiez que* » et qui n'est autre que « *devez savoir* » ; expression que l'on retrouve au début du roman et qui rejoint l'idée d'Emmanuèle Baumgartner quant à la survivance de ces expressions devenues figées dans les mises en prose tardives des romans de Chrétien. Seul le **ms. 363** de l'*Érec* en prose ne présente pas de connivence avec le lecteur. L'auteur ne cherche aucunement à annoter les agissements de ses personnages. Il ne manifeste presque aucune sympathie ni aucun vœu à l'égard de ce qui leur arrive. Bien que la mention des allomorphes de la première personne et de toute autre marque de déïxis soit plus importante dans ce manuscrit que dans celle du **ms. 7235**[4], l'auteur de cette

---

[1] Emmanuèle Baumgartner, « Les Techniques narratives dans les romans en prose», *op. cit.*, p. 133.

[2] Nous pensons bien évidemment aux désinences verbales, étant donné que les règles syntaxiques relatives à l'expression du sujet flottent encore au Moyen Age.

[3]*La Charrette* du XIIIè*, op.cit,* p. 340.

[4] Dans le **ms. 363**, nous avons noté **32** occurrences de la trace de l'auteur. Celles-ci paraissent à ces endroits dans la mise en prose : **§1**, p. 102 ; **§1**, p. 102 ; **§1**, 102 ; **§1**, p.102 ; **§1**, p. 104 ; **§1**, p. 104 ; **§1**, p. 108 ; **§2**, p. 110 ; **§2**, p. 118 ; **§2**, p. 120 ; **§3**, p. 130 ; **§5**, p. 144 ; **§5**, p. 144 ; **§5**, p. 146 ; **§5**, p. 146 ; **§5**, p. 146 ; **§5**, p. 152 ; **§5**, p. 158 ; **§5**, p. 158 ; **§5**, p. 158 ; **§5**, p. 158 ; **§5**, p. 158 ; **§5**, p. 158 ; **§6**, p. 160 ; **§6**, p. 160 ; **§6**, p. 160 ; **§6**, p. 160 ; **§6**, p. 160 ; **§6**, p. 164 ; **§7**, p. 168 ; **§7**, p. 168. Dans le **ms. 7235**, il n'est que **40** occurrences alors que la version la plus longue, parce que complète, de la mise en prose du roman en vers d'*Érec et Énide* de Chrétien. Nous avons localisé ces occurrences aux : **§1**, p. 103 ; **§1**, p. 103 ; **§1**, p. 103 ; **§2**, p. 109 ; **§3**, p. 113 ; **§4**, p. 117 ; **§9**, p. 137 ; **§11**, p. 147 ; **§13**, p. 153 ; **§14**, p. 155 ; **§14**, p. 157 ; **§14**, p. 157 ; **§14**, p. 157 ;**§14**, p. 157 ;**§14**, p. 159 ; **§15**, p. 161 ; **§15**, p. 161 ; **§15**, p. 161 ; **§15**, p. 161 ; **§15**, p. 161 ; **§17**, p. 170 ; **§18**, 172 ; **§22**, p. 177 ; **§26**, p. 184 ; **§27**, p. 184 ; **§28**, p. 186 ; **§30**, p. 190 ; **§32**, p. 194 ; **§33**, p. 196 ; **§33**, p. 196 ; **§34**, p. 198 ; **§35**, p. 200 ; **§35**, p. 200 ; **§39**, p. 206 ; **§39**, p. 207 ; **§40**, p. 208 ; **§40**, p. 208 ; **§40**, p. 208 ; **§42**, p. 210 ; **§42**, p. 212. Il nous faut remarquer que Maria Colombo Timelli dresse une liste comparative de ces

version reste en retrait. Il est presque un narrateur, uniquement objectif, de faits peut-être déjà connus, et, quoi qu'il en soit, contés de manière neutre, brisant ainsi l'alchimie « auteur/lecteur » relevée dans toutes les autres mises en prose. L'implication du lecteur est donc d'importance dans les versions étudiées (hormis le **ms. 363** de l'*Érec* en prose). Une connivence auteur/récepteur se crée dans tous les cas. Mais les signes oraux que l'on retrouve dans les mises en prose tardives des romans de Chrétien ne demeurent que les traces d'un style d'écriture empreint de clichés hérités de l'écriture du Champenois et d'expressions en vogue à l'époque des ducs de Bourgogne. De l'instance narrative, nous aurons ainsi parcouru une alternance figurée par : **(1)** un émetteur, à la première personne qui prend en charge de conter le roman, qui se veut témoin des faits et qui crée une forme de connivence entre lui et le récepteur de son histoire ; et **(2)** un émetteur au second, voire au troisième degré qui n'est autre que le démiurge de la source à laquelle on renvoie, alias « *li contes* ». De même, l'émetteur peut également être chargé de « *reconter l'histoire* » jadis contée par les chevaliers de la Table Ronde et transformée en livre par les clercs du roi.

1.1.3.3. Les personnages-conteurs

La *« formule « **ce dist li contes** », « **ci endroit dist li contes** », qui apparaît essentiellement en incise, a bien pour fonction d'évoquer l'existence d'une source pré-existant au récit et dont elle garantissait l'authenticité. Dans la fiction mise en place à partir du Lancelot, cette source n'a d'autre origine que le récit rédigé par les grands clercs de la cour d'Arthur*[1]», certifie Emmanuèle Baumgartner. En effet, l'une des fonctions primordiales attribuées aux clercs du roi dans le *Lancelot* en prose du XIII^è est de mettre en écrit les aventures de Lancelot et des chevaliers de la Table Ronde, dès leur retour à la cour. Nous pouvons illustrer cette idée par un passage que l'on ne trouve que dans la *Charrette* du XIIIè et qui se situe juste à la fin de cet épisode, là où il est dit que :

> *«li rois [...] li commande [c'est-à-dire à Lancelot] sor son sairement k'il diche oiant tous les aventures ki ils sont avenues puis ke il se parti de laiens, et il l'en conte pluisours et pluisours l'en çoille, si les oÿ mout*

---

occurrences et signale leur emplacement dans les manuscrits de l'*Érec* en prose, *In L'Histoire d'Érec en prose*, op.cit, pp. 246-269.

[1] *Charrette* du XIIIè, *op.cit*, p. 102.

> *volontiers li rois et la royne et tantost les fist li rois metre en escrit pour çou c'apriés leur mort fussent ramenteues*[1] »

A ce niveau s'installe une variante par rapport à la version versifiée de la *Charrette*. En effet, il n'est pas précisé si les aventures des chevaliers sont mises en écrit ou pas. L'on sait uniquement que celles-ci peuvent être racontées devant la cour du roi. D'ailleurs, c'est ce qui prend de l'envergure surtout dans le récit attribué à Calogrenant au début du *Chevalier au lion,* là où presque **500** vers successifs lui sont attribués[2]. Rappelons, toutefois, que bien que différente dans la prose et dans le vers, cette pratique impose au chevalier-conteur certaines contraintes. Celui-ci *« obéit à des impératifs que l'on retrouvera dans le* ***Lancelot*** *: il doit tout raconter, de façon à fournir un rapport exact de ce qu'il a vécu*[3] *».* Retraçons trois passages parallèles dans le vers et dans les proses de la *Charrette* et qui concernent le récit de Keu, fait à Lancelot. Celui-ci exposera les bienfaits de Baudemagus et, inversement, la turpitude de son fils Méléagant en ces termes :

Ch. **en vers**	***Ch.*** **du XIII^è^**	***Ch.*** **du XIV^è^**
«Ensi pere avoie et parrastre Que quant li rois un boen anplastre Me feisoit sor mes plaies metre Qui molt se volsist antremetre Que j'eüsse tost garison, Et ses filz par sa traïson Le m'an feisoit tost remuer, Por ce qu'il me voloit tuer Et metre un malvés oignemant[4]*»*	*«Et Keu li conte [c-à-d à Lancelot] la grant amour ke li rois lor avoit moustree, k'il ne laissoit ke ses fiex eust bailliee de la royne, « ains gist il meismes chi desus, et la vaute est si fors keO riens ne doute, puis que li huis sont fremé. Mais nule doleurs n'est ke ma dame*	*« je feusse moult grant pieça mort se ne feust le roy Baudemagus, qui de cy s'en va. Et cil m'a monstré par sa pitié tant d'amitié et tant d'onnour, et que il, la ou il sceüst, oncques ne me failli riens nulle qu'il eüst que mestier m'eüst, qu'il ne m'eüst apparaillié tantost.*

---

[1] *Charrette* du XIIIè, *op.cit*, p. 266. Un autre passage allant dans le même sens est celui qui concerne le roi qui *« fist [...) avant les clercs ki metoient en escrit les aventures le alaiens, si misent en escrit les aventures de Lancelot » op.cit*, p. 508.

[2] Voir l'édition de M. Roques, les vers 1-580. Calogrenant raconte sa mésaventure. Dans ce passage, nous retrouvons également du vocabulaire relatif au champ lexical du conte : « *Li un recontoient nouveles* » (v. 12) ; « *Qui [Calogrenant] lors avoit commenchié .i. conte/Non de s'onnor, mais de sa honte* », **v. 59-60**.

[3] Annie Combes, *op.cit*, p. 79.

[4] *Charrette* en vers, *op.cit*, **v. 4035-4043**.

n'eust au venir, car cil vaut a li gesir tres la premiere nuit et elle dist k'en ceste manière n'i giroit ja, ne il ne autres, s'il ne l'esposoit avant, et il dist qu'il l'espouseroit mout volentiers ; et eelle li dist ke quant il l'aroit espousee par devant son père, lors poroit faire de lui comme de sa femme, si le delaia ensijusques chi. Et quant ses peres vint encontre nous, si li cheï ma dame a piés de desus son palefroi a tiere si plourant et si criant ç'a poi k'elle ne s'ochioit. Et il l'en leva mout doucement et dist :

« Dame, n'aiés garde : vous n'arés se bonne prison non.

- Ha ! sire, fait elle, itant vous pri comme a celui ke on tient au plus preudoume del monde ke vous ne me laissiés hounir.

- Dame, dist il, naiés paor, car je vous garandirai contre tous les hommes de ceste cose. »

« Et ses fieus dist ke toute voies le voloit il avoir a Mes contre ung bien que me faisoit le roy me faisoit cent maulz son filz Meleagant, qui a en lui toute la felonnie du monde asemblee et toute la traïson. Et tant vous puis je bien dire que je, puis l'eure que je chevalier congnuz, n'en congnuz je nul aussi desloyal, car il mandoit a lui les mires que son père m'avoit bailliés, et leur commandoit qu'ilz meissent telz choses sus mes playes dont ilz m'occeissent[2]*.»*

[2] *Charrette* du XIVè, *op.cit*,, p. 229.

femme. Et jou ki encore estoie en ma litiere ne me pauch plus tenir, si li dis ke estrange cange avroit chi del plus preudone del monde a .I. garçon. Et por le deul k'il en ot m'a il puis destournees mes plaies a garir et me faisoit metre desus toutes les coses ki ochire me poieent, si cuic k'il m'ait fait envenimer, car trop me deul.[1] »

Dans les trois extraits, c'est le style direct qui domine. Cela dit, des différences sont manifestes. Le fragment de la *Charrette* en vers est le plus court et le plus résumé. Le poète offre la parole à Keu qui oppose l'indulgence et l'altruisme du roi de Gorre à son égard aux malfaisances de Méléagant et son abjection. Tout le discours est focalisé sur cet unique message. La prose du XIVè s'en inspire beaucoup et respecte le contenu du vers, à la différence près que le remanieur met plus l'accent sur la félonie de Méléagant, par un recours à des expressions à sentence dépréciative absolue, en l'occurrence « *Meleagant, qui a en lui toute la felonnie du monde asemblee et toute la traïson* ».

La prose du XIIIè siècle opère différemment. La parole offerte à Keu s'étend sur plusieurs lignes. Le prosateur reprend, certes, ce que la *Charrette* en vers délègue à Keu comme paroles, mais il dépasse la source et engage le sénéchal dans un discours direct rapportant au style direct les dires du roi Baudemagus, de la reine Guenièvre, de Méléagant et de lui-même. L'auteur de cette prose invente un « thème » nouveau, celui du souhait qu'aurait Méléagant de prendre Guenièvre pour épouse. Il développe ce thème, confère à la reine le rôle de la femme qui cherche à se tirer d'affaire en trouvant une ruse pour éviter le carnage et le déshonneur. Il fait intervenir davantage Baudemagus qui représente l'autorité dans le royaume de Gorre ; le tout alimenté

---

[1] *Charrette* du XIIIè, *op.cit*, **§12**, p. 196.

par un discours direct qui implique mieux les personnages dans la trame narrative de l'histoire et attribue plus d'énergie à la mouvance du récit ; tout ceci, en donnant plus de crédibilité et de vraisemblance au rapport émis par le sénéchal.

Certains personnages prennent également la parole dans la prose pour raconter les exploits des chevaliers, mais surtout ceux de leur favori, à savoir Lancelot. Dans le **ms. 7235** de l'*Érec* en prose, l'auteur avance que : « *apréz le congié pris, au roy Artus courant s'en ala [Keu] dire son adventure du chevalier qui l'a a ung courz de lance abatu*[1] ». Tout l'*Érec* est construit autour de cette attribution de la parole à des personnages qui reprennent l'histoire et la rappellent à d'autres protagonistes. Dans le **ms. 363**, Érec raconte au père d'Énide le début de son aventure avec le chevalier orgueilleux et la honte causée à la suivante de la reine[2]. Plus tard, il rappellera le chevalier orgueilleux au combat en expliquant la raison de sa rage[3]. Vainqueur, il lui rappelle encore une fois, mais cette fois-ci dans les 3 versions, la raison de sa colère et de sa rancune[4]. Nous remarquons que c'est le **ms. 363** qui insiste le plus sur cette volonté d'élucider les faits et de donner une explication presque rébarbative des actions d'Érec, et ce, compte tenu des répétitions enchainées d'un même stimulus. A partir de ce moment, on verra défiler une panoplie de personnages allant vers la cour du roi Arthur pour rapporter les prouesses d'Érec. Ydier, le chevalier orgueilleux, ira se faire constituer prisonnier de la reine Guenièvre et racontera à celle-ci les exploits d'Érec[5]. Cadoc de Tabriol, lui, sera sauvé par Érec. Ce dernier lui demandera de se rendre avec son amie à la cour du roi Arthur pour raconter « *la verité de la bataille* » qui a eu lieu et les performances d'Érec[6]. Dans la version versifiée de la *Charrette*, la rumeur joue un rôle de grande envergure, dans la mesure où elle acquiert le même statut qu'un personnage-messager. Partout où l'on va, les nouvelles se transmettent par ouï-dire, et au lecteur-auditeur d'enregistrer les va-et-vient des fausses nouvelles de la mort de Guenièvre, mais

---

[1] *Érec* en prose, **ms. 7235,** *op.cit*, **§29, p. 189.**

[2] *Érec* en prose, **ms. 363,** *op.cit*, **§2**, p.116.

[3] *Ibidem*, **§3**, p.128.

[4] *Érec* en vers, *op.cit*, **v. 989 et ss** ; **ms.363**, *op.cit*, **§3**, p.130 et ss ; **ms. 7235**, *op.cit*, **§8**, p. 129 et ss.

[5] *Érec* en vers, *op.cit*, **v. 1089 et ss** ; **ms.363**, *op.cit*, **§4**, p.136 et ss ; **ms. 7235**, *op.cit*, **§9**, p. 137.

[6] *Érec* en vers, *op.cit*, **v. 4528 et ss** ; **ms. 7235**, *op.cit*, **§32**, p. 194.

surtout de Lancelot[1]. Le roman de Chrétien nous offre même des tirades de longueurs importantes ; celles-ci sont les conséquences et les répercussions directes de l'annonce de nouvelles arrivées au chevet de la reine ou de Lancelot par ouï-dire. Les nouvelles qui circulent sans messager spécifique sont d'importance et prises pour vraies. Il ne semble même pas besoin de les vérifier. En voici les références :

_Ch._ en vers

« ***Novele qui tost vole et cort***
Vient au roi que *ses genz ont pris*
Lancelot et si l'ot ocis.
[...]
Ceste novele par tot va,
Tant que la reïne trova,
Qui au mangier estoit assise.
A po qu'ele ne s'est ocise
Maintenant que de Lancelot
La mançonge et la novele ot,
Mes ele la cuide veraie
Et tant duremant s'an esmaie
Qu'a po la parole n'an pert,
[...]
La reïne an tel duel estut
.II. jorz que ne manja ne but,
Tant qu'an cuida qu'ele fust morte.
Assez est qui noveles porte,
Einçois la leide que la bele.
A Lancelot vient la novele
Que morte est sa dame et s'amie.
Molt l'en pesa, n'en dotez mie,
Bien pueent savoir totes genz
Qu'il fu molt iriez et dolanz.
[...]
Et antre tant noveles vienent
Que la reïne n'est pas morte.
Tantost Lanceloz se conforte,
Et s'il avoit fet de sa mort
Devant grant duel et fier et fort,
Encor fu bien .C.M. tanz
La joie de sa vie granz[2]. »

_Ch._ du XIIIè

« *Quant il fu pris, si le ramenent au roi, et* ***novielles ki tost vont viennent au roi et a toute l'autre gent*** *ke cil estoit ochis ki le Pont de l'Espee avoit passé. Et* ***quant la royne le sot****, si ot teil deul ke pour .I. poi k'elle ne s'ocioit, mais* ***elle atent encore tant ke plus le sace de voir*** *[...], ce dist li contes k'elle fu deus jours sans boire et sans mangier, si est mout sa biautés empirie [...]. Et la nuit, [...]* ***vinent les novieles ke sans faille estoit morte la royne*** *[...]. Et* ***tant est la parole alee ke par tout laiens em plourent*** *[...]. Au matin sont levé [les gardes], si le [Lancelot] gardent miex k'il n'avoient fait. Et quant il*

_Ch._ du XIVè

« ***Mais Nouvelle qui tost court vint au roy, et si lui compte que*** *les siens ont pris Lancelot et si l'ont occis a grant doulour la ou il s'en aloit au Pont soubz l'Yaue. [...]* ***Ceste nouvelle si ala partout, tant que elle trouva la royne*** *qui au mengier estoit assise. Mais a pou qu'elle ne s'occist quant elle entent la nouvelle que on lui a comptee de Lancelot :* ***elle cuide vrayement que ce soit voir****. Si s'en esmayatant durement que plus ne puet, et a pou qu'elle ne pert la parolle [...]. En tel douleur et en telle yre estut la royne .ii. jours et .II. nuiz que oncques ne manga, tant que on cuida qu'elle feust morte.* ***Et assés fu qui porta la nouvelle, et assés est de teulz***

[1] A titre d'exemple, les nouvelles circulent seules dans *La Charrette* en vers aux vers **4066** ; **4140** ; **4248-4249** ; **4400-4401** ; **4428-4431** ; **5415-5419** et **5423-5424**.

[2] *Charrette* en vers, *op.cit*, **v. 4140-4406**.

sont venu a .XV. lieues engleskes priés de Gorhon, ***s'i viennent nouvielles Ke Lanselos est sains et haitiés*** *[...] li rois ot ke Lanselos est priés [...].* ***Lanselos entent k'elle [la reine] n'est mie morte*** *[...]. Atant sont venu a la chité,* ***si set ja bien la royne comment Lanselos se vaut pour li ochire.***[1]»

qui plus voulentiers portent la mauvaise nouvelle que la bonne. Si en vint la nouvelle a Lancelot que morte estoiy sa dame et s'amie*, et s'i l'en pesa, oncques n'en doubtés. Et bien peuent savoir toute la gent qui ça arriere l'ont oÿ ou conte, que il fu moult durement dolent pour lui, car riens ne pourroit autretant amer comme il m'amoit. [...]****Et lors entretant vint la nouvelle que sa dame la royne n'estoit mie morte : si en sont tous liéz et le comptent a Lancelot. Et quant Lancelot entent la verité,*** *si en a moult grant joye et se confforte moult durement.*[2]»

Outre les divergences et les convergences stylistiques et onomastiques qu'offrent ces trois extraits[3], nous pouvons remarquer que les trois versions de la *Charrette* octroient le même degré d'importance aux nouvelles qui parviennent presque de nulle part. En témoigne la longueur des extraits cités. Cela dit, la version du XIII[è] accorde le bénéfice du doute à l'exactitude de ces nouvelles par l'ajout de la proposition « *elle [c-à-d la reine] atent encore tant ke plus le sace de voir* », ce que les deux autres versions ne mentionnent pas, puisque la version en vers dit que la reine « *la [c-à-d la nouvelle] cuide veraie* » et que la version de la *Charrette* du

[1] *Charrette* du XIII[è], *op.cit*, **§12-13**, pp. 198-202.

[2] *Charrette* du XIV[è], *op.cit*, **§26-27**, p. 231 et ss.

[3] Nous y reviendrons dans notre analyse ultérieure du rythme et de l'onomastique. Voir, *Infra* 2[è] et 3[è] parties.

XIV[è] avance que « *elle [c-à-d la reine] cuide vrayement que ce soit voir*[1] ».

Dans les romans étudiéss, les personnages-conteurs apparaissent, ainsi, comme l'une des projections de la prolifération de l'instance narrative. Une dynamique se crée entre la revendication des droits de Chrétien et la mission que se donnent les prosateurs de légitimer leurs versions, en leur donnant une entité, différente, mais non étrangère de celle prônée dans les romans du Champenois. L'énonciation se vêt de plusieurs formes dans la mesure où la parole et l'action de conter se voient distribuées à tout un chacun, en allant d'un personnage principal, à un personnage épisodique, et en passant par des messagers inconnus, apportant des « *nouvelles* » qui vont et viennent en frôlant différents lieux. Les personnages principaux œuvrent pour rapporter leurs histoires avec un maximum d'exactitude requis ; les nouvelles qui traversent les espaces avec promptitude et qui s'avèrent authentiques aussi bien chez Chrétien que dans la version du XIV[è] de la *Charrette* sont à vérifier dans la *Charrette* du XIII[è] et disparaissent même des mises en prose plus tardives[2] !

Ainsi aurons-nous parcouru les multiples aspects relatifs à la manifestation de l'instance narrative dans les diverses versions retenues dans notre analyse. Le régi de la narration se duplique et se présente sous diverses configurations. L'on essaye de faire valoir ce qui, d'un côté, revient de droit à Chrétien et ce qui, de l'autre, est le fruit de la création des prosateurs ou des remanieurs. D'un narrateur à la première personne ; un narrateur qui se confond avec le jongleur et qui rapporte les dires de Chrétien dans les romans en vers, l'on passe à un narrateur qui rapporte ce que « *le conte dist* » ; un narrateur qui rapporte ce qui est cité dans la source supposée être les romans du Champenois. Le nom de Chrétien est cité dans les versions en vers ; le trouvère est également nommé par de multiples périphrases verbales référant à ses œuvres. Dans le *Lancelot* du XIII[è], on présente le roman de la

---

[1] Dans le *Cligès* en vers, il est deux exemples des nouvelles qui parviennent sans messager précis, ce sont, 1 celui de la nouvelle de l'arrivée de Cligès auprès de l'empereur de Fénice, **v. 5047 et ss** ; et 2 celui de la nouvelle de la maladie de l'impératrice Fénice se propage dans toute la ville, **v. 5576 et ss** ; dans les deux cas, il n'est pas d'équivalent dans la mise en prose du XV[è] de ce roman.

[2] On verra plus tard que c'est un des aspects revendiqués par la prose du XIII[è] en l'occurrence, à savoir le souci de vraisemblance et de véridicité.

Charrette au vu e au su des lecteurs. Et bien que ne présentant pas de prologue, le roman cite la source, à savoir « *li contes de la Karete* » ; ce qui n'est nullement le cas de la *Charrette* du XIVè. Il n'y a pas de prologue, mais l'auteur de cette version donne des indices qui montrent qu'il connaissait la version du *Lancelot* du XIIIè. Une sorte de connivence se crée avec des lecteurs avertis et à qui on re-conte des histoires qu'ils connaissent d'ores et déjà. La renommée de la matière de Bretagne bat son plein, et on le constate davantage à travers les mises en prose tardives des romans de Chrétien. Il n'est plus besoin de renvoyer à l'auteur ; il y a, certes, des prologues mais ils répondent à de nouvelles exigences ; l'essentiel devient de préciser que l'on va « *transmuer de ryme en prose* » un conte ; l'intérêt se porte d'abord et surtout sur l'histoire et sur les sujets abordés, et non sur la source dont on s'inspire et qu'on tente de dépasser. L'on passe de l'*in medias res* des romans de Chrétien au « *conte* », et ce dans le *Lancelot* du XIIIè, l'*Érec* et le *Cligès* en prose. L'« *implication du lecteur*[1]» varie et foisonne selon les versions ; la trace d'une oralité apparente se manifeste même dans les proses tardives, mais elle n'est que la marque de quelques coquilles oubliées, qui embrassent surtout la fonction phatique du langage. Les personnages prennent aussi part à la narration. Ils deviennent eux-mêmes conteurs de leurs propres aventures ou de celles d'autres chevaliers. Une dynamique prend ainsi place, créant une synergie qui enveloppe diverses histoires sous l'égide d'un seul et même roman, et qui génère, par la même occasion, un mouvement cyclique. Cette dynamique participe également de la mise en abyme des récits contés dans les textes retenus pour notre analyse.

[1] Maria Colombo Timelli, « L'*Érec* en prose ou quelques traces de l'implication du lecteur dans un roman du XVè siècle », *op.cit*, p. 117.

CHAPITRE II

L'écriture dialogique et l'esthétique du mouvement

A chaque écriture son style et à chaque roman son originalité. Celle des mises en prose des romans de Chrétien de Troyes se résume dans cet éventail de variations et de mélanges qui font, peut-être, que certaines « *prosifications* » s'apparentent à des œuvres fantaisistes et désordonnées. Celles-ci garantissent, cependant, une incontestable cohérence qui cache en son sein une esthétique de mouvement bâtie sur l'ancrage et l'inscription d'un élément du récit second – celui du passé ou du futur – dans le récit premier – celui du présent ; une esthétique où gouverne « *la désinvolture qui fait venir le texte antérieur du texte ultérieur*[1] ». Dans *Palimpsestes*, Gérard Genette apporte une définition du concept d'*intertextualité*. Celui-ci est perçu comme « *un énoncé dont la pleine intelligence suppose la perception d'un rapport entre lui et un autre auquel renvoie nécessairement telle ou telle de ses inflexions, autrement non recevable*[2] ». Ce phénomène d'intertextualité acquiert une place considérable dans les versions sujettes à notre analyse. Les procédés sont multiples et leur agencement dépasse l'*in medias res* des romans de Chrétien pour embrasser différentes strates marquant leur empreinte par le biais de l'analepse, de la prolepse et de bien d'autres confections. Elles peuvent coexister dans un même roman et favorisent parfois le phénomène de l'entrelacement entre plusieurs romans à la fois. Des récits du passé ou du futur viennent se greffer à la trame narrative principale par le biais d'une parole offerte à un personnage – celle-ci étant souvent déclenchée par un stimulus verbal ou actionnel[3] –, par un style indirect pris en charge par l'auteur lui-même, et parfois, par des bifurcations d'ordre explicatif. Elles viennent scander les prosifications en répartissant

---

[1] Roland Barthes, *Le Plaisir du texte*, Paris, Seuil, 1973, p. 59.

[2] Gérard Genette, *op.cit*, p. 8.

[3] On le verra plus en détails dans la 2e partie de la thèse.

les événements, et présentant parfois les faits avant leur déroulement dans l'histoire. Et on verra comment ce jeu de va-et-vient dans les temps de la narration favorise la création d'une énergie qui alimente les textes que nous analysons et qui leur confère les bribes de scénarii dignes des techniques cinématographiques.

1.2.1. Récits rétrospectifs ou analepses

Nous pouvons de prime abord rappeler la définition que Gérard Genette offre pour ce concept. Celui-ci englobe « *toute évocation après coup d'un événement antérieur au point de l'histoire où l'on se trouve*[1] ». L'événement est antérieur, mais le moment où on le rapporte se confond avec le moment présent de la narration. Une pause dans l'action ou les actions en cours s'impose au profit de ce *flash back* qu'on note court ou bien plus long, selon les occurrences relevées des romans analysés. Ces récits rétrospectifs sont rarissimes[2] dans les romans en vers de Chrétien et deviennent, *a contrario*, assez usités dans les mises en prose de ses romans, et surtout, dans la prose du *Lancelot* du XIII[è3]. Nombreux sont les exemples appuyant cette idée.

---

[1] Gérard Genette, *Figures III*, Paris, « Poétique », Seuil, 1972, p. 82.

[2] Ou bien ils sont rarissimes, ou bien, ils sont allusifs ou ne se réfèrent qu'à des actions déjà narrées dans le texte en question. Par exemple, nous comptons **13** analepses dans *Érec et Énide*. Les occurrences paraissent aux : **v. 1013 ; v. 1120 et ss ; v. 1245 et ss ; v. 2072 ; v. 2822 ; v. 4212 ; v. 5087 ; v. 5330 ; v. 6044 ; v. 6258 ; v. 6311 ; v. 6512 ; v. 6730 et ss**. Les seules analepses qui engagent l'intertextualité sont au nombre de 3. Ce sont celles des **v. 2072 et ss** ; **v. 4212 et ss** et **v. 5330 et ss**. La référence notée aux **v. 2822 et ss** est l'explication d'une coutume. Dans le *Cligès* en vers, nous avons dégagé **14** analepses. **11** d'entre elles renvoient à d'autres références que celle de la trame du texte en question. Elles paraissent aux **v. 796 et ss ; v. 1068 et ss ; v. 2718 et ss ; 3508 et ss ; v.5195 ; v. 5232 et ss ; 5243 et ss ; 5257 et ss ; 5796 et ss ; 6250 et ss ; 6618 et ss**. Les 3 autres références constituent des rappels de la trame principale. On les trouve aux v. **1559 et ss ; v. 6529 et ss ; v. 6687 et ss.**

[3] Dans la *Charrette* du XIII[è], *op.cit*, nous avons noté **35** analepses. On les retrouve aux **§1**, p. 64 ; **§1**, p. 66 ; **§2**, p. 68 ; **§2**, p. 72 ; **§2**, p. 78 ; **§4**, p. 88 ; **§6**, p. 104 ; **§6**, p. 104 ; **§6a**, p. 106 ; **§6b**, p. 114 ; **§6b**, p. 114 ; **§6d**, p. 120 ; **§6f**, p. 128 ; **§6f**, p. 130 ; **§6h**, p. 130 ; **§6h**, p. 136 ; **§6h**, p. 136 ; **§6h**, p. 138 ; **§6j**, p. 144 ; **§6k**, p. 148 ; **§9e**, p. 174 ; **§10**, p. 178 ; **§10**, p. 184 ; **§11**, p. 186 ; **§11**, p. 190 ; **§12**, p. 196 ; **§13**, p. 202 ; **§14**, p. 218 ; **§15b**, p. 222 ; **§16**, p. 242 ; **§16**, p. 244 ; **§17**, p. 248 ; **§17**, p. 252 ; **§17**, p. 254. **§18**, p. 256. Dans la *Charrette* du XIV[è], *op.cit*, on a trouvé, à

Citons en premier lieu ce souci d'éclaircissement qui s'attaque à la présentation du mystère des coutumes. Valable pour la version en vers de la *Charrette* comme pour les proses, le soin apporté à l'élucidation des coutumes concerne surtout celle qui a fait de Lancelot un être hué, voire haï par d'aucuns. Revisitons les écritures de cette coutume dans le vers et dans les proses de la *Charrette* :

Charrette en vers

« De ce servoit charrete lores
Don li pilori servent ores,
Et en chascune boene vile,
Ou or en a plus de .III. mile,
N'en avoit a cel tans que une,
Et cele estoit a ces comune,
Aussi con li pilori sont,
Qui traïson ou murtre font
Et a ces qui sont chanp cheu
Et a larrons qui ont eü
Autrui avoir par larrecin
Ou tolu par force an chemin
Qui a forfet estoit repris,
Sestoit sor la charrete mis
Et menez par totes les rues,
S'avoit totes enors perdues
Ne puis n'estoit a cort oïz
Ne enorez ne conjoïz
Por ce qu'a cel tens furent tex
Les charretes et si cruex[1] »

***Ch.* du XIIIè**

« A cel tans tel coustume ke ki voloit .I. homme hounir u destruire en toutes tieres, si le fesist avant monter en karete, ne des lors en avant ne fist escoutés en court, ains avoit pierdues toutes lois[2]. »

***Ch.* du XIVè**

« *En cellui temps estoit charrette si laide chose et si villaine que nul ne se seïst dedens qui toutes loys et toutes honneurs n'eüst perduez. Et quant on voulloit a. i. homme tollir honneur, si le faisoit on monter sur la charrecte et mener par la ville dont il estoit, tant que de tous estoit veus*[3] »

Ce retour en arrière rejoint l'idée de souci d'élucidation qu'on étudiera un peu plus tard et en détail[4]. Mais remarquons au passage que l'extrait du *Chevalier de la charrette* est beaucoup plus long que ceux des deux *Charrette* en prose. Là encore s'installe une autre différence entre la version versifiée de la *Charrette* et ses mises en prose. L'explication relative à la coutume est, en effet, beaucoup plus méticuleuse dans l'extrait de Chrétien que dans les mises en prose où les extraits sont beaucoup plus neutres. Les

---

peine plus que la moitié, soit **25** analepses. En voici le relevé : **p. 172** ; **p. 173** ; **p. 174** ; **p. 174** ; **p. 176** ; **p. 177** ; **p. 190** ; **p. 196** ; **p. 196** ; **p. 197** ; **p. 199** ; **p. 203** ; **p. 204** ; **p. 221** ; **p. 227** ; **p. 228** ; **p. 229** ; **p. 235** ; **p. 238** ; **p. 245** ; **p. 248** ; **p. 251** ; **p. 252 p. 264 ; p. 265.**

[1] *Charrette* en vers, *op.cit*, v. 321-340.

[2] *Charrette* du XIIIè, *op.cit*, p. 88.

[3] *Charrette* du XIVè, *op.cit*, p. 180.

[4] Voir *Infra* 2è partie.

auteurs se contentent d'expliquer la nature de la coutume. Cette retenue s'expliquerait peut-être, par la suite, par la réutilisation du motif de la « Charrette » par les deux auteurs des mises en prose du XIII^{è} et du XIV^{è}, et ce pour tourner en dérision cette coutume et prouver qu'elle manque de logique. De même, mais cette fois-ci uniquement dans les proses de l'*Érec*, on apporte une explication à la coutume de la chasse :

Érec et Énide

« Li rois a ses chevaliers dist
Qu'il voloit le blanc cerf chacier
Por ***la*** *costume ressaucier.*
[...]
Nos savommes bien tuit pieç'a
Quel costume li blans cers a.
Qui le blanc cerf ocirre puet,
Par raison baisier li estuet
Des puceles de vostre cort
La plus bele, a que qu[e] il tort[1] »

***Érec* ms. 363**

« en ce temps que le roy Artus se tenoit a Caradigan, en la forest adventureuse scituee et assise ^préz de laditte ville avoit ung cerf non pareil aux aultres duquel la force estoit merveilleuse et estoit blanc. Par plusieurs foiz il avoit esté chassiet, et avoit le roy fait ung edit pour esmouvoir son barnage pour prendre cestui cerf, tel que quiconques le prendroit il porroit a son chois, sans prejudice nul, avoir ung baisier de la plus belle dame ou damoiselle de sa court.[2]»

***Érec* ms. 7235**

« en ce tampz que le roi Artus se tenoit a Karadigan, en la forest aventureuse scituee asséz prés d'icelle part avoit ung cerf impareil aux aultres, car il estoit tout blanc. Par pluseurz fois il avoit esté chassié, et avoit le roy fait ung edit pour esmouvoir son barnage que quiconquez prendroit ce cerf, sans prejudice nul, il pourroit a son chois avoir ung baisier de la plus belle dame ou damoiselle de sa court.[3]»

Alors que, dans les deux *Charrette* en prose, les auteurs ont abrégé l'explication de la coutume de la « Charrette », les deux versions de l'*Érec* en prose reprennent l'explication restée en suspens chez Chrétien quant à la coutume de la « *chasse au blanc cerf* ». Ils

---

[1] *Érec et Énide*, *op.cit*, **v. 36 et ss**.

[2] *Érec* en prose, **ms. 363**, *op.cit*, **§1**, p. 102.

[3] *Érec* en prose, **ms. 7235**, *op.cit*, **§1**, p. 103.

réemploient le « *motif* » pour l'éclairer davantage pour un lecteur moderne et dont la devise est la clarté. Chrétien de Troyes parle d'une coutume connue des auditeurs. En témoignent les emplois respectifs des déterminants définis « li » et « la » comme premières références aux substantifs « *coutume* » et « *cerf* » dans le roman du Champenois. Celle-ci est donc supposée connue de tout un chacun. C'est d'ailleurs ce que confirme Gauvain lorsqu'il explique au style direct la coutume du cerf blanc. Il s'adresse à la Cour du roi Arthur et crée une connivence avec son auditoire en l'associant à lui dans la phrase « *Nos savommes bien tuit pieç'a /Quel costume li blans cers a* ». Les deux mises en prose n'utilisent nullement le substantif « *coutume* ». Elles expliquent le rite par une insertion de détails spatiaux permettant d'informer le lecteur-auditeur. On apprend que le roi Arthur tient une cour à « *Caradigan* » ; à proximité de la forêt aventureuse où se trouve « *ung* » cerf, différent des autres de par sa couleur blanche. On apprend également que par plusieurs fois, on a essayé de chasser ce cerf, mais que ce fut en vain et que c'est la raison pour laquelle le roi Arthur a lancé le défi du baiser de la plus belle demoiselle de sa cour. Et bien que différentes dans leur présentation, les multiples explications de la coutume marquent une pause dans l'action première de chacun des romans et nous transportent au temps de la naissance de cette coutume ; laquelle coutume a pris vie dans le passé et justifie le stimulus de l'action de l'ici et du maintenant de la trame narrative du roman. En d'autres termes, ce retour rétrospectif vers l'explication de la coutume de la chasse au cerf blanc légitime le cours de certains événements ultérieurs. Aux rappels du principe de certaines coutumes s'ajoute la présentation de certains personnages ou faits. Par souci de véridicité et pour le confort de leurs lecteurs, certains prosateurs se sont souciés d'apporter des explications en piochant dans le passé de certains personnages (en recourant au contenu d'anciennes versions, le cas du *Lancelot*) ou en inventant des justifications. Cette idée, nous la retrouvons à travers l'évocation de la Dame du Lac. Celle-ci nous est présentée chez Chrétien de Troyes en l'espace de trois vers :

> «*Cele dame une fee estoit*
> *Qui l'anel doné li* [c-à-d à Lancelot] *avoit*
> *Et si le norri an s'anfance*[1]»

---

[1]*Charrette* en vers, *op.cit*, **v. 2345-2347**.

Ensuite, il ne sera plus question d'elle. Ceci n'est nullement le cas de la prose du XIIIè qui fait de la fée du Lac la mère « adoptive », non seulement de Lancelot, mais aussi de ses deux cousins germains, Lionel et Bohort. De par l'envergure du pouvoir qui lui est approprié, ce personnage joue un rôle essentiel dans le déroulement des faits et acquiert presque le statut d'un démiurge : créant des personnages-messagers et orientant, voire manipulant, la trajectoire suivie et à suivre, surtout, par ses fils adoptifs. La *Charrette* dérimée du XIVè accorde un degré d'importance non moindre à ce personnage. On voit la fée du Lac suivre Lancelot dans ses agissements. Elle est même présente avant le début de l'épisode de la « Charrette », à l'instar de la version du XIIIè[1].

Dans *Le Chevalier de la charrette*, Lancelot n'est nullement évoqué par Méléagant. Ce dernier fait simplement mention des chevaliers, des dames et des pucelles de la terre du roi Arthur qu'il détient comme prisonniers au pays de Gorre pour provoquer Arthur. Il fera cette même entrée dans la prose, mais son défi sera beaucoup plus ciblé : c'est Lancelot qui est visé. Méléagant vient se défendre contre la prétendue fausse accusation de celui-ci (selon laquelle il aurait, lors d'une joute à la lance, blessé Lancelot par traîtrise[2]). En voici les références :

Charrette en vers	***Ch. du XIIIè***	***Ch. du XIVè***
« « Rois Artus, j'ai en ma prison De ta terre et de ta meison Chevaliers, dames et puceles, Me ne t'an di pas les noveles Por ce que jes te vuelle randre, Ençois te voel dire et aprandre Que tu n'as force ne avoir Par quoi tu les puisses avoir Et saches bien qu'ainsi morras Que je aidier ne lor porras»[3] »	*« Rois Artus, je vieng a vous pour faire moi counoistre, et sachiés ke je sui Meleagans, li fieus au roi Bademare, si me vieng en vostre court aloiauter et desfendre viers Lanselot del Lak de la plaie ke je li fis l'autre jour au behourder, pour*	*«Roy Artus, je suis ung chevalier estranges que on ne congnoist gaires ceans. Meliagans ay nom et sui filz au roy de Gorre. Je vueil que vous sachiés, et tous ceulz qui ceans sont, que je me vieng faire loyal en vostre court de*

---

[1] De quoi penser, encore une fois, que le remanieur connaissait bel et bien le *Lancelot* du XIIIè.

[2] L'accusation de Lancelot est pourtant bien fondée, in *Lancelot*, édition critique avec introduction et notes par Alexandre Micha, tome I, Genève, Droz, 1978, VI (4-8).

[3] *Charrette* en vers, *op.cit*, **v. 51 et ss.**

chou ke j'oï dire ke il se plaint ke je le navrai en traÿson. Et s'il le dist, or viengne avant, car tous sui apparelliés de moi desfendre[1]».

la playe que je fiz a Lancelot l'autre an au behourdis, car j'ay oÿ dire qu'il s'en plaint et me mist sus que je l'avoie navré a traïson. Et s'il en ose faire ne dire plus, prest suy que je m'en deffende que oncques en traïson ne le navray, mais comme bon chevalier a droicte jouste[2].»

Les trois références offrent la parole à Méléagant qui, dans le vers, provoque le roi Arthur en essayant de l'humilier, et ce en lui rappelant les prisonniers qu'il détient dans sa terre. Et c'est au lecteur de se demander dans quelles conditions les gens de Logres ont pu se faire prisonniers de la terre de Gorre[3]! Dans les deux réécritures, cette provocation saute. Méléagant qui, dans le vers, ne prend même pas la peine de décliner son identité, se présente dans les deux proses. Le motif de sa présence à la cour du roi Arthur renvoie à un épisode antérieur. Il nomme Lancelot et demande à le combattre pour s'innocenter de la prétendue fausse accusation de ce dernier. Ce qui nous renvoie vers un épisode antérieur de la saga du *Lancelot*[4]. L'on fait donc appel à la

[1] *Charrette* du XIIIè, *op.cit*, **§2, p72.**

[2] *Charrette* du XIVè, *op.cit*, **§3**, p174.

[3] C'est d'ailleurs l'arrière-vassal qui expliquera le premier à Lancelot, et ce dont la version en vers, le pourquoi et le comment de leur emprisonnement dans la Terre de Gorre : « *An cest païs a mainz prodomes/De vostre terre an servitume./Maleoite soit tex costume/Et cil avoec qui la maintiennent !/Que nul estrange ça ne vienent/Qu'a remenoir ne lor covaingne/Et que la terre nes detaigne,/Car qui se vialt antrer i puet,/Mes a remenoir estuet.* », **v. 2094-2102**. La prose du XIIIè, évoquera évasivement la raison de leur emprisonnement : « « *g'i vinch petis enfes pour mon pere ki i estoit, si me convint rendre treü en cuviertise et en siervage et a tous cheus ki e ceste manière i sont, ja ne seront de si halt lingnage estrait ». Ensi li devise li vavasseres les manieres de la tiere* », **§6j**, p. 144.

[4] *Lancelot*, tome I, *op.cit.*, VI (4-8), p. 91-93.

connivence du lecteur pour l'inviter à comprendre les détails de l'épisode antérieur expliquant la provocation de Méléagant. Un autre exemple, dont le traitement varie d'une version à l'autre, est celui de la cause de la colère de Guenièvre et son indifférence face à Lancelot. Dans la version vers, c'est l'hésitation qu'il a exprimée avant de monter dans la charrette qui a déclenché l'irritation de Guenièvre[1] ; dans la prose du XIIIè[2] et celle du XIVè[3], elle lui reproche d'avoir quitté la cour de Londres sans sa permission et compare avec lui l'anneau qu'il porte à son doigt et qui n'est pas celui qu'elle lui avait offert, mais celui que Morgue avait substitué au sien, à l'insu du héros[4]. Les proses opèrent ici un retour en arrière qui rappelle des épisodes ultérieurs ayant vu le jour dans le *Lancelot* du XIIIè et que le remanieur de la *Charrette* du XIVè réutilise à bon escient. Il en est de même dans d'autres extraits. Dans la *Charrette* du XIVè, par exemple, l'on explique la déception de Guenièvre lors de sa première rencontre avec Lancelot[5] et l'on évoque également la mort de Galehaut[6], sa relation avec Lancelot et les exploits de ce dernier[7]. Le prosateur connaissait probablement la version dite vulgate du *Lancelot* du XIIIè pour en avoir extrait des explications et rappelé des faits passés et précédant l'épisode de la *Charrette*. D'ailleurs, ces évocations sont courtes et peuvent interpeller un lecteur qui ne connaitrait pas la version *Vulgate* du *Lancelot*...

Toujours par souci de vraisemblance, et plus particulièrement, dans les proses de l'*Érec*, le héros éponyme de cette mise en prose se trouve confronté à un chevalier orgueilleux à qui il disputera un épervier. Il rappellera le chevalier à la bataille en expliquant la raison de sa rage, et en réitérant son explication après sa victoire devant celui-ci. Rappelons les exemples :

---

1 *Charrette* en vers, *op.cit.*, **v. 4484-4489**.

2 *Charrette* du XIIIè, *op.cit.*, **§ 6**, pp. 106 et **§13**, p. 202.

3 *Charrette* du XIVè, *op.cit.*, **§28**, pp. 235-236.

4 Morgue a dérobé l'anneau de Lancelot et le fait envoyer à Guenièvre par une messagère. Celle-ci dénonce publiquement la trahison de Lancelot, voir Alexandre Micha, 1978-1983, 1 : pp. 348-353 [XXIX, 1-15] ; et Lepage et Ollier 2002, pp. 396-409, David Hult, in notes de bas de page N°9, *op.cit*, p. 236.

5 *Charrette* du XIVè, *op.cit*, **§17**, p. 205.

6 *Ibidem*, **§3**, p. 174.

7 *Ibidem*, **§23**, p. 221-222.

Érec et Énide	*Érec*, ms. 363	*Érec*, ms. 7235
« « Ha ! mauvais, fait il, qu'aten[t] gié ? Encor n'ai-je mie vengié Le lait que cist vassax sosfri, Quant ses nains ou boiss me feri. »[1]»	*« Vassal, lieve toy, je te rappelle a la bataille, car jamais je n'auray joye jusques ad ce que j'auray vengiet la royne Genievre de la grant villonnie et du grant oultrage que tu lui fesis quant tu consentis sa damoiselle estre et bien te di que se dés l'heure eusse eu armes, j'en eusse incontinent prins la vengance a mon pouoir*[2].»	*« Et puis vient a sa memore qu'il a promis a la damoiselle de la reyne Guenievre qu'il la vengera ou corpz de son cruel adversaire, si dist qu'il lui dourra maint coup d'espee pour le coup d'escorgiez que son naim lui donna*[3].»

Et à lui de rappeler ensuite :

Érec et Énide	*Érec*, ms. 363	*Érec*, ms. 7235
« « Ha ! gentis chevaliers, merci ! Por quel forfait et por quel tort Me doiz tu donc haïr de mort ? Ainz mais ne te vi, que je sache, N'onques ne fui en ton damache, Ne ne te fis honte ne lait. » Erec respont : « Si avez fait. - Ha, sire, qoi ? dites le doncques. Ne vos vi, dont moi soveingne, onques ; Et se [je] rien mesfait vos ai, A vostre merci en serai. » Lors dist Erec : « Vassax, je sui Cil qui en la forest ier fui Avec la roÿne Guenievre, Ou tu sosfris ton nain enrievre Ferir la pucele ma dame.	*« Adfin que tu saches que sans bonne et juste raison je me t'aiye prins en hayne, saches que je suis cellui qui hier estoie avec la royne Genievre et avec la pucelle ou bois, quant ton nain fier et orguilleux feri la pucelle et moy de l'escorgie, dont*	*« Ad ce, dist Erec, que tu sacez que sans juste et bonne raison je ne te veulle pas occire, je te respons que je suis celluy qui hier estoie avec la reyne Guenievre et avec sa pucelle en la forest, quant ton nain fier et orguilleux nous feri de l'escorgie. Dont trop grant blasme doit estre imputé*

[1] *Érec et Énide*, *op.cit*, **v. 921-924**.

[2] *Érec* en prose, **ms. 363**, *op.cit*, **§3**, p. 128.

[3] *Érec* en prose, **ms. 7235**, *op.cit*, **§7**, p. 129.

Grant vilté est de ferir fame ! *Et moi après referi il,* *Mout me tenoit li nains por vil. »*[1] »	*trop blasme doit estre imputee encontre toy qui par ung vil et abhominable bochu et deffiguré laissas ferir la tres plaisante damoiselle et moy aussi*[2]. »	*encontre toy qui par ung vil et ebhominable bochu et deffiguré laissas ferir la tresplesant damoiselle et moy consequamment*[3]»

L'explication fournie par Érec est d'ores et déjà connue des lecteurs-auditeurs. Celle-ci n'a de raison d'être que de justifier la prise de position d'Érec et la haine qu'il porte à l'égard du chevalier. Dans les deux mises en prose, le motif de cette haine est réitéré plus d'une fois. Chez Chrétien, c'est à la demande du chevalier et suite à plusieurs questions qu'Érec rappelle la cause de la rancœur qu'il lui voue. D'ailleurs, nous adhérons, ici, à l'explication fournie par Alexandre Micha qui pense que pour les retours en arrière, « *on remonte à un passé récent pour fournir d'utiles renseignements sur une situation présente*[4] » ; des renseignements que les romans de Chrétien ne présenteront pas ou très peu, et que les proses s'efforceront de fournir et d'étayer au fur et à mesure que l'histoire avancera. On saura, par exemple, la raison qui a poussé la sœur de Méléagant à demander à Lancelot la tête du chevalier. Ce détail n'apparaît pas chez Chrétien de Troyes. La prose du XIIIe, elle, tente, autant que faire se peut, de présenter les faits dans leur déroulement, en élucidant et justifiant les actions de ses protagonistes. Cette justification s'opère bien évidemment par une variation sur les temps de la narration et par un jeu d'entrelacement qui favorise le dynamisme du texte. Voici les exemples :

La *Charrette* en vers	**La *Ch.* du XIIIe**	**La *Ch.* du XIVe**
« *Tranche au plus desleal le chief* *De l'empire et de la corone,* *Frans chevaliers, si le me done.*[5] »	« *cele damoisiele estoit seur Meleagant [...]. Et cil qui tieste elle*	« *Derechief couppe au plus desloyal de l'empire et de la*

[1] *Érec et Énide*, *op.cit*, **v. 1002-1020**.

[2] *Érec* en prose, **ms. 363**, *op.cit*, **§3**, p. 132-134.

[3] *Érec* en prose, **ms. 7235**, *op.cit*, **§8**, p. 133.

[4] Alexandre Micha, *Essais sur le cycle du Lancelot-Graal*, Genève, Droz, 1987, p. 141.

[5] *Charrette* en vers, *op.cit*, **v. 2894-2899**.

	emportoit estoit .I. chevaliers Meleagant ke il amoit mout ; cil avoit mout la demoisiele requise d'amour, et elle ne voloit, car elle amoit .I. des plus biaus chevaliers del monde et jovene enfant. Quant il vit que elle ne l'ameroit, si dist au roi ke il li avoit veu faire puisons por ochire lui et son fil et pour faire de celui roi ke elle amoit »[1]	*couronne la teste, franc chevalier, si la me donne*[2]. »

Dans le vers comme dans la prose du XIVè, la sœur de Méléagant est une demoiselle inconnue qui arrive en réclamant la tête du chevalier à Lancelot. La seule raison exposée à sa demande est le fait qu'elle affirme que ce chevalier est le « *plus desloyal de l'empire et de la couronne* ». On peut juste en supposer qu'il y a entre eux un vécu non cité et qui expliquerait la réaction de cette demoiselle. La prose du XIIIè, elle, opère autrement et présente la demoiselle. On apprend donc qu'elle est la sœur de Méléagant et on comprend la teneur de sa réaction et de ses propos à l'égard de ce chevalier. L'explication fournie par l'auteur du XIIIè est scandée de verbes conjugués aux temps du passé, en l'occurrence à l'imparfait et au plus-que-parfait de l'indicatif. Elle nous transporte dans un temps antérieur, nous apprend que Méléagant a une sœur et que celle-ci est un personnage à qui l'auteur aurait laissé une marge d'expression dans l'action antérieure de la version *Vulgate*. Rajoutons aussi que cette présentation fournie par la prose du XIIIè rejoint le souci d'élucidation que s'attribue l'écriture en prose du XIIIè en général, et celle du *Lancelot* en particulier. On attribue

[1] L'explication de la demoiselle est présentée en plusieurs parties. Elle demande à Lancelot la tête du chevalier, ensuite elle qualifie celui-ci de tous els noms. On note deux références au paragraphe **§9d**, p170-172 et ensuite, c'est le prosateur qui prend en charge de rappeler l'identité de la demoiselle et la raison de sa demande pressante à Lancelot.

[2] *Charrette* du XIVè, *op.cit*, **§20**, p. 212.

généralement la technique d'entrelacement au *Lancelot* en prose. Mais il serait intéressant de noter que Chrétien de Troyes en savait déjà quelque chose. En effet, pour expliquer l'absence de Gauvain de la cour d'Arthur, l'auteur mentionne, à deux reprises, l'épisode de l'enlèvement de Guenièvre, et ce dans *Le Chevalier au lion*. Les deux récits, à savoir *Yvain* et *Lancelot*, se mêlent ainsi dans le temps, mais les héros respectifs des deux romans, eux, ne se croiseront jamais dans un même espace[1]. Le *Lancelot* en prose est, quant à lui, structuré sous forme de « *mémoire rétrospective construite grâce aux diverses analepses*[2]». Celles-ci sont fournies par bribes et rappellent de près une technique cinématographique : le ***flash back***. Ce dernier engendre une pause dans la progression du récit premier du roman et déclenche par la même occasion la relance de l'action du, ou des protagonistes. Cette relance est jalonnée, voire scandée par des « *pause et retour en arrière, reprise, au sens couturier du terme, c'est-à-dire quadrillage minutieux retissant à l'usage du chevalier, ce pourfendeur, la chaîne et la trame de l'événement*[3]».[4] Et c'est ce que l'on retrouve, de manière maladroite, dans les proses plus tardives, et principalement dans les proses du XVe. Les auteurs s'appliquent et tentent, en effet, de suivre le modèle instauré, jadis, par le *Lancelot* en prose. Mais leur exercice demeure novice comparé à une version qui, ne serait-ce que par son volume, a su s'imposer au courant du XIIIe, et même plus tard ! Revoyons quelques exemples. Quand elle rencontre Cligès en privé, Fénice se confie à lui tout en rappelant au lecteur averti l'histoire du breuvage préparé par sa gouvernante :

Cligès **en vers**	***Cligès*** **en prose**
« Et sachiez bien, se Dex me gart, *Q'onc vostre uncles n'ot en moi part,* *Car moi ne plot ne lui ne lut* *Unques encore ne me quenut* *Si come sui apelee dame,* *Mes bien sai, qui dame m'apele* *Ne set que je soie pucele.*	*« je ne tendis oncquez a amer home sinon vous, et ce dés la premiere journee que vostre oncle oultre mon grei m'espousa, lequel par ung buvrage que vous lui baillastes ne me congnut oncquez, ains pour le bien que j'ai oÿ dire de vous, qui devés*

[1] Les deux mentions figurent aux vers **3706-3715** et **3916-3927** du *Chevalier au lion*.

[2] Annie Combes, *op.cit*, p. 69.

[3] Emmanuèle Baumgartner, *L'Arbre et le pain, essai sur la queste del Saint Graal*, Paris, bibliothèque du Moyen Age, 1981, p.83.

[4] Nous l'expliquerons davantage dans une boite à tiroirs que nous proposons un peu plus tard.

Neïs vostre uncles nel set mie,
Qui a beü de l'endormie
Et veillier cuide quant il dort,
Si li semble que son deport
Ait de moi tot a sa devise
Aussi come entre ses braz gise,
Mes bien l'en ai mis au defors.[1] »

porter la couronne de l'empire par juste droit, je, considerant vostre tresparfaicte beaulté, bonté, proesse et noblesse, concludz et delibere en moy de non amer durant ma vie aultre que vous. Or me suis ge par ce moyen gardee chastement en esperant de mieux avoir[2] ».

Aussi bien chez Chrétien que dans la prose du XVè, ce retour en arrière semble bref et demeure une confidence exclusive pour Cligès ; le lecteur étant d'ores et déjà averti du déroulement antérieur de l'histoire[3].

Il est un autre type de récits rétrospectifs, absents, mais pas complètement, des romans en vers de Chrétien, et, par ailleurs, fréquents dans le *Lancelot* en prose. Ce sont les récits étiologiques et historiographiques. Ceux auxquels nous pensons sont bien sûr relatifs à l'épisode de Joseph d'Arimathie. Il ne serait peut-être pas inutile de rappeler l'envergure de cette analepse. En effet, par son biais, se dessine en gros plan le sens de la mise en abyme d'un récit. Mais avant cela, nous pouvons avancer que cette technique de retour en arrière dans le temps serait peut-être une des idées insufflées par Chrétien de Troyes lui-même qui, dans son *Cligès*, consacre une première partie de son roman à l'évocation de la vie d'Alexandre, le père du héros éponyme de son roman. Serait-ce un des stimuli qui incitera quelques prosateurs à revenir à l'enfance et aux enfances de certains de leurs personnages principaux, tout en agrémentant leur vie de souvenirs extraits d'épisodes antérieurs à leur existence ; lesquels épisodes ne se déroulent pas forcément au cœur du récit en question ?! Comme le dit, d'ailleurs, E. Baumgartner, cet exercice paraît comme « l'ébauche » d'« *une technique d'entrelacement dont la finalité est déjà de créer du continu, de mettre ensemble les durées éparses et fragmentaires des récits arthuriens*[4].» La structure du *Lancelot* en prose s'en inspire fortement. Mais ce ne sont plus deux histoires qui sont

---

[1] *Cligès* en vers, *op.cit*, **v. 5171-5185**.

[2] *Cligès* en prose, *op.cit*, **§55**, pp.139-140.

[3] Dans la *Charrette* du XIVè, on retrouve un exemple similaire qui concerne la demoiselle que rencontrent Lancelot et Gauvain. Elle leur résume l'épisode de l'enlèvement de Gueniènvre et leur parle de Baudemagus, § **8, p. 183.**

[4] Emmanuèle Baumgartner, « Temps linéaire, temps circulaire et écriture romanesque », in *De l'histoire de Troie au livre du Graal*, *op.cit*, p. 421.

contées, l'une après l'autre, mais c'est un ensemble de récits d'aventures, qui sont contés par des chevaliers et transformés en livre par les clercs du roi. Ces histoires contées rapportent par exemple le récit d'une aventure vécue, puis contée par un même chevalier ; une aventure qui, dans le cas du méta-récit[1] relatif à Joseph d'Arimathie, déclenche ce qu'Annie Combes appelle « *une digression* » pour ajouter ensuite que « *l'explication développée n'a pas de nécessité intradiégétique perceptible*[2]». C'est que cette digression est placée après la narration première, et devient donc une sorte de supplément au récit principal du roman[3]. On pourrait d'ailleurs comparer cette structure à l'image d'une boîte à tiroirs telle que le représente ce schéma :

---

[1] Un méta-récit se définit comme un récit dans un récit.

[2] Annie Combes, *op.cit*, p. 69.

[3] Il est à rappeler que le récit de Joseph d'Arimathie n'apparait pas dans l'épisode correspondant à la *Charrette* en prose du XIIIè, mais bien plus tard. Nous y référons, parce que nous considérons ce modèle d'importance dans l'architecture du *Lancelot* en prose.

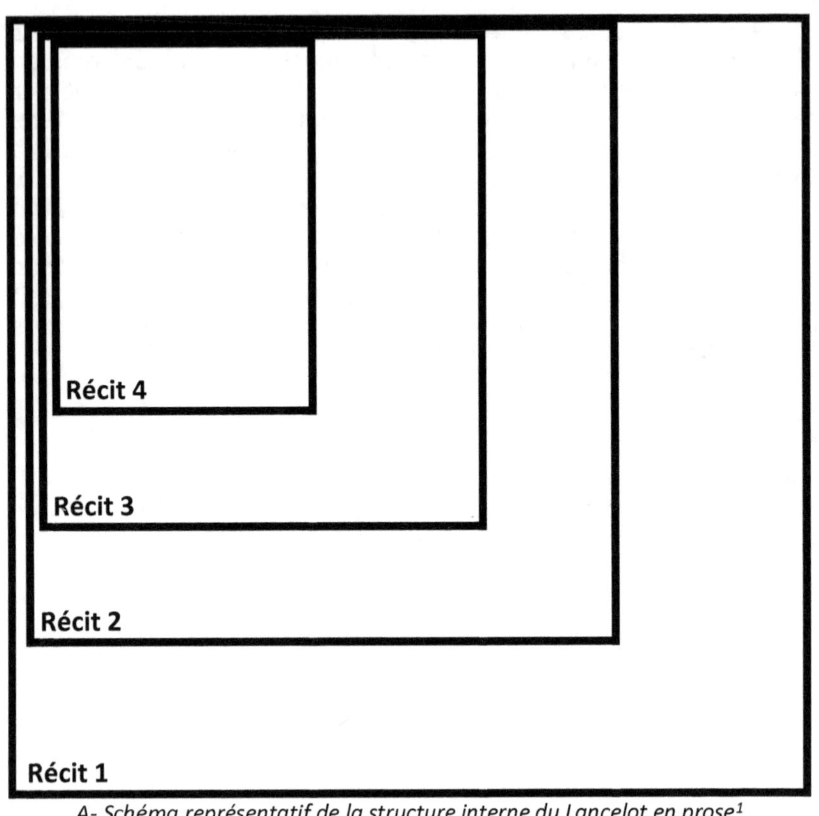

A- Schéma représentatif de la structure interne du Lancelot en prose[1]

Dans le cas du *Lancelot* en prose, le récit principal est celui fourni par la source. Cette dernière est reprise par un prosateur qui rappelle ce que « *dist li contes* ». Ce « *contes* » contient une histoire-mère qui tourne autour du personnage éponyme qu'est Lancelot (**Récit 1**). Et autour des aventures qui adviennent à Lancelot, on voit naitre d'autres histoires qui, soit se passent en même temps (**Récit 2 : les aventures de Gauvain par exemple**), soit s'avèrent antérieures (**Récit 3 : le récit de Joseph d'Arimathie**), ou encore postérieures à la trame principale (**Récit 4 : les aventures annoncées à Lancelot lors de l'épisode des deux tombes**)...etc.

---

[1] Le récit 1 englobe les autres récits ; le récit 2 contient les récits 3 et 4 ; le récit 3 engendre le récit 4, et ainsi de suite.

Elles sont prises en compte par le prosateur qui les conte lui-même ou qui attribue, parfois, cette tâche à des personnages qui passent en avant de la scène. Toujours est-il que ces histoires s'imbriquent les unes dans les autres créant une hiérarchie dans l'organisation interne de la saga, et déclenchant une énergie alimentée par des stimuli qui mettent plus en lumière l'image de la boite à tiroirs que nous évoquons. On parle de Lancelot, on le quitte pour passer à un autre protagoniste qui, à son tour, en rencontre d'autres. Ceux-là mêmes évoluent dans un nouvel espace qui peut être lui-même déclencheur d'un récit rétrospectif[1]. Ils peuvent croiser de nouveaux personnages qui deviennent, l'espace d'un laps de temps, les héros de l'histoire et qui avancent dans la trame pour rencontrer plus tard ou le héros ou des personnages liés à lui de près ou de loin[2]. Dans le *Cligès* de Chrétien de Troyes, il est un exemple qui rappelle celui qu'on retrouve dans le *Lancelot* en prose du XIII^è^, à la différence près que, chez le Champenois, le récit rétrospectif relève d'une évocation simple d'un épisode biblique[3]. Notons aussi que l'équivalent ne parait pas dans la mise en prose du *Cligès* du XV^è^, et que chez Chrétien, cette évocation se limite à trois vers :

---

[1] Le cas notamment du récit de Joseph d'Arimathie dans le *Lancelot* en prose du XIII^è^. Gauvain et neuf compagnons s'engagent dans la quête de Lancelot perdu. Halte des dix compagnons à la Croix Noire. Origine de ce nom. Conversion du peuple sarrasin de Camelot par Joseph d'Arimathie. Vengeance du roi Agreste. Mort cruelle des douze compagnons de Joseph à la Croix Noire. Récit d'Elizer. Joseph d'Arimathie et le sarrasin Argon...etc., *in* « L'enlèvement de Guenièvre », *op.cit*, **§128-135**, pp.798 et ss

[2] Nous y reviendrons avec plus détails lorsque nous évoquerons le 3^è^ chapitre de la première partie de notre thèse : « La progression au service de l'entrelacement ».

[3] De même, dans le *Cligès* en prose, il est des occurrences qui relèvent de l'analepse. Elles concernent des comparaisons que fait l'auteur entre les héros et certains personnages mythologiques. Nous pensons notamment à Hélène et Paris et à Tristan et Yseult, **§56**, p. 140. La référence relative au mythe de Tristan et Yseult est quant à elle présente d'ores et déjà dans les vers de Chrétien, mais celui-ci offre la parole à Fénice qui évoque le mythe de façon allusive en le critiquant « *Einz vodraie estre desmembree/ Que de nos .II. fust remembree/ L'amor d'Iseut et de Tristen, /Dont tantes folies dist l'en/ Que hontes m'est a raconter. / Je ne porroie acorder/ A la vie qu'Ysez mena. / Amors en lui trop vilena, / Car li cors fu a dos rentiers/ Et li cuers iere a un entiers. / Ensi tote sa vie usa/ C'onques les dos ne refusa* », **v. 3099-3110**.

«ors lor [c-à-d les médecins] sovint de Salemon
Cui sa femme tant enhaï
Qu'an guise de mort le tr[a]ï[1]»

L'auteur compte ici sur sa connivence avec le public censé connaitre l'histoire de la femme de Salomon. Il n'est donc pas besoin de la lui rappeler. L'évocation est une simple comparaison qui n'a pas d'impact sur le déroulement de l'histoire. *A contrario*, dans la prose du *Lancelot* du XIIIè, le récit rétrospectif que constitue l'épisode relatif à l'histoire de Joseph d'Arimathie transporte le récit dans un temps biblique et confère à Lancelot une généalogie on ne peut plus sainte[2]. *«A l'intérieur de ce cadre pré-établi et imposé, s'exprime [...] de manière à la fois diverse et complémentaire, l'intention manifeste de saturer le temps, de faire coïncider au plus juste l'histoire racontée avec un fragment clos [...] du temps de l'histoire*[3]*».*[4]

L'expression des analepses varie donc selon les romans analysés. Celles-ci sont plutôt courtes aussi bien chez Chrétien que dans les proses autres que celle du *Lancelot* du XIIIè. Elles peuvent se rapporter à l'élucidation apportée quant à l'origine et au sens d'une coutume. Elles rappellent des faits déjà passés dans la trame principale des romans étudiés. Elles constituent un rappel presque rébarbatif, puisque le lecteur-auditeur connait par avance l'évolution antérieure de l'histoire. Dans ce cas-là, ces explications marquent, certes, des pauses dans le déroulement de la trame narrative du roman dont il est question, mais elles ne guident le lecteur que vers un passé très récent, celui exprimé dans la trame principale de chacun des romans. Et même s'il est quelques références mythologiques et bibliques, elles ne sont présentes que le temps d'une comparaison qui n'engage en rien les personnages cités ni ne les implique dans le déroulement de l'histoire. Ceci n'est nullement le cas du *Lancelot* en prose qui donne de l'envergure aux analepses fournies. Dans l'extrait qui correspond à la *Charrette* du

---

[1] *Cligès*, *op.cit*, **v. 5796-5798**.

[2] Le texte révèle que sa mère est issue de la lignée de David et son père de celle de Joseph d'Arimathie, le compagnon du Christ.

[3] Emmanuèle Baumgartner, « Temps linéaire, temps circulaire et écriture romanesque », *art.cit*, p. 417.

[4] On pense aussi à la digression qu'offre la version de la *Charrette* du XIVè qui propose de nous transporter au temps de Merlin, pour élucider le mystère qui tourne autour du personnage de la Dame du Lac, à travers l'évocation de l'anneau qu'elle a offert à Lancelot, La *Charrette* du XIVè, *op.cit*, **§17**, pp. 203-204.

XIIIè, nous pensons notamment à l'épisode des deux tombes, au rappel de la cause de la colère de Guenièvre contre Lancelot, à l'élucidation du personnage de la Dame du Lac...etc. Parfois, ces analepses traversent le temps jusqu'à frôler et embrasser les temps bibliques. Elles marquent de longues pauses dans la progression de l'action et illustrent mieux le schéma de la boite à tiroirs qu'on tend à attribuer à la structure du *Lancelot* en prose. Elles expliquent les noms des lieux et légitiment les actions de certains protagonistes. Elles donnent, enfin, une aura mystique à certains objets, sacralisent plusieurs épreuves en privilégiant quelques personnages, et préparent la voie à l'annonce – parfois juste en bribes – de la destinée du monde arthurien. Cela étant, nous retrouvons ces exemples surtout dans des extraits autres que ceux présents dans l'épisode de la *Charrette* du XIIIè.

1.2.2. Anticipations ou prolepses

Soeur jumelle de l'analepse, la prolepse concerne « *toute manœuvre narrative consistant à raconter ou évoquer d'avance un événement ultérieur*[1]. » Tentant d'apporter des explications à ce qui se passe *in medias res*, les prosateurs projettent leurs récits vers un avenir proche ou lointain, et ce à travers plusieurs énoncés. Le volume des prolepses n'égale en rien celui des analepses détectées dans les proses étudiées ; mais aussi brèves soient-elles, ces anticipations nous renseignent sur la progression de l'histoire, le devenir de ses héros et de celui du monde arthurien tout entier. De même, les prolepses présentes dans les mises en prose de la *Charrette*, et surtout dans la version *Vulgate* du *Lancelot* en prose, dépassent de loin celles qu'on retrouve dans les autres mises en prose étudiées. En effet, dans l'*Érec* et le *Cligès* en prose, les seules prolepses que nous ayons pu dégager se résument ou à de brèves allusions à ce qui va avoir lieu, ou à des incises faites par l'auteur et qui concernent la matière dont il va parler. Dans le *Cligès* en prose, nous en avons noté quelques unes. Et même si elles ne dépassent pas les **10** occurrences[2], elles devancent de loin celles relevées dans

[1] Gérard Genette, *Figures III*, *op.cit*, p. 82.

[2] Voici les références, *Cligès* en vers : **3** prolepses, *op.cit* : v. **12 et ss ; v. 572 et ss et v. 2341 et ss.** *Cligès* en prose : **10** prolepses : *op.cit*, **§6, p. 72 ; §6, p. 72 ; §19, p. 90 ; §20, p. 90 ; §31, p. 105 ; §39, pp.114-115 ; §42, p. 119 ; §64, p. 151 ; §68, p. 154 ; §74, p. 162.**

les deux *Érec* où nous avons noté moins de **4** incises[1]. Prenons à titre d'exemple le cas de ces deux extraits des mises en prose de l'*Érec* :

***Érec*, ms. 363**	***Érec*, ms.7235**
« *comme vous orez*[2]»	« *comme si après sera dit*[3]»

Ici, les prolepses se réfèrent à un futur de narration proche et pris en charge par le narrateur lui-même. Quant au *Cligès* en prose, les évocations antérieures des faits n'y sont nullement opérées de manière limpide. En d'autres termes, le peu de prolepses détectées ne se réfèrent nullement à des faits futurs clairs et définis, mais simplement à des allégations prises en charge par le prosateur et mettant en avant la puissance divine ou celle de l'amour. « *Amours de sa grace lui dourra secours*[4] », dira-t-il concernant Fénice qui était sous l'emprise de la potion ; ou encore lorsqu'il avancera « *ce dont Dieux le saura bien garder*[5]» s'agissant de Fénice, que le duc cherchait à rejoindre pour passer la nuit avec elle. On en arrive ainsi à évoquer les prolepses dégagées des versions de la *Charrette*. Elles ne concurrencent en rien les analepses dégagées de ces versions[6], mais elles paraissent en grand nombre. Dans la *Charrette* du XIIIè, nous avons noté **11** prolepses[7]. La *Charrette* du XIVè, quant à elle, en regroupe **10**[8]. Commençons par cette note qui annonce dans la prose ce qui a déjà eu lieu dans *Le Chevalier de la charrette*, et qui prélude à l'épisode de la *Charrette* en prose ; lequel épisode débute ainsi : «*il [c'est-à-dire Lancelot] vint a Kamaalot en la place ou Kex li senescaus fu abatus et navrés pour la royne ke il conduisoit, si com li* ***Contes de la Karete*** *le devise*[9]. » Cet exemple constitue une analepse dans le cas où nous considérons que le fait

---

[1] Voici les références, in l'*Érec* en prose, *op.cit*, **ms.7235**, **§15**, p. 161 ; **§17**, p. 170 ; **ms. 363**, **§6**, p. 160.

[2] *Érec* en prose, *op.cit*, **ms. 363**, **§6,** p. 160.

[3] *Érec* en prose, *op.cit*, **ms. 7235**, **§15,** p. 161 ; **§17,** p.170.

[4] *Cligès* en prose, *op.cit*, **§68, p. 154**.

[5] *Ibidem*, **§42, p. 119**.

[6] Voir *supra*, note 1, p. 61.

[7] *Charrette* du XIIIè, *op.cit*, **§1**, p. 66 ; **§1**, p. 66 ; **§6f**, p. 130 ; **§6h**, p. 136 ; **§6h**, p. 136 ; **§6k**, p. 146 ; **§9d**, p. 170 ; **§9d**, p. 172 ; **§9e**, p. 176 ; **§15e**, p. 232 ; **§15e**, p. 236.

[8] *Charrette* du XIVè, *op.cit*, **p. 173** ; **p. 173** ; **p. 196** ; **p. 197** ; **p. 197** ; **p. 198** ; **p. 203** ; **p. 204** ; **p. 205** ; **p. 213** ; **p. 252**.

[9] *Charrette* du XIIIè, *op.cit*, p. 66.

s'est déjà déroulé dans le roman de Chrétien. Dans la *Charrette* du XIIIè, l'action n'a pas encore eu lieu et l'auteur rappelle ce qui aura lieu plus tard, et c'est dans ce sens que nous considérons cet exemple comme une prolepse. Les annonces et les anticipations touchent également à des personnages que nous nous permettons de placer dans la catégorie des personnages féeriques. Nous pensons d'ores et déjà à la fée du Lac dont les paroles nous renseignent non seulement sur ses dons de prévoyance, mais aussi sur des indices annonçant la suite des événements. Celle-ci s'adresse à Lancelot en ces termes :

Charrette du XIIIè

« « Or vint li tans ke tu recouverras quanque tu as pierdu, si tu l'oses faire. Et saces k'il te convient iestre le jour de l'Assention ains nonne a Kamaalot ; et se tu a celle eure ni estoies, tu ameroies miex ta mort ke ta vie»
« Ha ! dame, fait-il, or me dites dont pour coi ! »
« Pour çou, ait elle, ke la royne en sera a force menee ; et se tu i es, tu le secourras de la dont nus ne fu onkes rescous »[1]. »

Charrette du XIVè

« Beau tres doulz filz, vous en yrés droit a Camaalot et gardés que le jour de l'Assencion y soiés sanz nulle faille. Et se vous a heure de tierce n'estes, vous amerés mieulx vostre mort que vostre vie. Et gardés que vous soyés droit en ce lieu la ou je vous baillay au roy Artus quant je lui priay que il vous feïst chevalier, mais gardés que la forest soyés couvers, que nulz ne vous voye, et lors si verrés quelle aventure vous en verra. – Dame, fait il, pour Dieu, dites moy quel dommage g'y avroye se je n'y suy et a celle heure et ourréz ou loings ou pres » en ce lieu. – Ce vous diray je bien, fait elle, Sachiéz que en ce jour en ert menee la royne et conquise par ung chevalier ou conduit a monseigneur Keu le seneschal. Et je vous promet, fait elle, que vous la rescourréz ou loings ou pres[2]. »

Notons d'ores et déjà qu'il n'est pas d'équivalent à cet extrait chez Chrétien. Ce dernier commence son récit par l'arrivée subreptice de Méléagant à la cour du roi Arthur. Cet épisode est donc une invention de la prose du XIIIè que l'auteur de la *Charrette* du XIVè réempruntera. Nous pouvons remarquer certaines ressemblances et divergences dans l'exploitation de ce thème. Dans les deux extraits, la fée du Lac prédit à Lancelot l'épisode de l'enlèvement de Guenièvre et lui conseille d'aller vivement à la cour d'Arthur

[1] *Charrette* du XIIIè, *op.cit*, p. 66.
[2] *Charrette* du XIVè, *op.cit*, p. 173.

pour être impérativement le « *jour d'Assention, avant nonne, a Kamaalot* ». Dans les deux versions aussi, on apprend la raison de cette urgence : l'enlèvement de la reine. Toutefois, dans la *Charrette* du XIIIè, il est très peu de détails relatifs à cette prise d'otage. L'auteur emploie une phrase à la forme passive, où l'agent de l'action n'est pas exprimé : « *la royne [...] sera a force menee* ». L'extrait du XIVè propose plus de renseignements, en offrant en guise de complément d'agent le nom générique « *chevalier* », précédé de l'article indéfini « *un* ». On ne connait donc toujours pas l'identité de ce dernier, mais cela diminue le mystère qui plane autour de cette prédiction. L'auteur de cette prose nous apprend même que la reine sera enlevée pendant qu'elle sera « *conduite par Keu le senechal* ». Les conseils octroyés par la fée du Lac sont également agrémentés par l'évocation de l'épisode de l'adoubement de Lancelot. Cette dernière lui présente Kaamelot en ces termes : [le] *lieu la ou je vous baillay au roy Artus quant je lui priay que il vous feïst chevalier* »[1]. Elle lui conseille par ailleurs de rester couvert pour que personne ne le reconnaisse ; ce qui, peut-être, expliquerait l'entrée anonyme de Lancelot au début de l'épisode de la *Charrette*. Enfin, et alors que cette version de la *Charrette* témoigne de la certitude de la fée du Lac qui promet à Lancelot la réussite dans cette aventure *« je te promets que vous rescourréz ou loing ou pres* », la version de la *Charrette* du XIIIè rationalise davantage les propos de la fée en insérant des propositions hypothétiques modératrices de ses propos : « *si tu [Lancelot] l'oses faire* » et « *et si tu i es* ». Dans ce cas, l'exploit de Lancelot et sa réussite ne dépendent que de sa propre volonté à lui. Ce même don de prophétie, nous le retrouvons attribué à la sœur de Méléagant qui, dans le vers comme dans la prose de la *Charrette* prédit implicitement l'avenir de Lancelot. Demandant de l'aide à ce dernier, elle avance à son adresse :

La *Charrette* en vers	**La *Ch.* du *XIIIè***	**La *Ch.* du *XIVè***
« Chevaliers, fet ele, de loing Sui ça venue a grant besoig A toi por demander un don, En merite et an guerredon I grant con ge te ***porrai*** *feire, Et tu* ***avras*** *encor afeire De m'aïde,* ***<u>si con je croi</u>***[2] *[...]*	*« Gentieus chevaliers, je sui a toi venue au gregneur besong ke ja mais de toi aie, si te pri et conjur de la riens ke tu plus aimmes en cest siecle ke tu me dongnes .I.*	*« Chevalier, fait elle, par moult grant besoing sui de longues terres a toy venue et pour demander .i. don de toy en amistié et en*

[1] On pourrait d'ailleurs inscrire cet exemple dans la liste des analepses fournies par la *Charrette* du XIVè.

[2] *Charrette* en vers, *op.cit*, **v. 2797-2803**.

Uns guerredons de moi t'atant,
*Qui molt te **vanra** an boen leu,*
*An cest servise **avras** grant preu*
*Que tu m'as fet, ce **t'acreant**.*[1]. »

*don ke je te demanderai, ou tu **avras** houneur et preu .I. des gregneurs ke tu eusses onkes de sierviche ke tu feisses […]. Et saches, frans chevaliers, fait la damoisielle, ke che sera uns siervices ki te **sera** mout bien guerredounés ; et si i **avras** houneur, car c'est li plus desloiaus crestiiens ki vive*[2] »

*guerredon si grant com je le guerredon **pourroye** faire, et **avras** encore a faire de moy de tel chose dont tu **avras** espoir aussi grant besoing comme j'ay ore de ton aide et de ton secours. […] « tu **araz** en cestui service que tu m'as fait grant preu et si t'atent de moi ung guerredon qui te **sera** bien en lieu remis, se je vif longuement*[3].»»

Dans les trois versions, il est remarquable de noter l'emploi du futur de l'indicatif qui accentue le côté prophétique de ce personnage et annonce par la même occasion et en bribes, des situations ultérieures : on verra, en effet, que c'est bel et bien la sœur de Méléagant qui délivrera Lancelot et lui permettra d'anéantir Méléagant. Chrétien de Troyes prête à la sœur de Méléagant des propos persuasifs quant à sa certitude que Lancelot aura besoin d'elle ultérieurement. Outre le futur de l'indicatif qui scande ses dires, ce personnage prononce deux propositions, à savoir « *si con je croi* » *et* « *ce t'acreant* », qui accentuent ses convictions et stimulent par le même moyen la curiosité du lecteur impatient de connaitre le « *guerredons [qui] atant* » Lancelot. La prose du XIVè peint cette même certitude qui se voit, en revanche, modérée par l'insertion de la proposition hypothétique « *se je vif longuement* ». C'est l'unique raison qui empêcherait la sœur de Méléagant de rendre à Lancelot le service dont elle lui certifie

---

[1] *Charrette* en vers, *op.cit*, **v. 2934-2937**.

[2] L'explication de la demoiselle est présentée en plusieurs parties. Elle demande à Lancelot la tête du chevalier, ensuite elle qualifie celui-ci de tous els noms. On note deux références au paragraphe **§ 9d**, p170-172 et ensuite, c'est le prosateur qui prend en charge de rappeler l'identité de la demoiselle et la raison de sa demande pressante à Lancelot.

[3] *Charrette* du XIVè, *op.cit*, p. 213.

l'imminence et la réalisation. La prose du XIIIè présente un discours plus rationnel. La sœur de Méléagant prie Lancelot de tuer le chevalier. Elle le lui demande au nom de l'être qu'il chérit le plus au monde (on comprend qu'elle parle de Guenièvre). Pour le convaincre, elle allie deux termes, « *guerredounés » et « houneur* ». En d'autres termes, elle lui offre en récompense la valeur morale la plus convoitée par tout chevalier, à savoir l'honneur. Elle lui promet de surcroît un service qu'elle lui rendrait en temps et heure voulus. La *Charrette* en vers et la version du XIVè ne mettent l'accent que sur la qualité du service que la sœur de Méléagant promet à Lancelot. Toujours est-il que les trois extraits expriment, à des degrés différents, la même finalité : anticiper les faits. Ces prolepses ont donc pour tâche première d'« *orienter l'ensemble de ces divers événements, ralentir le temps à loisir et réaliser ainsi à chaque étape de la narration, ce qui dans la langue d'aujourd'hui s'intitulerait le «**suspense**»*[1] » que crée Chrétien de Troyes, en annonçant l'infortune de Lancelot, et ce à cause de son hésitation à monter dans la charrette. Seule la version vers de la *Charrette* avance que :

«*Mar le fist et mar en ot honte*
Que maintenant sus ne sailli,
Qu'il s'en tendra por mal bailli[2] »

De même, il est des objets qui fonctionnent comme des stimuli pour certains retours en arrière et annonces d'actions futures. On pense notamment à l'anneau offert par la Dame du Lac à Lancelot. Chez Chrétien, nous l'avons vu, l'évocation de cet anneau se limite à ces trois vers : « *Cele dame une fee estoit/ Qui l'anel doné li avoit,/ Et si le norri an s'anfance*[3] ». C'est le seul moment dans l'histoire où on entend parler de la Dame du Lac. Les deux proses opèrent autrement, puisque ce personnage apparait (ou réapparait dans le cas du *Lancelot* du XIIIè) avant le début même de l'épisode de la *Charrette*. Dans la *Charrette* du XIVè, l'évocation de cet anneau présente une performance alliant une analepse rappelant la provenance de l'anneau en question, et une prolepse résumant la progression des faits futurs. En voici l'extrait :

---

1 Eugène Vinaver, « Les Aventures de Bretagne », in *Mélanges de langue et de littérature du Moyen Age et de la Renaissance*, offerts à Jean Frappier par ses collègues, ses élèves et ses amis, Tome II, Genève, Droz, 1970, p. 1082.

2 *Charrette* en vers, *op.cit*, **v. 362-364**, p. 66.

3 *Ibidem*, **v. 2345-2347**.

« Et le chevalier de la charrette avoit ung annel en son doit que la Dame du Lac lui avoit donné, et lors avale maintenant le manicle de sa main et regarde son doit. Et l'annel si avoit tel forece que enchantement ne pouoit tenir cellui qui sur lui l'avoit, et la pierre en estoit moult bonne et moult vertueuse et avoit .ix. grans vertus en lui dont ly comptes parlera ça avant. Et le chevalier met en my sa veue l'annel, et regarde la pierre et dist : « Ha, dame ! Or aroye je de vous moult grant mestier ». Et celle dame qu'il reclamoit si estoit la Dame du Lac, qui estoit appellee fee par la grant science qui estoit en lui. Et le compte nous tesmoingne que au temps le roy Artus, en quel temps les aventures perilleuses furent trouvees, ne fu femme de sa science. Et la Vie Merlin, qui fu de la Prophecie aux Anglois, le tesmoingne. Et celle dame reclama Lancelot moult souvent, car l'avoit gardé et nourri ou lac, si comme vous avés ça arriere oÿ ou compte, après la mort le roy Ban son père, qui Claudas desherita. Et ce desheritement estoit Lancelot souvent bien pres du cuer, mais il esoit tant seur du vengier que il sueffre l'attente sana grant travail. Dont il avient souvent en cuer d'omme vigueureux qu'il sueffre plus de vengier l'ennuy quand on lui a fait, et il s'en pense bien a vengier, que donc s'il n'en cuidoit avoir vengence. Et il si fist, si comme ly comptes tesmoingne ça avant. Il emprist la plus merveilleuse vengence avant sa mort, dont nulz homs oïst oncques parler, si tint puis son filz Galaad, dont li comptes vous dira ça avant, en après la mort Lancelot son père toutes les marches de Galonne et le royaume de Benoyc, et toute la terre deserte Claudas, et si tint les Estranges Ysles Galeod. Et cil Galaad fu filz de la fille au roy Pelléz, qui fu oncles au Bon Chevalier et au seur en qui toutes guises de chevalieries furent espendues, si ot nom Perchevaus ly Galloys, et fu filz au roy Alain des vaulz de Camaalot. Et les pluseurs l'appeloient Pellesvaus pour l'amour du roy Pelléz son oncle, qui il ressembloit mieulx que nulle creature humaine. Icil Perchevaulx acheva les aventutres que nul ne peüst achiever se il non. Et il fu puis courounés en la grant Bbiloine, si comme ly comptes nous diront. Et ot puis tout son vivant le precieux vaissel que on appelle Graal».

Ici, c'est l'analepse même qui est le déclencheur d'une prolepse prise en charge par un auteur qui veut faire montre de sa connaissance entière de la saga arthurienne. Il nous apprend les actions futures des personnages vedettes de sa version en avançant et attribuant à chacun le rôle qui définira et tracera son avenir. Il en profite même pour marquer une pause généalogique, en présentant la descendance de Lancelot et certains membres non anodins de sa belle famille. Il s'inspire fort probablement de la version vulgate du *Lancelot*, dans laquelle on retrouve un passage où l'on annonce jusqu'au dénouement et l'agonie du monde arthurien. Ce dénouement sera déclenché par un combat mortel entre un père et son fils incestueux ; entre Arthur et Mordret,

« *celui ke li rois Artus meismes ochist puis de ses mains es plains de Salesbieres u cil Mordrés le navra aussi a mort*[1]. »

Tout est construit sur un jeu de va-et-vient entre des analepses explicatives et des prolepses annonciatrices de scènes futures. Chez Chrétien de Troyes, elles impliquent la connivence d'un lecteur qui est supposé connaitre l'histoire. Elles sont abrégées et parfois apparaissent le temps d'une seule proposition ou d'une incise. Elles concernent l'explication des coutumes et viennent expliquer des faits ou des réactions qui vont se produire. Dans l'*Érec* et le *Cligès* en prose, ces anticipations couvrent de simples incises sous forme d'allégations et non de références à des faits futurs clairs. Elles sont scandées d'un futur de narration qui nous renseigne sur des actions dont la réalisation est proche. Elles sont souvent prises en charge par l'auteur qui, évoquant un protagoniste, annonce sa volonté de raconter un fait bien précis et qui se rapporte au personnage dont il est alors question. Et c'est uniquement dans les proses de la *Charrette*, mais surtout dans le *Lancelot* en prose que les prolepses sont les plus manifestes. Des personnages prophétiques prennent de l'envergure et viennent annoncer, en amont, la suite des événements. Des objets déclenchent de longues digressions qui viennent résumer la destinée du héros ou des héros dont il est question ; prouvant, dans le cas de la *Charrette* du XIV^{è}, que son remanieur avait sa petite idée de la version en prose du XIII^{è} du *Lancelot*. Tout stimule l'intérêt et la curiosité d'un lecteur qui, au fil des siècles, exige davantage de clarté narrative et de confort dans une lecture imposée par un « *appétit de livres divers [qui prend] pour corollaire la possibilité d'opérer une lecture fragmentaire*[2] ». A la fin du Moyen Age, la place accordée au lecteur a considérablement évolué. On octroie de plus en plus d'envergure à la présentation de l'histoire : le confort du lecteur en étant le stimulus. Au souci d'élucidation des scènes restées inexpliquées chez Chrétien et de l'annonce de l'avenir des héros et de quelques scènes futures se greffe une nouvelle technique, à partir du XIII^{è} siècle. C'est celle des rubriques qui viennent se coller au début de chaque scène, résumant le contenu de chacune des parties qu'elles présentent et servant aussi de légendes aux miniatures. Ce sont, en quelque sorte, des scènes

---

[1] *Lancelot en prose*, *op.cit*, p. 614.

[2] Florence Bouchet, « Pour une poétique du lecteur : le témoignage de quelques œuvres aux XIV^{è} et XV^{è} siècles, pp. 27-45, in *Le Goût du lecteur à la fin du Moyen Age*, Éditions Le Léopard d'Or, Paris *op.cit*, p. 34.

avant les scènes elles-mêmes ; des prolepses sous forme de *compendium* résumant les faits relatés entre deux rubriques.

Voilà comment sont construites les mises en prose des romans de Chrétien de Troyes. Profitant d'une source qui n'a doté ses personnages ni d'un passé, ni d'un avenir, certains compilateurs s'efforcent d'élucider le passé, voire la destinée de leurs protagonistes, et ce surtout dans les prosifications de la *Charrette*, favorisant du même coup l'ancrage du souci de vraisemblance et de véridicité de leur roman. Les analepses et les prolepses restent courtes et allusives aussi bien chez Chrétien de Troyes que dans les proses autres que celles du *Lancelot*. Elles peuvent être relatives ou à l'élucidation apportée à l'origine et au sens d'une coutume, ou au rappel des faits jadis passés dans la trame principale des romans étudiés, ou encore ceux qui auront lieu dans un futur très proche. Dans ce cas, ces explications marquent, certes, des pauses dans le déroulement de la trame narrative du roman dont il est question, mais elles orientent le lecteur vers un passé très récent ou un futur palpable, celui narré *a priori* et qui adviendra *a posteriori* dans la trame principale de chacun des romans. Les quelques références mythologiques et bibliques ne sont présentes que le temps d'une comparaison qui compte sur la connivence avec un lecteur supposé averti. Cela n'est nullement le cas du *Lancelot* en prose qui accorde de l'importance aux analepses et à certaines des prolepses qu'il fournit. Les analepses traversent le temps jusqu'à se confondre avec les temps bibliques. Elles constituent de longues pauses dans l'action et illustrent le mieux le schéma de la boite à tiroirs attribuée à la structure du *Lancelot* en prose. Elles apportent des explications aux noms des lieux et donnent de la légitimité aux actions de certains protagonistes. Elles offrent, enfin, une aura mystique à certains objets, sacralisent diverses épreuves en mettant quelques protagonistes sur un piédestal, et préparent le terrain à l'annonce de la destinée du monde arthurien. Le roman est construit autour d'un jeu de va-et-vient entre des analepses éclairantes et des prolepses avant-courrières de scènes futures. Des personnages prophétiques prennent de la consistance et viennent nous instruire, en amont, sur la suite de l'action. Des objets provoquent des digressions étendues qui viennent résumer la destinée du héros ou des héros dont il est question ; démontrant, pour ce qui de la *Charrette* du XIV^{è}, que son remanieur connaissait la version en prose du XIII^{è} du *Lancelot*. Tout stimule l'intérêt et la curiosité d'un lecteur qui, au fil des siècles, exige davantage de clarté narrative et de confort dans une lecture. Et ce n'est qu'à partir du XIIIè que les auteurs accordent de plus en plus d'importance au lecteur, en cadençant leurs récits de rubriques qui annoncent au préalable des scènes futures, et en faisant de leurs romans des contes à épisodes. D'autres techniques d'écriture entrent en jeu. Elles se caractérisent principalement par la recherche d'une structure savante dans la composition du récit.

CHAPITRE III
À la recherche d'une structure savante

Le procédé de l'entrelacement est une technique qui a fait couler beaucoup d'encre. La structure du *Lancelot* en prose en témoigne. Tout le roman est construit sur des retours aux mêmes lieux et aux mêmes personnages. Ces aspects ont conduit certains médiévistes dont Ferdinand Lot, Alexandre Micha, et Annie Combes à étudier de près ce procédé ; et tous s'accordent à reconnaître au *Lancelot* une structure savamment construite et élaborée selon le modèle de la vie. La structure du *Lancelot* puise elle-même dans celle du *Chevalier de la charrette*, qu'elle retrace et exploite au profit d'une prolifération d'aventures de chevaliers impliqués dans l'action. Dans ses romans, Chrétien de Troyes offre les prémisses de cette technique tant revendiquée dans la prose du *Lancelot*. On la retrouve sous diverses formes et à différents moments, dans quasi tous ses romans. Ceux qu'on étudie en offrent un prélude, repris, ré-exploité et développé au profit d'une prolifération d'actions menées, de part et d'autre, par des personnages distincts et avançant ensemble ou séparément dans l'aventure décrite. Les chemins frayés dans ce large dédale sont de plus en plus enchevêtrés et retracent une progression plutôt ardue, allant du thème constant au thème éclaté, et croisant, la plupart du temps, une progression linéaire au service de l'entrelacement. Ces chemins frayés seront peu adoptés par les auteurs des mises en prose tardives des romans de Chrétien, car, au-delà des exigences distinctes des trois styles d'écriture que sont celui du XIIIe, du XIVe et du XVe, cette technique reste celle prônée surtout par le *Lancelot* en prose et qui ne semble en rien pouvoir être concurrencée.

1.3.1. La progression à thème constant

Les héros de Chrétien de Troyes, on l'a répété à l'envi, sont des héros solitaires. Chacun des romans du Champenois met en vedette un chevalier élu, exalte les prouesses de celui-ci et célèbre un esprit chevaleresque mis au service de l'amour. Plus l'aventure progresse et plus l'on voit se tracer un cheminement plutôt évolutif tournant autour d'un seul et unique chevalier. C'est ce que nous nous hasardons à baptiser la « *progression à thème constant* ». Cette appellation est empruntée à Bernard Combettes qui limite la définition de la « progression à thème constant » au niveau des phrases. Nuançant sa définition, le linguiste avance que «*la progression à thème constant qui conserve le même point de départ dans toutes les phrases d'un passage peut évidemment s'étendre sur des extraits assez longs. […] le lecteur conserve un point d'ancrage*[1].» Pour illustrer cette définition, nous pouvons tout d'abord nous fier aux titres modernes des romans retenus dans notre étude. La *Charrette* suit le rituel de la nomination retrouvé dans les titres modernes de certains romans de Chrétien de Troyes[2]. Elle présente pour titre une périphrase, reprenant le nom du héros principal du *Chevalier de la charrette*. De même, la prose du XIII[è] optera pour le nom du meilleur des chevaliers de la Table ronde, et choisit, pour titre de son roman, *Lancelot*. On peut aussi se pencher sur certains titres modernes attribués aux mises en prose plus tardives. La *Charrette* du XIV[è] siècle est baptisée « *Le Conte de la Charrette : Version dérimée du Chevalier de la charrette de Chrétien de Troyes* ». Le titre est complexe. Il réunit plusieurs informations. Le « motif » de la « charrette » est noté ; la référence à l'auteur de la source aussi. L'éditeur allie ainsi plusieurs éléments pour reconnaitre à chacun son rôle, tout en gardant la périphrase verbale que forme « le chevalier de la charrette ». Quant aux autres textes retenus dans notre analyse, on voit que Chrétien attribue à un de ses romans un titre qui prend la forme d'un nom propre exclusif, en l'occurrence, *Cligès*. Son roman est pourtant subdivisé en deux parties, l'une rappelant la vie d'Alexandre, le père du héros éponyme, et l'autre relatant celle de Cligès. La prose y remédiera puisque le titre proposé associe, sous une même tutelle, le nom des deux héros, dans « *Le Livre de Alixandre empereur de Constentinoble et de Cligès son filz*.» *Érec et Énide* est, quant à lui,

---

[1] Bernard Combettes, *Pour une grammaire textuelle, La Progression thématique*, Bruxelles, De Boeck-Duculot, 1988, p. 95.

[2] Nous pensons notamment à *Yvain ou Le Chevalier au lion* ou *Perceval ou Le Conte du Graal*.

un roman dont le titre est formé à partir de la coordination des prénoms du couple héros du roman du Champenois. Peut-être Chrétien a-t-il associé les deux noms parce que, dans sa quête d'aventures et de gloire, Érec prend avec lui son épouse qui le suivra tout au long du roman. La mise en prose sera baptisée « *L'Histoire d'Érec en prose* ». Elle dissocie Énide pour dire peut-être que les aventures sont celles d'Érec et non de sa femme et que celle-ci ne fait que le suivre dans sa trajectoire. Ce qui est sûr, c'est que hormis quelques exceptions, ce sont bel et bien les actions de Lancelot, et d'Érec qui retentissent tout au long des versions en prose du *Lancelot* et de l'*Érec* : que ceux-ci soient sujets ou objets de l'action. Quant au *Cligès*, et l'histoire étant fragmentée en deux parties, il est deux personnages principaux : Alexandre qui, dans la première partie de la trame narrative, évolue de pair avec Arthur, et Cligès qui, dans la seconde partie de l'histoire, progresse un moment avec Alis. Dans tous les cas, les personnages principaux se distinguent nettement de par l'importance des actions qui leur sont octroyées par les auteurs respectifs de nos versions. Et c'est sous cet aspect que nous considérons la progression à thème constant ; une progression selon laquelle :

> *« le héros du roman de Chrétien de Troyes, comme celui du mythe, reconnaît, à la fin de son circuit spiralé, qu'il a non seulement résolu son problème, mais encore gagné quelque chose en sus, qu'il a non seulement liquidé le manque qui l'a poussé à partir «an avanture», mais aussi un autre manque dont il n'avait pas conscience*[1] ».

1.3.2. « Progression linéaire » au service de l'entrelacement

Parce « *qu'il est centré sur un seul héros, le roman ne se prête pas à une alternance prolongée*[2] », affirme Annie Combes, et ce concernant *Érec et Énide*. On voit bien que cette remarque est valable pour tous les romans de Chrétien de Troyes. D'ailleurs, on n'aura presque toujours que l'itinéraire d'un seul et unique chevalier. Les autres seront noyés dans le silence du texte ; un silence qui confère au récit un air purement fictionnel et détaché, par conséquent, de la réalité. On se demande même si la présence d'autres chevaliers n'est pas « accessoirisée », voire aléatoire ; ce qui pousse vers une focalisation centrale et unique autour d'un seul protagoniste. Quand arrive la prose, ce défenseur de la

---

[1] Pierre Gallais, *Dialectique du récit médiéval*, Amsterdam, Rodopi, 1982, p. 7.

[2] Annie Combes, *op.cit*, p. 413.

vraisemblance, débarque avec elle et s'épanouit une technique dont le germe a vu le jour, certes, chez Chrétien de Troyes, mais cette nouvelle technique sauvera la mise au « *désir de véridicité* » du roman et en particulier, celui en prose, soit « l'entrelacement ». Et lorsque nous évoquons « *la progression linéaire* », c'est dans son aspect linguistique que nous l'entendons. En réaction à l'effet de surprise et d'incrédulité créé par le caractère paradoxal de la trajectoire du *Chevalier de la charrette* naîtra ce que Ferdinand Lot a, en premier, baptisé « *l'entrelacement*[1] ». A sa suite, plusieurs médiévistes se donneront la charge d'affiner la définition de cette nouvelle technique. Nous choisissons de reprendre une des plus récentes, à savoir celle d'Annie Combes pour qui :

> *« l'entrelacement apparaît comme le principe organisateur d'un récit fondé sur la séparation des acteurs principaux. Ceux-ci peuvent être des personnages isolés ou un groupe d'individus, par exemple, la cour d'Arthur. Chacun d'eux se trouvant en un lieu différent, le récit doit aller de l'un à l'autre, interrompant la relation des faits et gestes de l'un pour commencer ou poursuivre les agissements des autres. L'on aura ainsi une succession de* ***« segments narratifs »*** *qui, selon une fréquence imprévisible, convoqueront chacun des personnages que l'on avait temporairement quittés. Si deux acteurs se croisent en un même endroit, il s'opère une fusion des flux narratifs jusque-là différenciés, et qui pourront ultérieurement se scinder à nouveau. Par conséquent, afin que le dispositif se mette en place, il faut au moins deux acteurs un tant soit peu éloignés, de sorte que le récit effectue un va-et-vient de l'un à l'autre. Pour parvenir à s'actualiser, l'entrelacement exige l'espace de plusieurs pages : il prend forme dans l'étendue livresque, il ordonne des pans de récit. Il est tout à fait en accord avec la tendance cumulative caractéristique du* ***Lancelot***[2] *».*

Cette longue citation a le mérite de retracer, et en détails, le processus d'entrelacement s'épanouissant dans le *Lancelot* du XIII^è^ grâce au foisonnement de chevaliers entrant dans l'action première ou secondaire du récit. Par ailleurs, d'un point de vue linguistique et selon Bernard Combettes, dans une progression linéaire,

> *« le thème d'une phrase est «issu» du rhème de la phrase précédente. [...] un élément [...] entraîne l'apparition d'un nouvel élément, lui-même repris, à son tour, comme thème d'une nouvelle phrase ; on a alors l'impression d'une sorte d'approfondissement :*

---

[1] Ferdinand Lot, *Étude sur le Lancelot en prose*, Paris, Champion, 1960, p. 11.

[2] Annie Combes, *op.cit*, p. 428.

le thème initial est, en quelque sorte, « oublié », et le texte se trouve relancé, à chaque phrase, sur des bases nouvelles, avec changement de centre d'intérêt[1] .»

Il faudrait d'ores et déjà préciser que l'esquisse de ce modèle existe déjà chez Chrétien de Troyes, en l'occurrence, dans la *Charrette* en vers :

Méléagant (1) fait son entrée à la cour et défie le roi (2) [v. 44 et ss]

Craignant de perdre Keu, le roi (2) demande à la reine (3) de supplier celui-ci de rester [v.122 et ss]

Suivant le conseil du roi, la reine (3) supplie Keu (4) de rester [v. 132 et ss]

Keu (4) accepte de rester, mais en exigeant du roi (2) un don contraignant [v. 154 et ss]

Bon gré, mal gré, le roi (2) accepte et donne à Keu (4) la garde de Guenièvre [v. 180 et ss]

Un peu plus tard réapparaît **Méléagant (1)** qui a marqué le début du récit. A partir de cet exemple se trace un premier modèle de progression linéaire ; un modèle qui se veut plutôt simple, vu que le nombre de protagonistes inscrits dans l'action première du roman est limité, voire rare. Dans les deux proses de la *Charrette*, le schéma correspondant à cet épisode est respecté, mais y sont imbriqués de nouveaux personnages absents chez Chrétien de Troyes : Lionel, le cousin de Lancelot veut affronter Méléagant pour défendre l'honneur de son cousin Lancelot, présumé mort[2], et Dodinel le Sauvage est indigné quant à l'autorisation octroyée par le roi Arthur à Keu le sénéchal[3]. Ces deux insertions allongent l'extrait, créant une nouvelle dynamique tournant autour de la multiplicité des actants à qui on offre la parole et qui la lèguent à leur tour, pour prendre place dans la trame de l'action.

---

1 Bernard Combettes, *op.cit*, p. 93.

2 *Charrette* du XIIIè, *op.cit*, **§2**, p. 72 ; *Charrette* du XIVè, *op.cit*, **§10**, p. 341.

3 *Charrette* du XIIIè, *op.cit*, **§2**, pp. 76-78 ; *Charrette* du XIVè, *op.cit*, **§15**, p. 345.

Le modèle du *Lancelot* en prose demeure beaucoup plus complexe. Dans l'épisode correspondant à la *Charrette* de Chrétien de Troyes, on a pu démontrer que Lancelot était au cœur de l'action[1]. Pourtant, dans tout le *Lancelot* en prose, on verra que certaines bifurcations marquent non pas une, mais plusieurs structures en spirales, en perpétuel développement, en rapport chacune avec la progression d'un protagoniste donné, et croisant dans leur déploiement une ou plusieurs ondes relatives à la trajectoire d'un autre protagoniste. A l'instar de la vie, le cheminement des héros s'effectue en simultané. Contrairement à Chrétien de Troyes, le prosateur du *Lancelot* du XIIIè offre des chances à tous ses acteurs, en conférant à chacun d'entre eux le droit d'exprimer ses qualités de chevalier aventureux. Cette chance est saisie de concert par une pluralité de quêteurs stimulés tous, ou presque, par un désir de gloire, de renommée et aiguillonnés par la soif de quête d'une «identité». Le modèle de la progression linéaire se trouve ainsi affecté, dans la mesure où il est entrecroisé par d'autres types de progressions : linéaire – quand l'auteur s'attarde sur l'évocation des aventures advenues à un protagoniste donné – interrompue – lorsqu'il délaisse son personnage en pleine action et rejoint un autre là où on l'a laissé...etc. Voici une illustration :

***La Charrette* en vers**	***La Ch.* du XIIIè**	***La Ch.*du XIVè**
*«Et lors ont en **un quarrefor** Une dameisele trovee, Si l'ont **ambedui** saluee, Et chascuns li requiert et prie, S'ele le set, qu'ele lor die Ou la reïne an est menee*[2]*. [...] A tant s'an va **chascuns** par lui, **Et cil de la charrette** panse Com cil qui force ne desfanse N'a vers Amors qui le justise*[3]* [...] Et sa gent si grant duel an font De ce qu'il ne vient ne repeire*	*«Or s'en vont **li doi** compaingnon et chevaucent tant k'il fu midis bas. Et lors encontrent une damoisiele sour .I. mul amblant tost et souef, et si estoit las et tressués. Il le saluerent **ambedoi** et elle eus, et il li demandent*	*saluent et lui demandent, s'elle scet, qu'elle leur dist la ou la royne en est menee*[5]*. [...]Atant s'en sont d'illeuc **tous .III.** partis, si commandent **l'un l'autre** a Dieu* [6]*[...]. **Et le chevalier de la charrette** s'en vait pensant si comme celui qui*

---

[1] Nous renvoyons, dans ce cas, au tableau dressé jadis dans la progression à thème constant.

[2] *Charrette* en vers, *op.cit*, **v. 606-611**.

[3] *Ibidem*, **v. 710-713**.

Qu'il ne sevent qu'il puissent feire.
[...]
S'an prenent consoil tuit ansamble,
A ce s'acordent, ce me sanble,
Li plus resnable et li plus sage,
Qu'il an iront jusqu'au passage
Del Pont soz Eve, qui est pres,
Et querront Lancelot après
Par le los mon seignor Gauvain,
S'il le truevent n'a bois n'a plain.
[...]
Et tantost qu'il vienent au pont
Ont mon seignor Gauvain veü,
Del pont trabuchié et cheü
An l'eve qui estoit parfonde.
Une ore essort et autre afonde,
Or le voient et or le perdent.
Il vienent la et si l'aerdent
A rains, a perches et a cros.
N'avoit que le hauberc el dos
Et sor le chief le hiaume assis,
Qui des autres valoit bien dis,
Et les chauces de fer chauciees
De sa suor anuïlliees,
Car molt avoit sosferz travauz,
Et mainz perils et mainz asauz
Avoit trespassez et vaincuz,
Sa lance estoit et ses escuz
Et ses chevax a l'autre rive.
Mes ne cuident pas que il vive
Cil qui l'ont tret de l'eve fors,
Car il en avoit molt el cors,
Ne des que tant qu'il l'ot randue
N'ont de lui parole antandue.
Mes quant sa parole et sa voiz
Rot, son cuer delivre et sa doiz,
Qu'an le pot oïr et antandre,
Au plus tost que il s'i pot prandre
A la parole, se s'i prist,
Lués de la reïne requist
A ces qui devant li estoient
Se nule novele an savoient[1] »

nouvielles de la royne[2]. [...] si prent atant congiét ***li uns de l'autre****, si entre mesire Gauwains en sa voie.* ***Et des lors se taist li contes de lui et parole de Lancelot.***

§.6. ***Quant Lanselos se parti de mon segneur Gauwain a la voie des deus pons****, si esra jusques au viepre [...][3].*

§14. Quant li compaingnon Lanselot virent ke il ne venoit et k'il demouroit tant, si furent mout angosseus et atendirent illeuc jusc'a la nuit. Et lors alerent hierbegier a un castiel ki priés estoit et oïrent nouvielles ke messire Gauwains avoit passé le Pont sous Aive et gisoit illeuk. Au matin alerent encontre, sel troverent venant a grant compaingnie, si avoit esté mout estourdis de

n'a force ne deffense vers Amours qui le justice et le destraint [7] [...]. Et ilz [c-à-d ses gens] l'attendent tout le jour et toute la nuit, mais quant ilz virent qu'il revenoit, si ne vist oncques corps d'omme la douleur que ilz en demainent [...]. Lors prennent conseil ensemble comment ilz peussent ouvrer de leur seigneur qu'ilz ont par si faite manière perdu. Et a ce se sont tost accordé qu'ilz yront au Pont soubz l'Eaue pour savoir se ilz y pourront trouver monseigneur Gauvain ; et s'il avenoit chose qu'ilz le peussent trouver n'en boys n'en plain, ilz en overront par le los monseigneur Gauvain de li querre. A ce conseil s'accordent tous ensemble, si s'en vont tout maintenant droit vers le Pont soubz

---

[5] La *Charrette* du XIVè, *op.t*, p. 183.

[6] *Ibidem*, p. 184.

[1] *Charrette* en vers, *op.cit*, **v. 5095-5136**.

[2] *Charrette* du XIIIè, *op.cit*, **§5**, p. 102.

[3] *Ibidem*, **§5-6**, p. 104.

[7] *Ibidem*, p. 184.

l'euwe dont il avoit asséz beu eour .I. poi k'il n'i noia. ***Il demandent a ceus ki od lui sont comment il s'estoit contenus en la bataille, et il dient : « Mout bien*** *[...]. Lors demande il [c-à-d Gauvain] meismes nouvielles de Lanselot et il li content comment uns nains l'en avoit mené et disoit k'il estoit à lui*[1]*.»*

l'Eaue. Et tantost qu'ilz y furent venus, s truevent en l'eaue cheu mon signeur Gauvain, si que elle lui reclost en som la teste, et aloit une heure a mont et l'autre le perdent. Et lors se painent moult de lui avoir. Tant y pescherent que ilz le prennent et le aherdent a leurs mains, si le tiennent tant qu'ilz le trayent hors de l'eaue delivrement. ***Et il avoit vestu le haulberc et lacié le heaume en son chief, qui moult estoit bon et bel, et les chauces de fer chaucies, qui enroulliees estoient et plaines de sanc, car moult avoit souffert paines et ahans et travaulz****.* ***Car, si comme le compte de Lancelot nous tesmoingne, Meleagant si avoit toutes les felonnesses gardes mises et tous les felons trepas au Pont soubz l'Eaue et pour ce y avoit il mis grant paine a mectre telx gardez par quoy li passaige feussent contretenus, si y en avoit tant mis***

[1] La *Charrette* du XIVè, *op.cit*, **§14**, p. 218.

qu'il ne creoit mie que nul chevalier eüst pouoir de le trepasser [...]. *Et lors uns pou après mon seigneur Gauvain de paumoisons, si ouvri les yeulz et parla et dist : « Seigneurs, dites moy que fait la royne et se vous en savés nulle nouvelle, et se elle sejourne en ce paÿs »[1].»*

Une fois mis sur leur voie, Lancelot et Gauvain se séparent, devant un « *quarrefor*[2] » diront Chrétien de Troyes et l'auteur de la *Charrette* du XIVè. La *Charrette* du XIIIè propose des transitions élaborées, en l'occurrence : le conte « *des lors se taist [...] de [monseigneur Gauvain] et parole de Lancelot* » et « *Quant Lanselos se parti de mon segneur Gauwain a la voie des deus pons...* ». Le vers et la prose du XIVè se contentent de passer à l'évocation de Lancelot sans nul tuyau de focalisation. Celui-ci devient sujet de l'action par la simple introduction d'un complément du nom se référant à sa personne : « *et cil de charrette* » dans le vers, « *et le chevalier de la charrette* » dans la *Charrette* du XIVè. À partir de ce moment, c'est à la narration des aventures advenues au personnage éponyme de la prose que le prosateur du XIIIè se livre. Il ne rappelle Gauvain que lorsque Lancelot se fait piéger par Méléagant. Dans cette version, on ne connaîtra les aventures de Gauvain que par le biais d'une parole collective offerte aux compagnons de celui-ci[3]. Et c'est à chacun des auteurs du vers et de la prose du XIVè siècle de décrire l'état de l'armure de Gauvain et de préciser sa hardiesse et son courage face aux aventures auxquelles il a été confronté. La *Charrette* du XIVè en vient même à rajouter une digression que l'on ne trouve pas dans les autres versions et qui rappelle l'origine du Pont sous l'Eau et toute la félonie que Méléagant a mise dans sa construction. Dans tous les cas et dans les trois versions, on apprend comment le neveu du roi

---

[1] *Charrette* du XIVè, *op.cit*, pp. 243-244.

[2] *Charrette* en vers, *op.cit*, **v. 606**.

[3] *Charrette* du XIIIè, *op.cit*, p. 218, ligne 13-19.

Arthur a occupé un temps étouffé par le texte ; un temps qui, pourtant, se superpose à celui de l'action de Lancelot. Nous pouvons tenter de mieux expliquer ces passages par ce schéma :

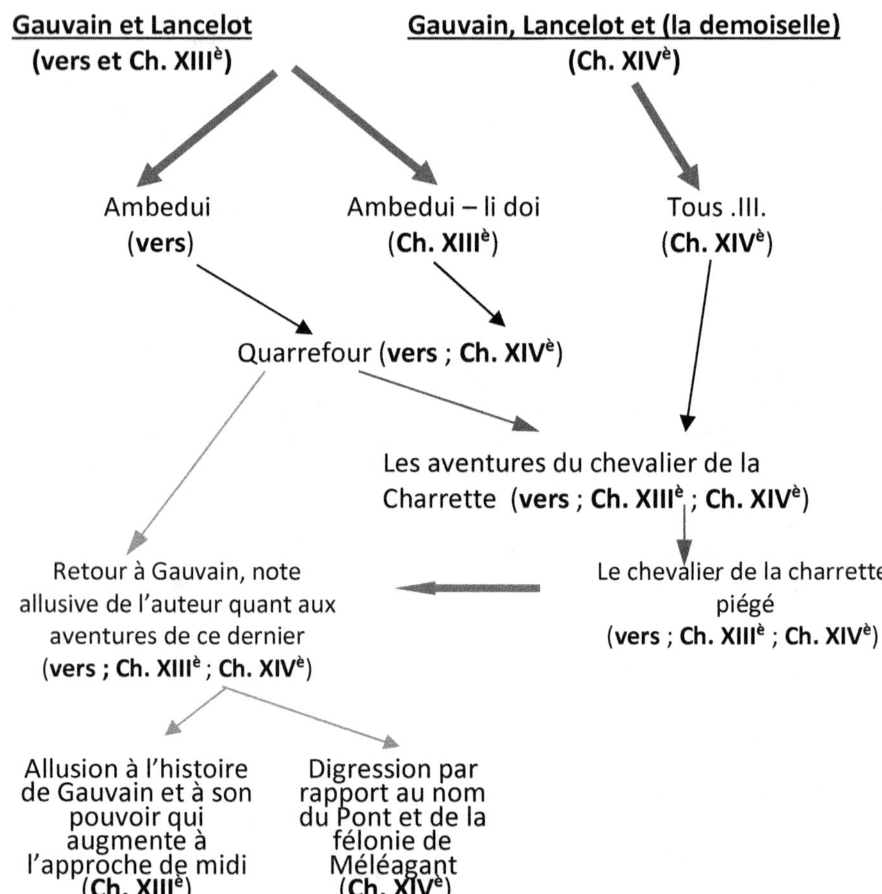

B- Modèle de bifurcation dans les 3 « Charrette »

Le « ***quarrefour*** » est donc le stimulus de la séparation des deux chevaliers. A partir de ce moment, les auteurs racontent les aventures advenues à Lancelot, et c'est une fois celui-ci piégé par Méléagant qu'ils retournent un tant soit peu et de manière très allusive vers les aventures de Gauvain. La progression de l'action est donc linéaire jusqu'à l'enfermement de Lancelot. A partir de ce moment, l'aventure poursuit la route de la progression à thème éclaté, dans la mesure où les auteurs reviennent à parler de Gauvain, l'autre compagnon de Lancelot et de sa quête de Guenièvre[1].

Ce mécanisme d'entrelacement s'épanouit beaucoup plus dans des épisodes autres que la *Charrette* et notamment dans tout le *Lancelot*. Ces épisodes fragmentent et morcèlent l'action d'un groupe de deux ou de plusieurs chevaliers, et offrent par ce même moyen une vision beaucoup plus véridique d'une action ciselée sur le modèle de la Vie. Rappelons, à ce sujet, l'épisode consacré aux aventures de Boort. Dès que Lionel lui transmettra le message de Lancelot, à savoir que « *ja chevaliers n'acroistra son pris de sejourner trop en .I. lieu*[2] », Boort devient sujet de l'action du roman. Le prosateur le mettra en vedette dans plus de trente paragraphes, entrecoupés d'une part, par le récit d'une demoiselle déshéritée[3], d'autre part, par la réconciliation de Gallidé et de sa nièce[4] et par ailleurs, par le récit de la demoiselle ligotée[5]. Ensuite, le roman rejoindra Lancelot[6], pour le délaisser encore une fois et reprendre, un tant soit peu, le personnage de Boort, une fois retrouvé par la demoiselle de Hongefort et celle de Glocedon[7]. Dans l'*Érec* et le *Cligès* en prose du XV[è], la progression linéaire n'est pas autant marquée que dans le *Lancelot* du XIII[è]. Elle rejoint, dans son exploitation, l'emploi qu'en fait Chrétien de Troyes dans ses romans. On la retrouve comme réaction à quelques stimuli provoqués par certains personnages et suscitant la mise en scène de nouveaux protagonistes. Des volutes se créent dès lors, favorisant la mouvance du texte et engendrant la vivacité nécessaire à la quête d'un seul et unique chevalier, souvent solitaire dans sa trajectoire. Le **ms. 363** de l'*Érec* en prose est une mise en prose incomplète du roman de Chrétien. Ce qu'on y constate, c'est que le prosateur sature son texte d'une progression à thème constant, à savoir ici, celle qui tourne autour du personnage d'Érec. Le thème a varié au début de l'aventure du

---

1 Voir *Infra*, Partie I, chapitre 3 : « la Progression à thème éclaté ».

2 *Charrette* du XIII[è], *op.cit*, p. 296.

3 *Ibidem*, p. 308 et ss.

4 *Ibidem*, p. 352 et ss.

5 *Ibidem*, p. 366 et ss.

6 *Ibidem*, p. 428.

7 *Ibidem*, p. 520.

héros du Champenois, lorsque celui-ci a associé sa femme à sa quête. Mais leur aventure forme un bloc indissociable dans l'action fondamentale du roman. Le prosateur délimite son histoire – qui « s'achève » après le mariage d'Érec et Énide et le départ de celui-ci de la cour du roi Lac – par deux formules. La première « *mais atant laisse le conte a parler d'eulz pour racompter du roy Artus et des adventures de sa court*[1] » se place avant le début de l'histoire d'Érec, et la seconde « *mais atant laisse le conte a parler d'eulz tous et retournerons a compter les armes que fist le chevalier a l'escu d'or*[2]» vient se greffer à la fin de l'épisode de l'histoire d'Érec. Comme dans certains passages du *Lancelot* du XIII[è], la progression à thème constant est ainsi biaisée par l'introduction subreptice de nouveaux personnages qui prennent les rênes de l'action, le temps de certains chapitres, monopolisant l'action et la centrant sur une seule quête, qui, de surcroît, s'avère individuelle.

A part cette exception qui encadre le début et la fin du **ms. 363** de l'histoire de l'*Érec*, les autres mises en prose du XV[è] des romans de Chrétien présentent certaines formules qui encadrent cette fois-ci des parties du récit conté. Elles sont relatives à quelques corollaires de la formule vedette du *Lancelot* du XIII[è], à savoir « *or dist li contes* ». Elles viennent marquer des pauses dans la trame principale de l'histoire racontée et permettent à l'auteur de passer d'un tableau à un autre et de revenir, par la suite, au sujet principal de son roman, d'où la progression linéaire. D'ailleurs, c'est ce que nous retrouvons dans le **ms. 7235**, lorsque le chevalier et la pucelle partent pour la cour d'Arthur conter les aventures d'Érec et que le prosateur revient à parler de ce dernier[3] ; ou alors quand Érec et Énide quittent la ville et que l'auteur « *laisse [...] a parler de Érec et [vint] a racompter*[4] » les aventures de Guivret. Et il en est de même dans le *Cligès* en prose. Le prosateur avance que « *[son] compte laissera a parler des journees que Cligès fist durant son voiage, et endementier parlera de Fenice la belle*[5]», ou encore, qu'il « *se taira du pleur qu'ilz demenerent, et maintenant vendra a parler des manièrez que Cligès fist envers son ouvrier*[6].» Dans le *Cligès* en prose et à la différence de l'*Érec* en prose, le passage d'un personnage à un autre est stimulé par l'envie d'abréger,

1 *Érec* en prose, **ms. 363**, *op.cit*, p. 102.

2 *Ibidem*, **§7**, 168.

3 *Érec* en prose, **ms. 7235**, *op.cit*, **§32**, p. 194.

4 *Ibidem*, **§34**, p. 198.

5 *Cligès* en prose, *op.cit*, **§47**, p. 126.

6 *Ibidem*, **§58**, p. 143.

autant que faire se peut, les scènes descriptives, comme le démontrent les exemples cités. En somme, la structure des mises en prose des romans de Chrétien ressemble à un véritable mécanisme mis au service de la vivacité d'un texte favorisant l'image spéculaire d'un monde réel où foisonnent les actions simultanées d'une panoplie de personnages ; des actions au bout desquelles on arrive à faire miroiter l'image de la Vie. On peut citer à titre d'exemple celles où plusieurs acteurs agissent de manière synchrone dans un même ou plusieurs espaces, et où chacun peut croiser l'autre avant, pendant, ou après une aventure donnée.

1.3.3. Progression à thème éclaté

C'est bien dans le *Lancelot* en prose que ce type de progression se trouve le plus exploité. Il serait adéquat d'en proposer au préalable une définition. Toujours selon l'auteur de *Pour une grammaire textuelle, la progression à* thème *éclaté*, dite aussi à thèmes dérivés « *peut [...] prendre des aspects divers» dont celui d'« hyperthème, qui sera ensuite réparti en plusieurs sous-thèmes*[1].» En d'autres termes, on aura un sujet générique regroupant deux ou plusieurs personnages ; il peut être déployé au profit de la narration des aventures de chacun des personnages cités. Précisons aussi que la structure du *Lancelot* est complexe au point que la progression à thème éclaté se trouve imbriquée dans la progression à thème linéaire, voire à thème constant. Ce qui n'est nullement le cas du *Chevalier de la charrette*, ni des autres mises en prose des romans de Chrétien. Revoyons quelques occurrences. Dans le **ms. 7235** de l'*Érec* en prose, l'auteur présente une série de personnages présents le jour de la Pentecôte à la cour d'Arthur. L'auteur dit :

> « *nous parlerons ung pou en brief* [de **ceulz qui y vendrent**]:
> ***Bauduin le conte de Glocestre***
> ***Le conte de Divion***
> ***Le conte de la haulte Montaigne***[2]. »

C- Modèle de thème éclaté dans le Cligès en prose

Mais il ne sera plus question d'eux. Dans la *Charrette* en vers, l'exemple détecté est unique et concerne, bien évidemment, les deux chevaliers partis à la quête de Guenièvre enlevée ; deux

[1] Bernard Combettes, *op.cit*, p. 97.

[2] *Cligès* en prose, *op.cit*, **§14**, p. 155.

chevaliers qui ne sont autres que Lancelot et Gauvain évoluant de pair du vers **268** au vers **710**, là où « *a tant s'an va chascuns par lui*[1].» Cette séparation s'avère d'ores et déjà annoncée au vers **606** par l'introduction d'un lexème portant en lui le sens de déploiement : le « *quarrefor*[2] ». Ensuite, Chrétien de Troyes confiera à une demoiselle la charge d'annoncer les chemins que suivront Lancelot et Gauvain, chacun de son côté. A partir de ce moment, nous l'avons vu plus haut[3], il sacrifiera les aventures du neveu d'Arthur au profit de celles de Lancelot. La *Charrette* en prose du XIIIè, quant à elle, présente le même type de progression concernant ce même passage, sauf qu'il n'est plus question de carrefour. Seule une demoiselle sera chargée de séparer la route des deux compagnons[4]. On pense également à d'autres exemples détectés dans la version *Vulgate* et ailleurs que dans le passage de la *Charrette*. C'est le cas de l'escorte de la reine lors d'une chasse organisée par la cour d'Arthur, « *.I. an apriés la mort Meleagant, le fil au roi Baudemagu*[5] ». Cette escorte est composée de dames et de demoiselles, mais il « *n'i avoit ke .IIII. Chevaliers seulement, dont li uns avoit non Keu li senescaus et Saigremor li Desreés et Dodiniaus li Sauvages et li quars fu Lancelos dou Lak*[6] ». Défendant la reine contre un agresseur malgré lui (Boort), ces quatre chevaliers exposeront leurs qualités guerrières en se battant, chacun son tour, contre l'attaquant. Cette bataille nous est d'ailleurs exhibée suivant l'ordre dans lequel ces quatre chevaliers nous ont été présentés ; un ordre qui s'avère plus que significatif.

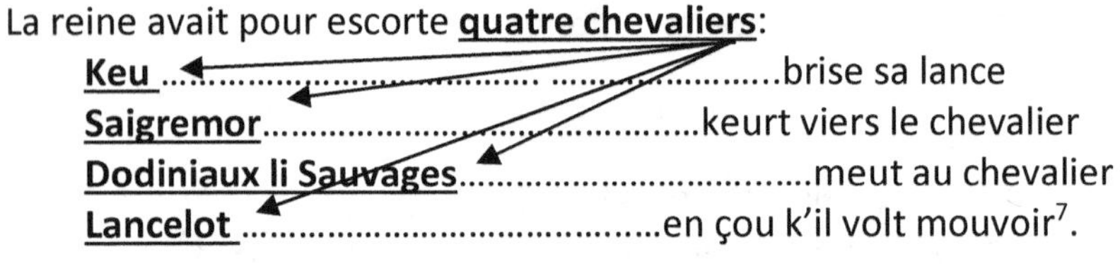

La reine avait pour escorte **quatre chevaliers**:

Keu ....brise sa lance
Saigremor..keurt viers le chevalier
Dodiniaux li Sauvages..................................meut au chevalier
Lancelot ....en çou k'il volt mouvoir[7].

D- Modèle de thème éclaté dans le Lancelot en prose

---

[1] *Charrette* en vers, *op.cit*, **v. 710**, *op.cit*, p. 86.
[2] *Ibidem*, **v. 606**, p. 82.
[3] Voir *Supra*, « Progression linéaire au service de l'entrelacement ».
[4] *Charrette* du XIIIè, **§ 5**, ligne 31-35, *op.cit*, p. 102.
[5] *Lancelot en prose*, *op.cit*, p. 530.
[6] *Ibidem*, p. 530.
[7] *Ibidem*, p. 534-536.

Déployant l'action d'un groupe de chevaliers, le compilateur préfère souvent, sinon toujours, débuter par le moins preux des protagonistes et aller crescendo vers l'Élu du roman[1]. De même, au tournoi organisé par le roi Brangoire, au château de la Marche[2], l'élection des douze pairs nous est signalée suivant un ordre lucide. Ayant présidé au dernier service de table, la fille du roi s'adresse « *as .XII. pers* [3] » et demande à chacun une récompense. C'est à ce moment-là du récit que le lecteur identifie les Élus. Le texte dit :

«lors vint la damoisielle a la table ***as .XII. pers*** *et dist:*

Au premier .... *[Caleas li Petis]*
l'autre ki delés lui .... ***seoit*** *[Sabilor as Dures Mains]*
li tiers .... *[Alphasar li Gros]*
li quars .... *[Sarduc li Blans]*
li quins .... *[Mailor de l'Espinne]*
li sisimes .... *[Augaires li Fel]*
li sieptismes .... *[Patridés au Ciercle d'Or]*
li witismes .... *[Meldon li Envoisiés]*
li noevismes .... *[Gargalans li Fors]*
li disimes .... *[Malakins li Galois]*
li onsimes .... *[Agricol li Biaus Parliers]*
li dousimes .... *[li Lais Hardis]*[4]

E- Modèle de thème éclaté développé dans le Lancelot en prose

---

[1] Nous retrouvons ce même type de présentation dans maints épisodes antérieurs. On pense notamment à l'épisode de l'enlèvement de Gauvain. Des trois chevaliers partis à la recherche de ce dernier, on verra d'abord défiler les aventures advenues au duc de Clarence (p. 146 et ss), puis celles d'Yvain (p. 184 et ss). Et l'on n'évoquera les aventures de Lancelot (p. 208 et ss) qu'en dernier, mettant ainsi en valeur la prouesse et la suprématie du héros. (*Lancelot du lac IV*, «Le Val des amants infidèles», éd., Yvan G. Lepage, traduction et présentation de Marie-Louise Ollier, Lettres gothiques, Librairie Générale Française, Livre de Poche, 2002).

[2] *Lancelot en prose*, *op.cit*, p. 372.

[3] *Ibidem*, p. 396.

[4] *Ibidem*, p. 396-400.

Le suspense va montant et le lecteur attend avec impatience la réaction de l'Élu (Boort) et la récompense que celui-ci proposera et offrira à la demoiselle, en échange de son service.

Hormis dans le *Lancelot* du XIIIè, les exemples relatifs à la progression à thème éclaté sont quasi absents de toutes les versions que nous étudions. Nous n'avons pu dégager qu'un seul extrait allusif et très peu représentatif dans le **ms. 7235** de l'*Érec* en prose. D'ailleurs, même dans le passage de la *Charrette* du XIIIè, ce type de progression se manifeste peu et il ne prend de l'envergure que si l'on considère le *Lancelot* dans sa totalité. Vu le volume de l'œuvre, on comprend que c'est à dessein que le compilateur du *Lancelot* du XIIIè se plie à une présentation telle de ses protagonistes. Il donne de la vie et de l'envergure à plusieurs de ses personnages. Il ne fait plus que les nommer, mais il leur lègue une action, parfois même courte, mais une action qui leur permet d'intégrer l'œuvre et de dépasser le statut de personnages passagers, voire inconnus. De même, cette insertion hiérarchisée permet de mieux mettre en valeur le chevalier élu et sur lequel l'auteur veut mettre les projecteurs. Toutefois, cette énumération classée n'a pas toujours été aboutie ; et l'on ne sait guère si cette rupture est volontaire ou pas.

1.3.4. Effet de surprise ou rupture de l'action

Outre l'entrelacement qui se lit à travers le jeu de rupture et de reprise de la narration des aventures advenues à un protagoniste donné, un effet de surprise est créé par le biais de certaines formules auxquelles le lecteur semble, en quelque sorte, habitué. Ces formules paraissent à maints endroits du récit, pour annoncer à chaque fois le passage d'un héros à un autre, voire d'un espace à un autre, et qui réapparaissent à d'autres endroits, mais en n'accomplissant plus leur fonction habituelle. La formule « *ci dist li contes ke* » et son corollaire ont pour mission principale de découper les épisodes et d'annoncer au lecteur ce dont il sera question. Précisons aussi que ces formules se donnent, *a priori*, pour tâche primordiale d'annoncer la narration d'aventures d'un ou de plusieurs protagonistes bien déterminés. Pourtant, quelques fois, la mission de cette formule sera affectée. A la fin du **§ 150** du *Lancelot* en prose, quand « *se taist ore li contes de lui [c'est-à-dire d'Yvain] et parole de Mordret, le plus jovene des freres mon segneur Gauwain* », le lecteur s'attend à ce qu'on expose les aventures de ce protagoniste. Pourtant et à sa grande surprise, il se retrouve face à une bifurcation assez particulière : une digression alimentée par les portraits physiques et moraux de Gauvain et de ses quatre frères[1]. Un lecteur lucide ne peut ainsi que s'étonner face à une pause narrative aussi inattendue. L'auteur consacrera tout le **§ 151** à évoquer les traits des frères de Mordret et ne reprendra la narration des aventures de ce dernier qu'au **§152**. Il nous dit « *si m'en tairai ore et entendrai a ma matere, car bien en est tans et eure*[2] ». Peut-être était-ce une manière détournée de dire que la digression qu'il a exposée n'était pas prévue et qu'il retourne sans plus attendre à parler de ce qu'il a annoncé plus haut.

Un exemple différent, mais non moins surprenant est celui que l'on a détecté dans le *Cligès* en prose. C'est celui qui correspond au **§53** qui évoque la rencontre entre Cligès et la demoiselle qui se plaint dans un endroit solitaire. Cet épisode rappelle certes à Cligès l'amour que lui voue Fénice, mais comme le rappelle Maria Colombo Timelli, cet épisode a été ajouté par le prosateur, et il n'a pas d'équivalent dans la version en vers de Chrétien. Dans la prose, il se trouve **isolé** du reste du récit. D'abord, il est :

> *« à peine introduit par une allusion très discrète au « noble usage de voller et chassier » à la fin du chapitre 52 (f. 74r), il n'aura aucune conséquence par la suite, ne déclenchant aucune autre aventure. Sa* ***longueur*** *ensuite (194 lignes du manuscrit) : il s'agit de loin du chapitre le plus long du roman. Son* ***autonomie*** *narrative enfin*[3]».

Ces trois aspects le concernant créent un effet de surprise chez un lecteur averti, qui connaitrait la version de Chrétien et qui suivrait de près le déroulement de l'action. Peut-être pouvons-nous émettre, ici, l'hypothèse que l'auteur de cette prose voulait s'exercer sur un modèle de bifurcation propre au *Lancelot* en prose du XIII[è], en insérant un paragraphe non lié à la trame principale de son histoire et ne dérangeant en rien le déroulement de son action. Cet effet de surprise est également créé par l'entrée en scène de Lancelot dans *Le Chevalier de la charrette*. Ici, il n'est pas question de la formule « *or dist li comptes* » ni de son corollaire. Le chevalier de la charrette arrive de nulle part. Le lecteur se voit emporté par le dynamisme de l'action suscité par l'enlèvement de

---

[1] *Lancelot* en prose, *op.cit*, p. 766-770.

[2] *Ibidem*, **§151**, p. 770.

[3] Maria Colombo Timelli, introduction au *Cligès* en prose, *op.cit*, p. 37.

Guenièvre. Et c'est d'ailleurs ce qui camoufle en quelque sorte l'invraisemblance de cette arrivée subreptice[1] . Là encore se lit une des variations dégagées entre la version en vers de la *Charrette* et celles en prose ; puisque les deux proses nous expliquent, en amont de l'épisode de la *Charrette*, qui est le chevalier qui arrive à la cour d'Arthur, d'où il vient, ce qui lui est jadis advenu et la raison pour laquelle il rejoint la cour du roi Arthur, à l'Ascension. Les exemples d'effet de surprise ou de rupture de l'action sont donc rares. Dans les romans que nous étudions, nous n'avons pu dégager que trois occurrences. Celle qui parait chez Chrétien de Troyes est justifiable par l'aspect inabouti et subreptice de plusieurs événements et par le flou planant autour d'une panoplie de personnages et de scènes dans l'écriture en vers, en général, et dans celle de Chrétien, en particulier. L'occurrence dégagée du *Cligès* en prose marque malgré tout une pause dans la rédaction et rappelle, en quelque sorte, l'ossature du *Lancelot* en prose du XIII[è], dans la mesure où elle s'inspire des digressions si chères à l'auteur de la *Vulgate*. Quant à la pause déclenchée par la description des frères de Mordret, même si elle n'a pas été annoncée par l'auteur et qu'elle arrive dans la narration de manière assez surprenante, celle-ci donne un avant goût de la suite de la saga et rappelle la fin du règne du roi Arthur.

Ainsi aurons-nous étudié comment cette structure savante que défend chacun de nos auteurs est abordée dans les romans retenus dans notre analyse. La progression de la narration et des « thèmes et rhèmes » sujets et objets de l'action varie et se duplique selon les occurrences et les versions. L'ossature du *Lancelot* en prose s'avère savamment constituée et calque le modèle de la vie. Les romans de Chrétien offrent un prélude à cette structure qui est ré-exploitée et développée indéfiniment dans la version dite *Vulgate*. Les voies proposées dans ce vaste labyrinthe se trouvent enchevêtrées et exposent une progression laborieuse, en apparence, mais qui valse d'un thème constant à un thème éclaté, et entrelaçant, parfois, une progression linéaire mise au service de l'entrelacement. La progression à thème constant est celle qui est la plus visible et la plus intuitivement concluante pour une première lecture des romans autres que celui du *Lancelot* du XIII[è]. Mais de l'infrastructure des romans se dégage un autre type de progression, celui de la progression linéaire. La mouvance de ce type de progression crée une synergie qui donne de la vie aux

---

[1] *Charrette* en vers, *op.cit*, **v. 271-273**.

personnages restés inconnus ou simples passagers dans les romans en vers de Chrétien. Quant à la progression à thème éclaté, c'est celle qui est la moins présente dans les romans analysés, mais elle est célébrée dans d'autres passages extraits du *Lancelot* en prose. Elle se manifeste sous forme d'insertions classifiées de personnages – et parfois même de leurs actions – et permet, par la même occasion, de mettre en exergue le chevalier élu et sur qui l'auteur veut porter l'attention. Même lorsqu'un effet de surprise ou de rupture de l'action a été noté, et bien que les exemples soient rares, ce dernier contribue, d'une manière ou d'une autre, à mettre l'accent sur un épisode donné, sur un personnage en particulier, et peut même aller jusqu'à offrir les prémisses d'une prolepse motivant la lecture de la suite de la saga[1]...

Le mécanisme de **réécriture** est complexe. L'existence d'un scribe propre à chaque roman, propre à chaque réécriture implique des modifications concernant, en premier lieu, l'aspect linguistique de l'écriture. Chaque scribe détient le pouvoir du verbe et crée et recrée des *personae* en continuel déplacement dans un chronotope donné. Dans le cas des mises en prose des romans de Chrétien de Troyes, les prosateurs/compilateurs on usé d'une palette de techniques, se moulant, parfois, à la source et la dépassant, d'autres fois, par la création d'histoires inédites. La manifestation de l'instance narrative dans les diverses versions retenues dans notre analyse se duplique et se présente sous de multiples apparences. D'un narrateur à la première personne, qui se confond, parfois, avec le jongleur et qui restitue les paroles de Chrétien dans les versions en vers, on rejoint un nouveau statut d'un narrateur qui rappelle ce que « *le conte dist* » dans une source présumée être les romans du Champenois. Dans les versions en vers, le nom de Chrétien est cité. Il est également nommé par de multiples périphrases référant à ses œuvres. Dans le *Lancelot* du XIIIè, on présente le roman de la *Charrette* au vu e au su des lecteurs, au début même de l'épisode. Et bien que ne présentant pas de prologue, le roman cite la source, à savoir « *li contes de la Karete* » ; comme le fait, mais beaucoup plus tard, la *Charrette* du XIVè[2]. La trace d'une oralité apparente se manifeste même dans les proses tardives, mais elle ne constitue plus que la marque de

---

[1] Le cas de l'histoire tissée autour de Mordret, in *Lancelot en prose, op.cit*, p. 766-770.

[2] La *Charrette* du XIVè, « *si comme le compte de Lancelot nous tesmoingne* », *op.cit*, p. 244.

quelques enveloppes oubliées, qui enlacent fondamentalement la fonction phatique du langage. Prémisses posées jadis par Chrétien, les personnages prennent part à la narration en devenant eux-mêmes conteurs de leurs propres aventures ou de celles d'autres chevaliers. Une dynamique prend place ; elle engendre une synergie qui enveloppe diverses histoires sous l'égide d'un seul et même roman, et qui génère, par la même occasion, une cyclicité favorisant seulement dans le cas du *Lancelot* en prose, la mise en abyme des récits contés dans les textes retenus dans l'analyse. Profitant d'une source en vers qui n'a doté ses personnages ni d'un passé, ni d'un avenir, certains « prosateurs » s'efforcent d'élucider le passé, mais aussi la destinée de leurs protagonistes, et ce surtout dans les prosifications de la *Charrette*. Par la même occasion, ils œuvrent pour donner à leurs romans le semblant de véridicité dont ils se soucient. Les retours en arrière et les anticipations restent courtes et allusives aussi bien dans les vers de Chrétien de Troyes que dans les proses autres que celles du *Lancelot* en prose.

Comme un tourbillon, la progression de la narration et celles des sujets et objets de l'action varient et se dupliquent selon les occurrences et selon les versions. Le squelette du *Lancelot* en prose s'avère savamment constitué et reproduit le schéma de la vie. La composition des romans de Chrétien donne un avant-goût de cette structure qui sera ré-exploitée, surtout, dans la version dite *Vulgate*. Les pistes proposées dans cet ample espace se trouvent brouillées, par moment, et proposent une progression laborieuse, en apparence, mais qui balance entre un « thème » constant et un « thème » éclaté – un sujet singulier, d'une part, et d'autre part, un sujet pluriel susceptible d'être décortiqué – et qui embrassent, des fois, une progression dite « linéaire » qui est mise au service de l'entrelacement. La progression à thème constant semble la plus visible et la plus immédiate pour un lecteur rapide des romans autres que celui du *Lancelot* du XIII[è]. Mais de l'infrastructure des romans se dégage un autre type de progression, celui de la progression linéaire. Celle-ci s'épanouit surtout dans le *Lancelot* en prose ; elle crée une synergie qui donne vie à des protagonistes dont l'identité est restée secrète ou qui sont de simples passagers dans les romans en vers de Chrétien ou même dans les proses plus tardives. Par ailleurs, la progression à thème éclaté est celle qui se manifeste le moins dans les romans analysés. On n'a détecté qu'un modeste exemple dans le **ms. 7235** de l'*Érec* en prose. Ce type de progression est mieux célébré dans des extraits du *Lancelot* en prose, mais autres que l'épisode de la

Charrette. Il prend vie sous forme d'insertions classifiées de quelques personnages ou de leurs actions, et permet, par le même biais, de mettre en valeur le chevalier sur qui l'auteur veut attirer l'attention. De ce déploiement manifeste, surtout dans le *Lancelot* en prose, nait un effet de surprise qui semble prendre la forme d'un manège tournoyant de manière indisciplinée. Mais celui-ci contribue, à sa juste valeur, à donner de l'envergure au roman et aux protagonistes et à stimuler l'envie de découvrir un univers inhumé jusque-là, et que la prose du XIIIe siècle, mais aussi les proses plus tardives tenteront d'éclairer dans une transhumance avertie et guidée vers une élucidation nominative plutôt clairvoyante et éveillée.

PARTIE II

De l'implicite à l'explicite de la nomination

Au « *souci d'élucidation* » qui caractérise la prose du XIIIè siècle est lié un passage très important de l'implicite flou des romans en vers à l'explicite « éclairé » de ceux en prose. Les versions en vers des romans de Chrétien de Troyes et toutes les mises en prose apparues à partir du XIIIè siècle semblent être un témoin non sans importance de cette évolution. Le passage de l'obscur au clair touche divers piliers de la composition. Il se focalise sur la structure et le choix des noms des personnages et des lieux. Nous assistons, en effet, à la multiplication des noms de part et d'autre. Une atmosphère vraisemblable et réelle enveloppe l'univers arthurien et consacre aux mises en prose des romans de Chrétien une aura de véridicité incontournable. Une énergie se crée, mélangeant les références anthroponymiques et toponymiques réelles, à celles qui sont légendaires, mythologiques, bibliques, voire métaphoriques. Petit à petit, les « ensilencements » s'étiolent laissant place à une transparence nouvelle. Les noms des lieux sont très nombreux et font valser des noms de toponymes réels avec d'autres métaphoriques. En d'autres termes, on retrouve non seulement des noms de lieux géographiquement localisables, mais aussi des lieux dont les appellations ne sont que le fruit de l'imagination des auteurs, mais dont la présentation leur confère une vraisemblance trompeuse. Quant aux anthroponymes, ils deviennent chargés d'une mission généalogique. A travers les noms des personnages, l'on nous renseigne sur l'identité de leurs parents et celle de leurs aïeuls, voire de leurs aïeux. On localise leurs contrées et arrive à limiter l'étendue de leurs propriétés. Les auteurs des proses dépassent, pour la plupart, l'anonymat des romans de Chrétien de Troyes et reconstruisent l'univers des personnages en les dotant d'une appartenance familiale, sociale, patriarcale, et parfois même religieuse ! Cela étant, d'une mise en prose à une autre, le processus évolue et change et il ne reflète pas forcément le même principe ni les mêmes habitudes que certains auteurs se sont aventurés à perpétrer ou à instaurer.

Ce foisonnement de noms se double d'une volonté incessante de nommer l'inconnu et d'apporter aussi souvent que possible les éclaircissements nécessaires à la transparence du texte. Celle-ci passe, nous l'avons vu, par le biais de récits rétrospectifs et d'anticipations, mais elle se dégage également à travers de simples réponses à des questions-stimuli. Tout devient alors possible. Octroyer au texte une assise historique, vérifiable et sure, tel est le défi que se sont donnés certains auteurs des mises en prose des romans de Chrétien. D'un roman en vers à sa ou à ses mises en prose, ce processus change et évolue. Le texte dépend de son auteur et de son époque. Des questions et leurs réponses, mais aussi des questions, sans réponses se multiplient, apportant ou explications ou inquiétudes et provoquant parfois même des actions qu'on justifie souvent par des rappels de coutumes, d'actions, de propos préalables et apportant l'énergie nécessaire à la progression de l'action. Comment cette contorsion onomastique est-elle réalisée ? Quels sont les outils privilégiés par chacun des auteurs et quelles en sont les répercussions sur chacune des versions étudiées ? Quels sont les héritages des versions de Chrétien et quelles sont les inventions des auteurs des mises en prose ? D'une mise en prose à l'autre mise en prose d'un même roman, ces outils sont-ils réutilisés ? D'une prosification d'un roman à la reprise d'un autre roman à une époque différente, ultérieure, quels sont les impacts de l'ouverture de ce spectre onomastique sur la vraisemblance de chacun de ces romans ? Des vagues de questionnements sont provoquées par les différentes versions retenues dans notre analyse. Celles-ci sont doublées par des réponses, des pseudo-réponses ou des non réponses relevées le long des romans. Elles se trouvent parfois même suggérées par les personnages eux-mêmes ; de quoi créer une énergie interne dans le texte en familiarisant davantage le lecteur avec les personnages et en le confortant à leurs identités et à leurs histoires respectives.

CHAPITRE IV
Nommer l'inconnu

Une des premières différences à s'installer entre les versions en vers des romans de Chrétien et leurs mises en prose est ce « *désir de véridicité* » dont parle Annie Combes ; un désir qui s'assouvit par le biais d'une prolifération d'interrogations provoquant des réponses de tout genre et stimulant l'action de nouveaux personnages. D'une version à l'autre, une avalanche d'interrogations au style direct ou indirect prennent vie et créent une sorte de synergie qui engage les personnages dans la trame principale ou secondaire de l'histoire. Des pourquoi et des comment étouffés dans les textes en vers de Chrétien, on passe à des requêtes formulées ou suggérées. Au fil des mises en prose, on se soucie davantage du sujet de l'action et de son objet. L'appartenance généalogique et l'identité des héros deviennent capitales pour le respect qu'on leur démontre et octroie. Il ne s'agit plus de passer sous silence des explications esquivées chez Chrétien, on les remet à la lumière du jour pour ramener la clairvoyance nécessaire à la compréhension du texte, du contexte et même, nous l'avons vu, du co-texte[1]. Dans plusieurs des mises en prose étudiées, on verra naître des personnages qui prennent vie et à qui l'on octroie une légitimité d'existence qui les élève du rang de personnages anonymes à celui de personnages passagers et parfois même à celui de personnages principaux. Tous ces mouvements aussi prévisibles soient-ils – parce qu'instaurés dans les mises en prose du XIIIe, et principalement dans le *Lancelot* en prose, et devenus au fil de la progression de l'histoire presque rituels – ne sont pas pour autant systématiques. On s'étonnera de voir, en effet, que certaines « prosifications » ne vont pas dans ce sens et provoquent une sorte de coups de théâtre dans la logique coutumière de lecture des mises en prose des romans de Chrétien.

---

[1] Voir *Supra*, « Les analepses » et « Les prolepses ».

2.4.1. Questions/Réponses ou le souci d'« élucidation »

Aux entrées subreptices des protagonistes de Chrétien de Troyes s'oppose une avalanche de questions – comparables à un interrogatoire – posées à tout nouvel arrivant dans la prose du *Lancelot* et dans les autres mises en prose plus tardives des romans du Champenois. Ces interrogations sont souvent, mais pas toujours, à l'origine de réponses éclairantes, ou à l'inverse, elles entraînent des pseudo-indices et réponses. Elles peuvent, par ailleurs, déclencher des ripostes du tac au tac. Celles-ci sont posées au style direct ou au style indirect. Ces interrogations se réfèrent à l'identité des personnages, à leur appartenance sociale, à l'objet de leur action, au comment de leurs actes et à la finalité de leurs actions. Elles déclenchent une forme d'interrogatoire qui, au fil des mises en prose, donne vie à une nouvelle forme de présentation. Un personnage donné se présente, sans que cela ne soit stimulé par une question de quelque nature qu'elle soit. Celui-ci va jusqu'à réitérer, et maintes fois, son auto-présentation. Le lecteur se voit *ipso facto* emporté par une vague, en amont, rétrospective. Cela dit, d'une mise en prose d'un roman à une autre mise en prose du même roman, ou encore à la mise en prose d'un autre roman de Chrétien, ce processus change et évolue. D'ailleurs, force nous sera de constater qu'il n'est pas de règle générale et d'infirmer par la même occasion certains présupposés octroyés à la prose en général.

2.4.1.1. Stimulus

Il convient dès l'abord de définir ce qu'on entend par stimulus. « *Bloomfield désigne ainsi la situation linguistique qui suscite chez un locuteur une réaction verbale, ainsi que la matière acoustique ou graphique qui provoque une réaction, verbale ou non, de la part d'un locuteur*[1].» Dans le cas des huit versions étudiées, les stimuli varient et l'on assiste même à l'évolution et la précision octroyée aux questions posées surtout dans les mises en prose des romans de Chrétien. Ces éléments rejoignent toujours ce souci de vraisemblance qui hante l'esprit des auteurs de la prose en général, mais surtout ceux du XIIIe siècle. Et l'on voit dès lors apparaître de nouveaux types de questions qui se multiplient, se répètent et scandent de bout en bout la *Charrette* en prose du XIIIe et celle du XIVe ainsi que la totalité du *Lancelot* en prose du XIIIe, et

1 *Dictionnaire de la linguistique*, sous la direction de Georges Mounin, Presses universitaires de France, Paris, 1974, p. 306.

les mises en prose plus tardives des romans de Chrétien. Souvent, cela prend vie à des degrés variables, selon des desseins jamais identiques et des procédés qui siéent le mieux aux exigences de l'écriture de chacune des époques étudiées. Des questions, il y en a aussi bien dans les romans de Chrétien que dans les mises en prose de ses romans. Mais une lecture approfondie des multiples versions de la *Charrette*, et aussi des autres mises en prose des romans de Chrétien de Troyes, nous a permis de conclure à l'importance des interrogations et leur variété dans la prose du *Lancelot* en général (c'est-à-dire dans toute l'histoire de *Lancelot* et pas seulement le passage correspondant à la *Charrette* du XIIIè). Nous avons également constaté l'importante concurrence de la *Charrette* du XIIIè, celle du XIVè et la version vers du *Cligès* qui comptent beaucoup plus d'interrogations que les autres romans et mises en prose étudiés. Voici le récapitulatif de notre relevé :

	***Ch.* en vers**	***Ch.* du XIIIè**	***Ch.* du XIVè**	***Érec et Énide***	***Érec*, ms. 363**	***Érec*, ms. 7235**	**Cligès en vers**	***Cligès* en prose**
? style direct	**128**	**163**	**138**	**81**	**12**	**25**	**136**	**12**
? style indirect	**23**	**29**	**60**	**43**	**25**	**30**	**49**	**23**
Total	**151**	**192**	**198**	**124**	**37**	**55**	**185**	**35**

Les interrogatives dans les romans étudiés

En réponse à ce souci de précision s'enracine et se multiplie une panoplie de questions posées par tout un chacun, mais tournant toutes, ou presque, autour du héros éponyme de chacune des mises en prose : Lancelot, Érec, Cligès... **Qui** recherche **quoi** ou **qui** ? **Où** ? **D'où** ? **Quand** ? **Comment** ? Et **pourquoi** ? Telles sont les interrogations en spirales que l'on retrouve dans quasi tous nos romans analysés.

2.4.1.1.1. *Anonymat et incognito*

Pronom interrogatif en latin, « *quis* » renvoie à la fonction « sujet » d'une quelconque phrase à contenance interrogative, que celle-ci soit directe ou indirecte. Le relevé de ces interrogatives nous a permis de constater que leur nombre n'est pas le plus récurrent, mais leur présence reste pour autant conséquente puisqu'elles réfèrent souvent au sujet de l'action – qui s'avère être le héros principal de l'histoire – mais parfois aussi à d'autres héros qui prennent place dans certains romans et qui sortent du lot en acquérant le statut de « personnages principaux ». Une analyse détaillée des interrogatives directes et indirectes nous a, d'ailleurs, permis de dresser des statistiques assez révélatrices des ambitions et des exigences et contraintes de Chrétien de Troyes, mais aussi et surtout des auteurs des différentes mises en prose de ses romans. Concernant les interrogations directes ou indirectes relatives à l'identité d'un personnage, voici les résultats de notre relevé :

QUI	*Ch.*en vers	*Ch.* du XIIIè	*Ch.* du XIVè	*Érec et Énide*	*Érec,* ms. 363	*Érec,* ms. 7235	Cligès en vers	*Cligès* en prose
Nbre	**19**	**25**	**30**	**24**	**8**	**11**	**20**	**5**

Les interrogations sur l'identité des personnages dans les romans étudiés

D'un roman en vers à sa ou ses mises prose, les références varient. Commençons par les versions de la *Charrette*. Dans le roman en vers de Chrétien, les références relatives à cette catégorie d'interrogations sont les moins importantes. Nous avons noté **19** références. Celles-ci regroupent aussi bien des interrogatives directes qu'indirectes, et même des interrogations totales dont la réponse réelle renvoie à l'identité d'un personnage. Nous le verrons, celles-ci se réfèrent souvent au personnage central du roman, Lancelot. La *Charrette* du XIIIè accentue cette volonté de reconnaitre l'identité des personnages dont il est question. Nous avons d'ailleurs relevé pas moins de **25** cas. Et s'en suit au XIVè siècle la version dérimée de la *Charrette* qui présente, quant à elle, un total de **30** occurrences[1]. En voici une référence :

---

[1] Les occurrences sont les suivantes : ***Charrette* en vers :** 20- v. 1920 et ss ; 23- v. 1932 et ss ; 25- v. 1961 et ss ; 27- v. 2001 ; 30- v. 2076 et ss ; 32- v. 2579 et ss ; 33- v. 4347 ; 34- v. 5065 ; 37- v.5141 et ss ; 38- v. 5619 ; 39- v. 5635 ; 43- v. 5773 et ss ; 44- v. 5777 et ss ; 45- v. 5783 et ss ; 46- v. 5790 et ss ; 47- v. 5793 et ss ; 48- v. 5799 et ss ; 49- v. 6177 et ss ; 50- v. 6327 et ss ; ***Charrette* du XIIIè** : 1'- §2, p. 78. ; 3'- §2, p. 78 ; 4'- §2, p. 80 ; 6'- §2, p. 80 ; 7'- § 2, p. 80 ; 8'- §2, p. 80 ; 10'- §2, p. 80 ; 11'- § 3, p. 86 ; 15'- §4, p. 100 ; 16'- § 5, p. 102 ; 17'- § 4, p. 102 ; 18'- §6b, p. 112 ; 19'- §6e, p. 124 ; 20'- §6h, p. 136 ; 21'- §6i, p. 140 ; 22'- §6i, p ; 140 ; 24'- § 6k, p. 144 ; 26'- § 9, p. 158 ; 29'- § 9, p. 160 ; 30'- § 11, p. 188 ; 34'- §13c, p. 214 ; 36'- §15c, p. 224 ; 39'- §15e, pp. 232-234 ; 40'- § 15e, p. 234 ; 41'- §17, p. 252 ; ***Charrette* du XIVè** : 2''- p. 177 ; 4''- p. 177 ; 5''- p. 178 ; 6''- p. 178 ; 8''- p. 178 ; 9''- p. 179 ; 10''- p. 179 ; 11''- p. 181 ; 12''- p. 191 ; 13''- p. 191 ; 14''- p. 192 ; 20''- p. 196 ; 21''- p. 196 ; 23''- p. 196 ; 26''- p. 197 ; 27''- p. 198 ; 28''- p. 199 ; 30''- p. 201 ; 31''- p. 204 ; 32''- p. 208 ; 35''- p. 225 ; 36''- p. 249 ; 39''- p.

« Sire, or ai grant envie Que je seüsse vostre non Deriez le me vos ? » **v. 1920 et ss**	*« Lors li demande li chevaliers comment il a non »*, **§6h, p. 136.**	*« or ay je moult grant envie que je sceusse vostre nom »*, **p. 196.**

A plus d'un moment, et dans les trois *Charrette*, l'on demande à connaître le nom de Lancelot. Dans ce cas, les questions peuvent être ou au style direct (**7** dans la *Charrette* en vers[1] ; **8** dans la *Charrette* du XIIIè[2], **5** dans la *Charrette* du XIVè[3]) ou au style indirect (**3** dans la *Charrette* en vers[4] ; **9** dans la *Charrette* du XIIIè[5], **6** dans la *Charrette* du XIVè[6]) ; leur point commun étant qu'elles convergent toutes vers le sujet dont on désire connaître le nom. Revoyons de près quelques exemples relatifs au personnage de Lancelot. La *Charrette* du XIIIè ose une question qui, construite sur la base du verbe « être » (**6** occurrences), est agencée au style direct[7] ; chose que la *Charrette* en vers n'exploite pas (du moins en ce qui concerne Lancelot) et que la *Charrette* du XIVè cultivera avec **5** occurrences soulignées[8]. A ce verbe attributif, nous avons aussi noté l'emploi du lexème « **non** » qui rejaillit dans plusieurs occurrences. Rappelons-en quelques unes :

***Charrette* en vers**	***Charrette* du XIIIè**	***Charrette* du XIVè**
		A''- *« Li demande Gauvain comment il avoit non »*, p. 179.
	B'- *« Et la plus maistresse des damoisielles demande a Lancelot son non »*, §4, p. 102.	

---

251 ; 40''- p. 251 ; 42''- p. 255 ; 43''- p. 256 ; 44''- p. 256 ; 45''- p. 256 ; 46''- p. 256 ; *51''*- p. 262.

[1] Voir les exemples **20, 25, 32, 33, 34, 39, 49, 50.**

[2] Voir les exemples **3', 8', 10', 18', 19', 24', 26', 41'.**

[3] Voir dans le tableau les exemples **10'', 27'', 32'', 39'', 42''.**

[4] Voir dans le tableau les exemples **27, 30, 38.**

[5] Voir dans le tableau les exemples **11', 15', 16', 17', 20', 21', 22', 30', 34'.**

[6] Voir dans le tableau les exemples **9'', 11'', 27'', 28'', 30'', 32''.**

[7] Voir dans le tableau les exemples, **3', 8', 18', 19', 26', 39'.**

[8] Voir dans le tableau les exemples **2'', 10'', 26'', 39'', 42''.**

C- « *Sire, or ai grant envie* *Que je seüsse vostre non* *Deriez le me vos ?* », v. 1920 et ss.	C'- « *Lors li demande li chevaliers comment il a non* », §6h, p. 136.	C''- « *or ay je moult grant envie que je sceusse vostre nom* », p. 196.
D- « *Dame, por Deu et por le vostre* *Preu, vos requier, et por le nostre,* *Que le non a ce chevalier* *Por ce que il li doie eidier* *Mes dites, se vos le savez* » v. 3651 et ss.	D'- « *Dame, dame, pour vostre preu et pour tous les siervices ke je vous ai fais et que faire vous poroie, vous prie ke vous dichiés le non a cel chevalier ki a le pont passé, car je sai bien ke pour vous a il chou fait* » § 10, p. 178	

Les interrogations indirectes sur l'identité des personnages posées par le lexème « nom » dans les trrois Charrette

Les exemples **A''** et **C'** présentent des interrogatives indirectes. Dans les autres occurrences, il est fait référence à la quête de l'identité de Lancelot dans l'objet de chacune des phrases, que celles-ci soient simples (**B'**) ou complexes (**C**, **C''**, **D** et **D'**). Un peu plus tard, on verra que toutes les tentatives d'élucidation échouent : Lancelot ne décline jamais son nom dans aucune des versions de la *Charrette*[1]. C'est ce qui expliquerait le fait qu'on se retourne très souvent vers d'autres protagonistes pour tenter de connaître le nom de Lancelot. On tente autant que faire se peut de prier son interlocuteur et de l'amadouer, dans le but de connaître le nom du chevalier mystérieux[2]. **7** occurrences dans la *Charrette* en vers ; **6** références relevées dans la *Charrette* du XIIIè et **8** cas dans la *Charrette* du XIVè. Un exemple unique, présent dans la *Charrette* du XIIIè et complètement absent du *Chevalier de la charrette* et de la *Charrette* du XIVè est cette question que prend en charge Lancelot

[1] Ceci n'est pas valable pour la totalité du *Lancelot* en prose. Il peut arriver, en effet, que le protagoniste se nomme. Voir *Lancelot en prose,* tome 5, *op.cit*, p. 294, § 30, ligne 16.

[2] On verra que s'installe une nouvelle variante entre les trois versions de la *Charrette*, dans la mesure où Lancelot progresse incognito dans *Le Chevalier de la charrette*, alors qu'il est d'emblée nommé dans l'épisode correspondant à la *Charrette* du XIIIè et dans la Charrette du XIVè. C'est que l'épisode de la *Charrette* en prose ne constitue pas le début du roman en prose.

lui-même : « *Et ki sui je donc ?* [1]» dit-il à la demoiselle séductrice. Restituée dans son contexte, cette question reflèterait non seulement la prise de conscience qu'aurait Lancelot de sa valeur, mais elle peut également refléter la curiosité du personnage qui veut savoir jusqu'où peut aller sa notoriété. Elle rejoint enfin ce souci d'élucidation qui semble vouloir tirer au clair tout propos susceptible de paraître flou. Rappelons aussi que les trois versions de la *Charrette* ne s'accordent que sur trois exemples tous référant au personnage éponyme qu'est Lancelot[2]. Mais il nous faut également noter que Lancelot n'est pas le seul dont on demande à connaître le nom. Cette idée s'applique aussi à d'autres personnages, qu'ils soient principaux ou secondaires. L'instinct de préservation implique que l'on veuille connaître l'identité de celui à qui on a affaire – comme si le nom suffisait à apprivoiser la personne ! C'est la recommandation que fait la mère de Perceval à son fils. Dans tous les cas, les requêtes s'avèrent beaucoup plus nombreuses dans l'épisode de la *Charrette* en prose du XIIIè et celle du XIVè que dans *Le Chevalier de la charrette*[3]. On demandera à connaitre, par exemple, l'identité de la reine et ce, **2** fois dans la *Charrette* du XIIIè et **4** fois dans la *Charrette* du XIVè[4]. Dans ces deux mises en prose de la *Charrette*, on réclamera l'identité de Keu par des questions au style direct « *ki iestes vous dont ?*[5] » et « *qui estes, qui l'emmenés ?*[6] », l'identité de la dame ou de la demoiselle du Lac[7], et uniquement dans la *Charrette* du XIIIè, on demande à identifier le personnage de Boort[8]. De même, nous remarquons que les références aux personnages se trouvent ou bien dans les deux versions en prose de la *Charrette* (**10 occurrences** en gris dans le tableau ci-dessus), ou bien dans la *Charrette* du XIIIè (**10 références** en violet dans le même tableau), ou bien dans la version du XIVè de la *Charrette* (**7 exemples** en rose dans le même tableau). Les références communes entre la version vers et la version de la

---

[1] *Charrette* du XIIIè, *op.cit*, p. 112, § 6b, ligne 16.

[2] Les exemples paraissent dans le tableau ci-dessus dans les cases vertes.

[3] On en note **deux** chez Chrétien (v. 5773-5822 et 6061) et au moins huit dans la *Charrette* du XIIIè (§ 2, p. 78 ; § 2, p. 80 ; § 3, p. 86 ; § 6h, p. 136 ; § 6k, p.146 ; § 9, p. 158 ; § 15e, p. 234 ; § 16, p. 242.

[4] Les références se trouvent dans la *Charrette* du XIVè aux pages : 177 ; 178 ; 178 et 191.

[5] *Charrette* du XIIIè, *op.cit*, **§2**, p. 80.

[6] *Charrette* du XIVè, *op.cit*, p. 178.

[7] *Charrette* du XIIIè, *op.cit*, §15e, p. 234 ; La *Charrette* du XIVè, *op.cit*, p. 251.

[8] *Charrette* du XIIIè, *op.cit*, §17, p. 252.

Charrette du XIVè s'annoncent timidement et deviennent plus fréquentes surtout vers la fin du roman (**8 occurrences** relevées dans le tableau ci-dessus).

Les différentes versions de l'*Érec* et du *Cligès* opèrent différemment. Il faut dire que les exigences et les préoccupations des auteurs du XVè siècle ne sont plus les mêmes que celles des auteurs antérieurs. En effet, là où les auteurs des mises en prose de la *Charrette* accentuent cette volonté d'identifier les personnages, les proses de l'*Érec* et du *Cligès* diminuent les occurrences. Dans *Érec et Énide*, Chrétien de Troyes recourt à **24** cas d'interrogatives en référence aux personnages. Le **ms. 7235**, quant à lui, réduit de moitié ce nombre avec uniquement **12** références ; le **ms. 363** diminue davantage et atteint à peine le tiers avec **7** occurrences relevées. En voici une occurrence[1] :

Érec et Énide,	**ms. 363**	**ms. 7235**
1- « *Mes dites moi, se vos savez, Qui est uns chevaliers armez, D'unes armes d'azur et d'or [...]* » v. 583 et ss.	1'- « *elle [Guenièvre] eust moult grant desir de sçavoir qui il estoit* », [194 v° a], p. 106.	1''- « *elle [Guenièvre] commande a l'une de sez damoisellez qu'ilz sont* », [3r°], p. 107.

C'est chez Chrétien de Troyes que les interrogatives relatives à l'identité des personnages fusent le plus. Nous avons noté **27 références**[2] relatives à Érec, contre uniquement **7** dans le **ms. 363**[3] et **4** dans le **ms. 7235**[4]. Les auteurs des mises en prose semblent ici plus impliqués dans l'histoire et présentent Érec de la manière la

[1] Dans les trois versions de l'*Erec*, les occurrences sont les suivantes : ***Erec et Enide*** : 1- v. 583 et ss ; 2- v. 648 et ss ; 3- v. 666 ; 5- v. 753 ; 6- v. 753 ; 7- v. 763 et ss ; 8- v. 840 ; 9- v. 840 et ss ; 10- v. 1044 ; 11- v. 1056 ; 12- v. 1057 ; 15- v. 1210 ; 16- v. 3858 et ss ; 17- v. 3994 et ss ; 18- v. 4476 ; 19- v. 4514 et ss ; 21- v. 4562 et ss ; 22- v. 5047 ; 23- v. 5372 ; 24- v. 5375 ; 25- v. 6016 ; 26- v. 6237 ; 27- v. 6603 ; 28- v. 6607 ; ***ms. 363*** : 1'- [194 v° a], p. 106 ; 4'- [194 v° b], p. 106 ; 7'- [201 r° a], p. 122 ; 9'- [201 v° b- 202 r° a], p. 126 ; 10'- [205 v° b], p. 138 ; 13'- [206 v° a], p. 138 ; 15'- [220 v° b], p. 234 ; ***ms. 7235*** : 1''- [3r°], p. 107 ; 4''- [3r°], p. 107 ; 5''- [7r°], p. 115 ; 7''- [9r°], p. 121 ; 9''- [10r°], p. 127 ; 10''- [15r°], p. 139 ; 11''- [15r°], p. 139 ; 14''- [46r°], p. 187 ; 15''- [52v°], p. 194 ; 16''- [58v°], p. 199 ; 20''- [59v°], p. 201.

[2] Voir les exemples **1**, **2**, **3**, **5**, **6**, **7**, **8**, **9**, **10**, **11**, **12**, **15**, **16**, **17**, **18**, **19**, **20**, **21**, **22**, **23**, **24**, **25**, **26**, **27**, **28**.

[3] Voir les exemples **1'**, **4'**, **7'**, **9'**, **10'**, **13'**, **15'**.

[4] Voir les exemples **1''**, **4''**, **5''**, **7''**, **9''**, **10''**, **11''**, **14''**, **15''**, **16''**, **20''**.

plus neutre. Le héros de Chrétien est d'ores et déjà connu par leur auditoire. Peut-être n'était-il plus nécessaire pour eux de fournir des informations « inutiles » à leurs lecteurs respectifs. D'ailleurs seuls **trois cas** sont reproduits dans les trois versions (ils paraissent en rose dans le tableau récapitulatif), auquel **2** autres cas s'ajoutent concernant le chevalier orgueilleux[1] et **1** dernier cas relatif à Guivret[2]. Par ailleurs, et uniquement chez Chrétien de Troyes, il est fait référence à Énide. Le Champenois propose une question au style indirect et tournant autour de l'identité d'Énide, mais aussi autour de celle d'Érec :

> « *Ne d'enquerre ne li fu peinne*
> *Dont ele ert, ne de quel païs,*
> *Et dont ses sire estoit naïs :*
> *D'andeus demande qui il sont.* »
> v. 6234 et ss.

A cette référence s'ajoutent deux derniers exemples qui renvoient à Énide. Ils paraissent aux vers **6603** et **6607**. Approchons à présent les deux versions du *Cligès*. Là où Chrétien de Troyes recourt à **20** références, l'auteur de la prose ne ressent le besoin d'exprimer l'identité des personnages que **6** fois. L'écart est donc frappant. Revoyons de près quelques exemples[3] :

***Cligès* en vers**	***Cligès* en prose**
C- « *Et coment as non [...] ?* » v. 369	C'- « *dy moy ton non* », [7r°], p. 70.
G- « *qui porroit esligier le pris* », v. 798	G'- « *Qui est cellui qui poulra... ?* », [74 v°], p. 134.
	H'- « *Mort, qui te moeult de pourchaissier... ?* », [89 r°], p. 148.

Quelques interrogatives relatives à « qui » dans les 2 « Cligès »

---

[1] *Érec et Énide*, *op.cit*, v. 583 et ss ; **ms. 363**, *op.cit*, [194 v° a], p. 106 ; **ms. 7235**, *op.cit*, [3 r°], p. 107 ; *Érec et Énide*, *op.cit*, v. 753 ; **ms. 363**, *op.cit*, [201 r° a], p. 106 ; **ms. 7235**, *op.cit*, [7 r°], p. 115.

[2] *Érec et Énide*, *op.cit*, v. 1210 ; **ms. 363**, *op.cit*, [220 v° b], p. 106 ; **ms. 7235**, *op.cit*, [52 v°], p. 107.

[3] Voici les références relevées des deux versions du *Cligès*. ***Cligès* en vers :** A- v. 199 ; B- v. 367 ; C- v. 369 ; D- v. 505 ; G- v. 798 ; I- v. 812 ; J- v. 988 et ss ; K- v. 2921 et ss ; L- v. 2926 ; M- v. 2926 ; N- v. 2968 et ss ; O- v. 3764 et ss ; P- v. 4595 ; Q- v. 4597 ; R- v. 4614 ; S- v. 4615 ; T- v. 4716 et ss ; U- v. 4970 et ss ; V- v. 4986 ; W- v. 5253 et ss ; ***Cligès* en prose** : C'- [7r°], p. 70 ; E'- [49r°], p. 110 ; F'- [73 v°], p. 133 ; G'- [74 v°], p. 134 ; H'- [89 r°], p. 148.

Il est d'ores et déjà nécessaire de noter que ce n'est uniquement qu'à **2** moments que les deux versions s'accordent à fournir les mêmes références aux questions proposées. La première renvoie à Alexandre, le père de Cligès dont on demande l'identité au début du roman. La seconde est une question rhétorique que pose Alexandre dans ses plaintes. Les deux références sont posées au style direct. Le *Cligès* en prose osera, par ailleurs, **3** questions dont on ne trouvera pas d'équivalent dans la source de Chrétien. Elles font par deux fois référence au personnage de Cligès dont on demande l'identité au style indirect. La dernière occurrence est une plainte, une apostrophe personnalisant la Mort contre qui les dames, demoiselles et les gens du palais de l'empereur s'indignent face à la soi-disant mort de Fénice. Hormis ces occurrences, tous les autres exemples que l'on a pu extraire ne paraissent que chez Chrétien de Troyes. Celui-ci recourt à des questions relatives à l'identité de ses personnages **18** fois. Les interrogations sont ou au style direct (**10** cas), ou au style indirect (**8** cas). Elles réfèrent principalement à Alexandre (**v. 199** ; **367** et **505**), à Cligès (**v. 2921** ; **2926**, **2926** ; **3764** et ss ; **4595** ; **4597** ; **4614** ; **4615** ; **4716** et ss ; **4970** et ss. **4986**), ou à Fénice (**v. 2968 et ss**). Elles peuvent également être des questions rhétoriques (**v. 812 ; 988**), ou des questions génériques (**v. 5253 et ss**).

Ainsi, pouvons-nous constater que les questions qui tournent autour de l'identité des protagonistes des romans de Chrétien de Troyes tournent principalement autour des héros. Dans la *Charrette* en vers, **10** des **15** références renvoient à Lancelot ; dans la *Charrette* du XIIIe, **17** questions tournent autour de l'identité de Lancelot et dans la *Charrette* du XIVe, **16** exemples sur **30** réfèrent au héros de la prose. De même, Chrétien de Troyes recourt à des questions génériques dans **7** questions tournant autour de l'identité de ses personnages. La *Charrette* du XIVe qui se veut en grande partie un dérimage fidèle du roman en vers suivra le modèle du Champenois en proposant **6** questions génériques, alors que la version du XIIIe n'optera que **2** fois pour ces questions quelque peu floues. Les deux proses, quant à elles, se rapprochent lorsqu'il s'agit du personnage de Guenièvre. Là où Chrétien ne demande pas à connaitre l'identité de la reine, la prose du XIIIe s'y réfère **4** fois contre **5** dans la prose du XIVe. C'est le cas aussi de Keu et de la Dame du Lac auxquels on se réfère **1** fois dans chacune des proses de la *Charrette*. D'autres questions relatives à d'autres personnages apparaissent aussi, mais à titre occasionnel, comme Méléagant et Boort présents chacun **1** fois dans chacune des versions de la *Charrette*. Et il nous faut rappeler les personnages dont on ne demande l'identité que dans la *Charrette* du XIV[è]. Il s'agit de Gauvain et de la sœur de Méléagant (**1** référence pour chaque personnage).

Les exigences des auteurs changent et varient au fil des époques, et là où les mises en prose de la *Charrette* mettent sur un piédestal le héros éponyme de la prose qu'est Lancelot, les mises en prose ultérieures des romans de Chrétien de Troyes ne mettent pas l'accent sur les protagonistes, en l'occurrence **Érec** et **Cligès**. En effet, dans *Érec et Énide*, nous avons dégagé **24** questions se rapportant au sujet de l'action ou à l'identité d'un personnage. **17** de ces références concernent Érec. Le **ms. 363** contient uniquement **8** références au sujet « **qui** » dont **3** seulement se rapportent à Érec. Le relevé est un tant soit peu plus important dans le **ms. 7235** avec **11** occurrences, mais seules **4** d'entre elles renvoient au personnage d'Érec. Les autres personnages sont des accessoires et la référence qui leur est attribuée semble n'être qu'à titre indicatif. Quant aux deux versions du *Cligès*, les écarts entre elles sont flagrants puisqu'aux **20** récurrences relatives à l'interrogation « *qui* » que l'on trouve dans la version vers répondent seulement **5** cas dans le *Cligès* en prose. **11** occurrences concernent Cligès dans le vers contre **2** dans la prose. Les références à d'autres personnages se trouvent également « *accessoirisées* ». Ce qui découle de ces analyses, c'est cette réserve qu'ont les auteurs des proses du XV[è] de ne plus présenter les héros de Chrétien. Autant, les romans du Champenois tournent autour du héros éponyme de chacun de ses romans, autant les proses tardives ne se soucient guère plus de la présentation des personnages. Ils sont d'ores et déjà connus de leur auditoire ; leur intérêt est, de ce fait, ailleurs ; ce qui n'est nullement le cas des proses de la *Charrette*. En effet, nous avons vu comment les proses multipliaient les présentations des personnages. L'auteur de la prose du XIV[è] se fait pression compte tenu, peut-être, de l'envergure du *Lancelot* en prose du XIII[è] : une version qui lui fait de l'ombre de par son volume et la notoriété de la saga « *Lancelot-Graal* ». Cette pression se lit à travers d'autres interrogations présentes dans les versions étudiées et qui concernent aussi bien le sujet de l'action et son identité que l'objet du mouvement des textes.

2.4.1.1.2. Les interrogatives relatives à l'objet

Cette question est présente dans tous les romans étudiés, que ce soit ceux de Chrétien ou les différentes mises en prose de ses romans. Bien sûr, l'interrogation ne se fait pas forcément par le biais du pronom interrogatif « *coi* », mais la question porte simplement sur un élément fonctionnant comme **complément d'objet** dans la phrase. Voici le relevé des occurrences que nous avons pu recueillir :

Objet	*Ch.* en vers	*Ch.* du XIII[è]	*Ch.* du XIV[è]	*Erec et Énide*	*Erec,* ms. 363	*Erec,* ms. 7235	Cligès en vers	*Cligès* en prose
	34	**27**	**47**	**39**	**7**	**9**	**37**	**10**

Les interrogatives relatives à « l'objet » dans les romans étudiés

Les questions fusent dans les différents romans de Chrétien. Dans les mises en prose, c'est, encore une fois, dans les versions de la *Charrette* en prose que ce type d'interrogations est le plus présent. Et si le nombre d'occurrences dans le vers (**34** occurrences) concurrence celui de la *Charrette* du XIII[è] (**27** cas), celui de la *Charrette* du XIV[è] dépasse de loin ce relevé et passe en tête avec **47** occurrences dégagées. Les mises en prose de l'*Érec* et du *Cligès* opèrent inversement puisqu'aux **39** occurrences dégagées de l'*Érec et Énide* ne répondent que **7** occurrences dans le **ms. 363** et **9** cas dans le **ms. 7235** et qu'aux **31** occurrences soulignées dans le *Cligès* en vers ne répondent que **6** interrogations de ce type. Cela pourrait s'expliquer par la pratique de l'écriture qui change et qui évolue au fil des époques. La « *pression* » de vraisemblance et le souci du détail que se donne pour tâche l'auteur de la *Charrette* du XIV[è] n'a plus lieu d'être dans les mises en prose plus tardives des romans de Chrétien de Troyes. Ici, les auteurs de ces mises en prose réduisent les romans de Chrétien à l'essentiel. Commençons par le relevé des trois *Charrette* et revoyons de près lquelques occurrences[1] :

---

[1] Les références existent comme suit : ***Charrette* en vers** : 1- v.50 ; 5- v. 137 ; 13- v. 410 et ss ; 14- v. 412 et ss ; 15- v. 415 ; 16- v. 416 ; 17- v.417 ; 18- v. 439 et ss ; 20- v. 548 et ss ; 22- v. 1097 ; 24- v. 1117 et ss. ; 25- v. 1479 ; 26- v. 1495. ; 27- v. 1800 ; 28- v. 1849 et ss ; 32- v. 1875 et ss ; 34- v. 1881 et ss ; 36- v. 1982 ; 37- v. 2124 et ss ; 38- v. 2611 ; 39- v. 3286 et ss ; 43- v. 3982 et ss ; 44- v. 3982 et ss ; 58- v. 4007 ; 59- v. 4008 ; 68- v. 4480 et ss ; 70- v. 5132 et ss ; 71- v. 5344 et ss ; 72- v. 5403 ; 73- v. 5685 ; 74- v. 5863 ; 75- v. 6353 ; 76- v. 6479 ; 77- v. 6499 ; 79- v. 6551 ; 80- v. 6991 ; ***Charrette* du XIII[è]** : 2'- §4, p. 88 et ss ; 3'- §4, p. 98 ; 6'- §4, p. 102 ; 7'- §5, p. 102 ; 11'- §5, p. 102 ; 12'- §6b, p. 112 ; 19'- §6c, p. 116 ; 28'- §6i, p.

Charrette en vers	*Ch.* du XIIIè	*Ch.* du XIVè
28- « *[...] si li prie Molt dolcemant que il li die Que ce estoit qu'il ne savoit* » v. 1849 et ss. »	28'- « *Lors li demandent de la tombe Symeu k'il l'en est avis* », §6i, p. 140.	28''- « *Si lui prient moult durement que il lui die quel clochier c'estoit que ilz voient ?* », p. 196.
70- « *Au plus tost que il s'i pot prandre A la parole, se s'i prist, Lués de la reïne requist A ce qui devant lui estoient Se nule novele an savoient* » v. 5132 et ss	70'- « *lors la trait la royne a conseil et li prie, se elle set nules nouvielles de Lanselot, ke elle li die et elle dist k'il est* », §15e, p. 236.	70''- « *si lui dist que se elle scet nouvelles de Lancelot qu'elle lui die* », p. 252.
72- « *Quex chose est ce ?* », v. 5403.	72'- « *Elle li demanda ke il a* », §16, p. 238.	72''- « *Je vous en octroy congié [...] par couvent que vous me donrés ung don. [...] quel ?* », p. 253.
77- « *Mes de coi me vois debatant ?* », v. 6499.	77'- « *Et coi ?* », §16, p. 248.	77''- « *Baudemagu [...] li demanda qu'il avoit* », p. 263.

Les interrogatives relatives à « l'objet » de l'action dans les 3 « Charrette »

Notons dès l'abord que les trois versions de la *Charrette* ne s'accordent que dans **4** occurrences. Tous les autres relevés, on les trouve ou dans une des trois versions, ou dans deux des trois versions. **15** occurrences se trouvent seulement chez Chrétien de Troyes. La plupart d'entre elles tournent autour du personnage de Lancelot. Dans **3** cas seulement, elles renvoient à la reine ou à un fait générique. **9** interrogatives se conjuguent entre le vers et la

---

140 ; 29'- §6k, p. 144 ; 31'- §6k, p. 146 ; 33'- §6k, p. 146 ; 39'- §7, p. 154 ; 40'- §9b, p. 164 ; 41'- §10, p. 182 ; 45'- §11, p. 188 et ss ; 46'- §13a, p. 208 ; 47'- §13a, p. 208 ; 48'- § 13c, p. 214 ; 65'- § 14, p. 218 ; 66'- §15, p. 220 ; 67'- §15c, p. 224 ; 70'- §15e, p. 236 ; 72'- §16, p. 238 ; 74'- §16, p. 238 ; 75'- §16, p. 238 ; 76'- §16, p ; 238 ; 77'- §16, p. 248 ; ***Charrette* du XIVè** : 2''- p. 173 ; 4''- p. 174 et ss ; 6''- p. 175 ; 8''-», p. 175 ; 9''- p. 176 ; 10''- p. 180 ; 11''- p. 180 ; 15''- p. 181 ; 18''- p. 181 ; 21''- p. 184 ; 22''- p. 187 ; 23''- p. 188 ; 24''- p. 188 ; 27''- p. 194 ; 28''- p. 196 ; 30''- p. 196 ; 32''- p. 196 ; 35''- p. 196 ; 36''- p. 198 ; 40''- p. 200. ; 42''- p. 200 ; 49''- p. 204 ; 50''- p. 204. ; 51''- p. 205 ; 52''- p. 208 ; 53''- p. 211 ; 54''- p. 218 ; 55''- p. 221 ; 56''- p. 226 ; 57''- p. 227 ; 58''- p. 229 ; 59''- p. 229. ; 60''- p. 230 ; 61''- p. 233 ; 62''- p. 236 ; 63''- p. 243 ; 64''- p. 244 ; 65'- p. 244 ; 67''- p. 249 ; 69''- p. 251 ; 70''- p. 252 ; 72''- p. 253 ; 73''- p. 254 ; 77''- p. 263 ; 78''- p. 263.

Charrette du XIVè. La prose du XIIIè s'approprie **13** interrogatives relatives à l'objet. Les questions sont pour la plupart posées par Lancelot, ou bien, lorsque ce n'est pas le cas, elles visent presque toutes à demander des nouvelles de ce protagoniste. Quant à la prose du XIVè, elle présente **27** questions absentes dans le vers et dans la prose du XIIIè. Cela représente presque le double de ce type de questions présentes chez Chrétien de Troyes, et plus que le double de celles exploitées dans la *Charrette* du XIIIè. Le souci d'élucidation est de plus en plus prononcé dans la *Charrette* du XIVè et l'auteur de cette version tente autant que possible de concurrencer la version du XIIIè. Seulement **5** cas sont similaires dans les deux proses, alors que le vers et la version dérimée du XIVè se rapprochent au niveau de **9** interrogatives. La quasi-totalité de toutes ces questions sont ou bien posées par Lancelot, ou bien on pose des questions concernant Lancelot : l'objet de son action, l'objet de son châtiment, l'objet de sa quête... etc. Toutes ces questions, quelque soit leur nombre et leur répartition entre les versions de la *Charrette* s'accordent avec cette idée de vraisemblance et de véridicité. En tant que stimuli, elles déclenchent la suite de l'action des protagonistes, en général, et celle de Lancelot, en particulier. Le relevé des interrogatives qui renvoient à « l'objet » de l'action est moins important dans les versions de l'*Érec* que dans les versions de la *Charrette*. L'écart qui s'installe est palpable surtout entre le relevé du vers et celui des deux versions en prose. C'est le même cas des versions du *Cligès*. En effet, aux **39** interrogatives tirées de l'*Érec et Énide* répondent seulement **7** occurrences dans le **ms. 363** et **9** dans le **ms. 7235**. De même, nous avons pu dégager **31** cas d'interrogatives relatives à l'objet de l'action dans le *Cligès* en vers contre **6** cas uniquement dans le *Cligès* en prose. Ces traits de figurations se rapprochent du constat qui fait des proses tardives l'espace de romans qui se veulent brefs. Il n'est plus besoin de poser beaucoup de questions, surtout lorsqu'il s'agit de reprendre des histoires d'ores et déjà connues de leur auditoire. Citons la seule référence commune aux trois versions de l'*Érec*[1] :

[1] Les références paraisent comme suit : ***Erec Enide*** : 1- v. 93 ; 2- v. 165 ; 3- v. 437 ; 4- v. 506 et ss ; 5- v. 851 et ss ; 6- v. 921 ; 7- v. 1009 ; 8- v. 1118 ; 9- v. 1269 et ss ; 10- v. 1777 ;11- v. 1777 ; 12- v. 1785 ; 13- v. 2051 ; 14- v. 2493 ; 15- v. 2512 ; 16- v. 2589 ; 19- v. 2693 ; 22- v. 2829 ; 23- v. 2841 ; 24- v. 2845 ; 25- v. 2971 ; 26- v. 2980 ; 27- v. 3745 ; 28- v. 4413 ; 29- v. 4649 ; 30- v. 4651 ; 31- v. 4651 ; 32- v. 4838 et ss ; 33- v. 5781 ; 34- v. 5864 et ss ; 35- v. 6464 et ss ; 36- v. 6472 et ss ; 44- v. 6796 ; **ms. 363** : 8'- [197r° b], p. 114 ; 10'- [209 v° b], p. 154 ; 20'- [215 r° a], p.

Érec et Énide	*ms. 363*	*ms. 7235*
10- « *Qu'en dites vos ?* », v. 1777.	**10'- « *Il en demande à chascun son opponion* », [209 v° b], p. 154.**	**10''- « *Il en demande a chascun l'opinion* », [20 v°], p. 155.**

Ce n'est qu'à un seul moment qu'une même question relative à « l'objet » est reproduite dans les trois versions de l'*Érec*. Et c'est dans *Érec et Énide* que ce type de questions fuse. Nous avons dégagé **30** questions non représentées dans les versions en prose de ce roman. **27** de ces questions sont au style direct et seulement **3** d'entre elles sont au style indirect. Le **ms. 363**, quant à lui, ne propose pas plus de **2** questions qui lui sont exclusivement attribuées et qui sont équitablement divisées en **1** question au style direct et **1** autre au style indirect. Le **ms. 7235** fait mieux avec **9** questions relevées. Celles-ci sont dans **7** cas au style direct et dans seulement **2** cas au style indirect. Quant aux interrogatives dont l'écho se fait entre les versions, nous avons noté **2** cas entre le vers et le **ms. 363**. Et aux deux interrogatives directes du vers répond seulement une interrogative directe ; l'autre est exprimée au style indirect dans le **ms. 363**. Quant aux interrogatives partagées entre les deux versions en prose, notons simplement qu'il n'en n'est pas. Dans tous les cas, le nombre de questions relevées dans la version en vers de Chrétien relève de la présence de questions rhétoriques posées ou bien par l'auteur ou bien par les personnages eux-mêmes qui, s'abandonnant à leur chagrin, se livrent à des soliloques interminables. Les deux proses n'adhèrent nullement à la stratégie d'écriture de Chrétien et préfèrent abréger leurs romans en mettant l'accent sur l'essentiel de l'histoire. D'où l'écart énorme qui se trace entre les occurrences présentes chez Chrétien de Troyes et dans les deux mises en prose de son roman. Et il en va de même dans les deux *Cligès*. Nous pouvons citer les occurrences communes aux deux versions[1] :

---

225 ; 21'- [215 v° b], p. 226 ; 22'- [217 v° a], p. 229 ; **ms. 7235** : 10''- [20 v°], p. 155 ; 17''- [29 v°], p. 172 ; 18''- [30 r°], p. 172 ; 19''- [31 r°], p. 173 ; 37''- [33 r°], p. 175 ; 38''- [41 r°], p. 183 ; 39''- [45 v°], p. 187 ; 40''- [50 v°], p. 192 ; 41''- [54 r°], p. 195 ; 42''- [54 v°], p. 195 ; 43''- [54 v°], p. 195 ; 44''- [59 v°], p. 201.

[1] Les occurrences paraissent comme suit : ***Cligès* en vers** : *1*- v. 100 et ss ; 2- v. 503 ; 3- v. 503 ; 6- v. 634 et ss ; 7- v. 675 ; 8- v. 893 ; 9- v. 897 ; 10- v. 937 et ss ; 11- v. 943 ; 12- v. 953 ; 13- v. 990 ; 14- v. 1113 ; 15- v. 1384 ; 16- v. 1415 et ss ; 17- v. 1563 et ss ; 18- v. 1815 ; 19- v. 2959 et ss ; 20- v. 3195 ; 21- v. 3792 ; 22- v. 3807 et ss ; 23- v. 4081 ; 24- v. 4243 et ss ; 25- v. 4250 ; 26- v. 4250 ; 27- v. 4251 ; 28- v.

***Cligès* en vers**	***Cligès* en prose**
1- « *[...] dites moi* *Que vos volez que je vos doigne* » v. 100 et ss.	1'- « *il leur demande qu'il quierent* », [6 v°], p. 70.
22- « *Que sens lor faut et hardemenz* *A dire ce qu'il ont en pens* » v. 3807 et ss.	22'- « *il ne fault pas demander quelle fu la loange que l'en fist a Dieu pour le bien faire du tresprudent chevalier Alixandre* », [35r°-v°], p. 97.

Les interrogatives relatives à « l'objet » de l'action dans les 2 « Cligès »

Force nous est de constater que les questions que l'on ne trouve que dans la version en vers du *Cligès* sont les plus manifestes ; elles sont au nombre de **33** dont **25** au style direct. Quant à la prose du *Cligès,* elle ne contient que **10** questions relatives à l'objet de l'action, dont **2** communes avec la version en vers. Les **8** interrogatives exclusivement repérables dans la prose sont équitablement divisées en **4** interrogatives directes et **4** autres indirectes. Mais il est frappant de voir que la quasi totalité de ces interrogations – qu'elles soient posées dans le vers ou dans la prose, et malgré l'écart qui sépare les relevés – sont des questions rhétoriques auxquelles les personnages s'adonnent, en l'occurrence Alexandre et Soredamores en première partie de l'histoire et Fénice et Cligès en seconde partie. Celles-ci ne sont donc pas utiles à la compréhension de la trame narrative, ni à la progression de l'histoire. Bien au contraire, elles constituent une pause dans l'histoire qui permet de s'attarder sur l'aspect psychologique des protagonistes tourmentés dans leur amour. Et bien que le relevé soit à l'opposé entre les versions en vers et celles en prose, la présence de ce type de questions rapproche les versions de l'*Érec* de celles du *Cligès*.

En somme, autant la mise en prose de la *Charrette* du XIV[è] se rapproche de la version vers de Chrétien, autant les proses plus tardives du *Cligès* et de l'*Érec* opèrent différemment. Les questions relatives à l'objet se font rares par rapport aux versions sources. Les soucis de vraisemblance, de véridicité et de crédibilité que s'impose l'auteur de la prose de la *Charrette* du XIV[è] n'ont plus lieu d'être dans les prosifications plus tardives. Les faits sont dits de

---

4355 ; 29- v. 5128 ; 32- v. 5343 et ss ; 33- v. 5343 et ss ; 34- v. 5356 et ss ; 35- v. 5356 et ss ; 36- v. 5718 ; 38- v. 6056 et ss ; 40- v. 6228 et ss ; 42- v. 6228 ; 44- v. 6370 ; 45- v. 6373 ; ***Cligès* en prose :** 1'- [6 v°], p. 70 ; 4'- [6 v°], p. 70 ; 5'- [13 r°], p. 76 ; 22'- [35r°-v°], p. 97 ; 30'- [79 v°], p. 139 ; 31'- [94 v°], p. 153 ; 37'- [97 r°], p. 156 ; 39'- [97 r°], p. 156 ; 41'- [98 r°], p. 156 ; 43'- [102 r°], p. 161.

manière simple, sans recours à des questions rhétoriques dont la présence ralentit le mouvement de l'histoire. C'est une tout autre technique d'écriture qui rappelle quelque peu celle du *Lancelot* en prose, qui malgré son volume, réduit souvent – mais pas toujours – les descriptions et les longs monologues offerts par Chrétien dans ses romans.

2.4.1.1.3. Les interrogatives relatives au lieu

Contrairement à ce que l'on pourrait penser, c'est dans les versions en vers que la question relative au lieu se voit le plus posée. Les proses, elles, pour la plupart, opèrent autrement. Voici donc la synthèse des occurrences dégagées des versions que nous étudions. La version vers de la *Charrette* et la mise en prose du XIVè se rapprochent et s'opposent de manière visible à la *Charrette* du XIIIè. C'est le même cas ou presque pour la version en vers de l'*Érec* et le **ms. 7235** qui sont à l'inverse du **ms. 363**. Quant aux deux versions du *Cligès*, le relevé des questions relatives au lieu n'est pas équilibré puisque le vers abrite **17** questions contre seulement **4** dans la mise en prose de ce roman :

Lieu	***Ch.* en vers**	***Ch.* du XIIIè**	***Ch.* du XIVè**	***Érec et Énide***	***Érec,* ms. 363**	***Érec,* ms. 7235**	**Cligès en vers**	***Cligès* en prose**
	17	**5**	**14**	**5**	**2**	**8**	**17**	**4**

Récapitulatif des interrogatives relatives au « lieu » dans les romans étudiés

Le nombre de questions relatives au lieu dans le vers et la prose de la *Charrette* du XIVè siècle se rapproche. La *Charrette* du XIIIè procède autrement, puisqu'il n'est plus nécessaire de poser une question pour que soit décrit un lieu et élucidé le mystère qui plane autour de son nom. Voici les deux exemples partagés par les trois versions de la *Charrette*[1] :

---

[1] Le relevé exhaustif est le suivant : ***Charrette* en vers** : 1- v. 137 ; 3- v. 609 et ss ; 6- v. 645 ; 8- v. 646 ; 9- v. 1928 ; 10- v. 1928 ; 11- v. 2076 et ss ; 14- v. 5330 et ss ; 15- v. 5736 et ss ; 16- v. 5738 ; 17- v. 5738 ; 18- v. 5739 ; 19- v. 573 ; 21- v. 6061 ; 22- v. 6823 ; 23- v. 6830 ; 25- v. 6860 et ss ; ***Charrette* du XIIIè** : 3'- §4, p. 94 ; 4'- §6e, p. 124 ; 5'- § 9b, p. 164 ; 6'- §12, p. 194 ; 7'- §13d, p. 216 ; ***Charrette* du XIVè** : 2''- p. 181 ; 3''- p. 183 ; 6''- p. 183 ; 11''- p. 199 ; 12''- p. 199 ; 13''- p. 201 ; 16''- p. 248 ; 17''- p. 248 ; 18''- p. 248 ; 19''- p. 256 ; 20''- p. 260 ; 22''- p. 260 ; 24''- p. 264 ; 25''- p. 264.

***Ch.* en vers**	***Ch.* du XIIIè**	***Ch.* du XIVè**
3- « *Et chascuns li requiert et prie, S'ele le set, qu'ele lor die Ou la reïne an est menee* », v. 609 et ss.	3'- « *Damoisielle [...], ou est la mirveille ke vous me deviés moustrer ?* », §4, p. 94.	3''- « *ils lui demandent, s'elle scet, qu'elle dist la ou la royne en est menee* », p. 183.
6- « *Damoisele, ou est cele terre ?* », v. 645.	6'- « *u le fourfis je ?* », §12, p. 194.	6''- « *ou est celle terre et ou la pourrons nous querre ?* », p. 183.

Quelques interrogatives relatives au « lieu » dans les 3 « Charrette »

C'est par le biais du pronom interrogatif « ***où*** » que se font la quasi totalité des questions qui tournent soit autour de la figure royale que constitue Guenièvre, soit autour de la terre où elle a été emmenée. Ces questions peuvent également concerner Lancelot, ou alors – et c'est là une variante supplémentaire entre la version en vers et la version en prose de la *Charrette* – elles peuvent concerner par exemple la question posée par Lancelot aux hommes de Méléagant, et ce pour tenter de provoquer son ravisseur et déclencher peut-être un duel judiciaire qui lui permettrait de retrouver sa liberté : « *Ou est Meleagans, ki m'a fait prendre ?*[1]». Ce n'est qu'à deux moments que les trois versions s'accordent à fournir un équivalent de la même question. **8** questions sur le lieu sont exclusivement réservées à la version en vers de la *Charrette*, contre une seule dans la *Charrette* du XIIIè et **6** dans la *Charrette* du XIVè, et aucune interrogative n'est associée aux deux mises en prose en même temps. Cela, nous pouvons le rapprocher du phénomène de dérimage qui caractérise la *Charrette* du XIVè. Cette version se rapproche à plus d'un moment du roman de Chrétien, en proposant, parfois même, une retranscription du mot à mot. Une autre question relative au lieu est ce qui correspond au « *unde* » latin. Dans plusieurs exemples, on cherche, en effet, à connaître la provenance d'un tel objet ou d'un tel personnage. On découvre sans peine que Chrétien de Troyes inaugure ce genre de questions avec **4** exemples extraits de la *Charrette* en vers. Mais ces exemples sont quasi absents de la *Charrette* du XIIIè qui ne propose qu'une seule occurrence[2]. Quant à la *Charrette* du XIVè, elle duplique le nombre de ces interrogatives de façon à en présenter **8**, soit le

---

[1] *Charrette* du XIIIè, *op.cit*, §13d, p. 216.

[2] *Charrette* du XIIIè, *op.cit*, §6e, p. 124.

double de ce que propose la version vers de la *Charrette*[1]. Outre les contraintes du dérimage, la version de la *Charrette* du XIVè accorde de l'importance à la provenance des personnages ; Elle accentue davantage l'emploi d'une interrogative déjà proposée par Chrétien, toujours par souci de vraisemblance, de clairvoyance et de fidélité à la source. La *Charrette* du XIIIè n'y voit pas d'utilité, puisque les lieux sont cités, sans pour autant que des questions ne soient posées[2]. Attardons-nous à présent sur les interrogatives spatiales présentes dans les différentes versions de l'*Érec*. En voici un exemple[3] :

Érec et Énide	***Ms. 363***	***Ms. 7235***
1- « *Se li demande qu'il li die Dont estoit tex chevalier* », v. 549 et ss.	1'- « *elle allast encontre le chevalier et la demoiselle et leur demandast de leur estat et qu'ils sont ni de com fait paÿs* », [194 v° b], p. 106.	1''- « *elle [Guenièvre] commanda a l'une de sez damoisellez qu'ilz sont et de quel lieu* », [3 r°], p. 107.

Nous n'avons noté qu'une seule interrogation spatiale commune aux trois versions. C'est celle qui est relative à la question posée par la suivante de la reine au nain quant à l'identité de son maitre et le lieu d'où il venait. Le **ms. 363** ne présente aucune interrogative exclusive à sa version. Chez Chrétien de Troyes, nous avons pu en déceler une seule aux **vers 648 et ss**. Elle concerne l'identité d'Érec dont on demande à connaitre « *de quel gent* » il était. Même si l'interrogation semble ne pas porter sur le lieu, peut-être était-il possible de connaitre le lieu d'où venait un héros à partir de son appartenance « *gent* ». Le **ms. 7235** fait mieux en présentant **3** interrogatives spatiales qui lui sont exclusivement dédiées. Outre ces exclusivités, il est des questions communes à deux des versions étudiées. C'est le cas d'une interrogation au style indirect posée par Érec au vieux chevalier à qui il demande un logis, et ce uniquement dans les versions en prose. La version vers et le

---

[1] *Charrette* du XIVè, *op.cit,* p. 199 ; 199 ; 201 ; 248 ; 260 ; 260 ; 264 ; 264.

[2] Nous l'étudierons lorsque nous nous pencherons sur l'étude des toponymes.

[3] Le relevé exhaustif est le suivant : ***Erec et Enide*** : 1- v. 549 et ss ; 2- v. 648 et ss ; 6- v. 3217 ; 8- v. 4514 et ss ; 9- v. 4514 et ss ; **ms. 363** : 1'- [194 v° b], p. 106 ; 3'- [196 r° b], p. 110 ; **ms. 7235** : 1''- [3 r°], p. 107 ; 3''- [5 r°], p. 111 ; 4''- [6 v°], p. 115 ; 5''- [15 r°], p. 139 ; 6''- [36 v°], p. 178 ; 7''- [61 v°], p. 202 ; 8''- [66 r°], p. 207 ; 9''- [66 r°], p. 207.

ms. 7235 s'accordent, quant à elles, le temps de **3** interrogatives locatives. En résumé, dans *Érec et Énide*, des **5** interrogatives spatiales, seulement **2** d'entre elles concernent le lieu ; les **3** autres sont relatives à la provenance des personnages et donc à leur appartenance sociale. Mais nous pensons que, grâce à la connaissance de l'appartenance sociale d'un protagoniste, il était aussi possible de connaitre sa provenance. Dans le **ms. 363**, les spatiales sont partagées équitablement : **1** concerne le lieu ; elle est posée par le moyen du pronom interrogatif « où », et **1** autre est relative à la provenance « *de + quel* ». Quant au **ms. 7235**, sur les **8** locatives détectées, **2** seulement réfèrent au lieu, les **6** autres mettent l'accent sur la provenance des protagonistes. Le rituel instauré chez Chrétien est donc repris, mais pas dans toutes les mises en prose. La *Charrette* du XIIIe n'accorde pas beaucoup d'importance à l'expression interrogative de la provenance de ses personnages, puisque les lieux sont d'office cités et décrits sans forcément avoir recours à des questions *stimuli*[1] ; ce qui n'est nullement le cas de la *Charrette* du XIVe qui dédie **8** interrogatives à l'expression de la provenance de ses héros. Qu'en est-il alors des versions du *Cligès* ? Nous avons dépouillé les deux versions et nous avons établi, comme pour les autres versions, un tableau récapitulatif en rappelant – à chaque fois que les textes le permettaient – les connexions qui existent entre les deux versions. Voici un récapitulatif non exhaustif de notre relevé[2] :

***Cligès* en vers**	***Cligès* en prose**
A- « *En quel leu porroit on trover [...] ?* », v. 196.	A'- « *Més il ne oublia pas a enquerir quel part le roys Artus tenoit sa court* », [6r°], p. 69.
B- « *Dont estes vos ?* », v. 366.	B'- « *dy moy [...] ton paÿs* », [7r°], p. 70.
C- « *De Grece ?* », v. 366.	C'- « *dy moy [...] de quelz marces* », [7r°], p. 70.
H- « *Dites le moi, se vos savez* *En quel leu li mals vos tient plus* », v. 2972 et ss.	H'- « *quel est le lieu ou il convient que mon cuer [...] ?* », [97 r°], p. 156.

---

[1] Voir *infra*, « les toponymes ».

[2] Le relevé exhaustif est comme suit : ***Cligès* en vers** : A- v. 196 ; B- v. 366 ; C- v. 366 ; D- v. 694 ; F- v. 753 et ss ; G- v. 2923 et ss ; H- v. 2972 et ss ; I- v. 3336 et ss ; J- v. 3336 et ss ; K- v. 3797 et ss ; L- v. 4352 et ss ; M- v. 4614 ; N- v. 4986 ; O- v. 5751 ; ***Cligès* en prose** : A'- [6r°], p. 69 ; B'- [7r°], p. 70 ; C'- [7r°], p. 70 ; E'- [25 r°], p. 88 ; H'- [97 r°], p. 156.

Au premier coup d'œil, c'est la version en vers du *Cligès* qui l'emporte quant au nombre d'interrogatives spatiales : **14** questions contre **5** dans la mise en prose. Sur les **14** interrogatives du *Cligès* en vers **9** sont au style direct et **5** au style indirect, alors que dans la prose, **1** seule interrogative est au style direct et **4** au style indirect. Chez Chrétien, **7** questions portent sur la provenance des protagonistes contre seulement **2** dans la prose. Équitablement dans les deux versions, on demande **3** fois à connaitre le lieu, ou bien par le biais du pronom interrogatif « *où* » ou bien par des locutions pronominales comme « *en quel endroit* », et « *en quel part* ». Un modèle de questions que l'on ne trouve que dans la version en vers du *Cligès* et pas dans la prose est cette interrogative relative non pas à la provenance, mais plutôt à la direction. Nous avons noté **4** questions présentes respectivement aux vers **694 et ss**, **3336 et ss**, **3336 et ss** et aux vers **4352 et ss**. Dans les romans de Chrétien et leurs mises en prose, le souci des auteurs est, certes, d'identifier le lieu où les protagonistes se trouvent, mais ce qui leur importe le plus, et c'est là le cas du *Cligès* en vers[1], c'est de connaitre la provenance des héros. C'est le cas aussi de la version vers de l'*Érec et Énide*, du **ms. 7235** et de la *Charrette* du XIVè. La *Charrette* du XIIIè se démarque par cette abstinence à poser des questions relatives à la provenance, car les lieux y sont d'office cités et décrits sans forcément avoir recours à des questions. Le tourbillon des interrogations se poursuit. Ayant défini le sujet, l'objet et le lieu de l'action, les auteurs des différentes questions accordent leur attention à d'autres catégories de questions tout aussi importantes et qui viennent se greffer à la trame des différents romans pour apporter mouvement, clarté, ou simplement des pauses dans l'évolution du tissu narratif.

2.4.1.1.4. Les interrogatives relatives à la cause

A partir de là vont paraître de plus en plus les dissemblances entre les versions en vers en général et les mises en prose, mais aussi entre les différentes versions de la *Charrette* et les autres romans de Chrétien et leurs diverses mises en prose. Voici les statistiques auxquelles nos avons pu aboutir :

---

[1] Nous avions noté **7** occurrences au vers : **366** ; **366** ; **2923** ; **3797** ; **4614** ; **4986** ; **5751**.

La cause	*Ch.* en vers	*Ch.* du XIIIè	*Ch.* du XIVè	*Érec et Énide*	*Érec*, ms. 363	*Érec*, ms. 7235	Cligès en vers	*Cligès* en prose
	21	**21**	**18**	**17**	**5**	**4**	**26**	**2**

Les interrogatives relatives à « la cause » dans les romans étudiés

Les résultats sont sans appel. Nous remarquons d'ores et déjà que le nombre des interrogatives causales est beaucoup plus important dans les différentes versions de la *Charrette* que dans les autres romans étudiés. De plus, le nombre des occurrences se rapproche. En effet, c'est la *Charrette* du XIIIè qui l'emporte avec **22** causales. La suit de près la version en vers de Chrétien avec **21** interrogatives de cause, et en troisième position arrive la *Charrette* du XIVè qui regroupe **18** exemples. Les autres romans que nous étudions opèrent autrement. Ce sont les versions en vers qui regorgent d'interrogatives causales ; les versions en prose d'*Érec* et *Cligès* en font l'économie : alors qu'*Érec et Énide* regroupe **17** causales, le **ms. 363** n'en admet que **5** et le **ms. 7235** ne fait mention que de **4** interrogatives de cause. De même, le *Cligès* en vers recourt à **26** causales alors que sa mise en prose ne fait appel à ces interrogatives que **2** fois. Cela ne veut pas pour autant dire que l'expression de la cause perd de son importance ; tout au contraire. On verra un peu plus tard que les explications fusent, sans pour autant que soient posées les questions[1]. Revoyons de près l'agencement de quelques interrogatives présentes dans les différentes versions de la *Charrette*[2] :

[1] Voir *infra*, « *réponse à un stimulus* ».

[2] Voici le relevé exhaustif : ***Charrette* en vers** : 2- v. 104 et ss ; 4- v.119 ; 7- v. 480 et ss ; 9- v. 773 et ss ; 10- v.1224 ; 11- v. 1395 et ss ; 12- v. 1399 ; 13- v. 1444 et ss ; 14- v. 2611 et ss ; 15- v. 2613 ; 18- v. 2613 ; 19- v. 3692 et ss ; 20- v. 3864 ; 21- v. 4072 et ss ; 23- v. 4353 ; 24- v. 5440 et ss ; 25- v. 5477 ; 26- v. 6351 et ss ; 27- v. 6474 et ss ; 28- v. 6486 et ss ; 41- v. 6925 ; 42- v. 6926 et ss ; ***Charrette* du XIIIè** : 1'- § 1, p. 66 ; 2'- §2, p. 76 ; 5'- §4, p. 92 ; 6'- §4, p. 92 ; 7'- §4, p. 96 ; 10'- §4, p. 96 ; 12'- §6b, p. 112 ; 19'- § 6c, p. 116 ; 20'- §6h, p. 134 ; 21'- §6j, p. 140 ; 30'- §6k, p. 146 ; 31'- §6k, p. 146 ; 32'- §6k, p. 148 ; 33'- §9c, p. 166 ; 34'- §9c, p. 166 ; 35'- §10, p. 182 ; 36'- §11, p. 190 ; 37'- §12, p. 194 ; 38'- §12, p. 200 ; 39'- §13, p. 202 ; 40'- §13d, p. 216 ; ***Charrette* du XIVè** : 2''- p. 176 ; 3''- p. 178 ; 8''- p. 182 ; 9''- p. 184 ; 10''- p. 191 ; 12''- p. 191 ; 13''- p. 191 ; 16''- p. 196 ; 17''- p. 227 ; 21''- p. 229 ; 22''- p. 230 ; 23''- p. 234 ; 24''- p. 235-236 ; 26''- p. 237 ; 27''- p. 254 ; 28''- p. 260 ; 29''- p. 261 ; 41'- p. 265 ; 42'- p. 265.

Charrette en vers	***Charrette* du XIIIè**	***Charrette* du XIVè**
2- « *Est-ce par ire ou par despit Fet li rois, qu'aller anvolez ?* », v. 104 et ss.	**2'- « *Por coi est che ?* », §2, p. 76.**	**2''- « *chose pourquoi vous soyez iriés* », p. 176.**
10- « *Por coi ?* » (réponse de l'auteur), v.1224.	**10'- « *Por coi ?* », §4, p. 96.**	**10''- « *si lui prie moult durement qu'elle lui die pourquoy elle avoit ris* », p. 191.**
12- « *Por coi ?* », v. 1399.	**12'- « *Pour coi vous anuie je donc ?* », §6b, p. 112.**	**12''- « *Je ne vous diray neant. Pourquoi fait il ?* », p. 191.**
21- « *Mes por deu savrïez me vos Dire por coi ele me het ?* », v. 4072 et ss.	**21'- « *Pour coi ? fait n'irai je avant ?* », §6j, p. 140.**	**21''- « *or me dites par quel pechié vous est si mesavenu que ma dame la royne ne veult parler a vous* », p. 229.**

Le point commun aux trois versions de la *Charrette* est que seul Lancelot ou presque a le droit et le privilège de poser ce type de questions. S'il arrive que d'autres personnages posent des questions relatives à la cause d'une action ou d'un fait donnés, celles-ci portent indubitablement sur le protagoniste central : que la question lui soit adressée, ou qu'on la pose à son sujet. Revoyons de près les occurrences. Seules **4** causales sont présentes en même temps dans les trois versions de la *Charrette*. Le vers et la *Charrette* du XIIIè se partagent **3** interrogations causales. Ce relevé triple avec **9** causales qui coïncident dans le vers et dans la version de la *Charrette* du XIVè. Les deux versions en prose de la *Charrette* n'ont en commun aucune causale. Par ailleurs, Chrétien offre **4** interrogatives causales que l'on ne retrouve pas dans les deux mises en prose de son *Chevalier de la charrette*. La prose du XIVè suit la version en vers en proposant **5** causales non présentes dans les autres versions. Quant à la version de la *Charrette* du XIIIè, elle se détache des autres versions en englobant **13** causales que l'on ne retrouve pas ailleurs. Peut-être pourrons-nous expliquer ce décalage de la version du XIIIè par le souci d'élucidation qui caractérise la prose du XIIIè de façon générale. La similitude entre la version en vers et celle du XIVè se rapproche, quant à elle, de ce que certains médiévistes ont baptisé « le dérimage » ; les questions reviennent de manière presque intacte entre le vers et la version dérimée. Ce qui est important à noter c'est l'avalanche d'emplois de l'adverbe interrogatif « *pourcoi* » qui demeure le plus récurrent entre les **3** versions. Le tableau récapitulatif des causales regroupe, en effet, **13** interrogatives exprimées par le moyen de cet adverbe dans la version en vers ; **15** dans la *Charrette* du XIVè et **20** dans la *Charrette* du XIIIè. Pour le reste, l'on trouvera les locutions « ***por quel*** + substantif » qui se concurrencent dans le vers[1] et dans la *Charrette* du XIVè[2] et qui sont complètement absentes de la version de la *Charrette* du XIVè. L'essentiel pour l'auteur du *Lancelot* en prose est d'élucider les raisons qui expliquent certaines situations et de donner des causes plausibles à tout fait et à tout propos prononcé par un protagoniste donné ; le moyen le plus simple pour ce faire étant de poser la question par le biais de l'adverbe interrogatif « **porcoi** ». Moins importantes sont les occurrences dans les autres romans en vers et mises en prose étudiées. Ce sont les versions en vers de l'*Érec et Énide* et *Cligès* qui l'emportent quant au nombre de causales. Commençons par les différentes versions de L'*Érec*. Nous avons dégagé **17** occurrences dans la version en vers contre **5** dans le **ms. 363** et **4** dans le **ms. 7235**. Les deux proses se rapprochent dans le nombre de causales détectées, mais celles-ci ne sont pas toujours présentes au même moment dans toutes les versions. Revoyons de près quelques exemples[3] :

Érec et Énide	**ms. 363**	**ms. 7235**
2- « *de tant povre robe [et] si vil* *Por qu'est vostre fille atornee* *Qui tant par est bele et sennee ?* » v. 506 et ss.	2'- « *Erec demanda a son hoste pourquoy il tenoit sa fille si povrement atournee* », [197 v° a], p. 112.	2''- « *Erec lui demanda pourquoi sa fille estoit tant simplement atournee* » [6 r°], p. 113.
5- « *Por quoi l'avez amenteü ?* », v. 1119	5'- « *pourquoy le m'avéz vous ramenteu ?* », [205 r° a], p. 136.	5''- « *Pourquoy le m'avés vous ramenteu ?* », [14 r°], p. 137.

[1] *Charrette* en vers, *op.cit*, v. **1444 ; 2613 ; 5477 ; 6926.**

[2] *Charrette* du XIVè, *op.cit*, p. **191 ; 229 ; 265**.

[3] Le relevé exhaustif est le suivant : ***Erec et Enide*** : 2- v. 506 et ss ; 3- v. 1003 et ss ; 4- v. 1084 ; 5- v. 1119 ; 6- v. 2512 ; 7- v. 2517 ; 8- v. 2524 ; 9- v. 2649 et ss ; 10- v. 2671 ; 11- v. 2750 ; 12- v. 3739 et ss ; 13- v. 4331 et ss ; 14- v. 4401 et ss ; 16- v. 4613 ; 17- v. 4650 ; 18- v. 5563 et ss ; 20- v. 5915 ; **ms. 363** : 1'- [194 v° b], p. 106 ; 2'- [197 v° a], p. 112 ; 5'- [205 r° a], p. 136 ; 14'- [215 r° a], p. 225 ; 15'- [215 v° a], p. 226 ; **ms. 7235 : 2''- [6 r°], p. 113 ; 5''- [14 r°], p. 137 ; 16''- [35 r°], p. 177 ; 19''- [64 r°], p. 205.**

Notons dès l'abord que rares sont les causales qui reviennent simultanément dans les **3** versions. Nous n'en avons dégagé que **2**. À seulement deux moments aussi retentit la même interrogation causale entre le vers et une des deux mises en prose de l'*Érec*. Cela concerne la question posée par Érec aux chevaliers qui en malmenaient un autre[1], et la question rhétorique posée par Énide quant à son désarroi face à l'attitude de son mari. Pour le reste, nous n'avons trouvé que **2** causales seulement dans le **ms. 363** ; **1** seule exclusivement dans le **ms. 7235** et **13** propres à la version en vers de Chrétien. Et au vu du volume des romans en vers et des mises en prose, ce déséquilibre dans les mentions causales ne peut s'expliquer que par cette volonté d'aller à l'essentiel et de présenter les faits le plus brièvement possible, sans avoir recours à des questions dont les auteurs des mises en prose pouvaient se passer. D'ailleurs, sur les **5** causales dégagées du **ms. 363**, seulement **2** sont prononcées par le biais de l'adverbe interrogatif « *pourcoi* », contre **3** dans le **ms. 7235** et **15** chez Chrétien. Il en va presque de même dans les versions du *Cligès*[2] :

***Cligès* en vers**	***Cligès* en prose**
24- « *Si demandent et si enquierent* *Dont li cri et les lermes erent* *Pour quoi s'afolent et confundent* », v. 5741 et ss.	24'- « *[ils] enquierent pour quoi ilz pleurent* », [90 r°], p. 149.

Seule **1** question a un référent dans les deux versions à la fois. Le *Cligès* en prose englobe **1** interrogative causale que l'on ne trouve pas chez Chrétien alors que ce dernier recourt seul aux causales dans **25** interrogatives. La mode de l'abrégement et du résumé liée aux mises en prose du XVe expliquerait cet écart entre les versions. Cela s'appuie, par ailleurs, par la nature de ces causales qui sont pour la plupart des questions rhétoriques. Le passage du vers à la prose du XVe et le souci de la concision a donc privilégié ce choix d'abstention quant au recours aux causales. A ce niveau de

[1] Voir *Érec et Énide*, *op.cit,* **v. 4401 et ss** et **ms. 363**, [215v°a], p. 226 ; et *Érec et Énide*, *op.cit,* **v. 4613** et **ms. 7235**, [35r°], p. 177.

[2] Le relevé exhaustif est le suivant : ***Cligès* en vers** : 1- v. 496 ; 2- v. 640 ; 3- v. 712 et ss ; 4- v. 792 et ss ; 5- v. 914 et ss ; 6- v. 994 ; 7- v. 1297 ; 8- v. 1402 et ss ; 9- v. 2463 ; 10- v. 3233 et ss ; 11- v. 3792 ; 12- v. 3807 et ss ; 13- v. 3948 ; 14- v. 4253 ; 15- v. 4356 et ss ; 16- v. 4410 ; 17- v. 4410 ; 18- v. 4412 et ss ; 19- v. 4448 et ss ; 20- v. 4586 et ss ; 21- v. 4979 et ss ; 22- v. 5343 ; 23- v. 5356 ; 24- v. 5741 et ss ; 26- v. 6167 ; ***Cligès* en prose** : 24'- [90 r°], p. 149 ; 25'- [90r°], p. 149.

l'analyse, nous remarquons que les interrogatives causales dévoilent le mieux l'écart qui s'installe non seulement entre les versions en vers des romans de Chrétien et les mises en prose de ses romans, mais aussi entre les mises en prose du XIII[è] et XIV[è] et celles du XV[è]. Les romans de Chrétien regorgent d'interrogatives de cause, que celles-ci soient l'objet d'un questionnement rhétorique ou pas ; les mises en prose de la *Charrette* se rapprochent de l'écriture de Chrétien, puisque cette question se voit utilisée presque avec la même fréquence dans les trois versions de ce roman. Ce qui n'est nullement le cas des mises en prose de l'*Érec* et du *Cligès*. Autant les causales fusent dans les versions sources de ces romans, autant elles tendent à disparaitre dans les mises en prose tardives. Elles ne sont plus indispensables, puisque l'histoire est d'ores et déjà connue d'un auditoire qui comprend les références sans qu'il ne soit nécessaire de les élucider, ou de les répéter. Nous sommes bien au XV[è] siècle... Trois siècles auraient vraisemblablement suffi à imbiber la foule de la trame des romans de Chrétien...

2.4.1.1.5. Les interrogatives relatives à la manière

Une tâche supplémentaire que s'est donné la prose du *Lancelot* est de tirer au clair le comment des actions de ses protagonistes. Et si la question relative au « pourquoi » est d'importance dans les différentes versions en vers, mais aussi dans les mises en prose de la *Charrette*, savoir « comment » aboutir à telle ou telle chose ou donner une explication à la manière dont une action peut s'accomplir semble prendre une toute autre ampleur dans les romans étudiés. Notre relevé se voit en effet hétérogène. Les occurrences sont les suivantes :

La manière	***Ch.* en vers**	***Ch.* du XIII[è]**	***Ch.* du XIV[è]**	***Érec et Énide***	***Érec*, ms. 363**	***Érec*, ms. 7235**	**Cligès en vers**	***Cligès* en prose**
	7	**18**	**16**	**4**	**5**	**7**	**18**	**7**

Les interrogatives relatives à « la manière » dans les romans étudiés

On le constate sans peine aussi, la manière dont les actions sont entreprises importent à certains auteurs, mais pas à d'autres. Dans les trois romans en vers que nous étudions, cette expression est beaucoup plus importante dans le *Cligès* en vers (**18** occurrences) que dans la *Charrette* en vers (**7** occurrences) et dans l'*Érec et Énide* (**4** occurrences). Les proses opèrent différemment. Les deux mises en prose de l'*Érec* calquent leur modèle en proposant quasiment le même nombre d'interrogatives relatives à la manière : **5** dans le **ms. 363** et **7** dans le **ms. 7235**. Le *Cligès* en prose réduit de moitié ou plus le nombre d'interrogatives proposées dans la version en vers de ce roman. Il en propose **7** contre **18** dans le roman de Chrétien. Il reste les versions de la *Charrette*. En réponse aux **7** interrogatives de manière présentes dans la *Charrette* en vers répondent **18** occurrences dans la *Charrette* du XIII[è] et **16** dans la version dérimée du XIV[è]. C'est une technique à l'image d'un accordéon qui tend à s'élargir de manière générale dans le vers, et plus encore dans les mises en prose de la *Charrette*, et qui se réduit et se compresse dans les mises en prose plus tardives des romans de Chrétien. Voyons de plus près nos relevés et commençons par les occurrences détectées dans les **3** *Charrette*[1] :

***Charrette* en vers**	***Charrette* du XIIIe**	***Charrette* du XIVe**
10- « *Comant l'osas panser ?* », v. 2589.	10'- « *Comment osas tu entreprendre si haut afaire ?* », §9c, p. 166.	10''- « *Comment osas tu oncques penser si grant follie ?* », p ; 208.
21- « *Et li comant s'est il contenuz Puisqu'an cest païs fu venuz ?* », v. 5157.	21'- « *ceus ki od lui sont comment il s'estoit contenus en la bataille* », §14, p. 218.	21''- « *Comment s'est il contenu [...] puis l'eure que il vint premierement en cest paÿs ?* », p. 245.

Ce qui prime, c'est la question posée par le moyen de l'adverbe interrogatif « *comment* ». On en trouve **6** dans la *Charrette* en vers, contre **15** dans la *Charrette* du XIV[è] et **17** dans la *Charrette* du XIII[è]. Il faut préciser que dans les trois versions, on trouve à chaque fois un exemple unique d'interrogation relative à la manière, et qui est exprimée par un moyen différent de l'adverbe interrogatif « *comment* » : « *Assez fu qui li sot retraire/[...]* ***par quel traïson/*** *Li nains lors ambla et fortrest [...]* »[2], « « ***A coi,*** *fait il, le savés*

[1] Voici le relevé exhaustif : ***Charrette* en vers** : 10- v. 2589 ; 11- v. 4228 ; 21- v. 5157 ; 26- v. 5346 et ss ; 27- v. 5346 et ss ; 28- v. 5346 et ss ; 30- v. 6066 et ss ; ***Charrette* du XIII[è]** : 1'- § 5, p. 102. ; 2'- §6d, p. 122 ; 3'- §6j, p. 144 ; 4'- § 6k, p. 146] ; 5'- § 6l, p. 150 ; 8'- §9b, p. 164 ; 10'- §9c, p. 166 ; 12'- §9c-9d, p. 168 ; 13'- §12, p. 196 ; 14'- § 12, p. 196 ; 17'- §12, p. 198 ; 18'- §13, p. 202 ; 19'- §13, p. 206 ; 20'- §13c, p. 214 ; 21'- §14, p. 218 ; 23'- § 15c, p. 224 ; 24'- §15c, p. 226 ; 25'- §15e, p. 232 ; ***Charrette* du XIV[è]** : 6''- p. 176 ; 7''- p. 177 ; 9''- p. 202 ; 10''- p ; 208 ; 12''- p. 225 ; 15''- p. 230 ; 16''- p. 235 ; 18''- p. 236 ; 19''- p. 239 ; 21''- p. 245 ; 22''- p. 245 ; 24''- p. 249 ; 25''- p. 251 ; 29''- p. 258 ; 30''- p. 258 ; 31''- p. 265.

[2] *Charrette* en vers, *op.cit*, v. 5346 et ss.

vous ? »[1], « ***en quelle manière*** *[tous serons mors]* »[2]. Notons aussi que sur les **7** interrogatives de manière présentes dans *Le Chevalier de la charrette*, **2** d'entre elles sont assimilées à des interjections :

Charrette **en vers**	***Charrette*** **du XIIIè**	***Charrette*** **du XIVè**
	A'- « *Comment, sire ?* », §9b, p. 164.	
B- « *Comant l'osas panser ?* », v. 2589.	B'- « *Comment osas tu entreprendre si haut afaire ?* », §9c, p. 166.	B''- « *Comment osas tu oncques penser si grant follie ?* », p ; 208.
C- « *Comant ?* », [développement rhétorique], v. 4228.		
	D'- « *Comment ? fait il, le vous a elle donc vee ?* » § 12, p. 196.	
		E''- « *Comment peusse jou quildier qu'il en fust issus ?* », p. 265.

Les interrogatives de manière assimilées à des interjections dans les 3 « Charrette »

Et même si ces interjections demeurent rares (**3** dans la *Charrette* du XIIIè, **2** dans la version en vers et **2** dans la version dérimée de la *Charrette*), elles témoignent du souci de véridicité qui poussent les auteurs, surtout celui du *Lancelot* en prose, à faire interpeller les personnages les uns les autres, pour mettre l'accent sur un message donné. Qu'en est-il des versions de l'*Érec* ? Voici le décompte des interrogatives de manière relevées :

Érec et Énide	**ms. 363**	**ms. 7235**
	I'- « *comment porra estre vengance prinse du chevalier qui a souffert ma pucelle estre batue par son nain fier et orguilleux ?* », [194 v° b], p. 106.	I''- « *comment poulra vengance estre faicte du chevalier malvais et orgueilleux qui par son oultrage a souffert ma pucelle estre blecie* », [3 v°], p. 107.
	II'- « *Et bien s'esmerveilloient tous ceulz qui la voient comment*	II''- « *chascun s'esmerveilloit comment Nature avoit peu ymaginer*

[1] *Charrette* du XIIIè, *op.cit*, § 6l, p. 150.

[2] *Charrette* du XIVè, *op.cit*, p. 202.

	Nature avoit peu ymaginer une tant parfaitte damoiselle », [196 v° a], p. 110.	*ung tant parfait chief d'euvre ou corpz d'une pucelle* », [5 r°], p. 111.
III- « *[...] comment lui dirai gié ?* », v. 2976.		
		IV''- « *Comment le fait le chevalier ?* », [14 v°], p. 139.
V- « *tant qu'ele sache bien et voie* *Quex aventure ce sera* *Et coment il espoitera* », v. 5864 et ss.		
	VI'- « *et moult estoient et esmerveilliés chascun endroit soi comment ung cuer pouoit tant parfaitement aimer et en si pou de temps cellui ou celle qu'il n'avoit jamais plus veu* », [199 v° a], p. 120	
	VII'- « *Et grant merveilles avoient tous ceulz qui les regardoient comment ilz se pouoient si malement mener* », [202 v° a], p. 128.	
		VIII''- « *Comment oséz vous parler a moy quant je vous en ay deffendu ?* », [31 r°], p. 173.
IX- « *Et s'il vos plait, je vos dirai [...]* *Coment je ving a tel hautece* », v. 6308.		IX''- « *elle lui racompte comment le seigneur de la ville le vouloit le journee de devant occire pour qu'elle luy avoit donné jour de le venir querre ad ceste matinee* », [40 r°], p. 182.
X- « *Si li distrent la vérité* *Coment il estoit avenu*	X'- « *Comment se porte le chevalier ?* »,	

De son père li viel chenu
Qui morz estoit et trespassez »,
v. 6512 et ss.

[205 v° a], p. 138.

XI''- « *Comment seray je si faulse que je ne l'advertiray pas de ce dangier ?* », [43 r°], p. 184.
XII''- « *lui comptant comment il le aloit a Limors rescourre* », [58 v°], p. 199.

Interrogatives relatives à « la manière » de l'action dans les 3 « Érec »

De prime abord, nous pouvons souligner que le relevé des trois versions de l'*Érec* est moins important que celui des trois versions de la *Charrette* : **4** dans *Érec et Énide* ; **5** dans le **ms. 363** et **7** dans le **ms. 7235**. Toutes les questions qui y sont posées se font par le moyen exclusif de l'adverbe interrogatif « *comment* ». Ce que nous avons pu discerner, par ailleurs, c'est la quasi absence d'interjections par ce moyen. La seule à noter est celle qui parait dans le **ms. 7235**, dans un des monologues d'Énide prise de panique : « *Comment seray je si faulse que je ne l'advertiray pas de ce dangier ?* »[1]. C'est que l'interrogative de manière n'est pas des plus importantes dès lors que le comment des actions principales est pris en charge par la narration principale servie par ou bien l'auteur ou bien un des personnages conteurs :

***Cligès* en vers**	***Cligès* en prose**
A- « *Einçois m'orroiz dire coment* *Amors les .II. amanz travaille* », v. 572 et ss.	
B- « *mais ne sai coment je le face !* », v. 677.	B'- « *ne sçay comment je puisse faire* », [13 r°], p. 76.
C- « *Coment le t'a donc tret el cors* *Quant la plaie n'en pert defors ?* », v. 691 et ss.	C'- « *Comment se puelt il faire, car la plaie ne pert point par dehors ?* », [13 r°], p. 76.
D- « *Or me di donc reson coment* *Li darz est parmi l'ueil passez* *Qu'il n'est ne blecie ne quassez ?* », v. 698 et ss.	
E- « *Comant le savra il*	

[1] *Érec* en prose, **ms. 7235**, *op.cit*, [43 r°], p. 184.

Des que je ne l'en ferai cert ? »,
v. 1008 et ss.

F- « *Mes einz se pense en quel manière*
Elle l'aresnera premiere »,
v. 1379 et ss.

F'- « *Lors pense elle comment elle pourra convenir de son entreprise* », [49 v°], p. 110.

G- « *Coment donc ?* » [Rhétorique],
v. 1387.

H- « *Et cil qui sont dedenz se painent*
Coment il lor facent savoir
De coi il porront joie avoir »,
v. 2110 et ss.

I- « *Bien vos savrai le voir apprendre*
Coment dui cuer a .I. se tienent
Sanz ce qu'an semble ne parviennent »,
v. 2784 et ss.

J- « *Mais coment set qui ne l'essaie*
Que puet estre ne mals ne biens ? »,
v. 3022 et ss.

K- « *Ne sai coment je le conoisse*
Se c'est enfermetez ou non »,
v. 2042 et ss.

L- « *mais ce ne requis je savoir*
Coment puisse le cors avoir
Cil a qui li cuers s'abandone »,
v. 3119 et ss.

L'- « *je ne say comment je la puisse donner a celluy a qui le cuer veult adrecier* », [51 v°], p. 112.

M- « *mais a chascun est tart qu'il oie*
Coment Cligès avoit trovee
L'empererriz et recovree »,
v. 3888 et ss.

N'- « *qui ja me demanderoit comment cest homme avoit peu fere ce lieu* », [85 v°], p. 145.

O'- « *[Cligès lui compte] la manière comment il a besoingnié avec son ouvrier* », [86 v°], p. 146.

P- « *Coment son contraire et divers ?* »,
v. 4439.

Q- « *[...] coment a esté puis*
Qu'an cest païs fustes venue ? »,
v. 5128 et ss.

R- « *S'a apenser ne vos savez*
Coment je puisse estre en emblee
De vostre uncle de sa semblee »,
v. 5202 et ss.

S- « *[...] il la trove, si li devise*
Coment il velt qu'ele s'en viengne
N essoignes ne la retiengne
Que Phenice et Cligès la mandent »,
v. 6206 et ss.

T- « *[...] Et je, coment*
Feroie si grant felonnie ? »
v. 6516 et ss.

U'- « *Comment pourra ton cuer souffrir veior ta dame [...]* », [88 v°], p. 148.

Les interrogatives relatives à « la manière » de l'action dans les 2 « Cligès »

L'écart entre les deux versions est flagrant. La prose propose **7** interrogatives relatives à la manière contre **18** dans le vers. Chrétien de Troyes exprime cette interrogative **17** fois par le moyen de l'adverbe interrogatif « *comment* » et **1** seule fois par le recours à la locution « *en quelle manière* ». La prose ne recourt qu'à l'adverbe interrogatif « *comment* » dans toutes les occurrences relevées. Il serait intéressant de noter que le nombre élevé de ces interrogatives dans la version en vers du *Cligès* s'expliquerait par le nombre de monologues très présents dans cette version. En effet, des **17** interrogatives de manière, **11** d'entre elles sont dites dans des monologues d'un des personnages principaux, ou dans les discours pris en charge par l'auteur[1]. Ce n'est donc pas le questionnement autour de la manière dont certaines actions se déroulent qui prime, mais plutôt l'expression de la psychologie des personnages et le partage de cet état avec un lecteur avec qui Chrétien de Troyes essaye de créer une sorte de connivence. Ainsi donc, pour essayer de mettre les occurrences relevées dans les différents romans étudiés en perspective avec la nature de l'analyse que nous en faisons, nous pouvons avancer qu'à partir de ces exemples se dégagent **trois** catégories de questions, distinctes les unes des autres :

1- L'adverbe interrogatif « **comment** » peut être employé beaucoup plus dans le sens de l'étonnement que dans le sens de l'interrogation proprement dite[2]. Nous en avons noté **3** dans la *Charrette* du XIIIè, **2** dans la version en vers et **2** dans la version dérimée de la *Charrette*. Elles témoignent du souci de véridicité qui pousse les auteurs, surtout celui du *Lancelot* en prose, à faire interpeller les personnages entre eux, pour mettre l'accent sur un message donné. Le nombre élevé de ces interrogatives dans la version en vers du *Cligès* s'expliquerait par le nombre de monologues très présents dans cette version. Ce n'est donc pas le questionnement quant à la manière dont certaines actions se

[1] Les récurrences sont soulignées dans le tableau récapitulatif correspondant.

[2] Dans ce cas, l'adverbe « comment » serait plutôt un adverbe exclamatif.

déroulent qui importe, c'est plus l'expression de la psychologie des personnages et la connivence nourrie avec un lecteur averti. Ces interjections sont quasi absentes dans les versions de l'*Érec*. La seule que nous ayons pu dégager parait dans le **ms. 7235**, dans un des monologues d'Énide qui, prise de panique, avance : « *Comment seray je si faulse que je ne l'advertiray pas de ce dangier ?* »[1]. Elle n'est pas des plus importantes dans les versions de l'*Érec* dès lors que le comment des actions principales sont élucidées par la narration principale.

2- Il arrive également que soit posée une question en rapport direct avec l'adverbe interrogatif « *comment* », mais sans pour autant que celui-ci soit employé. Ce sont des locutions interrogatives comme « *en quelle manière* », ou « *en quelle trahison* » qui sont, dans ce cas, employées. Nous avons trouvé **1** seul cas dans chacune des versions de la *Charrette* et du *Cligès* ; elles sont complètement absentes des **3** versions de l'*Érec*.

3- troisième catégorie de questions s'avère la plus canonique : c'est celle où se manifeste l'adverbe interrogatif « comment » ; outil qui permet de poser la question sur la manière dont le sujet de l'action pourra atteindre son objectif. C'est d'ailleurs celle qui est unanimement la plus présente dans les versions que nous étudions.

2.4.1.1.6. Les interrogatives relatives au temps

L'expression du temps est présente de manière très timide dans les versions analysées. Au vu du nombre d'occurrences relevées, nous pouvons parler d'exceptions. Les voici :

Le Temps	***Ch.* en vers**	***Ch.* du XIIIè**	***Ch.* du XIVè**	***Erec et Énide***	***Erec,* ms. 363**	***Erec,* ms. 7235**	**Cligès en vers**	***Cligès* en prose**
	1	**0**	**1**	**0**	**0**	**0**	**7**	**0**

Les interrogatives relatives au « temps » dans les romans étudiés

Les trois versions de l'*Érec* ne proposent aucun exemple. La *Charrette* en vers et celle du XIVè siècle recourent à une seule temporelle. Quant au *Cligès*, le vers regroupe **7** occurrences contre aucune dans le *Cligès* en prose. Voici de près les occurrences relevées dans les versions de la *Charrette* :

---

[1] *Érec* en prose, **ms. 7235**, *op.cit*, [43 r°], p. 184.

***Charrette* en vers**	***Ch.* du XIII[è]**	***Ch.* du XIV[è]**
« *Et quant ?* », v. 5152.		« *Et quant fu ce, [...] que le nain en mena ?* », p. 245.

Les interrogatives relatives au « temps » de l'action dans les 3 « Charrette »

L'unique moment où une interrogation temporelle se voit posée, c'est lorsque Lancelot se fait piéger par le nain. Dans la *Charrette* en vers comme dans la *Charrette* du XIV[è], cette question est posée au style direct par le moyen de l'adverbe interrogatif « *quand* ». Peut-être est-ce parce que ce moment est crucial dans la trame principale de l'œuvre. Quant aux versions du *Cligès*, en voici le relevé :

***Cligès* en vers**	***Cligès* en prose**
1- « *Et a la cort sont ses espies* *Qui li font savoir chascun jor* *Tout le covine et tout l'ator* *[...]* *Et quant il s'en retorneront* », v. 3336 et ss.	
2- « *Et a la cort sont ses espies* *Qui li font savoir chascun jor* *Tout le covine et tout l'ator* *[...]* *Et combien il sejorneront* », v. 3336 et ss.	
3- « *Dame, quant vostre cuers fu la ?* », v. 5145.	
4- « *Dite[s] moi quant il i ala* », v. 5146.	
5- « *En quel tens [...]* », v. 5147.	
6- « *[...] en quel saison* », v. 5147.	
7- « *Fu il i lors quant je i fui ?* », v. 5159.	

Les interrogatives relatives au « temps » de l'action dans les 3 « Cligès »

Nous n'avons noté aucune interrogation temporelle dans la version en prose. L'auteur préfère présenter les faits, en amont, sans que ne soit posée la question relative au temps. Dans le vers, **7** temporelles sont exprimées. Dans **4** cas, cette expression est faite par le moyen de l'adverbe interrogatif « *quand* »[1]. Dans **1** cas, l'auteur recourt à l'adverbe interrogatif « *combien* » pour exprimer la durée[2]. Le questionnement relatif au temps s'est, par ailleurs, fait par le biais de locutions telles que « *en quel tens* » et « *en quel saison* ». Cette mention du « temps » et de la « saison » est

[1] Les exemples sont soulignés dans le tableau.

[2] C'est l'exemple 2.

d'importance, car au relevé très timide relatif aux interrogations temporelles présentes dans les romans étudiés, s'opposent des références relatives aux fêtes religieuses qui constituent un repère temporel incontournable dans la littérature du Moyen Age. Voici un tableau récapitulatif de toutes les occurrences relevées :

	Ch. en vers	*Ch. du XIIIè*	*Ch. du XIVè*	*Érec et Énide*	*ms. 363*	*ms. 7235*	*Cligès en vers*	*Cligès en prose*
Penthecouste	1[1]	1[2]	2[3]	2[4]	3[5]	3[6]	0	0
Noël	1[7]	2[8]	1[9]	1[10]	2[11]	2[12]	0	0
Pâques	0	0	2[13]	1[14]	0	1[15]	0	0
Ascension	1[16]	4[17]	4[18]	0	0	0	0	0
Chandeleur	0	1[19]	1[20]	0	0	0	0	0
Total	3	8	10	4	5	6	0	0

Les fêtes religieuses dans les romans étudiés

Il nous faut dès l'abord noter l'absence de toute référence à une fête religieuse dans les versions du *Cligès*. L'expression du temps se fait par d'autres moyens, tels que la description des saisons ou la présence de la neige… Pour les autres versions étudiées, c'est la version de la *Charrette* du XIVè qui présente le plus de références.

1 *Charrette* en vers, *op.cit*, v. 3520.

2 *Charrette* du XIIIè, *op.cit*, §15b, p. 222.

3 *Charrette* du XIVè, édition d'Annie Combes, *op.cit*, §128, p. 436.

4 *Érec et Énide*, *op.cit*, v. 1924.

5 *Érec* en prose, **ms. 363**, *op.cit*, §1, p. 102.

6 *Érec* en prose, **ms. 7235**, *op.cit*, §14, p. 157.

7 *Charrette* en vers, *op.cit*, v. 3520.

8 *Charrette* du XIIIè, *op.cit*, §1, p. 64.

9 *Charrette* du XIVè, édition d'Annie Combes, *op.cit*, §128, p. 436.

10 *Érec et Énide*, *op.cit*, v. 6690.

11 *Érec* en prose, **ms. 363**, *op.cit*, §5, p. 156.

12 *Érec* en prose, **ms. 7235**, *op.cit*, §40, p. 208.

13 *Charrette* du XIVè, édition d'Annie Combes, *op.cit*, §128, p. 436.

14 *Érec et Énide*, *op.cit*, v. 27.

15 *Érec* en prose, **ms. 7235**, *op.cit*, §1, p. 103.

16 *Charrette* en vers, *op.cit*, v. 30.

17 *Charrette* du XIIIè, *op.cit*, §1, p. 66.

18 *Charrette* du XIVè, édition d'Annie Combes, *op.cit*, §5, p. 339.

19 *Charrette* du XIIIè, *op.cit*, §1, p. 64.

20 *Charrette* du XIVè, édition d'Annie Combes, *op.cit*, §2, p. 338.

Son auteur, toujours soucieux de vraisemblance, recourt à **10** occurrences relatives aux fêtes religieuses. Suit de près la *Charrette* du XIIIè avec **8** références. Viennent ensuite les deux versions en prose de l'*Érec* qui proposent équitablement **5** exemples en rapport avec les fêtes religieuses. *Érec et Énide* recourt **4** fois à ces références et *Le Chevalier de la charrette* **3** fois. Selon les romans, certaines fêtes religieuses sont plus importantes que d'autres. Dans les deux *Charrette* en prose, c'est « l'Ascension » qui est la plus célébrée. Dans les deux *Érec* en prose, c'est plutôt « la Pentecôte ». D'ailleurs les références à la Pentecôte et à Noël sont présentes seulement 1 à 2 fois, mais dans les différentes versions de la *Charrette* et de l'*Érec*. Notons aussi que les deux proses de l'Erec ne s'accordent pas sur la même fête religieuse au début de leurs romans. La Pentecôte présente dans le **ms. 363** est substituée par Pâques dans le **ms. 7235** et c'est le mariage d'Erec et Enide qui a lieu à Noël dans le **ms. 363** qui aura lieu à la Pentecôte dans le **ms. 7235**. Cela étant, toutes ces références nous laissent penser que les références religieuses sont les plus importantes, puisqu'elles sont récurrentes dans nos versions[1]. D'autres exemples paraissent, comme le renvoi à « Pâques », présent uniquement dans la *Charrette* du XIVè et dans l'*Érec et Énide* et le **ms. 5235** ainsi que la référence à « Candelor » qu'on retrouve 1 seule fois et seulement dans les deux *Charrette* en prose.

Ainsi en est-il des questions posées dans les différentes versions que nous étudions. Plus que les mises en prose, ce sont les romans de Chrétien qui multiplient les interrogations. Cela ne veut pas, pour autant, dire que c'est dans les romans en vers que surgissent le plus de détails susceptibles d'éclairer les propos des protagonistes[2]. Rappelons d'ailleurs la synthèse de notre relevé. Les questions se répartissent en questions émises au style direct et d'autres au style indirect :

---

[1] Excepté les versions du *Cligès* qui ne souffre aucune référence aux fêtes religieuses.

[2] Voir *infra*, « Réponse à un stimulus ».

	Ch. en vers	*Ch.* du XIIIè	*Ch.* du XIVè	*Érec et Énide*	*Érec,* ms. 363	*Érec,* ms. 7235	Cligès en vers	*Cligès* en prose
? style direct	131	106	133	84	12	25	138	12
? style indirect	25	33	60	42	25	30	49	29
Total	156	139	193	126	37	55	187	41

Les interrogatives aux styles direct et indirect dans les romans étudiés

Les versions en vers de Chrétien regroupent pour la plupart les relevés les plus importants ; excepté la *Charrette* du XIVè qui dépasse le nombre d'interrogations dégagées des deux autres versions du même roman, et d'ailleurs, de tous les autres romans étudiés. Entre les 3 *Charrette*, cet écart se creuse non pas dans les interrogatives directes qui sont à **131** dans la *Charrette* en vers et **133** dans la *Charrette* du XIVè, mais plutôt dans les interrogatives indirectes puisqu'aux **25** occurrences notées chez Chrétien de Troyes et les **33** relevées dans la *Charrette* du XIIIè s'opposent les **60** interrogatives indirectes qui fusent dans la version dérimée de ce même roman. Le nombre de ces interrogatives indirectes ne sera d'ailleurs pas dépassé dans les autres romans et leurs différentes mises en prose[1]. Mais le plus important à noter à ce niveau, c'est le nombre d'interrogatives totales et partielles que l'on retrouve dans les divers romans analysés. En voici le récapitulatif :

	Ch. en vers	*Ch.* du XIIIè	*Ch.* du XIVè	*Érec et Énide*	*Érec,* ms. 363	*Érec,* ms. 7235	Cligès en vers	*Cligès* en prose
? totale	56	43	68	31	9	13	61	11
? partielle	100	96	125	95	28	42	126	30
Total	156	139	193	126	37	55	187	41

Les interrogatives partielles et totales dans les romans étudiés

Bien sûr, ce sont les versions de la *Charrette* qui représentent le plus d'interrogatives. S'y ajoute la version en vers du *Cligès*. Un écart important se crée surtout entre la version vers de l'*Érec* et les deux mises en prose de ce roman, mais aussi entre la version vers du *Cligès* et la mise en prose du même roman. Ce sont, en effet, les

[1] Voir *infra*, 3è partie de notre thèse. Nous y analyserons et plus en détail ce tableau récapitulatif.

versions en vers qui présentent le plus d'interrogatives, que celles-ci soient partielles ou totales. Quant à la *Charrette* du XIV^è^, il serait judicieux de rappeler combien l'auteur de cette version dérimée recourt aux interrogatives. Il dépasse non seulement Chrétien de Troyes, mais aussi l'auteur de la *Charrette* du XIII^è^. Serait-ce par souci de vraisemblance ? Ou serait-ce encore par souci de reconnaissance d'une version parue dans l'ombre d'une saga célèbre, celle du *Lancelot-Graal* ? En résumé, Chrétien de Troyes a utilisé un large éventail de questions. Celles au style direct sont très importantes dans les versions en vers. Elles atteignent leur apogée dans le *Cligès* en vers, et sont suivies de près par les versions presque « jumelles » de la *Charrette*, à savoir la version en vers et la *Charrette* dérimée. Nous avons vu que l'auteur de la version dérimée tend à respecter la version de Chrétien, d'où ce rapprochement dans le nombre de recours aux questions au style direct. Les autres mises en prose diminuent considérablement le recours à ce style de questions lui préférant non pas les questions au style indirect – puisque les statistiques dégagées prouvent que les questions au style indirect s'amoindrissent au fur et à mesure des réécritures – mais plutôt les affirmations nettes. Notons aussi que le seul bémol concernera, encore une fois, la version dérimée de la *Charrette* qui va doubler le nombre d'interrogations au style indirect par rapport à celles proposées par Chrétien de Troyes ou l'auteur de la *Charrette* du XIII^è^. La pression de la vraisemblance continuerait à poursuivre l'auteur de cette version…

2.4.1.2. L'apostrophe

L'apostrophe, *« comme* ***figure macrostructurale****, n'est qu'une des formules de détail de la figure plus générale de l'allocution*[1]. » Assimilée à un stimulus, la nature de l'apostrophe détermine souvent, si ce n'est toujours, l'intention du locuteur et l'issue du dialogue amorcé. Pour Gérard Genette, l'apostrophe « *consiste à nommer, par l'une de ses désignations possibles, le destinataire, singulier ou collectif, à qui on adresse la parole en vue d'****attirer (ou de retenir) son attention***[2] ». Au Moyen Age, et notamment dans les romans que nous étudions, l'apostrophe constitue un des stimuli les plus importants de l'écriture. D'ailleurs,

---

[1] Michèle Aquien et Georges Molinié, *op.cit*, p. 70.

[2] Nous soulignons. Gérard Genette, *Figures III*, « Discours narrativisé », op.cit, p. 190, cité par Florence Plet dans *Les Noms propres dans le « Tristan en prose»*, *op.cit*, p. 267.

elles sont multiples dans nos romans. Elles viennent souvent appuyer le message et interpeller son destinataire. De ce fait, elles se trouvent souvent annexées aux questions, formant des vocatifs d'interpellation. En voici un récapitulatif générique :

	Ch. en vers	*Ch.* du XIII^{è}	*Ch.* du XIV^{è}	*Érec et Énide*	ms. 363	ms. 7235	*Cligès* en vers	*Cligès* en prose
Total	173	223	221	48	106	41	123	86

Les apostrophes dans les romans étudiés

Ce qui est frappant, c'est que c'est dans les trois versions de la *Charrette* qu'on note le plus d'apostrophes. Les deux proses de ce roman se rapprochent avec **223** occurrences relevées dans la *Charrette* du XIII^{è} et **221** dans celle du XIV^{è}. Chrétien de Troyes, lui, en use **173** fois. Cela s'explique par la longueur des proses par rapport à la version source de Chrétien de Troyes. Dans les autres romans étudiés, le relevé est moindre. Les romans ne s'accordent pas quant au nombre d'apostrophes ni entre les différentes versions d'un même roman ni entre les diverses histoires. Autrement dit, alors que le *Cligès* en vers arrive en 4^{è} position quant à son recours aux apostrophes, avec **123** exemples détectés, le *Cligès* en prose n'y recourt que **86** fois, environ le tiers de la version de Chrétien, mais beaucoup moins que les trois versions de la *Charrette.* Le fonctionnement et le recours à l'apostrophe est, d'ailleurs, significativement inverse, car c'est dans la version en prose du *Cligès* qu'on compte le moins d'apostrophes et non dans le vers. Dans ce cas, il est possible de déceler le lien entre ce constat et les ambitions des réécritures du XV^{è} : abréger, résumer, et privilégier le discours indirect. Les versions de l'*Érec* diffèrent également. La version vers et le **ms. 7235** se rapprochent du point de vue du nombre d'apostrophes usitées, avec respectivement **48** et **41** occurrences relevées. Ce sont les deux versions qui présentent le moins d'exemples, et elles s'opposent au **ms. 363** qui englobe **106** cas d'apostrophes, soit plus du double du nombre relevé dans les autres versions du même roman. Et l'on rappellera, aussi, que le **ms. 363** représente une version incomplète de l'*Érec* en prose. L'ambition de son auteur semble être différente de celle de l'auteur du **ms. 7235**. Revoyons de près les différentes formes d'apostrophes pour ne plus hésiter quant aux critères de distinction que nous entendons retenir entre nos différents romans étudiés. Commençons par les apostrophes présentes sous formes d'adjectifs substantivés ou de périphrases. Les occurrences sont peu nombreuses. En voici le récapitulatif :

	Ch. en vers	*Ch.* du XIII[è]	*Ch.* du XIV[è]	*Érec et Énide*	ms. 363	ms. 7235	*Cligès en vers*	*Cligès* en prose
Adjs substantivés	0	0	1	0	1	0	1	0
Périphrases	0	0	4	2	0	2	1	2
Total	0	0	6	2	1	2	2	2

Apostrophes sous forme d'adjectifs substantivés et de périphrases dans les romans étudiés

Elles sont complètement absentes de la *Charrette* en vers et de sa version du XIII[è]. Dans les autres versions, leur présence est occasionnelle et reflète leur faible importance. La seule remarque peut-être est celle du nombre des périphrases en fonction d'apostrophes qui atteignent les **4** occurrences dans la *Charrette* dérimée. Elles sont quasi toutes relatives à Lancelot que Guenièvre pleure lorsqu'elle apprend sa soi-disant mort. Voici les occurrences : « *Ha ! Lancelot, Lancelot !* ***Lumiere de toute clarté*** *!* ***Estoille journal, fors dessus tous fors, loyal chevalier destruisierres de maulz pas et de felons et de crueulz***[1] ». Nous attribuons une couleur distincte à chacune de Ces apostrophes forment une énumération qui met en exergue autant les qualités de Lancelot que la douleur exprimée par Guenièvre. Quant aux emplois des adjectifs substantivés, nous pouvons rappeler l'épisode où la sœur de Méléagant sauve Lancelot de la tour où Méléagant l'a emprisonné. Pour la remercier, il lui dit : « ***Biele****, jou sui vostre et par vous vuoeil je morir et vivre desoremais*[2] ». Ici c'est l'adjectif « *Biele* » qui est substantivé puis utilisé en guise d'apostrophe. Cet adjectif met en valeur la beauté, peut-être pas seulement physique, de la sœur de Méléagant. Cet adjectif substantivé en position d'apostrophe, mettrait en valeur la beauté de l'engagement de cette demoiselle et l'importance de son initiative de secours. Ensuite, nous avons répertorié les apostrophes qui rappellent la fonction des personnages :

---

[1] *Charrette* du XIV[è], *op.cit*, p. 231 et ss.

[2] *Ibidem*, p. 262.

		Ch. en vers	*Ch.* du XIII^{è}	*Ch.* du XIV^{è}	***Érec en vers***	ms. 363	ms. 7235	***Cligès***	***Cligès*** en prose
Fonction	**Simple**	**16**	**3**	**15**	**3**	**22**	**3**	**11**	**4**
	+ dét. Poss	**0**	**0**	**0**	**0**	**0**	**0**	**0**	**2**
	+ n. propre	**1**	**4**	**4**	**0**	**0**	**0**	**1**	**5**
	+ rel. avec ant.	**0**	**0**	**0**	**0**	**0**	**0**	**1**	**0**
	+ titre	**0**	**1**	**1**	**13**	**5**	**14**	**0**	**0**
	+ adjectif	**0**	**6**	**7**	**3**	**0**	**2**	**0**	**1**
Total		**17**	**14**	**27**	**19**	**27**	**19**	**13**	**12**

Les apostrophes sous forme de « fonction » dans les romans étudiés

Deux versions se distinguent de par le nombre d'occurrences qu'elles englobent. Il s'agit de la *Charrette* dérimée et du **ms. 363** qui comptent chacune **27** occurrences. L'*Érec* en vers et le **ms. 7235** les suivent dans les pourcentages. Chacun de ces romans présentent **19** exemples d'apostrophes qui réfèrent à la « **fonction** ». Le relevé des occurrences de ces deux versions se rapprochent d'ailleurs dans tous les modèles d'apostrophes relatifs à la « fonction ». Dans la *Charrette* en vers, le relevé de Chrétien est moins important. Il recourt à ce type d'apostrophes dans **17** cas ; soit **10** cas de moins que dans la *Charrette* du XIV^{è} et **3** fois plus que la *Charrette* du XIII^{è}. Et autant on saura expliquer le déséquilibre notoire entre la version dérimée de la *Charrette* et les deux autres versions par le poids et la gageure de vraisemblance qui hante l'auteur de la version du XIV^{è}, autant on ne saura pas dire pourquoi les deux versions du *Cligès* recourent le moins à ce type d'apostrophes, et ce dans ses deux versions. La seule distinction manifeste figure dans les sous types d'apostrophes, puisque le recours aux fonctions « simples » se fait **11** fois dans le *Cligès* en vers contre **4** fois dans sa prose. Les fonctions peuvent être celles du « *chevaliers* », du « *vallet* », du « *roy* », de la « *royne* », du « *senechaux* », etc. Elles peuvent être simples, et dans ce cas-là, elles mettent l'accent sur le rôle du protagoniste apostrophé. Ces apostrophes peuvent également être modelées selon la combinaison de « fonction + nom propre ». C'est le cas du « rois Artu ». La *Charrette* du XIII^{è} et celle du XIV^{è} présentent chacune **quatre** occurrences contre **un** seul et unique exemple dans la version en vers ; exemple situé au début même du roman, au moment où Méléagant arrive à la cour et provoque le roi en ces termes : *« **Rois Artus**, j'ai en ma prison/De ta terre et de ta meison/Chevaliers, dames et puceles »*, v. 51-53. Trouvant un double écho dans la *Charrette* du XIIIè[1], et **1** écho dans la version du XIVè[2], cette occurrence serait assimilable à une insulte dans la mesure où le lexème « roi » renvoie au statut et au pouvoir de celui-ci ; alors que les trois versions de la *Charrette* reflètent l'image d'un roi quelque peu passif[3]. D'ailleurs, nous rejoignons ici l'idée de Florence Plet, pour qui « le terme d'adresse [...] « *roi + nom » [peut être]* ***dévalorisant*** *: n'est-ce pas alors la présence du nom propre qui se charge d'impertinence ?*[4] » dit-elle. Dans les versions en prose de l'*Érec* et celle du *Cligès*, le renvoi à la fonction du « roy » est complètement absent.

Les apostrophes peuvent également traduire un rapport de féodalité. Les exemples sont nombreux. Nous pensons notamment à l'apostrophe adressée par le roi Arthur à Keu[5] :

***Charrette* en vers**	***Ch.* du XIIIè**	***Ch.* du XIVè**
« ***Seneschax***, *si con a vos solez,* *Soiez a cort, et sachiez bien* *Que je n'ai en cest monde rien* *Que je por vostre remenance* *Ne vos doigne sang demorance* » [v. 106-110]	« *Comment ? fait il (Arthur).* ***Senescaus,*** *dites le vous a chiertes ?* » §2, p. 76.	« *Qu'est ce, seneschal ? Qu'avés vous eu ?* », pp. 175-176.

Ces répliques pourraient traduire la crainte qu'aurait le roi Arthur de perdre des chevaliers, sans lesquels la Cour n'aurait plus de raison d'être. Pour tenter de persuader Keu de rester à la Cour, le roi préfère donc recourir à la f**onction** de celui-ci : **le sénéchal** est le bras droit du roi ; quitter la Cour serait perçu comme une sorte de trahison envers la personne du roi et envers le peuple. De même, le roi Arthur est à plus d'un moment apostrophé par le biais du lexème « roi » : qu'il soit seul[6], ou bien alimenté d'un titre[7], ou d'un adjectif[8], ou encore des deux[1]. Dans les versions de l'*Érec* et celles

---

[1] *Charrette* du XIIIè, *op.cit*, **§2**, p. 72 et **§16**, p. 246.

[2] *Charrette* du XIVè, *op.cit*, p. 174.

[3] *Charrette* du XIIIè, *op.cit*, **§2**, **§15d**, **§ 15e**, **§16**. Chrétien de Troyes, *op.cit*, **v. 51 et ss**, **v. 120 et ss**, **v. 5355-57**.

[4] Florence Plet, *op.cit*, p. 292.

[5] **Trois** fois dans la *Charrette* en vers ; **une** fois dans sa mise en prose.

[6] Uniquement dans *Le Chevalier de la charrette* avec trois occurrences aux vers **70**, **87** et **6154**.

[7] *Charrette* en vers, *op.cit*, **v. 6191**.

[8] *Charrette* en vers, *op.cit*, **v. 6865**.

du *Cligès*, la présence du personnage de Keu est moins importante que dans l'histoire du *Chevalier de la charrette*. Le recours à l'apostrophe du sénéchal diminue donc jusqu'à disparaitre complètement des proses tardives des romans de Chrétien. En effet, nous n'avons noté aucune référence d'apostrophe relative à Keu dans les deux proses de l'*Érec*, et aucune référence de quelque nature qu'elle soit n'est présente dans les versions du *Cligès*.

Un autre terme d'adresse est le substantif « chevaliers ». La quasi totalité des chevaliers passagers se voient appelés ainsi. Mais qu'en est-il de ceux inscrits dans l'intrigue principale de l'épisode de la *Charrette*, de l'*Érec* et du *Cligès* ? Dans les trois *Charrette*, seul Lancelot se trouve apostrophé par le biais de ce lexème – quand celui-ci est employé seul[2]. Le vers et la *Charrette* du XIV[è] se rapprochent quant aux nombres d'occurrences relatives à cet emploi, et la *Charrette* du XIII[è] s'en éloigne avec seulement **2** exemples relevés. Dans un premier temps, on pourrait expliquer ce phénomène par le caractère sibyllin qui plane autour de ce personnage et qui fait qu'il demeure inconnu des protagonistes à qui il s'adresse. Mieux encore, dans la *Charrette* du XIII[è], Lancelot sera reconnu surtout de par ses actions héroïques qui font de lui « *li mieudres chevaliers del monde* » ; ce qui expliquerait la présence de certaines occurrences de ce même lexème « chevaliers » auquel on annexera un adjectif mélioratif pour mettre en exergue la noblesse de ce chevalier[3]. Dans les trois *Érec*, l'apostrophe faite au personnage éponyme par le moyen du lexème « chevaliers » est rarissime. Seule la version de Chrétien propose **3** occurrences qui ne trouvent aucun écho dans les mises en prose de ce roman. Celles-ci se rattrapent par l'emploi de la formule « *chevaliers + adjectif* » avec **3** occurrences dans le **ms. 363** et **2** dans le **ms. 7235**. Chrétien de Troyes ne recourt pas à cette formule. Bien sûr, le relevé reste minime et cela s'explique peut-être par une différence fondamentale qui s'installe entre le roman de la *Charrette* et celui des autres romans de Chrétien, à savoir que les personnages éponymes ne subissent pas le même anonymat qui

---

[1] *Ibidem*, **v. 97** et **6214**.

[2] Nous notons **9** occurrences dans la *Charrette* en vers, **8** dans la *Charrette* du XIV[è] et seulement **2** dans celle du XIII[è].

[3] Ces occurrences n'apparaissent que dans les versions en prose de la *Charrette*. Nous avons relevé **6** occurrences dans la *Charrette* du XIII[è] et **7** dans la *Charrette* du XIV[è]. Nous pouvons rappeler quelques exemples : « gentieus chevaliers » p. 108 et 150 ; « frans chevaliers », p. 170, 172, 172 ; « «dans chevaliers », p. 92.

plane autour du personnage et de l'identité de Lancelot. Ceci est également valable pour les versions du *Cligès*. Aucune occurrence de ce genre n'a, en effet, vu le jour. C'est par d'autres moyens que le personnage éponyme se trouve apostrophé. Toujours concernant le substantif « *chevaliers* », on note la présence d'une autre combinaison construite selon le modèle « titre + chevaliers ». Le titre dont il est question est celui de « *sire* ». Nous avons dégagé **9** occurrences relatives à Lancelot et présentes uniquement dans chacune des deux *Charrette* en prose[1]. De même, dans les trois versions de l'*Érec*, nous avons remarqué qu'*Érec* ne bénéficie de cette apostrophe que **2** fois seulement dans chacune des deux mises en prose ; et c'est le même constat que nous faisons au sujet des versions du *Cligès*. Seule la mise en prose propose cette formule dans **3** apostrophes attribuées à Cligès. De même, Keu[2], Gauvain[3], Méléagant[4], Boort[5], Le père d'Énide [6]et d'autres chevaliers[7] privilégient parfois cette apostrophe. Peut-être cette formule est-elle devenue en vogue à partir du XIIIè siècle... D'autres formes d'apostrophes sous forme de titres simples ou accompagnés voient le jour dans les différentes versions étudiées. Le récapitulatif que voici met en exergue leur nombre et leur fréquence selon les versions :

		***Ch.* en vers**	***Ch.* du XIIIè**	***Ch.* du XIVè**	***Érec et Énide***	**ms. 363**	**ms. 7235**	**Cligès en vers**	***Cligès* En prose**
Ti-Tres	**Simples**	**79**	**74**	**98**	**110**	**12**	**17**	**44**	**19**
	+ adj + n. propre	**4**	**0**	**0**	**0**	**0**	**0**	**0**	**0**
	+ adjectif	**4**	**1**	**3**	**2**	**9**	**2**	**1**	**2**
	+ dét. Poss	**0**	**0**	**0**	**0**	**2**	**0**	**0**	**0**
	+ fonction + adj	**2**	**0**	**0**	**0**	**0**	**0**	**0**	**0**
	+ n. propre	**20**	**41**	**21**	**1**	**0**	**2**	**0**	**21**
	+ nom gén	**28**	**98**	**65**	**1**	**0**	**1**	**1**	**0**
Total		**150**	**214**	**187**	**114**	**33**	**22**	**46**	**42**

Les apostrophes sous forme de « Titre » dans les romans étudiés

---

1 Voici quelques occurrences présentes dans la *Charrette* du XIIIè : § 4, p. 92 ; § 4, p. 92 ; § 6, p. 104 ; § 6a, p. 106 ; § 6m, p. 152 ; § 13 d, p. 216 ; § 6j, p. 149... etc.

2 **1** occurrence seulement dans la *Charrette* du XIVè.

3 *Charrette* du XIIIè, *op.cit*, §2, p. 70

4 **2** occurrences seulement dans la *Charrette* du XIVè.

5 *Charrette* du XIIIè, *op.cit*, §15c, p. 224 et 1 occurrence dans la *Charrette* du XIVè.

6 Seulement dans les deux mises en prose de l'*Érec*.

7 *Charrette* du XIIIè, *op.cit*, § 9c, p. 166.

Un point indéniable et qu'on se doit de noter, c'est l'écart qui existe dans le nombre du relevé des apostrophes relatives aux titres dans les différents romans étudiés. Nous remarquons que, dans l'ensemble, ce sont les versions de la *Charrette* qui sont en tête et que c'est la *Charrette* du XIII^{è} qui compte le plus d'apostrophes. La *Charrette* du XIV^{è} et la version vers se rapprochent dans le nombre d'occurrences ; la première devançant la version de Chrétien par le nombre d'apostrophes sous formes de titres ayant recours à des noms génériques : **65** dans la *Charrette* du XIV^{è} contre seulement **28** dans la *Charrette* en vers. Ensuite ce qui nous interpelle, c'est la présence timide de ces apostrophes dans les deux *Cligès :* **46** dans le vers contre **42** dans la prose. Cette rareté, nous la retrouvons aussi et de manière plus manifeste dans les versions de l'*Érec*, et précisément dans les deux versions en prose qui, dans le cas du **ms. 363**, compte **33** occurrences, et dans le cas du **ms. 7235** présente **22** exemples. La version vers de Chrétien se différencie nettement puisque l'auteur recourt **114** fois à des apostrophes de ce type. C'est donc le passage du vers à la prose du XV^{è} de l'*Érec* qui élimine le maximum d'apostrophes de manière générale et particulièrement celles relatives aux titres. Cette affirmation ne peut pas être appuyée par la prose du *Cligès* de par la ressemblance exprimée dans les relevés des deux versions. En effet, et comme l'indique notre relevé, l'apostrophe peut être énoncée selon la formule « titre + nom propre »[1]. Ici encore s'installe une différence entre les trois versions de la *Charrette* et les autres romans et mises en prose de Chrétien. La *Charrette* en vers ne présente, en effet, que **5** occurrences et celle du XIV^{è} s'en rapproche avec **4** exemples, alors que la *Charrette* du XIII^{è} en englobe **21**, tout comme le *Cligès* en prose alors que dans la version de Chrétien, il n'y a aucune apostrophe de ce style. Dans les différentes versions de l'*Érec*, cet usage est presque absent. Aucun exemple relevé dans le **ms. 363** contre **1** occurrence dans le vers et **2** dans le **ms. 7235**. Les titres usités sont « *sire* », « *messire* » et « *roi* ». « *Ils prédiquent une relation sociale, qui peut combiner [...]*

---

[1] A la suite de Florence Plet, *op.cit*, p. 257, nous entendons par titre *« ces noms communs que nous distinguons des autres termes (tels que les termes de relation, de parenté, métaphores affectueuses ou injurieuses) par les traits suivants :*

- *il peut se combiner à un nom propre*
- *il peut être employé seul*
- *il est lié à des usages sociaux soumis à des règles de savoir-vivre.*
- *Il implique de ce fait une marque de respect, dans l'acception d'un certain système social. »*

de nombreux facteurs[1].» Peut-être pourrions-nous ainsi dire que dans les *Charrette*, la mise en valeur d'un statut social est beaucoup plus importante que dans les autres romans. C'est d'ailleurs la *Charrette* du XIII[è] qui est en tête. Serait-ce par excès de zèle de la part de l'auteur de cette version, ou bien la vraisemblance l'obligerait-elle à rappeler, parfois, jusqu'à l'excès, le statut des protagonistes à qui on s'adresse ? Dans tous les cas, et quelqu'en soit le motif, les proses tardives s'éloigneront massivement de ce recours et minimiseront considérablement l'emploi des apostrophes référant aux statuts des protagonistes.

Le premier de ces titres s'avère des plus usités et touche tous les vocatifs présentés sous la forme de « titre + nom propre ». La combinaison « sire + nom propre » n'englobe aucune des occurrences relatives à Lancelot dans les trois *Charrette*. Dans *Le Chevalier de la charrette*, ce néant s'explique par le cadre évolutif mystérieux d'un protagoniste qui ne méritera de nom qu'au vers **3660**. Quant aux deux versions en prose de la *Charrette*, Lancelot y est d'ores et déjà connu, mais uniquement du lecteur-auditeur. De même, la construction « *titre + nom propre* » concerne aussi les héros éponymes des autres romans de Chrétien. Dans les versions de l'*Érec*, celui-ci n'est apostrophé de la sorte que **1** seule fois dans le **ms. 7235**. Dans les *Cligès*, le héros éponyme se voit apostrophé selon cette formule **3** fois, mais uniquement dans la mise en prose. C'est plutôt Gauvain[2] et Keu[3] qui bénéficient de ce vocatif, et ce uniquement dans la *Charrette* du XIII[è]. Le souci de transparence retentit encore, puisque le titre sert, si l'on peut dire, à marquer une hiérarchie d'un point de vue féodal ; le nom propre qui lui est annexé permet dans ce cas d'identifier celui dont il est question. Ainsi voyons-nous Keu apostrophé par Méléagant : « *Sire Kex, fait il (Méléagant), nous irons en la plus biele lande del monde ke je vous mousterrai, si jousterons plus aaisiement ke nous ne feriens en l'espesse de cest foriest*[4] », ou encore Gauvain à qui Guenièvre reproche la maladresse de ses paroles : « *comment, sire Gauwain ? fait elle, si n'est ore nus hom remés ki Gallehaut vaille ?*[5] » Ces deux apostrophes pourraient être interprétées péjorativement dans la mesure où s'installe un écart considérable entre le respect que

---

[1] Florence Plet, *op.cit*, p. 257.

[2] Nous avons noté **1** occurrence.

[3] Nous avons noté **2** occurrences.

[4] *Charrette* du XIII[è], *op.cit*, § 2, p. 80.

[5] *Ibidem*, § 1, p.70.

traduit le « titre » et la signification des propos qui l'accompagnent : on sait que Keu sera abattu par Méléagant ; peut-être même ce dernier se moquerait-il de lui en l'apostrophant par un titre valorisant, le plongeant davantage dans l'embarras et la honte. *Qu*ant à Gauvain, l'apostrophe que lui adresse la reine accentue l'ampleur de la réprimande : le « *seigneur Gauvain* », neveu du roi Arthur et chevalier de la Table Ronde, se doit de prononcer des propos censés et réfléchis. Dans les *Érec*, Gauvain est apostrophé de la sorte **3** fois, mais uniquement dans les proses[1] ; ce qui est aussi le cas du *Cligès* en prose qui abrite **20** occurrences relatives à cette formule et qui se réfère au personnage de Gauvain ; chose que la version en vers ne propose pas. Ce titre se voit doublé d'un autre, attribué, encore une fois, à Keu et à Gauvain et présent uniquement dans la *Charrette* en prose : « *messire* + nom propre ». « *Messire* » est construit à partir de l'agglutination du titre « *sire* » et du déterminant possessif « *mes* ». Il marque un rapport vertical entre l'émetteur du titre et son récepteur. Celui qui énonce cette apostrophe se déclare, dès l'abord **sujet** de celui à qui il s'adresse. Mais petit à petit, la valeur de ce titre va s'étiolant ; sa présence dans une quelconque apostrophe devient rien de plus qu'une marque de respect. Nous pouvons rappeler l'unique exemple relatif à Keu. A la vue de Lancelot, celui-ci le salue de son mieux en ces termes : « *Bien viengne li sires des chevaliers ! Certes, mult est muz de san qui devant vos anprant a faire chevalerie* ». Et à Lancelot de s'étonner de cet accueil. Seulement dans la *Charrette* du XIIIè, il rétorque par une question : « *pour coi, fait il,* ***messire Keu*** *?*[2]» En présence du nom propre, ce serait presque une forme phatique du langage que celle de recourir aux titres en guise d'apostrophes puisqu'ils ne participent pas de la cohésion de l'information fournie. Citons aussi l'exemple de la reine qui apostrophe Keu. Pour donner une valeur adéquate à l'apostrophe qui lui est adressée, il nous faut remonter au début du roman de Chrétien, au moment où Arthur dit à Guenièvre :

> « *Dame, [...] vos ne savez*
> *Del seneschal que il me quiert ?*
> *Congié demande et dit qu'il n'iert*
> *A ma cort plus, ne sai por coi.*
> *Ce qu'il ne vialt feire por moi*
> *Fera tost por vostre proiere,*

---

[1] **1** seule fois dans le **ms. 363** et **2** fois dans le **ms. 7235**.

[2] *Charrette* du XIIIè, *op.cit*, § 12, p. 194.

Alez a lui, ma dame chiere !
Quant por moi remenoir ne daigne,
Proiez li que por vos remaigne
Et einz l'an cheez vos as puez[1] »
[v. 116-125]

C'est donc à la demande insistante du roi qu'a lieu le dialogue entre Guenièvre et Keu. Celle-ci tente de convaincre le sénéchal de renoncer à son départ et emploie pour ce faire tous les moyens, dont l'apostrophe. Voici un rappel de l'épisode :

« *[...]* ***Kex****, a grant enui*
Me vient, ce sachiez a estros,
Ce qu'ai oï dire de vos.
L'an m'a conté, ce poise moi,
Que partir vos volez del roi
[...]
Del remenoir proier vos vuel,
Kex*, remenez, je vos an pri*
[...]
Kex*, fet ele, que que ce soit,*
Et ge et il l'otroierons.[2]»

Ici, nous rejoignons Florence Plet qui pense que l'apostrophe est « *destinée à amadouer l'interlocuteur, à le mettre en confiance*[3]», voire à le convaincre de quelque chose. La prose du XIIIè, elle, préfère éliminer toute amplification : le dialogue de Keu et de Guenièvre s'avère résumé dans la séquence « *et elle (Guenièvre) se fait mout doucement*[4]». Cette même marque de respect, nous la retrouvons dans l'épisode de la charrette qui est relatif à Boort. Gauvain est le seul à ne pas avoir ressenti de la répugnance ni du dédain à son égard ; Boort lui exprime sa gratitude en ces termes : « ***Messire Gauwain****, membre vous ke vous avés mangié aveuc moi !*[5]». La prose du XIVè se contentera de l'apostropher par son nom : « *Gauvain, grans mercis de ce que vous deignastes mengier avec moy*[6] ». A l'inverse, cette apostrophe remplit Gauvain de honte, et ce, quand prise dans les filets du don contraignant,

---

[1] *Charrette* en vers, *op.cit*, v. 166-125.
[2] *Charrette* en vers, *op.cit*, v. 132 et ss.
[3] Florence Plet, *op.cit*, p. 144.
[4] *Charrette* du XIIIè, *op.cit*, p. 76.
[5] *Ibidem*, § 15d, p. 228.
[6] *Charrette* du XIVè, *op.cit*, p. 250.

Guenièvre lui dit dans la *Charrette* du XIII[è] : « *Ha !* ***messire Gauvain,*** *hui m'apiercevrai je ke apriés Gallehout est toute prouece morte*[1] ». Honte à Gauvain et honte au roi Arthur[2], mais honte surtout à Lancelot, à qui le message semble être adressé[3]. Quant à la *Charrette* du XIV[è], elle opère différemment, puisqu'elle modifie le tir ; les propos prennent une toute autre tournure puisque c'est Gauvain qui « *disoit que après Galeoz n'avoit remés nul preudomme ou monde. Et elle [Guenièvre] dist que si estoit le roy son seigneur, et il dist : « Dame, il le deüst bien estre* ».[4]» Ainsi, la reine redonne-t-elle sa légitimité et son aura à l'instance suprême que représente le roi Arthur. Bien que la formule « *titre + nom propre* » soit assez usitée, c'est surtout aux lexèmes « *sire* » et « *seigneur* » que revient la majorité des apostrophes. Aussi bien dans les versions en vers que dans les proses des romans de Chrétien de Troyes, les chevaliers, quels qu'ils soient, sont apostrophés par le biais de cette formule. D'ailleurs et comme le dit B. Cerquiglini, « *la puissance informative de l'appellatif est certainement la cause de sa très grande fréquence dans les textes [...], néanmoins, il est la plupart du temps redondant : c'est un peu le guillemet (ouvrant) du Moyen Age*[5].» Dans ce cas, le *Cligès* en prose[6] marque une exception puisqu'il concurrence les versions de la *Charrette*, particulièrement la version en vers[7] et celle du XIV[è] siècle[8] dans son recours à ce type d'apostrophes. C'est étonnant, dans le sens où il est coutume de dire que les mises en prose tardives seraient moins « bavardes » et plus restrictives dans leur narration des faits que ne le sont les versions en vers.

---

[1] *Charrette* du XIII[è], *op.cit*, § 2, p. 78.

[2] Il faut noter toutefois que le texte explique sa réaction par la séquence proverbiale « *cose ke rois ait creantee ne doit iestre desmentie* ».

[3] Bien que celui-ci soit absent de la cour d'Arthur.

[4] *Charrette* du XIV[è], *op.cit*, p. 176.

[5] B. Cerquiglini, *La Parole médiévale*, Paris, Minuit, 1981, p. 24-25, citée par Florence Plet, *op.cit*, p. 314.

[6] **21** occurrences dégagées du *Cligès* en prose.

[7] **20** références dans la *Charrette* en vers.

[8] **21** occurrences dégagées de la *Charrette* du XIV[è].

Quant aux apostrophes relatives à la gent féminine, elles ne sont pas très nombreuses[1]. Voici leur récapitulatif :

Gent féminine	*Ch.* en vers	*Ch.* du XIIIè	*Ch.* du XIVè	*Érec et Énide*	ms. 363	ms. 7235	Cligès en vers	*Cligès* en prose
Amye	2	0	1	0	0	0	0	0
Dame	35	20	30	27	8	9	1	6
Damoiselle	0	0	1	7	5	4	0	1
Pucelle	2	0	2	0	0	0	0	0
Biele	0	0	1	0	0	0	0	0
Total	39	20	35	34	13	13	1	7

Les apostrophes relatives à la gent féminine dans les romans étudiés

Ce qui nous frappe en premier, c'est l'écart qui se crée entre les versions. Les trois *Charrette* accordent beaucoup d'apostrophes à la gent féminine. La *Charrette* en vers et la *Charrette* du XIVè font concurrence avec respectivement **39** et **35** occurrences. Les suit de près la version vers de l'*Érec* avec **34** exemples relevés. Les plus usités sont relatifs au lexème « *dame* ». La *Charrette* du XIIIè et les proses de l'*Érec* se rapprochent aussi dans les statistiques : **20** occurrences éminentes dans la *Charrette* du XIIIè et **13** dans chacune des deux proses de l'*Érec*. Le nombre d'apostrophes qui diminue dans la *Charrette* du XIIIè s'explique par le passage du vers à la prose qui implique aussi un passage du discours direct au discours indirect, c'est le même cas pour les deux proses de l'*Érec*… Quant à la *Charrette* du XIVè, et bien qu'elle soit posérieure à la version du XIIIè, son relevé se rapproche de la version en vers de par le dérimage qui la caractérise. Les deux *Cligès*, opèrent différemment cette fois-ci. Les apostrophes relatives à la gent féminine sont quasi absentes aussi bien dans le vers que dans la prose. C'est que la trame principale se jouerait ailleurs et que le rôle des personnages féminins serait peut-être beaucoup plus dans l'action que dans l'échange verbal. Seules la Dame du Lac[2], Guenièvre, Fénice, Énide et la femme du sénéchal méritent l'apostrophe « *dame* ». Revoyons de près quelques occurrences :

---

1 D'ailleurs, il n'est aucune apostrophe faite par le biais d'un nom propre.

2 Uniquement dans la *Charrette* en vers : v. 2342-2344 et **4** fois dans la *Charrette* du XIVè.

Guenièvre

« *Dame, je vos ai molt amee*
Et molt servie et enoree »
[v. 3765-3766]

Guenièvre

« *Dame, je vous ai mout houneree, car je ne fis onkes riens sour vostre pois, si me devroit bien iestre guerredouné la ou vous ariés pooir* », § 11, p. 190.

Guenièvre

Le passage est en prose, Cf, p. 226.

Ici, Baudemagus tente d'amadouer Guenièvre et de l'influencer afin qu'elle intervienne en faveur de son fils Méléagant. D'ailleurs, Guenièvre est une des figures féminines les plus importantes dans les romans de Chrétien. Il nous faut rappeler que ce personnage est omniprésent dans tous les romans de ce dernier. Voici le récapitulatif de notre relevé :

Guenièvre	*Ch.* en vers	*Ch.* du XIII[è]		*Ch.* du XIV[è]	*Érec et Énide*	ms. 363	ms. 7235	Cligès en vers	*Cligès* en prose
Amye	0	0		1	0	0	0	0	0
Dame	31	19		26	11	3	3	1	5
Ma dame	1	0		0	0	0	0	0	0
Dame + adj	0	0		0	1	1	1	0	0
Total	32	19		27	12	4	4	1	5

Les apostrophes relatives Guenièvre dans les romans étudiés

Bien qu'elle ne soit pas directement impliquée dans la trame principale des romans autres que la *Charrette*, on fait référence à elle et on l'apostrophe dans tous nos romans. Un autre exemple est celui de la femme du sénéchal que Lancelot apostrophe :

La femme du sénéchal

« Ha, dame ! Se je dolanz sui,
Por Deu, ne vos an merveilliez ! »
[v. 5446-5447]

***« Dame, fait il (Lancelot), tant m'avés conjuré ke je vous dirai. »* § 16, p. 238.**

***« dame ! fait il, ne vous merveillés mie se je suis doulant et courouciés »*, p. 252.**

Lancelot lui explique son désarroi en commençant par l'apostropher ; ici, la valeur de l'apostrophe dépasse à peine la fonction phatique du langage.

Quant à la Dame du Lac, son importance gagne du terrain à partir de la version du *Lancelot* en prose. Il n'en demeure pas moins que celle-ci n'est apostrophée que dans le vers et dans la prose du XIVè, seulement à **2** reprises dans la *Charrette* en vers et **4** fois dans la version du XIVè, et ce par le moyen du lexème « *dame* ». La prose du XIIIè préfère octroyer un rôle plus important à la Dame du Lac ; c'est un personnage actif, mais dans l'ombre. Il n'est donc pas besoin de l'apostropher, du moins dans l'épisode relatif à la « *Charrette* ». Il est d'autres apostrophes que nous choisissons de regrouper sous l'appellation de « **noms génériques** ». Ceux-ci sont employés aussi bien pour apostropher les protagonistes principaux que les personnages passagers. Selon les cas, ces apostrophes mettent l'accent soit sur le rapport de féodalité qui lie les protagonistes entre eux, soit sur un quelconque lien de parenté les unissant. En voici le récapitulatif :

Statut Amoureux	***Ch.* en vers**	***Ch.* du XIIIè**	***Ch.* du XIVè**	***Érec en vers***	**ms. 363**	**ms. 7235**	***Cligès en vers***	***Cligès* en prose**
Simple	**2**	**0**	**3**	**7**	**3**	**0**	**14**	**0**
+ adjectif	**1**	**4**	**1**	**12**	**3**	**0**	**9**	**3**
+ dét. Possessif	0	0	**0**	**0**	**0**	**1**	**0**	**3**
+ adj + nom propre	**0**	**0**	**0**	**1**	**0**	**0**	**0**	**0**
Total	**3**	**4**	**4**	**20**	**6**	**1**	**23**	**6**

Les apostrophes dédiées au « Statut amoureux » dans les romans étudiés

Au premier coup d'œil, on constate que c'est *Érec et Énide* (**20** occurrences) et le *Cligès* en vers (**23** exemples) qui octroient le plus d'apostrophes féminines à ses héroïnes ; il faut dire que contrairement au *Chevalier de la Charrette* (**3** occurrences), dans ces deux romans, il est question de relation amoureuse dans le mariage. Le recours au vocabulaire amoureux semble donc cohérent ; tout comme l'est la réticence de Chrétien de Troyes à utiliser de manière fréquente des lexèmes comme « *amie* ». Les différentes proses se valent presque toutes, puisque le recours au vocabulaire amoureux dans des apostrophes n'est qu'occasionnel. De même, l'apostrophe peut se référer au lien familial qui lie les protagonistes entre eux :

Statut familial	*Ch.* en vers	*Ch.* du XIII^è^	*Ch.* du XIV^è^	*Érec en vers*	ms. 363	ms. 7235	*Cligès*	*Cligès* en prose
familial	**7**	**0**	**5**	**0**	**0**	**0**	**1**	**0**
+ adjectif	**0**	**3**	**4**	**10**	**0**	**0**	**9**	**4**
+ dét. Possessif	**0**	**0**	**2**	**0**	**1**	**1**	**0**	**6**
Total	**7**	**3**	**11**	**10**	**1**	**1**	**10**	**10**

Les apostrophes dédiées au « Statut familial » dans les romans étudiés

La trame principale de chacun des romans étudiés est constituée de personnages qui sont liés les uns aux autres par des liens de parenté. Méléagant est le fils de Baudemagus, Érec est le fils du roi Lac ; Cligès ; le fils d'Alexandre...etc. ils sont tous apostrophés à un moment donné dans l'histoire. Ces apostrophes sont surtout présentes dans la *Charrette* du XIV^è^, dans la version en vers de l'*Érec*, dans les **2** *Cligès* et dans la *Charrette* en vers. Quant à la *Charrette* du XIII^è^, elle ne réfère à une apostrophe de ce type que **3** fois et les deux mises en prose de l'*Érec* que **1** seule fois dans chaque version. Ce n'est pas parce que les liens parentaux ne sont plus d'importance dans ces romans, mais c'est plutôt parce que les types de discours choisis changent d'un roman à un autre et d'une version à une autre. En d'autres termes, la *Charrette* du XIII^è^ préfère parfois octroyer un discours indirect écourtant ainsi les longs dialogues de Chrétien de Troyes. Il semble que ce choix ait été partagé par chacun des auteurs des mises en prose de l'*Érec*[1]. Et nous en arrivons ainsi aux noms propres. Leur présence sous forme d'apostrophes ne concerne que les protagonistes principaux. Le tableau récapitulatif dévoile la pertinence de ces apostrophes selon chacune des versions étudiées :

Noms propres	*Ch.* en vers	*Ch.* du XIII^è^	*Ch.* du XIV^è^	*Érec en vers*	ms. 363	ms. 7235	*Cligès*	*Cligès* en prose
Simples	**24**	**12**	**26**	**2**	**1**	**1**	**12**	**6**
+ n. générique	**0**	**0**	**0**	**0**	**0**	**0**	**2**	**0**
+ titre	**0**	**0**	**0**	**0**	**0**	**1**	**0**	**0**
Total	**24**	**12**	**26**	**2**	**1**	**2**	**14**	**6**

Les apostrophes sous forme de « Noms propres » dans les romans étudiés

Remarquons que c'est dans la *Charrette* du XIV^è^ qu'il y a le plus de noms propres en fonction d'apostrophe. Précisons aussi que c'est

1 Il est d'autres apostrophes relatives aux personnages passagers surtout qui demeurent présentes dans les différents romans étudiés.

au héros central de la *Charrette* que revient l'honneur d'occuper la quasi totalité des apostrophes. En effet, dans la version en vers, ce dernier compte pour lui seul **8** apostrophes s'accumulant toutes après ce moment fort que constitue la révélation de son nom par Guenièvre[1]. La *Charrette* du XIVᵉ bat ce record avec **10** occurrences notées alors que la *Charrette* du XIIIᵉ n'en propose que **3** pour Lancelot. Ce qui rapproche les deux proses, c'est que l'effet de surprise qui opère dans la version en vers n'a plus lieu d'être sur un lecteur auditeur à qui on dévoile le nom de Lancelot en amont même de l'épisode de la *Charrette*. Les apostrophes destinées à Lancelot se présentent comme un véritable stimulus dans la mesure où elles tirent le protagoniste de cet envoûtement hypnotique[2], ou encore, lorsqu'elles sont employées pour le ramener à la réalité et le rassurer quant à la bonne intention de celle qui vient pour le sauver[3]. La *Charrette* du XIIIᵉ, quant à elle, ne compte que **12** noms propres en fonction d'apostrophe. La moitié de ces apostrophes sont distribuées équitablement entre les deux chevaliers ennemis que sont Lancelot et Méléagant. Revoyons les exemples :

Lancelot	Méléagant
1-« *Ha ! **Lancelot, Lancelot**, k'est devenue la grant prouece ki faisoit les couers hardis et les ancauchans ressortir* » § 11, p. 190.	**A**-« ***Meleagant, Meleagant,** or vous ai je rendue la plaie ke vous me fesistes au behourdor, mais je ne le vous ai mie faite en traÿson* » § 11, p. 186.
2-« ***Lancelot**, fait elle (*Guenièvre*), or poés oïr* » § 13a, p. 208.	**B**-« ***Meleagant**, Lancelos n'est pas chaiens ne je ne le vi puis ke il ala querre la royne ne davant ne l'avoie veu priés a d'un an passé, mais vous iestes si sages ke vous savés bien ke vous en devés faire* » § 16, p. 248.
3-« ***Lancelot**, fait elle (la femme du sénéchal de Méléagant), ki feroit tant ke vous i alissiés, dont ne li devriés vous grant guerredon* » § 16, p. 238.	**C**-« ***Meleagant, Meleagant,** tant avés crié et brait c'ore arés la bataille, car je sui hors de la tour des marés u vous me fesistes mettre par traïson : Dieu mierchit et celle ki m'en gieta* » § 18, p. 256.

Les Apostrophes sous forme de « nom propre » et relatives à Lancelot et Méléagant dans la Charrette du XIIIᵉ

[1] *Charrette* en vers, *op.cit*, v. 3660, p. 262.

[2] *Ibidem*, v. 3664-3692.

[3] *Ibidem*, v. 6537, 6568 et 6696.

A l'instar des apostrophes attribuées à Lancelot dans la *Charrette* en vers, l'exemple **1**, qui reprend une réplique de Keu débute par une double apostrophe qui tend à stimuler Lancelot et à le réveiller de son état d'ébahissement (et ce quant à la vue de la reine Guenièvre). Rejaillit d'ores et déjà, et la fonction phatique du langage et le réflexe conditionné qui consiste à réagir – et d'une quelconque manière – quant à l'écoute de son nom. Dans la *Charrette* du XIV[è], Méléagant n'est apostrophé de son nom à aucun moment, alors que Lancelot, lui l'est à **10** reprises. C'est que le personnage éponyme est d'ores et déjà connu de son auditoire ; il n'est donc plus nécessaire de cacher son identité ni aux personnages ni aux lecteurs. Le seul moment qui rappelle le vers, est l'incognito qui frappe Lancelot et la demande incessante faite par Baudemagus à la reine non pas pour qu'elle identifie Lancelot, mais plutôt pour confirmer son identité.

On peut également avoir recours au nom propre en fonction d'apostrophe pour éviter tout imbroglio. Nous pensons dans ce cas, à l'apostrophe de Guenièvre à Lancelot. Seulement dans la *Charrette* du XIII[è], l'héroïne change, en effet, d'interlocuteur dans la même réplique ; elle passe de Bademagus à Lancelot : *« sire, fait elle [à Bademagus], nel crées mie, ke ja ne m'aïst Dieus se onkes Kex ot en moi part ! Lancelot, fit elle, or poés oïr*[1]*.»* La traduction de Marie-Louise Ollier serait peut-être mieux à même d'appuyer cette idée. Celle-ci propose la traduction suivante : *« Lancelot, [...] là, je m'adresse à vous*[2]*»*. L'effet recherché par cette apostrophe est donc d'attirer l'attention du personnage et d'éviter toute communication erronée. Quant à l'apostrophe qu'adresse la femme du sénéchal de Méléagant à Lancelot (exemple 3), elle s'explique par la nature même de la demande : un don contraignant. Il lui faut donc préparer le champ par l'introduction d'apostrophes et de fausses questions « **contraignant** » l'interlocuteur à accepter de faire un don, avant même de savoir ce dont il est question. Apostropher quelqu'un par son prénom peut aussi être assimilé à un signe de courtoisie. L'exemple **b** illustre cette idée. Le roi Arthur répond avec beaucoup de calme à la pressante demande et provocation de Méléagant. Et comme le dit le texte médiéval « *quant [il] connut Meleagant, si li fist* ***pour son pere*** *mout grant hounour*[3].» Dans ce cas, la nature de l'apostrophe

---

[1] *Charrette* du XIII[è], *op.cit,* § 13a, p. 208.

[2] *Charrette* du XIII[è], *op.cit,* § 13a, p. 209.

[3] *Ibidem*, § 16, p. 248.

répond à un souci de bienséance et de respect envers la personne du roi Bademagus et non envers son fils Méléagant. On ne s'empêche pas d'y lire non plus une volonté de la part du roi Arthur d'amadouer Méléagant et de calmer, voire, d'apaiser sa « *prétendue* » ferveur pour un duel contre Lancelot[1]. A cette ferveur répond, d'ailleurs, la rage du héros éponyme qui, à deux moments dans la *Charrette* en prose, s'adresse à Méléagant et l'apostrophe en répétant deux fois son nom (exemple **a** et **c**). La portée de l'apostrophe atteint ici son sommet dans la mesure où le fait de réitérer le nom du personnage marquerait une obstination voulue de la part du locuteur ; c'est pour lui un moyen d'appuyer son discours et d'insister sur sa véridicité. C'est également pour lui une manière de marquer sa détermination ; laquelle implique un état conscient de la part du récepteur du message ; d'où, peut-être, aussi l'intérêt de cette apostrophe. Ensuite, c'est la version du *Cligès* en vers qui propose le plus d'apostrophes sous forme de nom propre, avec **14** occurrences dégagées. La prose de cette version n'en propose, quant à elle, que **6**. Contrairement aux versions de la *Charrette*, l'apostrophe ne concerne pas forcément le héros éponyme, puisque nous n'avons noté que **1** seule apostrophe relative à Cligès dans le vers contre **3** dans la prose. L'autre moitié est réservée au père de Cligès, Alexandre, à qui le roman consacre sa première partie. Nous avons noté **3** apostrophes pour Alexandre dans le vers et **1** seule fois dans la prose. Les versions de l'*Érec* vont dans ce sens et s'éloignent, de ce fait, davantage des différentes versions de la *Charrette* mais aussi des versions du *Cligès*, dans la mesure où rares sont ces apostrophes aussi bien dans le vers (**2** occurrences) que dans le **ms. 363** (**1** occurrence) et le **ms. 7235** (**2** occurrences). Peut-être expliquerait-on ce constat par la carrure du personnage d'Érec qui a longtemps évolué dans un silence qu'il a d'ailleurs imposé à sa femme. Le héros demeurait souvent inconnu pour les personnages qui le croisaient. Quant aux autres occurrences en fonction d'apostrophe, elles se trouvent attribuées à Alis (**2** occurrences dans le vers du *Cligès* et aucune dans la mise en prose de ce roman) ; Jehan (**6** fois dans le *Cligès* en vers et **1** seule fois dans la mise en prose de ce roman), Thessala (**1** fois dans le *Cligès* en prose) et à Boort (**1** fois dans la *Charrette* du XIVè). Keu est par ailleurs apostrophé **3** fois, mais uniquement dans la *Charrette* en vers, et ce aux vers **132**, **140** et **158**, c'est-à-dire au tout début de l'épisode d la *Charrette*, au

[1] *Charrette* du XIVè ne fait nulle mention de la même apostrophe au même niveau du roman.

moment du don contraignant. Il reste Gauvain qui compte **1** apostrophe par le biais de son nom propre dans la *Charrette* en vers, **1** autre dans l'*Érec* en vers et **2** dans la *Charrette* du XIVè. Celle qui est relative à la *Charrette* en vers est située au vers **6508**. Elle est proférée par Lancelot au début de la fin du Cheva*lier de la charrette*. Sous l'emprise de la faim, la soif, la peine et la douleur, Lancelot s'en prend non seulement à la « *Mort* » (personnifiée) qui ne veut s'emparer de lui, mais aussi à Gauvain. Il réprimande son compagnon en ces termes : « *Gauvain, jel tieng a mesprison, /Certes, quant lessié m'i avez*[1] ». C'est l'unique occurrence dégagée de la *Charrette* en vers. Il serait intéressant de noter l'envergure de cette apostrophe – qui n'existe d'ailleurs que dans la version de Chrétien de Troyes – dans la mesure où le destinataire du message s'avère absent : la fonction conative semble, de ce fait, affectée au profit des fonctions poétiques, mais surtout expressive du message[2].

L'apostrophe constitue donc un des stimuli les plus importants de l'écriture « orale » du Moyen Age. Les romans étudiés proposent une gamme intéressante variant du nom propre au nom commun, du titre à la fonction sociale et au statut familial ou privé. Une palette d'appellations que chacun des auteurs utilise selon les formulations appropriées de son époque et parfois même selon ses propres fantaisies. Les versions de la *Charrette* restent en tête avec un relevé qui dépasse ceux constatés dans les mises en prose plus tardives des autres romans étudiés. Le recours aux noms propres en position d'apostrophe y est ponctuel mais important. L'ambition des auteurs n'est pas la même et diffère non seulement d'une histoire à un autre, mais d'une version à une autre. L'ambition de l'auteur du **ms. 363** semble différer nettement de celle du **ms. 7235**. Des écarts se creusent entre une version complète et une autre inachevée. Et contrairement à ce que l'on pourrait penser, c'est la version inachevée – celle qui par ailleurs démontre de l'indifférence de son auteur – c'est-à-dire le **ms. 363**, qui présente davantage d'apostrophes (vocatifs et interpellations au style direct). Des écarts se creusent aussi selon le choix du type d'apostrophes qui peut battre son plein dans une version en prose tardive (le cas du *Cligès* en prose) et non dans la version en vers. En résumé, nous sommes face à un outil d'écriture qui varie selon les

---

[1] *Charrette* en vers, *op.cit*, v. 6508-09.

[2] On retrouve cette même valeur mais attribuée à la formule « messire Gauvain » répétée deux fois dans la *Charrette* du XIIIè, *op.cit*, § 17, p. 250.

emplois. Le constat général est celui de dire que ce sont les versions de la *Charrette* qui comptent le plus d'apostrophes et de divers types. La démarche stipule aussi que ce sont les mises en prose de ce roman qui comptent le plus d'apostrophes. Inversement, ce sont les mises en prose tardives des romans de Chrétien qui comptent le moins d'apostrophes par rapport à leurs versions en vers, mais les cas particuliers nous plongent dans une sorte d'incohérence, ou peut-être de cohérence déroutante qui est celle de dire que dans les versions de l'*Érec* et *Cligès*, il n'est pas de règle précise ou de constat ferme quant au recours aux apostrophes, puisque celui-ci varie selon les cas et les versions. Les protagonistes s'évertuent ainsi à poser une pluralité d'interrogations tournant autour du sujet, de l'objet et du lieu de l'action et des pourquoi et des comment des faits. Là où Chrétien de Troyes accorde une portée considérable aux personnages éponymes de ces romans, les auteurs des mises en prose tardives ne se soucient plus de la présentation des personnages. Ces derniers étant d'ores et déjà connus de leur auditoire ; l'intérêt des prosateurs s'oriente ailleurs. Cela n'est nullement le cas des proses de la *Charrette* et surtout pas de la prose du XIV[è]. Nous faisons le même constat pour l'objet de l'action. Comparées aux proses de la *Charrette* et particulièrement à la prose du XIV[è], les proses tardives enregistrent peu de questions relatives à l'objet. Les soucis de vraisemblance, de véridicité et de crédibilité que s'impose l'auteur de la prose de la *Charrette* du XIV[è] n'ont plus lieu d'être dans les prosifications plus tardives. Des différences s'installent aussi dans l'expression des locatives. Le souci des auteurs de nos différentes versions est d'identifier le lieu où les protagonistes se trouvent, mais ce qui leur importe le plus, et c'est là le cas du *Cligès* en vers, de l'*Érec et Énide*, du **ms. 7235** et de la *Charrette* du XIV[è], c'est de connaitre la provenance des héros. La *Charrette* du XIII[è] se démarque, quant à elle, par cette abstinence à poser des questions relatives à la provenance, car les lieux y sont d'office cités et décrits. Les causales opèrent différemment. Elles fusent dans l'écriture de Chrétien. Les mises en prose de la *Charrette* se rapprochent autant que possible de l'écriture de Chrétien, alors que les mises en prose de l'*Érec* et du *Cligès* s'en éloignent nettement. Autant les causales fusent dans les versions sources de ces romans, autant elles tendent à disparaitre dans les mises en prose tardives. Elles ne sont plus indispensables, puisque l'histoire est d'ores et déjà connue de la part d'un auditoire qui déchiffre les renvois sans qu'il ne soit nécessaire de les lui répéter. L'expression de la manière, quant à elle, reste timide dans les romans analysés.

C'est dans le *Cligès* en vers qu'elles sont les plus nombreuses, mais elles réfèrent, dans ce cas, à la psychologie des personnages et la connivence nourrie avec un lecteur averti. A ce festival d'interrogations se rajoute une panoplie d'apostrophes, ayant recours aux noms propres, aux noms communs, aux titres, aux fonctions ou aux statuts sociaux. Quant à la structure macrostructurale de l'allocution que semble être l'apostrophe, elle épouse plusieurs formes de lexèmes et accompagne plus d'un protagoniste. Ce sont les trois versions de la *Charrette* qui comptent le plus d'apostrophes. Les deux proses de ce roman se rapprochent, s'éloignant, de ce fait, de Chrétien de Troyes qui présente un relevé moins important. L'écart se justifie par la longueur des proses par rapport à la version source de Chrétien de Troyes. Dans les autres romans étudiés, le relevé est maigre. Les romans ne s'accordent quant au nombre d'apostrophes ni entre les différentes versions d'un même roman ni entre les diverses histoires. Dans le *Cligès*, le fonctionnement et le recours à l'apostrophe y est, d'ailleurs, significativement inverse, car c'est dans la version en prose du *Cligès* qu'on compte le moins d'apostrophes et non dans le vers. Dans ce cas, il est possible de déceler le lien entre ce constat et les ambitions des réécritures du XVè qui sont celles d'abréger, de résumer, et de privilégier le discours indirect. Tout un tourbillon de questions et de stimuli voient le jour dans des romans qui évoluent dans le temps et dans l'espace et qui suscitent souvent des réponses ou des non réponses à ces stimuli.

2.4.1.3. Réponse à un stimulus

Tout stimulus déclenche une réaction – « *verbale ou non* » – chez le destinataire du message. Dans les différentes versions des romans étudiés, autant se multiplient les questions, autant se déploient les réactions des protagonistes. Celles-ci tendent soit vers des réponses on ne peut plus claires, soit, au contraire, vers des réponses totalement négatives, soit vers de pseudo-réponses attisant davantage la curiosité du demandeur. Dans les versions étudiées, les réponses **négatives** ne sont pas très nombreuses. C'est la *Charrette* du XIVè qui est en tête avec **6** réponses négatives[1] ; s'en rapproche la version de Chrétien avec **4** réponses négatives[2] et seulement **2** dans la *Charrette* du XIIIè[3]. L'*Érec* en vers

[1] *Charrette* du XIVè, *op.cit*, p. 179 ; 181 ; 196 ; 198 ; 210 et 230.

[2] *Charrette* en vers, *op.cit*, v. 351 et ss ; 1395 et ss ; 2001 et ss et 5619 et ss.

[3] *Charrette* du XIIIè, *op.cit*, §4, p. 100 ; §12, p. 194.

et le **ms. 7235** proposent chacun **2** réponses de ce genre[1] contre **1** seule dans le **ms. 363**[2]. Quant au *Cligès*, nous n'avons noté que **1** seule réponse négative qu'on retrouve uniquement dans la version source. Par exemple, dans *La Charrette* en vers, elles se manifestent par un silence de la part du destinataire du message. On pense dans ce cas au nain qui « *s'est adés teüz*[3] » quant aux questions que lui ont posées les habitants du château sur la nature du crime du chevalier de la charrette. Il en est de même pour le héraut qui « *ne lor an vialt rien dire cil*[4]. » Ceci n'est pas le cas de la mise en prose de la *Charrette* du XIIIè. Les réponses négatives sont moins fréquentes et retentissent à travers l'emploi de l'interjection « non » ou de ses allomorphes. On notera ici un exemple qui va de pair avec un extrait du *Chevalier de la charrette*, dans lequel Lancelot lui-même répond négativement à la demande de son nom :

***Charrette* en vers**	***Charrette* du XIIIè**
« Sire, or ai si grant envie Que je seüsse vostre non. Direiez le me vos ? – Je ***non,*** *Fet li chevaliers, par ma foi »* *[v. 1920-1923]*	*« Li preudom ki le bon chevalier avoit secouru li (le garçon) demande s'il en set nulles nouvielles ou il le (Lancelot) pora trouver, et il dist ke* ***nenil*** *» § 9b, p. 164.*

Cette forme de silence a trait au personnage central des trois versions de la *Charrette*. Elle se traduit par un choix délibéré de passer sous silence le prénom du héros (exemple en vers), comme elle peut se dégager à travers l'incapacité de certains protagonistes à amener quelques éclaircissements concernant le lieu où se trouve le héros (exemple en prose).

Les réponses peuvent être également **floues**. Elles sont présentes **2** fois dans chacune des **trois** *Charrette*[5], et **1** seule fois dans le **ms. 7235** de l'*Érec* en prose[6]. Nous n'avons pu détecter aucun exemple dans les autres versions. Dans le cas des *Charrette*, il faut noter que ces réponses floues tournent toutes autour de l'identité de Lancelot, et ce dans les trois versions. Lancelot ne

---

[1] *Érec* en vers, *op.cit*, v. 3994 et ss ; 4514 et ss.

[2] *Érec* en prose, **ms. 363**, *op.cit*,

[3] *Charrette* en vers, *op.cit*, v. 418, p. 70.

[4] *Ibidem*, v. 5620, p. 378.

[5] *Charrette* en vers, *op.cit*, v. 1928 et ss ; 2076 et ss. *Charrette* du XIIIè, *op.cit*, §2, p. 80 ; §15c, p. 224. *Charrette* du XIVè, *op.cit*, p. 229 ; 255.

[6] *Érec* en prose, **ms. 7235**, *op.cit*, [10r°], p. 127.

décline jamais son identité en dévoilant son nom propre, mais il se limite à des constructions sibyllines (telles que les relatives sans antécédent et des structures attributives floues) renvoyant uniquement à son appartenance à la Cour du roi Arthur et au royaume de Logres[1]. Le même cas existe dans la prose du XIIIè, à ceci près que les structures floues renvoyant à Lancelot changent et s'avèrent moins nombreuses. On trouvera par exemple des syntagmes nominaux tels que « *chevaliers errans*[2]», « *chevaliers karetés*[3]» ; une fois aussi, Lancelot répondra à Gauvain par le biais d'une proposition subordonnée concessive indéterminée : « *Ne vous esmaiés mie, fait Lancelos :* ***ki ke je soie****, vostres chevaus vous sera bien rendus encore*[4] ». Gauvain, lui, nommera Lancelot en tant que « *li mieudres des boins*[5] ». Cette périphrase sera concurrencée par d'autres, faisant du héros éponyme de la prose « *li mieudres del monde* » ou encore « *la flours de toute tieriienne chevalerie*[6] ». Une autre fois également, la prose du XIIIè proposera une structure attributive[7] rejoignant en cela la *Charrette* en vers. La *Charrette* du XIVè, quant à elle, se rapproche plus de la *Charrette* en vers que de la version du XIIIè siècle. On note également un exemple unique dans les deux mises en prose de la *Charrette*, c'est celui relatif à Boort. Quand le cousin de Lancelot (inconnu) monte dans la charrette, tous, entre autres le roi, veulent savoir « *c'a forfait chieus chevaliers*[8].» Le nain à qui cette question est posée répond par une réplique qui n'en dit pas plus sur le « *crime* » du « *charreté* » : « *autrestant, fait il, comme li autres*[9].» Dans ce cas, la réponse évasive sera justifiée par la volonté morale de ce passage, qui est de faire un pied de nez à une coutume qui n'a pas lieu d'être, à savoir celle de la réputation octroyée à la Charrette d'infamie.

---

[1] *Charrette* en vers, *op.cit*, v. 1929 et ss ; v. 1934 et ss ; v. 1951 et ss ; v. 2004 et ss ; v. 2081 ; v. 2093 ; 2413 ; v. 2588 ; v. 5070. Nous reviendrons sur le type d'attribution onomastique octroyée à Lancelot dans les romans étudiés dans le second chapitre de notre deuxième partie.

[2] *Charrette* du XIIIè, *op.cit*, § 2, p. 80.

[3] *Ibidem*, § 4, p. 102.

[4] *Charrette* du XIIIè, *op.cit*, § 3, p. 86.

[5] *Ibidem*, § 4, p. 100.

[6] *Ibidem*, § 19, p. 260.

[7] *Ibidem*, § 6i, p. 140.

[8] *Charrette* du XIIIè, *op.cit*, § 15c, p. 224 ; *Charrette* du XIVè, *op.cit*, p. 249.

[9] *Charrette* du XIIIè, *op.cit*, § 15c, p. 224 ; *Charrette* du XIVè, *op.cit*, p. 249.

Ce qu'on retrouve le plus souvent et qui retentit le plus, ce sont les réponses **positives** et **éclairantes**. Chacune des versions que nous étudions propose une variété de réponses qui apportent explication à une panoplie de questions posées par les différents protagonistes. Encore une fois, ce sont les **3** versions de la *Charrette* qui sont en tête. Les autres versions en vers proposent aussi une série de réponses et passent en tête des diverses versions en prose de l'*Érec* et du *Cligès*. Nous avons, en effet noté **46** réponses éclairantes dans l'*Érec* en vers[1] contre seulement **16** dans le **ms. 363**[2] et **18** dans le **ms.7235**[3]. De même, le *Cligès* en vers propose **57** réponses positives[4] alors que sa mise en prose n'en admet que **6**[5]. Quant aux **3** *Charrette* et comme nous l'avons mentionné plus haut, ce sont elles qui admettent le plus de réponses claires et éclairantes. Mais cette fois-ci ce n'est pas la version en vers qui prend le dessus comme c'est le cas pour les autres romans de Chrétien. En effet, Chrétien de Troyes recourt à

---

[1] *Érec* en vers, *op.cit*, v. 165 et ss ; 437 et ss ; 506 et ss ; 532 et ss ; 549 et ss ; 583 et ss ; 648 et ss ; 666 et ss. 763 et ss ; 840 et ss ; 851 et ss ; 921 et ss ; 1003 et ss ; 1009 et ss ; 1044 et ss ; 1056 et ss ; 1119 et ss ; 1199 et ss ; 1210 et ss ; 1215 et ss ; 1269 et ss ; 1777 et ss ; 1785 et ss ; 2512 et ss ; 2517 et ss ; 2534 et ss ; 2693 et ss ; 2980 et ss ; 3217 et ss ; 3342 et ss ; 3345 et ss ; 4366 et ss ; 4413 et ss ; 4476 et ss ; 4485 et ss ; 4562 et ss ; 5415 et ss ; 5781 et ss ; 5784 et ss ; 5918 et ss ; 6016 et ss ; 6253 et ss ; 6302 et ss ; 6303 et ss ; 6603 et ss ; 6607

[2] *Érec* en prose, **ms. 363**, *op.cit*, [196r°b], p. 110 ; [166r°b], p. 110 ; [197r°a], p. 112 ; [199r°a], p. 120 ; [201v°b-202r°a], p. 126 ; [204r°b], p. 134 ; [205r°a], p. 136 ; [205 v°a], p. 138 ; [205 v°b], p. 138 ; [206r°a], p. 140 ; [209v°b], p. 154 ; [215r°a], p. 225 ; [215v°a], p. 226 ; [217r°b], p. 229 ; [217v°a], p. 229; [221r°b], p. 234.

[3] *Érec* en prose, **ms. 7235**, *op.cit*, [3r°], p. 111 ; [5r°], p. 111 ; [7r°], p. 115 ; [14 r°], p. 137 ; [14v°], p. 139 ; [31r°], p. 173 ; [33r°], p. 175 ; [36 v°], p. 187 ; [49v°], p. 191 ; [52v°], p. 194 ; [56r°], p. 197 ; [58v°], p. 199 ; [64r°], p. 205 ; [66r°], p. 207.

[4] *Cligès* en vers, *op.cit*, v. 106 et ss ; 108 et ss ; 366 et ss ; 366 et ss ; 367 et ss ; 496 et ss ; 504 et ss ; 505 et ss ; 687 et ss ; 691 et ss ; 694 et ss ; 695 et ss ; 702 et ss ; 897 et ss ; 912 et ss ; 914 et ss ; 922 et ss ; 926 et ss ; 943 et ss ; 990 et ss ; 993 et ss ; 994 et ss ; 1008 et ss ; 1017 et ss ; 1113 et ss ; 1297 et ss ; 1391 et ss ; 1393 et ss ; 1399 et ss ; 1402 et ss ; 1415 et ss ; 1563 et ss ; 1815 et ss ; 2773 et ss ; 2777 et ss ; 2926 et ss ; 3233 et ss ; 3888 et ss ; 4081 et ss ; 4243 et ss ; 4250 et ss ; 4251 et ss ; 4253 et ss ; 4410 et ss ; 4439 et ss ; 4586 et ss ; 4590 et ss ; 4595 et ss ; 4597 et ss ; 4979 et ss ; 5128 et ss ; 5145 et ss ; 5425 et ss ; 5508 et ss ; 5526 et ss ; 5751 et ss ; 6228 et ss.

[5] *Cligès* en prose, *op.cit*, [6r°], p. 69 ; [6v°], p. 70 ; [25r°], p. 88 ; [49v°], p. 110 ; [73v°], p. 133 ; [98r°], p. 157.

ce type de réponse dans **56** cas[1] ; la *Charrette* dérimée s'en rapproche tout en le dépassant avec **69**[2] occurrences. En proposant **97** réponses éclairantes[3], c'est plutôt la *Charrette* du XIII[è] qui prend le dessus avec presque le double des exemples détectés dans la *Charrette* en vers. Plus que le vers et la version dérimée, les questions posées dans la mise en prose de la *Charrette* touchent à tous les détails, alors que les réponses repérées dans *Le Chevalier de la charrette* et la *Charrette* dérimée sont plutôt ponctuelles. Nous proposons de nous référer à certaines réponses présentes dans les trois versions de la *Charrette*. La première est relative à Guenièvre. Dans le vers comme dans la version dérimée, c'est l'épisode du peigne de la reine et le rire stimulateur de la jeune fille

---

[1] *Charrette* en vers, *op.cit*, v. 16 et ss ; 50 et ss ; 104 et ss ; 480 et ss ; 609 et ss ; 645 et ss ; 773 et ss ; 778 et ss ; 795 et ss ; 1209 et ss ; 1399 et ss ; 1420 et ss ; 1479 et ss ; 1689 et ss ; 1711 et ss ; 1730 et ss ; 1817 et ss ; 1849 et ss ; 1875 et ss ; 1932 et ss ; 1982 et ss ; 2092 et ss ; 2107 et ss ; 2579 et ss ; 2589 et ss ; 2753 et ss ; 2852 et ss ; 2864 et ss ; 3440 et ss ; 3864 et ss ; 3944 et ss ; 3949 et ss ; 4007 et ss ; 4066 et ss ; 4484 et ss ; 4602 et ss ; 4768 et ss ; 5065 et ss ; 5132 et ss ; 5157 et ss ; 5330 et ss ; 5440 et ss ; 5477 et ss ; 5773 et ss ; 5777 et ss ; 5783 et ss ; 6061 et ss ; 6177 et ss ; 6257 et ss ; 6343 et ss ; 6351 et ss ; 6820 et ss ; 6823 et ss ; 6826 et ss ; 6830 et ss ; 6936 et ss.

[2] *Charrette* du XIV[è], *op.cit*, p. 177 ; 177 ; 177 ; 177 ; 177 ; 177 ; 178 ; 178 ; 178 ; 178 ; 178 ; 180 ; 180 ; 180 ; 183 ; 183 ; 184 ; 184-185 ; 191 ; 191 ; 191 ; 191 ; 194 ; 194 ; 196 ; 196 ; 196 ; 197 ; 208 ; 211 ; 215 ; 217 ; 218 ; 222 ; 227 ; 227 ; 229 ; 230 ; 232 ; 233 ; 235 ; 235 ; 236 ; 236 ; 236 ; 237 ; 237 ; 239 ; 244 ; 244 ; 245 ; 245 ; 248 ; 249 ; 249 ; 250 ; 251 ; 251 ; 251 ; 251 ; 252 ; 252-253 ; 253 ; 256 ; 256 ; 256 ; 260 ; 261 ; 262.

[3] *Charrette* du XIII[è], *op.cit*, §1, p. 66 ; §2, p. 76 ; §2, p. 76 ; §2, p. 76 ; §2, p. 76 ; §2, p. 76 ; §2, p. 78 ; §2, p. 78 ; §2, p. 80 ; §2, p. 80 ; §2, p. 80 ; §2, p. 80 ; §3, p. 88 ; §4, p. 90 ; §4, p. 92 ; §4, p. 94 ; §4, p. 96 ; §4, p. 96 ; §4, p. 96 ; §4, P. 98 ; §4, p. 102 ; §5, p. 102 ; §5, p. 102 ; §6b, p. 112 ; ; §6b, p. 112 ; ; §6b, p. 112 ; ; §6b, p. 112 ; ; §6b, p. 112 ; ; §6b, p. 112 ; §6c, p. 116 ; §6c, p. 116 ; §6c, p. 118 ; §6d, p. 120 ; §6d, p. 122 ; §6e, p. 124 ; §6h, p. 134 ; §6h, p. 136 ; §6i, p. 138 ; §6i, p. 140 ; §6i, p. 140 ; §6i, p. 140 ; §6j, p. 144; §6k, p. 144; §6k, p. 144; §6k, p. 146; §6k, p. 146; §6k, p. 146; §6k, p. 146; 6l, p. 150; §7, p. 154; §ç, p. 158; §9, p. 160; §9b, p. 164; §9b, p. 164; §9b, p. 164; §9c, p. 166; §9c-d, p. 168; §10, p. 178; §11, p. 188; §11, p. 190; §11, p. 190; §12, p. 194; §12, p. 194; §12, p. 194; §12, p. 196; §12, p. 198; §12, p. 200; §13, p. 202; §13, p. 202; §13, p. 202; §13, p. 204; §13, p. 206; §13, p. 206; §13a, p. 208; §13a, p. 208; §13a, p. 210; §13b, p. 212; §13c, p. 214; §13d, p. 216; §13d, p. 216; §14, p. 218; §14, p. 218; §15, p. 220; §15, p. 220; §15c, p. 224; §15d, p. 230; §15e, p. 232; §15e, p. 232-234; §15e, p. 234; §15e, p. 236; §16, p. 238; §16, p. 238; §16, p. 238; §16, p. 238; §16, p. 238; §16, p. 248.

qui suscitent la demande insistante et répétée de Lancelot quant à l'identité de la propriétaire du peigne[1]. Dans la prose du XIIIè, il en est autrement. Voulant s'assurer que la dame accompagnant Keu est bel et bien Guenièvre, Méléagant va jusqu'à lui relever son voile[2].Un autre exemple présent cette fois-ci dans les **3** *Charrette*, c'est celui de la demoiselle qui donne une explication à l'interdiction du lit pour Lancelot[3]. Une autre réponse constante dans les trois versions de la *Charrette* est celle relative à l'identité du chevalier de la charrette : c'est à Guenièvre que revient le droit d'élucider le mystère concernant son nom. Ainsi répond-elle dans chacune des versions de la *Charrette* :

***Ch.* en vers**	***Ch.* du XIIIè**	***Ch.* du XIVè**
« *Lanceloz del Lac a non* *Li chevaliers, mien esciant* » [v. 3660-3661]	« *je nel sai mie a ensient, mais je croi ke chou est Lancelos del Lak* » § 10, p. 178.	« *vous dis certainement que je cuid mieux que ce soit Lancelot que nul autre chevalier* », p. 216.

La révélation est peut-être la même, mais l'effet produit, lui, ne l'est pas. En effet, dans le roman de Chrétien de Troyes, le cheminement du héros se fait dans l'anonymat le plus total, et ce aussi bien pour les protagonistes que pour le lecteur extradiégétique du roman. La révélation du nom du chevalier mystérieux revêt une acception considérable dans la mesure où cette élucidation coïncide avec un moment fort dans le roman ; ce qui n'est nullement le cas des deux proses. Non seulement le nom du protagoniste a parcouru bien des épisodes, mais dans la prose du XIIIè, la réponse de Guenièvre, elle même, perd de son aura avec cette incertitude qui rejaillit à travers le verbe « croire ». La prose du XIVè va encore plus loin puisque le doute s'installe encore plus au vu de l'emploi de l'adverbe « mieux » qui se trouve annexé au verbe « croire » et du subjonctif qui s'en suit et qui, les deux, ensemble, modalisent considérablement les propos de la reine Guenièvre. Et contrairement aux trois versions de la *Charrette*, les

---

[1] *Charrette* en vers, *op.cit*, v. 1396-1423. *Charrette* du XIVè, *op.cit*, p. 191.

[2] *Charrette* du XIIIè, *op.cit*, § 2, p. 80. A ce sujet, Florence Plet dit qu'« *on trouve pour les femmes l'équivalent [du heaume chez les hommes] dans le voile qu'elles portent volontiers pour se dissimuler, dès le Lancelot.* » Florence Plet, *op.cit*, p. 191. D'autant que l'action de Méléagant pourrait trouver une explication dans l'épisode de la « fausse Guenièvre », tome III.

[3] *Charrette* en vers, *op.cit*, v. 484, p. 74, *Charrette* du XIIIè, *op.cit*, § 4, p. 92 ; *Charrette* du XIVè, *op.cit*, p. 181.

versions de l'*Érec* et du *Cligès* ne gardent pas en suspens l'identité de leurs héros éponymes. Érec se présente seul et à maintes reprises[1]. Cligès, quant à lui, n'est pas méconnu ou très peu[2]. Dans un cas inverse, ce sont les proses de la *Charrette* qui donnent des réponses plus détaillées. Les auteurs expliquent la cause de la froideur de Guenièvre envers Lancelot en ces termes :

Ch. **en vers**	***Ch.*** **du XIIIè**	***Ch.*** **du XIVè**
« Comant ? Don n'eüstes vos honte De la charrete et si dotastes ? Molt a grant enviz i montastes, Quant vos demorastes .II. pas » [v. 4484-4488]	*« Dont ne vous en alastes vous de la grant court de Londres sans mon congié »[...] « Encore y a, fait elle [Guenièvre], assés greigneur ». Lors li demande son aniel et il dist : « Dame, veés le chi », si li moustre celi de son doi. « Menti m'avés, fait elle, che n'est il mie »* § 13, p. 202.	*« poourquoy je ne voulz parler a vous : Pour ce que vous en allastes de la court a Londres sans mon congié » [...] « Encore [...] avés vous fait autre chose dont je suis plus courouciee a vous. [...]» De mon annel, fait elle, que je vous baillay, que vous avés donné. [...]Et il [Lancelot] dresce amont son doit, si lui moustre son annel, et il dist : « Véés le cy ». – par Sainte croix, fait elle, ce n'est mie voir. Ce n'est il mie. Et lors lui monstra, car elle l'avoit en son doit »*, p.236.

La prose dépasse ainsi l'invraisemblance des romans versifiés en présentant des causes plus crédibles et favorables au « *souci de véridicité* » qui la préoccupe et qui fait que pour chaque détail existe une explication[3]. La référence au faux anneau rappelle l'épisode de la fausse Guenièvre dans le *Lancelot* du XIIIè. Le rapprochement des deux proses entre elles et cette référence semblable fait partie des indices qui prouvent que l'auteur de la prose dérimée connaissait bien le *Lancelot* en prose, pour en avoir

[1] *Érec et Énide*, *op.cit*, **v. 3876 et ss** ; **4146 et ss** ; **6122 et ss** ; **6194 et ss** ; **6308 et ss.**

[2] Nous l'étudierons dans le second chapitre de cette deuxième partie.

[3] *Charrette* du XIIIè, *op cit*, § 3, p. 88 ; § 5, p. 102 ; § 6b, p. 112-114 ; § 6c, p. 116 ; § 6h, p. 136 ; § 6j, p. 140 ; § 14, p. 218 ; § 15c, p. 224 ; § 15e, p. 232 ; § 15e, p. 234 ; §16, p. 242.

puisé des détails non présents dans la version source de la *Charrette*. Serait-ce aussi une forme de réticence ou de refus de la *fin'amor* propre à l'explication fournie par Chrétien de Troyes. L'auteur de la *Charrette* dérimée viendrait peut-être à préférer l'argument rationnel et logique à celui passionnel et prôné par l'amour courtois... Sur ce point, il n'est pas beaucoup à dire concernant les proses du *Cligès* et de l'*Érec* à part peut-être que les questions éclairantes sont beaucoup plus nombreuses dans les versions sources que dans leurs mises en prose tardives. Il reste pour autant beaucoup à dire sur les romans étudiés, puisque les élucidations ne sont pas toutes déclenchées par des questions. Il arrive que soient tirés au clair certains détails, sans pour autant que des questions soient posées. Dans la *Charrette* en vers, ce souci d'élucidation concerne par exemple le mystère des coutumes créées dans les romans de Chrétien. On notera celle de la charrette dite « d'infamie »[1], celle de la demoiselle esseulée qui ne risque rien, mais qui, une fois escortée par un chevalier, peut lui être disputée par un autre[2] et celle de la coutume du pays de Gorre[3]. Rappelons quelques occurrences :

***Ch.* en vers**	***Ch.* du XIIIè**	***Ch.*du XIVè**
« ***De ce servoit charrette lores*** *Don li pilori servent ores,* *Et en chascune boene vile,* *Ou or en a plus de .III. mile,* *N'en avoit a cel tans que une,* *Et cele estoit a ces comune,* *Aussi con li pilori sont,* *Qui traïson ou murtre font* *Et z ces qui sont chanp cheü* *Et as larrons qui ont eü* *Autrui avoir par larrecin* *Ou tolu par force an chemin.* ***Qui a forfet estoit repris,*** ***S'estoit sor la charrete mis*** ***Et menez par totes les rues,*** ***S'avoit totes enors perdues*** ***Ne puis n'estoit a cort oïz*** ***Ne enorez ne conjoïz.***[4] »	« ***A cel tans estoit tel coustume ke ki voloit .I. homme hounir u destruire en toutes tieres, si le fesist avant monter en karete, ne des lors en avant ne fust escoutés en court, ains avoit pierdues toutes lois***[5] ».	« ***En cellui temps*** *estoit charrette si laide chose et si villaine que nul ne se seïst dedens qui toutes loys et toutes honneurs n'eüst perduez.* ***Et quant on vouloit a .i. homme tollir honneur, si le faisoit on monter sur la charrecte et mener par la ville dont il estoit, tant que de tous estoit veus. Ne ja en ville, tant feust grande, n'en eüst culne seulle***[6] ».

[1] *Charrette* en vers, *op.cit*, v. 321-344.

[2] *Ibidem*, v. 1302-1321.

[3] *Ibidem*, v. 2098-2102.

[4] *Ibidem*, v. 321 et ss.

[5] *Charrette* du XIIIè, *op.cit*, §4, p. 88.

[6] *Charrette* du XIVè, *op.cit*, p. 180.

Il va sans dire que la *Charrette* en vers et la version dérimée se rapprochent dans l'écriture de ce passage. C'est la *Charrette* du XIIIè qui diminue l'ampleur de l'explication en ne fournissant que sa moitié. C'est ce qui parait en gras dans les trois extraits. On expliquerait l'écart entre la *Charrette* du XIIIè et la version mère par la position de l'auteur de la *Vulgate* face à cette coutume. Plus tard, il la critiquera davantage en consacrant un épisode inédit à la réécriture de ce motif[1] ; un épisode étonnamment repris, d'ailleurs, par l'auteur de la *Charrette* dérimée[2]. Les mises en prose de la *Charrette* et des autres romans de Chrétien creusent davantage dans ce « souci d'élucidation » : aucun lieu baptisé ne manquera d'explication[3] et les personnages, eux-mêmes, ne viennent plus de nulle part[4]. Nous avons essayé de regrouper toutes les explications fournies par chacune des versions étudiées. Vu l'envergure de leur nombre, nous placerons dans les annexes toutes les occurrences relatives aux explications dégagées des romans étudiés. En voici le recapitulatif :

Explication	***Ch.* en vers**	***Ch.* du XIIIè**	***Ch.* du XIVè**	***Érec et Énide***	**ms. 363**	**ms. 7235**	**Cligès en vers**	***Cligès* en prose**
Car	**39**	**138**	**284**	**84**	**73**	**83**	**184**	**125**
Que	**68**	**3**	**0**	**86**	**0**	**0**	**81**	**0**
De ce	**1**	**0**	**0**	**0**	**0**	**0**	**X**	**0**
Por ce que	**13**	**5**	**13**	**13**	**6**	**12**	**26**	**37**
Por coi	**2**	**0**	**1**	**2**	**1**	**1**	**1**	**0**
Por ce	**6**	**3**	**3**	**5**	**2**	**6**	**13**	**10**
Por que	**1**	**1**	**0**	**1**	**0**	**0**	**1**	**1**
Por	**1**	**1**	**1**	**6**	**4**	**10**	**48**	**33**
Comment	**1**	**0**	**0**	**0**	**0**	**0**	**0**	**0**
Puiske	**0**	**2**	**3**	**5**	**4**	**5**	**1**	**11**
Affin que	**0**	**0**	**0**	**0**	**2**	**4**	**0**	**12**
Pourtant que	**0**	**0**	**0**	**0**	**4**	**0**	**0**	**0**
Par	**0**	**0**	**0**	**0**	**2**	**0**	**0**	**0**
Comme	**0**	**0**	**0**	**0**	**1**	**0**	**0**	**1**
A/Pour cause que/de/cause	**0**	**0**	**0**	**0**	**1**	**4**	**0**	**9**

---

[1] *Charrette* du XIIIè, *op.cit*, §15b et ss, p. 224 et ss.

[2] *Charrette* du XIVè, *op.cit*, p. 248 et ss.

[3] Voir *infra*, partie consacrée à la rhétorique des toponymes.

[4] Comme c'est le cas pour Lancelot dans *Le Chevalier de la charrette*.

pourquoi								
Ad ce que	0	0	0	0	0	4	0	7
De paour que	0	0	0	0	0	0	0	1
Quans	0	0	0	0	0	0	1	0
TOTAL	132	153	305	225	100	129	356	247

Les explications dans les versions étudiées

Ici le relevé acquiert une importance considérable. Nous constatons que c'est le *Cligès* en vers qui enregistre le plus d'explications : **356** contre **247** dans sa mise en prose. *Érec et Énide* contient **225** exemples où on explique un fait, une situation, alors que le **ms. 7235** n'y recourt que **129** fois. Le relevé du **ms. 363** se réduit à plus de la moitié avec **100** occurrences notées. Évidemment, l'on pourrait expliquer ce phénomène par le modèle d'écriture du XV^è^ qui se veut une écriture élémentaire ; une écriture qui se réduit à l'essentiel de l'histoire et qui passe outre beaucoup de descriptions ou d'explications pouvant être jugées inutiles. Restent les versions de la *Charrette*. Chrétien de Troyes et la *Charrette* du XIII^è^ se rapprochent dans le nombre d'occurrences, même si la version en prose s'en détache avec **153** explications relevées, contre seulement **132** dans le vers. Mais le plus étonnant encore, c'est cette avalanche notée surtout dans la prose du XIV^è^ siècle qui englobe **305** explications prises en charge par l'auteur de cette version. Peut-être pourrons-nous expliquer cet écart notoire par cette pression que se met l'auteur de la version dérimée. Il semblerait que la version du XIII^è^ lui fasse de l'ombre et que la tâche de vraisemblance et de véridicité défendue jadis par l'auteur de la prose du *Lancelot* du XIII^è^ prenne toute son ampleur dans une version qui cherche à être connue et qui aspire à une reconnaissance complètement distincte et autonome de la *Charrette* du XIII^è^ siècle et bien sûr de tout le *Lancelot*. Il reste beaucoup à dire sur ces explications. La conjonction « *que* » au sens causal est employée surtout dans les romans en vers. On la retrouve **68** fois dans la *Charrette* en vers, **86** fois dans *l'Érec et Énide* et **81** fois dans le *Cligès* en vers. Parmi toutes les mises en prose étudiées, seule la *Charrette* du XIII^è^ propose **3** occurrences de cette conjonction. Cette abstinence notoire pourrait s'expliquer par l'évolution de la langue qui bannit certains emplois au profit d'autres. C'est le cas, par exemple de la conjonction « *car* » qui, sémantiquement équivaut à la conjonction « *que* » qu'on retrouve aussi dans les romans de Chrétien, mais à usage moins fréquent dans les mises en prose analysées. Dans la *Charrette* en vers,

Chrétien de Troyes y recourt **39** fois, alors que la *Charrette* du XIII[è] l'emploie dans **138** de ses propositions. L'on expliquera cette explosion par le souci d'élucidation et le souci de véridicité qu'attribue Annie Combes au *Lancelot* en prose de manière générale. Quant à la *Charrette* du XIV[è], les occurrences se multiplient davantage puisque l'auteur de cette version propose jusqu'à **284** cas de l'emploi de la conjonction « *car* » qui vient expliquer une situation donnée. C'est qu'au-delà du souci de véridicité, le poids de la version de la *Charrette* du XIII[è] se fait encore une fois ressentir. L'auteur de la version dérimée tente par tous les moyens de concurrencer la version du XIII[è] en mettant en avant tout détail qui aurait échappé à l'auteur du XIII[è] et en explicitant davantage des situations demeurées floues chez Chrétien de Troyes.

Les versions du *Cligès* opèrent presque de la même façon, dans le sens où c'est dans la version en vers que l'on retrouve le plus d'occurrences de la conjonction de coordination « *car* » : **184** cas. La prose, quant à elle, y recourt, mais dans moins des cas, soit **125** occurrences relevées. C'est que la prose du XV[è], en général, préfère écourter l'histoire, en ne rappelant que l'essentiel. Et cette fois-ci, les versions de l'*Érec* du XV[è] constitueraient une exception, dans le sens où elles se rapprochent considérablement de la version source de Chrétien dans leurs recours à la conjonction de coordination « *car* ». En effet, dans l'*Érec et Énide*, **84** occurrences ont été dégagées, contre **83** dans le **ms. 7235** et **73** dans le **ms. 363** de l'*Érec* du XV[è]. L'on verra, chemin faisant, que le **ms. 7235** se rapproche le plus de la version source de Chrétien et que le **ms. 363** s'en détache davantage[1]. Il est des recours à d'autres types de conjonctions, à des locutions conjonctives, à des adverbes et des locutions adverbiales qui servent aussi à expliciter certains détails dans les romans de Chrétien, mais aussi dans les mises en prose de ses romans. Leur emploi n'est ni systématique ni récurrent, mais le recours à ces moyens a un sens. On essayera de l'expliciter dans la troisième partie de notre thèse, lorsque nous étudierons la composition des phrases et des propositions en comparant entre elles les versions étudiées.

---

[1] Ce que rappelle à maintes reprises et dans plusieurs de ces travaux Maria Colombo Timelli, voir, *supra*, introduction de notre thèse.

Les *stimuli* provoquent ainsi une réaction verbale ou non chez le récepteur du message. Autant les questions se concurrencent dans les différentes versions, autant se multiplient les interactions des protagonistes. Celles-ci tendent soit vers des réponses on ne peut plus claires, soit, au contraire, vers des réponses totalement négatives, soit vers de pseudo-réponses attisant davantage la curiosité du demandeur. Nous avons vu que les réponses négatives ne sont pas très nombreuses et dans toutes les versions confondues. Les réponses floues ne sont pas abondantes non plus. Leur présence se manifeste dans les **3** *Charrette* et uniquement dans le **ms. 7235** de l'*Érec* en prose. Ce qui retentira le plus, ce sont les réponses positives et éclairantes. Chacune des versions que nous étudions propose une variété de réponses qui apportent une explication à une panoplie de questions posées par les différents protagonistes. Encore une fois, ce sont les **trois** versions de la *Charrette* qui sont en tête. Les autres versions en vers proposent aussi une série de réponses et passent en tête des diverses versions en prose de l'*Érec* et du *Cligès*. Et c'est en fonction du choix de la conjonction ou de la locution conjonctive à laquelle le ou les auteurs recourent que se creuse l'écart qui sépare les versions entre elles. Mais une chose est sure, le nombre et le choix des occurrences dépend de chacune des versions et des ambitions de chacun des auteurs, ou encore de l'époque à laquelle l'œuvre a vu le jour et des influences des circonstances de la création. L'évolution de la langue fera disparaitre certaines conjonctions et en fera apparaitre d'autres devenues plus en vogue et plus précises dans une langue en perpétuelle effervescence[1]. Ainsi s'avère-t-il que les proses présentent plus de variétés de questions et plus de réponses que les différentes versions en vers étudiées. Ce n'est pas seulement parce que la prose s'évertue à répondre au souci de vraisemblance, mais aussi parce que le nombre de protagonistes y augmente généralement.

2.4.2. Nouveaux personnages, nouveaux actants

Autant se multiplient les questions, autant se déploient les personnages. *Érec et Énide* dans sa version en vers et ses différentes mises en prose ne présente pas d'effervescence particulière. Bien au contraire, il est des personnages passagers chez Chrétien de Troyes, mais dotés d'une identité et qui ne

[1] Nous nous référons au livre de MARCHELLO-NIZIA C. et PICOCHE J., *Histoire de la langue française*, Nathan, Paris, 1999.

réapparaissent plus ou à qui on n'octroie plus d'identité dans les mises en prose. Nous pensons notamment à Briant des Iles, Cadoc de Tabriol, Guivret le petit, Le comte Galoain, le roi Evrain et Oringles de Limors[1]. Pour le reste il est à noter que les personnages principaux sont très peu nombreux dans les romans en vers de Chrétien tout comme dans les mises en prose de l'*Érec* et du *Cligès*. Et même si le *Cligès* en prose propose le cas de **3** personnages qui n'apparaissent pas chez Chrétien et qui prennent vie dans la mise en prose de ce roman, ceux-ci demeurent des personnages passagers qui apparaissent un moment[2] et qui disparaissent recédant la place aux deux protagonistes, à savoir Alexandre, dans la première partie du roman, et Cligès, dans la seconde. L*e Chevalier de la charrette* ne présente que quatre personnages chevaliers inclus dans l'action. On mettra en tête de liste le personnage éponyme de la prose, à savoir Lancelot ; un peu plus bas se place Méléagant – principal ennemi et adversaire de Lancelot ; Gauvain prend la troisième position – en tant que neveu du roi Arthur et parce que parti à la recherche de la reine ; et c'est au malheureux Keu que revient la dernière place. Les deux proses, quant à elles – surtout la prose du XIII^è^ – s'avèrent un véritable manège où une série de chevaliers entrent en action. Le schéma tracé jadis par Chrétien de Troyes est certes respecté, mais il est de loin dépassé. Ceci s'explique d'abord et surtout par le volume même de cette saga du XIII^è^ ; volume qui devient favorable à l'expansion de la généalogie de Lancelot d'une part, et d'autre part, à la mise en action de nouveaux héros dignes d'être ancrés dans la quête du Graal. De ce fait, on notera non seulement la présence de Lancelot, mais aussi celle de ses deux cousins germains Lionel et Boort[3]. Ce dernier prend d'ailleurs davantage d'envergure dans la *Charrette* du XIV^è^. Il y est cité **43** fois, contre seulement **5** fois dans la version du XIII^è^. Il est également question de Gallehaut cité **9** fois dans la *Charrette* du XIII^è^ et **16** fois dans la *Charrette* du XIV^è^, tout comme on voit apparaître les frères de Gauvain. Plusieurs des personnages passagers prennent place dans l'action. Ils sont, par ailleurs, récupérés par l'auteur de la *Charrette* du XIV^è^. Selon le modèle de Chrétien de Troyes, Méléagant et sa sœur sont tous les

[1] Nous trouverons dans les annexes le rappel des occurrences de chacun de ces personnages.

[2] Il s'agit d'Aguichans le roi d'Escoce, d'Archadéz et du comte de Guinesores.

[3] A un certain moment dans le *Lancelot* en prose, il est même question d'une cousine nommée Orgalle de Gindiel. Voir *Lancelot en prose, op.cit*, § 148e –149, p. 746-748.

deux inclus dans le fil direct de l'action et Keu joue toujours le même rôle que dans *Le Chevalier de la charrette*. Alors que Sagremor le Desreé[1], Dodinel le Sauvage[2], Girflés le fieus Do[3], Lucans li bouteilliers[4], Herlins li Rous[5], Claudas de la Desierte[6], la dame de Maloaut[7], Galaad[8], Symeu[9] et Joseph de Barimachie[10] n'ont pas de place dans *Le Chevalier de la charrette*, ces protagonistes jouent un rôle fondamental dans le *Lancelot en prose* en général et dans la *Charrette* du XIII[è] en l'occurrence. Cela n'est aucunement le cas de la *Charrette* en vers, où l'on assiste à une prolifération de noms de chevaliers, uniquement en rapport avec l'épisode du tournoi de Noauz[11]. Ces chevaliers sont certes dotés de noms, mais ils marquent une furtive apparition dans le roman de Chrétien de Troyes. Parfois, cette prolifération des personnages touchent uniquement les deux mises en prose – c'est le cas de la fée Morgue présente par deux fois uniquement dans les mises en prose de la *Charrette* – ou seulement dans la *Charrette* du XIV[è], et c'est le cas du personnage de Galaad qui est présent **7** fois et celui de Perceval **6** fois, et le cas aussi de **34** autres personnages.

Nombreuses sont donc, en conclusion, les incitations provoquées par les diverses questions proposées par les versions étudiées. Celles-ci sont aussi bien verbales que non verbales. Elles renforcent les interactions des personnages. Ces derniers proposent des réponses parfois floues, parfois négatives. Quelquefois aussi, des non-réponses sont enregistrées, laissant place à un silence qui en dit long sur la psychologie des protagonistes. Mais ce que nous avons noté le plus souvent, ce sont les réponses éclairantes qui viennent apporter des

---

1 *Charrette* du XIII[è], *op.cit*, § 15d, p. 228, héros déjà présent dans *Érec et Énide*, édition critique, traduction, présentation et notes de Jean-Maeis Fritz, Paris, Librairie Générale Française, Lettres gothiques, Livre de Poche, 1992, v. 1729.

2 *Ibidem*, § 2, p. 76, voir aussi *Érec et Énide*, *op.cit*, v. 1696.

3 *Charrette* du XIII[è], *op.cit*, § 15d, p. 228, voir aussi *Érec et Énide*, *op.cit*, v. 317.

4 *Ibidem*, § 15d, p. 228, voir aussi *Érec et Énide*, *op.cit*, v. 1525.

5 *Ibidem*, § 16, p. 240.

6 *Ibidem*, § 16, p. 242.

7 *Ibidem*, § 2, p. 68.

8 *Ibidem*, § 6f, p. 128.

9 *Ibidem*, § 6f, p. 128.

10 *Ibidem*, § 6f, p. 128.

11 *Charrette* en vers, *op.cit*, v. 5576 ; 5788 ; 5792 ; 5796 ; 5802 ; 5804 ; 5805 ; 5810 ; 5814 ; 5822.

informations indispensables à la compréhension du contexte et même du cotexte. Les questions fusent mettant en avant cette envie de connaitre l'identité des acteurs, l'objet de leur action, le lieu de leurs origines, le comment et le pourquoi de leurs actions, l'objectif de leur mission, en somme tout ce qui fait les histoires contées jadis par Chrétien de Troyes et reprises à partir du XIII[è] par une série d'auteurs animés par une volonté de dépoussiérer les romans du Champenois en les mettant à la page de leurs différentes époques. Ce sont les versions de la *Charrette* qui l'emportent quant au nombre de questions et d'explications. Cela s'explique d'abord, par cette volonté d'apporter autant que possible des explications demeurées floues chez Chrétien et rapprocher l'écriture du XIII[è] de l'écriture de la Bible. Bien sûr, l'auteur de la version dérimée de la *Charrette* tente autant que possible de faire valoir sa version et concurrencer ainsi la version dite *Vulgate* du *Lancelot*. Quant aux versions de l'*Érec*, c'est le **ms. 363** qui enregistre le moins de questions et d'explications ; son auteur serait le plus détaché de tous. Il prend de la distance – le *Cligès* en prose aussi – justifiée certes par l'écriture du XV[è] qui se veut brève mais il n'est pas aussi impliqué que l'auteur du **ms. 7235** de l'*Érec* en prose.

Pour les explications, les moyens utilisés par les auteurs diffèrent. Le choix des conjonctions de coordination varie et évolue au fil des siècles ; la conjonction « *que* » très présente dans les romans de Chrétien tend à disparaitre à partir du XIII[è]. Sémantiquement, elle se confond avec la conjonction « *car* » qui devient mieux en vogue et qui prend plus de place, aux côtés d'autres locutions conjonctives, dans une écriture qui privilégie des phrases toujours aussi complexes, mais où la subordination prend davantage d'ampleur[1]. De même, on assiste à une avalanche de personnages présents à titre indicatif dans les vers de Chrétien et prenant surtout vie dans les mises en prose de ses romans. Souvent, ces personnages sont nouveaux et leur insertion dans la/les trames des histoires étudiées participe d'une pseudo-connaissance ou anonymat des personnages. De plus, cette insertion joue considérablement en faveur de la rhétorique qui tourne autour de procédés pivotant entre le souci de clarté de la prose et le quasi envahissement de l'anonymat dans les versions en vers de Chrétien de Troyes.

---

[1] Nous l'étudierons plus en détail dans la troisième partie de notre thèse.

CHAPITRE V
La rhétorique au service de la présentation des personnages et des lieux

Modulée suivant maints critères, l'introduction des personnages et des lieux dans l'intrigue de l'histoire s'opère de diverses manières, et ce dans les différentes versions des romans étudiés. La présence d'une panoplie de procédés nous permet de situer une sorte de rupture entre le choix opéré par l'auteur du *Chevalier de la charrette* quant aux mécanismes de présentation des personnages et lieux, l'option du compilateur de la *Charrette* du XIIIe, et celle opérée par l'auteur de la *Charrette* dérimée. De même, on tentera de rapprocher les différentes versions de l'*Érec* et du *Cligès* en prose pour en dégager les ressemblances et les divergences, en les comparant avec les diverses versions de la *Charrette*. Nous nous appuierons sur le travail de Florence Plet pour emprunter les stratégies qu'elle exploite dans sa thèse consacrée au *Tristan* en prose. Notre analyse mettra en place trois strates par le moyen desquelles se déclinent les différents noms des personnages, qu'ils soient principaux chez certains ou secondaires chez d'autres et qu'ils soient présents dans les vers de Chrétien et/ou absents des mises en prose, et inversement. Nous étudierons aussi les stratégies de nomination des lieux qui valsent entre des lieux réels et des lieux imagés, entre des lieux ancrés au fin fond de l'Orient et d'autres qui font la symbolique de l'Occident et qui s'entremêlent au profit d'un récit ambitieux de devenir sans frontières géographiques.

2.5.1. Les noms propres simples

Quand « *Chrétien de Troyes écrit le vers célèbre «* ***Car par le non conuist an l'ome*** *» [Conte du Graal, v. 560], il ne fait que reprendre à son compte une très vieille tradition qui voit dans le nom propre comme la quintessence de celui qui le porte*[1]», note Jacques Ribard. En d'autres termes, les noms sont porteurs de sens. Ils peuvent nous en dire long sur l'identité et le caractère des personnages. Ils peuvent démystifier des lieux et rappeler l'histoire d'un espace dont la symbolique enveloppe l'histoire médiévale en général, et en particulier, les romans de Chrétien et leurs différentes mises en prose. À la suite de Jacques Ribard, plusieurs médiévistes dont Florence Plet, s'intéressent à l'étude des noms propres. Cette dernière note qu'« *un certain nombre de noms parlent d'eux-mêmes*[2]*.*» Ils englobent aussi bien des noms relatifs aux personnages que les noms de lieux. C'est ce que nous tenterons de démontrer à travers les différentes versions analysées.

2.5.1.1. Les anthroponymes : des noms transparents ?

On désigne par anthroponyme un nom attribué à une personne. Dans les différents romans étudiés, une série de noms de chevaliers – principaux dans le déroulement de l'action – se voient chargés d'un sens mélioratif ou péjoratif selon le cas. C'est que le nom peut être porteur d'un sens en rapport avec la personnalité du protagoniste, parfois, avec son passé et quelquefois même avec son avenir. Le premier à nous intéresser est bien évidemment le personnage éponyme de la prose du XIIIè qu'est **Lancelot**. Notons d'ores et déjà que les occurrences de son nom se limitent à **106** fois dans *Le Chevalier de la charrette*, alors qu'elles atteignent presque le double aussi bien dans la *Charrette* du XIVè, avec **198** cas relevés[3], que dans la *Charrette* du XIIIè, avec **204** occurrences

---

[1]Jacques Ribard, Le *Moyen Age, littérature et symbolisme*, collections Essais 9, Paris, Champion, 1984, p. 73.

[2] Florence Plet, *op.cit*, p. 111.

[3] « *dans le récit de Chrétien, c'est un chevalier inconnu qui affronte vaillamment Méléagant et ses hommes, tandis que dans le Lancelot, l'identité du défenseur de la reine ne peut plus être un mystère. [...] solution [...] : sur le plan de l'intrigue avec l'intervention de la dame du Lac, et sur le plan textuel en utilisant sans réserve le nom de « Lancelot » pour désigner le chevalier combattif* », (Cf. *Lancelot* du XIIIè), Annie Combes, introduction à l'édition de la *Charrette* du XIVè siècle, *op.cit*, p. 151.

dégagées[1]. À la suite de Jacques Ribard, on pourrait s'amuser à lire à travers le nom de Lancelot l'agglutination des deux lexèmes « lance » et « lot ». Si l'on prend le substantif « *lot* » dans le sens de « *don* », voire de « *cadeau* » et si l'on garde à l'esprit le péché qui oblitère Lancelot, on pourrait voir résumée l'histoire du protagoniste dans son propre prénom : Lancelot est bel et bien celui qui était censé achever les aventures de la quête du Graal. Ayant succombé au plaisir de la chair, il **lance**ra, voire jettera son « **lot** » et perdra à jamais un privilège qui sera offert à son fils Galaad[2]. D'ailleurs, il serait utile, ici, de rappeler que Lancelot a pour nom de baptême Galaad. Ayant commis l'adultère, il n'est plus « *la fleur de la chevalerie terrestre et céleste* ». Ce privilège sera consacré à son fils Galaad, dans le cycle du *Lancelot-Graal,* et à Perceval dans la *Charrette* du XIV[è3]. Le baptême relatif au nom de Lancelot rappelle plusieurs épisodes de la Bible, comme celui de Jacob qui, ayant combattu et vaincu l'ange de Dieu, sera rebaptisé Israël[4].

---

[1] Voir *infra*, les annexes. Nous y répertorierons tous les relevés onomastiques des romans étudiés.

[2] Cette idée reste toutefois discutable dans la mesure où est d'ores et déjà interdit à Lancelot l'achèvement des aventures de quête du Graal à cause du péché de son père (cf, *Lancelot en prose*, tome IV d'Alexandre Micha, p. 223.). D'ailleurs, cette sanction n'est-elle pas marquée par le changement de nom du protagoniste qui aurait eu comme nom de baptême Galaad ? Voir, *Lancelot en prose, op.cit*, p. 136-138.

[3] A ce sujet, il serait intéressant de rappeler une citation d'Emmanuèle Baumgartner. Elle dit que « *les romans en prose apparaissent au moment où la littérature du Graal prend une coloration mystique, où la gloire mondaine et les amours courtoises cessent d'être exaltées pour être marquées du sceau du péché, où Galaad fait figure de nouveau Christ de la chevalerie, venu achever l'œuvre de la rédemption, [...] c'est la prose qui, en latin, sert à l'expression du sacré ; elle est le langage de l'exégèse et de la prédication, elle est le langage de la Bible.* », *Le Récit médiéval, op.cit*, pp.85-86.

[4] L'histoire de Lancelot et le choix de l'attribution de la fin de la Quête à Perceval[4], dans la *Charrette* du XIV[è], rappellent le parcours de plusieurs personnages bibliques, en l'occurrence, Moïse. Par extrapolation, et à l'instar de Lancelot, l'histoire de Moïse n'est pas complètement pure. C'est lui qui dirige le peuple, mais ce n'est pas lui qui aura la promesse de voir la Terre Sainte, et ce n'est pas son fils, mais son chef de guerre qui devra diriger son peuple pour rentrer dans la Terre Promise. Peut-être est-ce ici une tendance fictionnelle normale qui permet de justifier qu'à la fondation de quelque chose, il y a des péchés et/ou des crimes. En d'autres termes, puisqu'on essaye d'épurer ce qui se passe, on ne peut pas

Le second protagoniste dans les **trois** *Charrette* est **Méléagant**. Son nom paraît **57** fois dans le vers et **62** fois dans la mise en prose du XIIIè de la *Charrette* : chiffres presque équivalents. C'est la *Charrette* du XIVè qui marque l'écart avec **113** occurrences du nom de ce protagoniste. **Méléagant** est la figure du mal par excellence, et ce à travers ses actions, voire ses intentions maléfiques. Dans son nom même, on note « *la syllabe -mal- [...] qu'on retrouve [...] sous une forme légèrement altérée. Méléagant serait le « mal-agissant, le malfaisant, en un mot, le Malin*[1]. » Et c'est d'ailleurs ce qui retentit à travers tout son parcours, et dans les trois versions de la *Charrette*. Le troisième personnage fidèle aux **trois** *Charrette* est **Bademagus**. Le nom propre de cette figure royale ne parait presque jamais seul. Nous avons noté **1** seule occurrence dans la *Charrette* en vers, **6** dans la *Charrette* du XIIIè et **8** dans celle du XIVè. Son nom s'avère révélateur de sa fonction et de son rôle dans les trois versions de la *Charrette*. Dans son nom semble s'inscrire le nom de la capitale de son royaume : « *Bade, sa cité*[2]» comme le dit le texte médiéval. On peut également lire le lexème latin « *magus* » qui fait de « **Bade-magus** » le « magicien » de « *Bade* »[3]. Dans tous les cas, Bademagus est un roi imposant de par sa présence, et ce dans les trois versions de la *Charrette* ; peut-être contrairement à Arthur qu'on ne rappelle qu'en présence des chevaliers à sa Cour. Il en est ainsi des héros présents dans les **trois** versions de la *Charrette*. Quant à ceux qu'on retrouve uniquement dans les mises en prose du *Chevalier de la charrette*, nous avons pu remarquer la présence de personnages dont les noms traduisent le cheminement, voire la destinée. **Dodinel**, dit le Sauvage[4], présent uniquement dans la *Charrette* du XIIIè, fait partie des chevaliers qui escortent la reine[5]. Au début de l'épisode de la *Charrette* en prose, celui-ci, indigné par le projet de Keu, s'en prend au roi Arthur et

---

complètement se référer à celui qui en est le fondateur. On l'empêche d'être l'Élu pur et c'est quelqu'un de son entourage qui prend le relais. Le fait qu'il est puni le purifie, certes, mais cela ne lui octroie pas le droit d'accomplir la Quête. De même et pour revenir à la destinée de Galaad, nous pouvons la comparer à celle du Christ qui était « peut-être » le fruit de l'adultère, un peu comme Galaad. Vu sous cet angle-là, même l'injustifiable semble pouvoir être expliqué de manière mystique, métaphysique, biblique ou même religieuse.

[1] Jacques Ribard, *op.cit*, p. 83.

[2] *Charrette* en vers, *op.cit*, v. 6232, p. 416.

[3] Voir *infra*, « les toponymes ».

[4] Nous reviendrons sur son surnom.

[5] *Lancelot en prose, op.cit*, § 97, p. 508.

l'insulte en ces termes : « *Donc di je ke nus n'est honis se rois non et honis soit ki le veut iestre*[1] ». Dans son nom semble être inscrit le substantif « *daudine, sauce* » selon l'expression de Florence Plet[2] ; ce qui n'est pas pour surprendre vu que le chevalier oublie totalement à qui il a affaire : sous l'emprise de la colère, il mélange tout et s'adresse au roi en des termes on ne peut plus injurieux. Les deux cousins germains de Lancelot font eux aussi partie des héros dont les noms laissent transparaître la valeur. Il est facile de détecter le substantif « *lion* » (symbole de Dieu) à travers le prénom de **Lionel** et du phonème « *el* », synonyme de « Dieu » en hébreu : rien d'étonnant pour un cousin germain de Lancelot et un fils adoptif de la Dame du Lac. Le nom de ce personnage est présent **4** fois dans la *Charrette* du XIIIè et **7** fois dans celle du XIVè. De même, à travers le nom de **Boort** se dégagent les phonèmes [bo] et [oR] qu'on pourrait réécrire en « beau » et « or ». La beauté et la magnificence d'un métal comme l'or ne peuvent que mettre en exergue la valeur méliorative de ce personnage double du Lancelot. Rappelons que même dans l'épisode de la *Charrette* du XIIIè, l'auteur réécrit le motif de la « charrette » pour l'attribuer cette fois-ci à Boort. Cet épisode l'élève au rang de Lancelot et tourne en dérision la coutume attribuée à la charrette. Il est fait référence **5** fois à ce personnage dans la *Charrette* du XIIIè, mais jamais par ce nom. L'auteur met l'accent sur son lien de parenté avec Lancelot, ou son frère Lionel...etc. Par ailleurs, il est fait référence à lui **43** fois dans la version du XIVè dont **11** fois par son nom. C'est qu'il n'est peut-être plus besoin de rappeler le lien de parenté qui lie Boort à Lancelot puisque celui-ci devient connu d'un auditoire connaissant parfaitement bien la version *Vulgate* du XIIIè[3]. Restent **les frères de Gauvain**. Une première classification serait de mettre sous un même angle **G**auvain, **G**uerrehet et **G**aheriet, tous les trois unis par la même initiale « **G** » ; une union qui s'amplifie d'autant plus par leurs bonnes actions et leur esprit guerrier (inscrit d'ailleurs dans le prénom de **Guerre**het). A ce niveau de l'analyse, il est nécessaire de rappeler les spécificités du personnage de Gauvain. Dans le *Lancelot* du XIIIè[4], il est fait allusion au fait que Gauvain reprend ses forces à midi. Et l'on retrouve, d'ailleurs,

---

[1] *Charrette* du XIIIè, *op.cit*, § 2, p. 78.

[2] Florence Plet, *op.cit*, p. 114.

[3] C'est aussi un clin d'œil pour l'auteur du XIVè qui connaissait vraisemblablement bien la version du *Lancelot* du XIIIè pour s'en inspirer.

[4] *Charrette* du XIIIè, *op.cit*, §14, p. 219.

l'explication complète de son histoire dans *La Mort du roi Arthur*[1], tout comme on retrouve ce trait attaché à Gauvain dans d'autres épisodes du *Lancelot*[2]. **Agravain** et **Mordret** sont les deux autres frères de Gauvain. **Agrav**ain, (lourd)[3], présent dans d'autres épisodes du *Lancelot* en prose et **1** fois dans la *Charrette* du XIVè, **aggrav**e souvent la situation et cause parfois même de la honte à son frère Gauvain. D'ailleurs, battu par Boort et devant décliner son identité, Agravain l'Orgueilleux[4] s'abstient de préciser sa parenté avec Gauvain « *et ce fu por cou k'il [Gauvain] n'i eust honte*[5]». « *Le préfixe « mor- » avec ses relents macabres et destructeurs*[6] » jaillit à travers le prénom du « *plus jovenes des freres*[7] » de Gauvain. Présent dans tout le *Lancelot* en prose et **1** fois dans la *Charrette* du XIVè, l'enfant incestueux d'Arthur (de son union avec sa sœur Morgue) devient porteur de son nom dans la mesure où l'on sait que c'est lui qui causera la perte du monde arthurien[8]. G**uenièvre** est le personnage féminin omniscient dans les romans de Chrétien de Troyes. L'origine de son nom viendrait du mot gallois « ***Gwenhwyfar*** », qui signifie « *blanc-fantôme* ». Dès lors, nous pouvons assurer que Guenièvre est dotée d'un caractère féérique qui lui donne un aspect magique, assimilable même à celui de l'Autre-monde. La femme du roi Arthur et reine du pays de Logres est à la fois la dame courtoise et « *le graal païen* » du cycle du « *Lancelot-Queste-Mort Artus* ». Lancelot la vénère, et même lorsqu'elle est absente, elle est idolâtrée par ses reliques[9]. Les versions de l'*Érec* ne proposent pas de noms dont la portée symbolique semble intéressante à noter. Les *Cligès*, par contre, proposent des noms de ce style. Plus encore, le vers, comme la prose explicitent le sens de certains noms. Nous pensons notamment à Soredamores, la femme d'Alexandre et mère de Cligès :

---

[1] *La Mort du roi Arthur, op.cit,* § 169-171, pp. 360-366. + Note de bas de page, p. 363, Jean Frappier reconnaît derrière cette capacité de Gauvain à voir se décupler ses forces à midi un vieux mythe solaire, (*Étude…,* p. 202).

[2] Edition Micha, VIII, pp. 181-182.

[3] Florence Plet, *op.cit*, p. 114.

[4] Nous reviendrons sur le surnom.

[5] *Lancelot en prose, op.cit,* § 57, p. 382.

[6] Jacques Ribard, *op.cit*, p. 81.

[7] *Lancelot en prose, op.cit,* § 151, p. 770.

[8] *Ibidem*, § 151, p. 770. Voir aussi *La Mort du roi Arthur*, Jean Frappier, TLF, Droz, 1964.

[9] Le peigne, l'anneau et la révérence de Lancelot.

***Cligès* en vers**

« Por neent n'ai-je pas ce non
Qui Soredamors sui clamee.
Amer doi, si doi estre amee,
Si le vueil par mon non prover,
Se la reson i puis trover.
Aucune chose senefie
Ce que la premiere partie
En mon non est de color d'or,
Car li meillor sont li plus sor
Por ce tieig mon non a meillor
Qu'il comence par la color
A coi li mieldres ors s'acorde,
Et la fins Amors me recorde,
Car qui par mon droit non m'apele.
Touz jorz Amors me renovele,
Et l'une moitiez l'autre dore
De doreüre clere et sore,
Qu'autretant dit Soredamors
Come sororee d'Amors.
Molt m'a donc Amor honoree
Quant il de lui m'a sonoree.
Doreüre d'or n'est si fine
Come cele qui m'enlumine,
Et je metrai a ce ma cure
Que de lui soie doreüre,
Ne ja mais ne m'en clamerai. »
v. 958 et ss.

***Cligès* en prose**

« *je ferai ce que mon nom m'enseigne. Car « sore » vault autant a dire comme couleur de l'or, qui plus est sor et plus est affiné, et l'alutre partie « damours » avec ce premier mot « sore » doit estre dit « sororee d'amours », c'est-à-dire la plus especialle qui jamés fut touçant les fais d'amours.* », **[14v]**, p. 78.

Les deux extraits présentent plusieurs différences formelles qu'on étudiera plus tard[1]. Et bien que les deux passages soient disproportionnés dans leur longueur, Soredamores y décrypte, à chaque fois, son nom pour en expliquer le sens premier et celui qui justifie sa façon d'être. L'héroïne se dore et dore d'amour. D'ailleurs, l'histoire met en exergue tout l'amour qu'elle voue à Alexandre et son dévouement le plus total à lui. Il en est de même pour Fénice. Autant dans le vers que dans la prose, la femme de Cligès est présentée ainsi :

***Cligès* en vers**

« Fenice ot la pucele non,
Et ne fu mie sanz reson,
Car si com fenix li oisiaux
Est de touz les autres plus biaux,
N'estre n'en puet que uns ensemble,
Ausint Fenice, ce me semble,
N'ot de biauté nule pareille »
v. 2681 et ss.

***Cligès* en prose**

« *Le nom de la pucelle ne lui mentoit pas : elle estoit nonmee Fenice, et ainsi que le fenix, qui est seul oiseau de son plumage impareil a toux aultres, pareillement est il de la damoiselle. Car elle est la plus des plus, sans per et sans ce que*

---

[1] Voire *infra*, Troisième partie de notre thèse.

nulle aultre dame soit digne d'estre comparee a la tierce partie de sa haultaine beaulté. »
[43r°], p. 104-105.

Dans le roman à « *séquences orientales* » que constitue le *Cligès* avec ses deux versions, Fénice ou Phénice rappelle le phénix, cet oiseau très souvent symbole de l'âme, de la renaissance, mais aussi de l'esprit et de la lumière. Il est le symbole du Christ et de la résurrection. Par extrapolation, peut-être pourrons-nous rapprocher l'épisode de la torture subie par Fénice, feignant la mort, à celle de la passion du Christ. A l'instar de ce dernier, le personnage féminin de Chrétien supportera la douleur et les supplices, mais dans ce cas, c'est pour l'amour de son mari. Avec l'aide de Thessala, elle renait symboliquement de ses cendres. Et l'on retrouve aussi une explication fournie concernant le personnage de Thessala :

« *Si savoit molt de nigromance.*
Por c'estoit Thessala clamee
Qu'ele fu de Thessaile nee,
Ou sont faites les deablies,
Enseigniees et establies,
Car charaies et charmes font
Les fames qui dou païs sont. »
v. 2958 et ss.

À travers l'explication fournie uniquement dans les vers de Chrétien, nous comprenons d'où proviennent les compétences en magie manifestées par Thessala. Elle a hérité son savoir-faire de la région dont elle est originaire[1]. Comme le dit Florence Plet à ce sujet, les noms des protagonistes parlent d'eux-mêmes et s'avèrent ainsi « *porteurs de sens*[2]».

---

[1] « *Thessala est certes un personnage ambigu, que Chrétien de Troyes présente d'abord comme une magicienne inquiétante, experte* ***en deablies*** *(v. 2964-2970). [...] L'Orientale définit ses pouvoirs de magicienne comme un prolongement de ses connaissances médicales. [...] la capacité de la magicienne à simuler la mort puis une résurrection – un jeu maitrisé avec la vie et la mort – et à soigner les blessures les plus atroces tend à montrer que la médecine orientale pourrait reculer, voire abolir, les limites de la condition humaine.*». *In* Catherine Gaullier Bougassas, *La Tentation de l'Orient*, *op.cit*, pp. 40-41.

[2] Florence Plet, *op.cit*, p. 111.

Contrairement aux versions de l'*Érec* qui ne présentent pas d'anthroponymes simples porteurs de sens, et contrairement aux versions de la *Charrette* qui n'explicitent pas forcément le sens des noms des personnages, les deux *Cligès* opèrent différemment. Les auteurs s'avèrent conscients du fait que les noms devaient avoir un sens et signifier le destin de ceux qui les portent. Comme le rappelle Emmanuèle Baumgartner dans son *Récit médiéval*, « *le lecteur évolue dans un monde de signes qui le renvoient perpétuellement, de façon entendue et énigmatique, à un sens présenté comme allant de soi, et, pour cette raison même, dissimulé. Le monde de ces romans est un monde chargé de sens avec une évidence mystérieuse* [1]». Dans tous les cas et dans toutes les références fournies par nos divers romans, l'importance est donnée à un nom qui, pris pour une icône, signifie une histoire ou un symbole. Il peut être enveloppé dans un drapé sacré. Un mélange subtil se crée dans les romans de Chrétien, et à sa suite dans les mises en prose de ses romans. Seulement dans le *Cligès* en vers (et rappelé par la suite par la prose), Chrétien de Troyes se permet d'apporter ouvertement une signification aux noms de certains de ses personnages. Dans les *Charrette*, c'est le parcours des personnages qui permet de donner un sens aux noms qui leur sont attribués. Alors que dans les versions de l'*Érec*, la symbolique des noms des personnages ne semble pas des plus remarquables. Peut-être que la destinée du héros solitaire expliquerait ce « décrochement » de la part de l'auteur.

2.5.1.2. Les toponymes simples

Dans les différentes versions étudiées, on assiste à une véritable prolifération de noms de lieux. Ceux-ci se répartissent en deux grandes catégories : des toponymes réels et des toponymes fictifs. Les exemples sont légion dans tous les romans analysés. Dans un premier temps, nous proposons de regrouper les toponymes simples selon leur nature : fictifs ou réels. Voici dans un tableau l'aperçu générique des relevés :

Toponymes Simples	**Ch. en vers**	**Ch. du XIIIè**	**Ch. du XIVè**	**Érec en vers**	**ms. 363**	**ms. 7235**	**Cligès en vers**	**Cligès en prose**
Réels	**14**	**20**	**9**	**24**	**2**	**11**	**136**	**48**
Fictifs	**3**	**18**	**13**	**10**	**0**	**9**	**0**	**0**
TOTAL	**17**	**38**	**22**	**34**	**2**	**20**	**136**	**48**

Récapitulatif des toponymes simples dans les romans étudiés

[1] Emmanuèle Baumgartner, *Le Récit médiéval*, *op.cit*, p. 67.

De façon générale, les toponymes réels simples sont plus importants que les les toponymes fictifs. La seule exception concerne la *Charrette* dérimée qui propose moins de toponymes réels **10** contre **13** fictifs. Dans les deux *Cligès* ainsi que le **ms. 363** de l'*Érec*, ces derniers sont complètement absents. La *Charrette* du XIIIè propose un nombre presque équitable de toponymes simples, soit **20** pour les toponymes réels et **18** pour les fictifs. L'*Érec* en vers propose **24** occurrences de toponymes réels, soit le double des occurrences octroyées aux toponymes fictifs. Revoyons de près le récapitulatif des toponymes réels :

Toponymes simples réels	**Ch. en vers**	**Ch. du XIIIè**	**Ch. du XIVè**	**Érec en vers**	**ms. 363**	**ms. 7235**	**Cligès en vers**	**Cligès en prose**
Alemaigne	**0**	**0**	**0**	**0**	**0**	**0**	**5**[1]	**1**[2]
Alixandre	**0**	**0**	**0**	**1**[3]	**0**	**0**	**0**	**0**
Amiens	**1**[4]	**0**	**0**	**0**	**0**	**0**	**0**	**0**
Anjou	**0**	**0**	**0**	**1**[5]	**0**	**0**	**0**	**0**
Antioche	**0**	**0**	**0**	**0**	**0**	**0**	**2**[6]	**0**
Arabe	**0**	**0**	**0**	**0**	**0**	**0**	**0**	**2**
Ariel	**0**	**0**	**0**	**0**	**0**	**1**[7]	**0**	**0**
Athenes	**0**	**0**	**0**	**0**	**0**	**0**	**3**[8]	**0**
Babiloine	**1**[9]	**0**	**1**[10]	**0**	**0**	**0**	**0**	**0**
Beauvez	**0**	**0**	**0**	**0**	**0**	**0**	**1**[11]	**0**
Bretaigne	**1**[12]	**7**[13]	**1**[14]	**2**[15]	**0**	**0**	**27**[16]	**6**[17]
Candie	**0**	**0**	**0**	**0**	**0**	**0**	**1**[18]	**0**

[1] Voir *Cligès* en vers, *op.cit*, v. 2638 ...etc.
[2] Voir *Cligès* en prose, *op.cit*, [41v], p. 103.
[3] Voir *Érec* en vers, *op.cit*, v. 2015.
[4] Voir *Charrette* en vers, *op.cit*, v. 1986.
[5] Voir *Érec* en vers, *op.cit*, v. 6641.
[6] Voir *Cligès* en vers, *op.cit*, v. 800 ...etc.
[7] Voir *Érec* en prose, **ms. 7235**, *op.cit*, §14, p. 157.
[8] Voir *Cligès* en vers, *op.cit*, v. 1284...etc.
[9] Voir *Charrette* en vers, *op.cit*, v. 6721.
[10] Voir *Charrette* du XIVè, *op.cit*, p. 204.
[11] Voir *Cligès* en vers, *op.cit*, v. 21...etc.
[12] Voir *Charrette* en vers, *op.cit*, v. 3888.
[13] Voir *Charrette* du XIIIè, *op.cit*, §6b, p. 114...etc.
[14] Voir *Charrette* du XIVè, *op.cit*, p. 221.
[15] Voir *Érec* en vers, *op.cit*, v. 6545 ...etc.
[16] Voir *Cligès* en vers, *op.cit*, v. 17...etc.
[17] Voir *Cligès* en prose, *op.cit*, [2v], p. 66...etc.
[18] Voir *Cligès* en vers, *op.cit*, v. 4683.

Cantorbire	**0**	**0**	**0**	**0**	**0**	**0**	**1**[1]	**1**[2]
Caradigant	**0**	**0**	**0**	**5**[3]	**2**[4]	**5**[5]	**0**	**0**
Cesaire	**0**	**0**	**0**	**0**	**0**	**0**	**1**[6]	**0**
Champaigne	**1**[7]	**0**	**0**	**0**	**0**	**0**	**0**	**0**
Cologne	**0**	**0**	**0**	**0**	**0**	**0**	**5**[8]	**2**[9]
Constantenople	**0**	**0**	**0**	**1**[10]	**0**	**0**	**13**[11]	**8**[12]
Cornoaille	**1**[13]	**0**	**2**[14]	**0**	**0**	**0**	**1**[15]	**0**
Dovre	**0**	**0**	**0**	**0**	**0**	**0**	**1**[16]	**0**
Dunoe (Danube le fleuve)	**0**	**0**	**0**	**0**	**0**	**0**	**2**[17]	**0**
Engletere	**1**[18]	**0**	**0**	**1**[19]	**0**	**0**	**4**[20]	**1**[21]
Escose	**0**	**0**	**0**	**2**[22]	**0**	**2**[23]	**0**	**0**
Flandres	**0**	**0**	**0**	**0**	**0**	**0**	**1**[24]	**0**
France	**0**	**0**	**0**	**1**[25]	**0**	**0**	**4**[26]	**1**[27]
Gales	**0**	**4**[28]	**0**	**0**	**0**	**0**	**0**	**1**[29]

[1] Voir *Ibidem*, v. 1051.
[2] Voir *Cligès* en prose, *op.cit*, [16r], p. 79.
[3] Voir *Érec* en vers, *op.cit*, v. 28 ...etc.
[4] Voir *Érec* en prose, **ms. 363**, *op.cit*, §1, p. 100.
[5] Voir *Érec* en prose, **ms. 7235**, *op.cit*, §1, p. 103.
[6] Voir *Cligès* en vers, *op.cit*, v. 4730.
[7] Voir *Charrette* en vers, *op.cit*, v. 1.
[8] Voir *Cligès* en vers, *op.cit*, v. 2675... etc.
[9] Voir *Cligès* en prose, *op.cit*, [42v], p. 104...etc.
[10] Voir *Érec* en vers, *op.cit*, v. 98.
[11] Voir *Cligès* en vers, *op.cit*, v. 49.
[12] Voir *Cligès* en prose, *op.cit*, [2v], p. 66...etc.
[13] Voir *Charrette* en vers, *op.cit*, v. 3888.
[14] Voir *Charrette* du XIVè, *op.cit*, p. 172.
[15] Voir *Cligès* en vers, *op.cit*, v. 80.
[16] Voir *Ibidem*, v. 1054.
[17] Voir *Ibidem*, v. 3378.
[18] Voir *Charrette* en vers, *op.cit*, v. 5817.
[19] Voir *Érec* en vers, *op.cit*, v. 6639.
[20] Voir *Cligès* en vers, *op.cit*, v. 16.
[21] Voir *Cligès* en prose, *op.cit*, [8v], p. 72.
[22] Voir *Érec* en vers, *op.cit*, v. 1966...etc.
[23] Voir *Érec* en prose, **ms. 7235**, *op.cit*, §14, p. 157.
[24] Voir *Cligès* en vers, *op.cit*, v. 6686.
[25] Voir *Érec* en vers, *op.cit*, v. 5384.
[26] Voir *Cligès* en vers, *op.cit*, v. 35.
[27] Voir *Cligès* en prose, *op.cit*, [16v], p. 80.
[28] Voir *Charrette* du XIIIè, *op.cit*, §6f, p. 128.
[29] Voir *Cligès* en prose, *op.cit*, [16v], p. 80.

Galingefort	0	0	0	0	0	0	3[1]	2[2]
Gant	1[3]	0	0	0	0	0	0	0
Grece	0	0	0	0	0	0	22[4]	7[5]
Grifonnie (Grèce)	0	0	0	0	0	0	1[6]	0
Guincestre	0	0	0	0	0	0	2[7]	2[8]
Guinesores	0	0	0	0	0	0	3[9]	1[10]
Hantone	0	0	0	0	0	0	3[11]	5[12]
Kamaalot	0	5[13]	5[14]	0	0	0	0	0
Lalut	0	0	0	0	0	1[15]	0	0
Laurente	0	0	0	1[16]	0	0	0	0
Liege	0	0	0	1[17]	0	0	0	0
Lombardie	0	0	0	2[18]	0	0	0	0
Londres	1[19]	1[20]	0	0	0	2[21]	6[22]	3[23]
Lyon	1[24]	0	0	0	0	0	0	0
Mainne	0	0	0	1[25]	0	0	0	0
Nantes	0	0	0	1[26]	0	0	0	0
Nohomberlande	0	1[1]	0	0	0	0	0	0

[1] Voir *Cligès* en vers, *op.cit*, v. 4563...etc.
[2] Voir *Cligès* en prose, *op.cit*, [67v], p. 127.
[3] Voir *Charrette* en vers, *op.cit*, v. 6721.
[4] Voir *Cligès* en vers, *op.cit*, v. 9...etc.
[5] Voir *Cligès* en prose, *op.cit*, [31r], p. 94.
[6] Voir *Cligès* en vers, *op.cit*, v. 5100.
[7] Voir *Ibidem*, v. 291.
[8] Voir *Cligès* en prose, *op.cit*, [6r], p.69 -70.
[9] Voir *Cligès* en vers, *op.cit*, v. 431.
[10] Voir *Cligès* en prose, *op.cit*, [18v], p. 82.
[11] Voir *Cligès* en vers, *op.cit*, v. 273.
[12] Voir *Cligès* en prose, *op.cit*, [5v], p. 69 ...etc.
[13] Voir *Charrette* du XIIIè, *op.cit*, §1, p. 66.
[14] Voir *Charrette* du XIVè, *op.cit*, p. 173.
[15] Voir *Érec* en prose, **ms. 7235**, *op.cit*, §14, p. 155.
[16] Voir *Érec* en vers, *op.cit*, v. 5337...etc.
[17] Voir *Ibidem*, v. 5385.
[18] Voir *Ibidem*, v. 5337...etc.
[19] Voir *Charrette* en vers, *op.cit*, v. 5817.
[20] Voir *Charrette* du XIIIè, *op.cit*, §15, p. 221.
[21] Voir *Érec* en prose, **ms. 7235**, *op.cit*, §40, p. 208.
[22] Voir *Cligès* en vers, *op.cit*, v. 1055...etc.
[23] Voir *Cligès* en prose, *op.cit*, [16r], p. 79.
[24] Voir *Charrette* en vers, *op.cit*, v. 5811.
[25] Voir *Érec* en vers, *op.cit*, v. 6642.
[26] Voir *Ibidem*, v. 6545...etc.

Normendie	0	0	0	0	0	0	2[2]	0
Ossenfort	0	0	0	0	0	0	2[3]	2[4]
Panpelune	1[5]	0	1[6]	0	0	0	0	0
Pavie	0	0	0	0	0	0	2[7]	0
Peitiers	1[8]	0	0	0	0	0	0	0
Plaisence	0	0	0	0	0	0	1[9]	0
Poitou	0	0	0	1[10]	0	0	0	0
Reinneborc	0	0	0	0	0	0	2[11]	0
Rome	1[12]	0	0	1[13]	0	0	3[14]	0
Rosne	1[15]	0	0	0	0	0	0	0
Salerne	0	0	0	0	0	0	1[16]	1[17]
Saxonne	0	0	0	0	0	0	0	1[18]
Sessoigne	0	0	0	0	0	0	2[19]	0
Sorhan	0	0	0	0	0	0	1[20]	0
Sulie	0	0	0	0	0	0	1[21]	0
Tamise (rivière)	0	0	0	0	0	0	4[22]	0
Tenebourc	0	0	0	0	0	0	0	1[23]
Thessaile	0	0	0	0	0	0	1[24]	0
Tolose	1[25]	0	0	0	0	0	0	0
Toulete	0	0	0	0	0	0	1[1]	0

[1] Voir *Charrette* du XIIIè, *op.cit*, §16, p. 240.
[2] Voir *Cligès* en vers, *op.cit*, v. 5051, etc.
[3] Voir *Ibidem*, v. 4575...etc.
[4] Voir *Cligès* en prose, *op.cit*, [67v], p. 127.
[5] Voir *Charrette* en vers, *op.cit*, v. 1859.
[6] Voir *Charrette* du XIVè, *op.cit*, p. 196.
[7] Voir *Cligès* en vers, *op.cit*, v. 5184...etc.
[8] Voir *Charrette* en vers, *op.cit*, v. 3205.
[9] Voir *Cligès* en vers, *op.cit*, v. 5184...etc.
[10] Voir *Érec* en vers, *op.cit*, v. 6642.
[11] Voir *Cligès* en vers, *op.cit*, v. 2648...etc.
[12] Voir *Charrette* en vers, *op.cit*, v. 2840.
[13] Voir *Érec* en vers, *op.cit*, v. 6669.
[14] Voir *Cligès* en vers, *op.cit*, v. 33...etc.
[15] Voir *Charrette* en vers, *op.cit*, v. 5811.
[16] Voir *Cligès* en vers, *op.cit*, v. 5800.
[17] Voir *Cligès* en prose, *op.cit*, [89v], p. 149.
[18] Voir *Cligès* en prose, *op.cit*, [42r], p. 103.
[19] Voir *Cligès* en vers, *op.cit*, v. 2657.
[20] Voir *Ibidem*, v. 2424.
[21] Voir *Cligès* en vers, *op.cit*, v. 6051.
[22] Voir *Ibidem*, v. 1257.
[23] Voir *Cligès* en prose, *op.cit*, [41r], p. 103.
[24] Voir *Cligès* en vers, *op.cit*, v. 2988.
[25] Voir *Charrette* en vers, *op.cit*, v. 5808.

Troie	0	0	0	1[2]	0	0	1[3]	0
Wandehenches	0	1[4]	0	0	0	0	0	0
Ynde	0	0	0	1[5]	0	0	0	0
TOTAL	14	20	9	24	2	11	136	48

Récapitulatif des toponymes réels simples dans les romans étudiés

Une vue d'ensemble nous permet de constater que c'est le *Cligès* en vers qui regorge le plus de toponymes simples. Il comprend **136** occurrences contre **48** seulement dans sa mise en prose. Ce dernier relevé est suivi de près par la *Charrette* du XIIIè et l'*Érec* en vers qui comprennent respectivement **40** et **36** occurrences. La *Charrette* du XIVè et la version de Chrétien se rapprochent avec **17** exemples dégagés de la version en vers et **22** dans la version dérimée. C'est que l'auteur de la version du XIVè se rapproche plus de Chrétien, alors que la popularité du *Lancelot* va dans le sens de l'amplification de la saga et donc, *ipso facto,* du nombre de toponymes auxquels son auteur recourt. Quant aux versions de l'*Érec*, les écarts qui séparent les versions entre elles sont très parlants, dans la mesure où Chrétien recourt à **36** toponymes simples contre un peu plus que la moitié dans le **ms. 7235** et seulement **2** toponymes simples dans le **ms. 363**. Nous rejoignons encore une fois Maria Colombo Timelli, pour qui, l'auteur de cette dernière version est le moins impliqué. Certes Érec évolue dans la nature, dans des forêts ou des plaines ; il n'est donc pas besoin de citer les lieux d'ores et déjà connus du lecteur du XVè, d'où la quasi absence de toponymes simples dans cette version incomplète de l'*Érec*. Revoyons de près les relevés. Les mêmes toponymes simples ne figurent pas tous dans toutes les versions étudiées. Notre relevé nous a permis de dégager seulement **4** toponymes simples présents dans les différents romans, mais sans forcément qu'ils le soient dans toutes les versions de chacune des histoires de Chrétien. En voici le récapitulatif :

---

1 Voir *Cligès* en vers, *op.cit*, v. 4731.

2 Voir *Érec* en vers, *op.cit*, v. 5331...etc.

3 Voir *Cligès* en vers, *op.cit*, v. 5284.

4 Voir *Charrette* du XIIIè, *op.cit*, §6b, p. 114.

5 Voir *Érec* en vers, *op.cit*, v. 6792.

	Ch. en vers	Ch. du XIIIè	Ch. du XIVè	Erec en vers	ms. 363	ms. 7235	Cligès en vers	Cligès en prose
Bretaigne	1	7	1	2	0	0	27	6
Engletere	1	0	0	1	0	0	4	1
Londres	1	1	0	0	0	2	6	3
Rome	1	0	0	1	0	0	3	0
TOTAL	3	7	1	4	0	2	34	7

Les toponymes simples communs à tous les romans étudiés

Ce qui est frappant, c'est de constater que les toponymes simples communs à nos romans sont des toponymes réels. Ici, ils sont localisables en Europe : Bretaigne ; Engletere, Londres et Rome. Et c'est encore une fois le *Cligès* en vers qui l'emporte quant au nombre de toponymes simples auxquels Chrétien recourt dans cette version ; **34** occurrences contre seulement **7** dans sa mise en prose ; **7** dans la *Charrette* du XIIIè ; **4** dans l'*Érec* en vers ; **3** dans la *Charrette* en vers ; **2** dans le **ms. 7235** ; **1** dans la *Charrette* du XIVè et aucune dans le **ms. 363** de l'*Érec*. « *Bretaigne* » est le toponyme le plus présent. Il atteint les **27** occurrences dans le *Cligès* en vers contre **7** dans la mise en prose ; **7** dans la *Charrette* du XIIIè, **2** dans l'*Érec* en vers, et **1** occurrence dans chacune des deux autres *Charrette* et aucune occurrence dans les mises en prose de l'*Érec*. L'« *Engletere* » est présente dans les **3** romans en vers avec **1** exemple détecté dans la *Charrette* et l'*Érec* et **4** dans le *Cligès*. Seule la prose de ce dernier propose **1** mention de ce pays. « *Londres* » se trouve citée **6** fois dans le *Cligès* en vers contre 3 dans la version en prose de ce roman ; **2** fois dans le **ms. 7235** de l'*Érec* et **1** fois dans chacune de la *Charrette* en vers et sa version du XIIIè siècle. « Rome », quant à elle, n'est citée qu'à titre indicatif et seulement dans les versions en vers : **3** fois dans le *Cligès*, **1** fois dans l'*Érec* et la *Charrette*. Dans tous les cas, le seul toponyme dont la présence réfère à un lieu d'action est la Bretaigne ; fief d'Arthur et des chevaliers de la Table Ronde. Reprenons les versions de la *Charrette*. C'est la version du XIIIè qui l'emporte avec **38** occurrences de toponymes simples. La version du XIVè réduit ce nombre au **2/3** avec **22** exemples dégagés. Chrétien de Troyes quant à lui n'y recourt que dans **14** cas. Encore une fois cet écart s'explique par la volonté qu'a la prose du *Lancelot* d'étendre sa géographie et donner une allure extensive à la version *Vulgate*. Dans les trois versions de la *Charrette*, une avalanche de noms de pays, de villes et de départements apparaissent : *Amiens, Champaigne, Cornoaille, Gant, Lyon, Panpelune, Peitiers, Rosne, Tolose*...etc. Ce qui caractérise surtout le roman de Chrétien de

Troyes et aussi les mises en proses de ce roman, c'est que cette panoplie de noms de lieux réels ne fait qu'une furtive apparition ; d'où la rareté de leur mention. D'ailleurs, et comme le rappelle Annie Combes, concernant les toponymes présents dans la *Charrette* du XIVè, « *le remanieur interrompt [...] la liste reprise aux vers [v. 5793-5842 et 5824-5842] supprimant ainsi plusieurs toponymes français.*[1] »

Plusieurs toponymes paraissent encore, mais uniquement dans la *Charrette* du XIIIè. Certains d'entre eux comptent une seule occurrence. C'est le cas de *Catonois*[2], *Nohomberlande*[3], *Sorelois*[4] et *Wandehenches*[5]. De ce dernier toponyme se dégage un autre signe différenciateur entre les trois versions de la *Charrette*. Cela concerne toujours cette volonté qu'a la *Charrette* du XIIIè de tout élucider et d'apporter pour chaque détail une explication. « *Wandehenches* », la terre de Bademagus « *estoit fors de grant maniere*[6] » nous dit le texte. Pourtant, l'action ne reprendra qu'après une longue explication relative à cette terre[7]. D'autres toponymes apparaissent également, mais seulement dans les deux *Charrette* en prose. Leurs occurrences se font un peu plus imposantes. On comptera **4** occurrences pour *Gales*[8], nom de l'ancienne *Sorelice* ; **3** pour *Gorhom*, capitale du pays de *Gorre*[9]. *Kamaalot*, l'une des plus riches villes du roi Arthur et son lieu de séjour privilégié compte **5** occurrences dans les deux mises en prose de la *Charrette*[10]. Quant à *Oselice*[11], *Perrons*[12] et *Rovelenc*, une autre ville du roi Arthur[13], ils comptent chacun **2** occurrences et seulement dans la *Charrette* du XIIIè. La récurrence des noms de lieux dans la prose de la *Charrette* du XIIIè participe de ce souci de vraisemblance qui fait que l'on retourne souvent vers les mêmes

---

1 Annie Combes, Introduction de *La Charrette dérimée du XIVè*, *op.cit*, pp. 170-171.

2 *Charrette* du XIIIè, *op. cit.*, § 18, p. 254.

3 *Ibidem*, § 16, p. 240.

4 *Ibidem*, § 1, p. 64.

5 *Ibidem*, § 6b, p. 114.

6 *Ibidem*, § 6b, p. 114.

7 *Ibidem*, § 6b, p. 114.

8 *Ibidem*, § 6f, p. 128, § 6f, p. 130, § 16, p. 246.

9 *Ibidem*, § 9e, p. 176, § 12, p. 200, § 14, p. 220.

10 *Ibidem*, § 1, p. 66, § 2, p. 68, § 12, p. 200, § 15a, p. 222.

11 *Ibidem*, § 6f, p. 128, § 6f, p. 130.

12 *Ibidem*, § 6l, p. 148, § 6l, p. 148.

13 *Ibidem*, § 15a, p. 222, § 15d, p. 230.

lieux, comme pour confirmer leur réelle existence. Notons aussi que le nombre d'occurrences se multiplie en fonction de l'importance du lieu dont il est question. Ainsi, la majeure partie de l'épisode de la *Charrette* se déroulant dans le royaume de Bademagus, le recours au toponyme Gorre atteint **7** occurrences dans les deux mises en prose contre **2** seulement pour Logres dans la *Charrette* du XIIIe et **1** dans la *Charrette* du XIVe. Les versions de L'*Érec* et du *Cligès* s'accordent, par moments, avec les constats tirés des trois *Charrette*. D'autres fois, elles s'en détachent. Jamais dans les **3** *Charrette* il n'aura été fait mention au toponyme « *France* » qui parait **4** fois dans le *Cligès* en vers, **1** fois dans sa mise en prose et **1** fois dans l'*Érec* en vers. Il semblerait que cette mention ait une valeur symbolique, car les intrigues des romans de Chrétien se passent dans un Moyen Âge occidental, en l'occurrence, la France et l'Angleterre. De même, mais uniquement Chrétien recourt au toponyme « Troie », **1** fois dans l'*Érec* et le *Cligès* en vers. Peut-être est-ce aussi un clin d'œil que l'auteur rend à un Orient indispensable et redoutable à la fois ; un Orient qui sera, par ailleurs, la vedette de son roman *Cligès* et qu'il s'aventurera à décrire dans une histoire qui voyage entre les deux rives : celle du Nord et celle du Sud.

Dans les deux *Cligès*, il est beaucoup de toponymes simples aussi. Ceux qui sont présents dans les deux versions s'élèvent à **136** dans le vers et seulement **48** dans la mise en prose de ce roman. Il serait intéressant de noter que sur les **10** toponymes communs aux deux *Cligès* seulement **2** sont situés en Orient ; les **8** autres sont partagés entre l'Angleterre (**Cantorbie, Galingefort, Guincestre, Hantone, Ossenfort)**, l'Allemagne (**Alemaigne, Coloigne)** et l'Italie (**Salerne)**. À croire que les auteurs étaient hantés par l'emprise de l'Orient et que pour mettre en exergue l'envergure de l'Occident, ils ont multiplié les références géographiques pour aggrandir l'espace souverain où se déroule l'action. Cela dit, c'est le nombre des occurrences qui rééquilibre la donne, puisqu'il est fait **13** fois références à Constantinople dans le vers et **7** fois dans la mise en prose et **22** fois à la Grèce dans le vers et **7** fois dans la mise en prose. En d'autres termes, l'addition du nombre de ces occurrences dépasse celui des autres toponymes simples communs. D'ailleurs, et comme le souligne Thierry Delcourt, « *[p]rincipalement située à Byzance, l'histoire se déplace vers l'Angleterre, lieu des aventures qualifiantes et refuge des véritables chevaliers. L'alternance entre des deux lieux symbolise le nouvel intérêt pour le roman breton au* *détriment du roman antique*[1] ». Et c'est dans ce sens que nous avons constaté que parmi les **22** toponymes simples qui sont tous réels et qui sont présents dans une seule des deux versions du *Cligès* (1**36** fois), **9** d'entre eux se situent en Orient (**1** toponyme « *Orient* » mentionné **2** fois mais seulement dans la version en prose du *Cligès* et **8** autres toponymes présents seulement chez Chrétien de Troyes : *Antioche, Athenes, Candie, Cesaire, Grifonnie, Maroc, Sulie* et *Thessaile*). Toutes les autres références situées en Occident ne sont présentes que Chez Chrétien de Troyes. La prose du XVe en fait l'économie. Dans tous les cas et bien que les occurrences ne soient pas récurrentes, ces toponymes traversent plusieurs pays dans l'Occident : *Beauvez, Dovre, Dunoe, Flandres, Guinesores, Normendie, Pavie, Plaisence, Reinneborc, Sessoigne, Sorhan, Tamise* et *Toulete*. À ce sujet, nous adhérons à la thèse de Catherine Gaullier-Bougassas qui soutient que « *La conception du mouvement de l'Histoire induite par le concept de la translatio justifie alors la soumission de l'Orient byzantin au royaume arthurien*[2] ».

Quant aux versions de l'*Érec*, il va sans dire aussi que comme dans le *Cligès*, c'est la version source de ce roman qui possède le plus de toponymes simples. Nous avons noté **34** occurrences contre **20** dans le **ms. 7235** et seulement **2** dans le **ms. 363**. L'unique référence partagée entre les trois versions est celle de la mention de « *Caradigan* ». Ce toponyme, qui constitue l'une des principales résidences du roi Arthur, apparait **6** fois dans le vers et **5** fois dans le **ms. 7235**. Le **ms. 363** n'y fait référence que **2** fois. À part cette mention, le **ms. 363** ne se réfère à aucun autre toponyme simple. L'*Érec* en vers et le **ms. 7235** partagent deux références communes : « *Brandiganz* » et « *Escose* ». Ils sont présents respectivement **1** fois et **2** fois dans le vers et **2** fois chacun dans le **ms. 7235**. Ensuite, **17** références toponymiques simples sont exclusives à la version vers de l'*Érec* et **7** sont inventées par l'auteur du **ms. 7235**. Quant aux **17** toponymes simples propres à Chrétien, ils traversent l'Orient et l'Occident à la fois. L'on voyage partant de la France (« *Poitou* », « *Nantes* », « *Montrevel* », « Mainne » et « *Anjou* »), en passant par l'Italie (« *Laurente* », « *Lombardie* »), « *Liege* » et l'Angleterre

---

[1] Thierry Delcourt, *La Littérature arthurienne*, Que sais-je ?, PUF, 2000, p. 18.
[2] Catherine Gaullier-Bougassas, *op.cit*, p. 40.

(« *Tintajeul* »). On ira en Égypte (« *Alixandre* »), en Tunisie (« *Cartage* »), en Turquie (« *Constantinople* ») et même en « *Ynde* ». C'est que, comme le note Catherine Gaullier-Baugassas, à propos du *Cligès*, mais qu'on pourrait, par extrapolation, appliquer aux versions de l'*Érec* : « *les romans qui entrainent leur héros dans des contrées orientales et / ou représentent des Orientaux se multiplient tout au long du Moyen Âge*[1] ». Et contrairement aux versions du *Cligès*, mais rejoignant les versions de la *Charrette*, Chrétien de Troyes recourt aux toponymes simples imaginaires que l'on retrouve dans **1** « *Carduil* », **1** « *Carrant* », **2** « *Roais* » et **2** « *Rodelen* ». Par ailleurs, et comme le rappelle Alexandre Micha, « *[c]omme dans tous les romans médiévaux, les toponymes de fantaisie l'emportent de beaucoup sur les éléments de réalité*[2] ». Dans les trois *Charrette*, nombreux sont les noms de lieux fictifs. Mais seuls Logres, Gorre et Pamegloi apparaissent dans les trois versions. Le fait est légitime dans la mesure où Pamegloi s'avère être l'endroit où a lieu le Tournoi de Noauz, au cours duquel Lancelot montre ce que peut l'amour fou, et que l'action principale de la *Charrette* s'ouvre et se ferme à Logres et qu'elle se développe à Gorre. D'ailleurs, ces deux appellations correspondent aux deux royaumes d'Arthur et de Baudemagus. Bien que le nom du royaume de Logres soit fictif, Alexandre Micha a démontré que « *Logres [était] facile à situer, sinon à délimiter, puisque sa capitale est Londres/ Logres, où Arthur t[enait] souvent sa Cour*[3]. » Sous un autre angle, ce royaume se réfèrerait au monde d'ici-bas[4], par opposition au royaume de Gorre qui représenterait celui « *des esprits* ». De même, mais cette fois-ci selon Jacques Ribard, Logres, ou L-Ogre trouverait son reflet dans Gorre. D'ailleurs, ce dernier toponyme n'est-il pas construit à partir de l'anagramme d'Ogre ? Ce serait une sorte d'autre côté du miroir ; celui du monde des rêves, des phantasmes et des interdits. Voici un récapitulatif des toponymes simples fictifs :

---

[1] Catherine Gaullier-Bougassas, *op.cit*, p. 10.

[2] Alexandre Micha, *op.cit*, chapitre « Géographies », p 251.

[3] Alexandre Micha, *op.cit*, p. 252.

[4] « *Le royaume de Logres symbolise l'appartenance à la condition humaine, avec ses implications matérielles et corporelles, en opposition au royaume de Gorre qui représente, non pas le royaume des morts, mais le monde des esprits* », Jacques Ribard, *Essai d'interprétation symbolique*, Paris, Nizet, 1972, p. 43.

Toponymes simples fictifs	Ch. en vers	Ch. du XIIIè	Ch. du XIVè	Erec en vers	ms. 7235
Antipodes	0	0	0	0	1[1]
Bade	1[2]	0	0	0	0
Brandiganz	0	0	0	1[3]	2[4]
Carduil	0	0	0	1[5]	0
Carrant	0	0	0	1[6]	0
Catonois	0	1[7]	0	0	0
Galonne	0	0	1	0	0
Gomaret	0	0	0	0	1[8]
Gorhom	0	3[9]	0	0	0
Gorre	1[10]	7[11]	7	0	0
Limors	0	0	0	0	2[12]
Logres	0	2[13]	0	0	0
Montrevel	0	0	0	2[14]	0
Noalt	0	0	2	0	0
Pamegloi	1[15]	2[16]	3	0	0
Roadam	0	0	0	0	2[17]
Roais	0	0	0	2[18]	0
Rovelenc	0	2[19]	0	0	0
Sorelois	0	1[20]	0	0	0
Teneborc	0	0	0	0	1[21]
Tintajeul	0	0	0	3[22]	0
TOTAL	3	18	13	10	9

Récapitulatif des toponymes fictifs simples

---

1 Voir *Érec* en prose, **ms. 7235**, *op.cit*, §14, p. 157.
2 Voir la *Charrette* en vers, *op.cit*, v. 6235.
3 Voir *Érec* en vers, *op.cit*, v. 5381...etc.
4 Voir *Érec* en prose, **ms. 7235**, *op.cit*, §36, p. 200.
5 Voir *Érec* en vers, *op.cit*, v. 5274.
6 Voir *Ibidem*, v. 2311.
7 Voir *Charrette* du XIIIè, *op.cit*, §18, p. 254.
8 Voir *Érec* en prose, **ms. 7235**, *op.cit*, §14, p. 157.
9 Voir *Charrette* du XIIIè, *op.cit*, §9e, p. 176.
10 Voir *Charrette* en vers, *op.cit*, v. 693...etc.
11 Voir *Charrette* du XIIIè, *op.cit*, §2, p. 74.
12 Voir *Érec* en prose, **ms. 7235**, *op.cit*, §33, p. 197.
13 Voir *Charrette* du XIIIè, *op.cit*, §6b, p. 112.
14 Voir *Érec* en vers, *op.cit*, v. 1335...etc.
15 Voir *Charrette* en vers, *op.cit*, v. 6626.
16 Voir *Charrette* du XIIIè, *op.cit*, §15e, p. 236.
17 Voir *Érec* en prose, **ms. 7235**, *op.cit*, §10, p. 143.
18 Voir *Érec* en vers, *op.cit*, v. 5274...etc.
19 Voir *Charrette* du XIIIè, *op.cit*, §15b, p. 222.
20 Voir *Ibidem*, §1, p. 64.
21 Voir *Érec* en prose, **ms. 7235**, *op.cit*, §15, p. 161.
22 Voir *Érec* en vers, *op.cit*, v. 1955...etc.

Notons, enfin, que les *Cligès* ne proposent aucun toponyme simple fictif. Peut-être ce choix est-il révélateur de l'ambition de donner au roman une aura véridique.

L'onomastique concerne ainsi toutes les formes d'appellations par le moyen desquelles les auteurs réfèrent aux personnages principaux ou secondaires. Concernant les anthroponymes simples, ce sont les deux versions du *Cligès* qui marquent l'écart avec les autres versions étudiées. Les auteurs de ces deux versions accordent une importance majeure au sens que pouvaient avoir les noms et signifiaient par leur biais la destinée de leurs personnages ; ce qui n'est aucunement le cas des trois versions de l'*Érec* qui ne présentent pas d'anthroponymes simples à valeur sémantique, ni le cas des diverses versions de la *Charrette* qui n'élucident pas forcément[1] le sens des noms des personnages. D'ailleurs, « *le monde de ces romans est un monde chargé de sens avec une évidence mystérieuse*[2] » dit à ce sujet Emmanuèle Baumgartner.

2.5.2. Les noms composés

Aux côtés des noms propres simples apparaissent d'autres structures concurrentes qui se multiplient et scandent en amont et en aval les multiples versions que nous étudions. Selon le cas, ces structures apportent certains indices, éclairant un tant soit peu le mystère qui plane autour de certains protagonistes ; ou bien et à l'inverse, elles creusent davantage les arcanes de l'identité des héros de Chrétien de Troyes et de ceux des auteurs des mises en prose.

2.5.2.1. Le complément du nom

Ceux dont il sera question sont axés sur deux points. En effet, la déclinaison des noms sous la forme de complément du nom touche aussi bien aux anthroponymes qu'aux toponymes des diverses versions de notre étude.

---

[1] Rares sont les cas.

[2] Emmanuèle Baumgartner, *Le Récit médiéval*, *op.cit*, p. 67.

2.5.2.1.1. Les anthroponymes : un souci du lignage

Une différence fondamentale qui s'installe entre *Le Chevalier de la charrette* et ses mises en prose, l'*Érec* et le *Cligès* dans toutes leurs versions, d'une part, et les mises en prose entre elles, d'autre part, se situe au niveau de la présentation des personnages. Les différentes versions usent, pour ce faire, d'une structure en fonction de complément du nom. Pourtant, chacun des romans exploite différemment cette fonction. Pour commencer, voici un récapitulatif des occurrences dégagées des romans analysés :

Anthroponymes	Ch. en vers	Ch. du XIII[è]	Ch. du XIV[è]	Érec en vers	Ms. 363	Ms. 7235	Cligès en vers	Cligès en prose
TOTAL	15	70	206	60	68	57	71	195

Anthroponymes en périphrases dans les romans étudiés

Notons de prime abord que les structures en complément du nom atteignent les **206** occurrences dans la *Charrette* du XIV[è], alors qu'elles dépassent à peine le ¼ dans la *Charrette* du XIII[è] avec **70** occurrences ; elles ne représentent que **15** cas dans le roman de Chrétien de Troyes avec **13** différents anthroponymes. Ce même déséquilibre, nous le trouvons dans les versions du *Cligès*. En effet, aux **71** exemples détectés dans la version vers s'opposent une avalanche de périphrases se référant aux protagonistes ; celles-ci atteignent les **195** cas, presque **3** fois le nombre du roman de Chrétien. Seules les versions de l'*Érec* sont proportionnées. **60** occurrences relevées de la version vers contre **57** dans le **ms. 7235** et **68** dans le **ms. 363**. Il serait peut-être judicieux de rappeler que cette dernière version est incomplète et que le nombre des anthroponymes en forme de périphrases aurait pu y être plus important si la version avait été achevée. Toujours est-il que ce sont les versions de la *Charrette* du XIV[è] et du *Cligès* en prose qui recourent le plus à ce type d'appellations. Dans le cas de la *Charrette* du XIV[è], cela pourrait s'expliquer par le souci d'élucidation qui pousse l'auteur de cette version à tirer de leur anonymat une série de personnages passagers et demeurant inconnus dans la version de Chrétien de Troyes. Dans le cas du *Cligès* en prose, on sait combien ce roman énumère des personnages inconnus sous forme de périphrases (**113** occurrences relevées). Tel que l'indique son nom, un complément du nom vient **compléter** un nom et lui apporter, autant que possible, des détails susceptibles de l'éclairer. Le nom complété peut être soit un nom propre, soit – et c'est ce qu'on retrouve le plus souvent – un nom commun. Bien que présente dans les romans étudiés, cette structure syntaxique ne nous éclaire guère sur l'identité de certains protagonistes. Le premier qui nous vient à l'esprit est bien évidemment le héros central de l'action dans les trois *Charrette* : Lancelot. Honni dès le début du roman de Chrétien de Troyes par la « *charrette d'infamie* », celui-ci sera à plus d'un moment nommé « *chevalier de la charrette* ». Ce dernier garde donc son statut de chevalier, mais diminué par un complément de nom dont la signification vient contrecarrer la valeur. On est même tenté de dire que « *chevalier de la charrette* » est une périphrase verbale à construction oxymorique, dans la mesure où se voient combinés deux substantifs à sens divergents, voire totalement opposés[1]. Notons que les références à Lancelot sous forme de périphrase verbale se font dans toutes les versions étudiées. En voici un récapitulatif :

Périphrases	Ch. en vers	Ch. du XIIIè	Ch. du XIVè	Érec en vers	Ms. 363	Ms. 7235	Cligès en vers	Cligès en prose
Lancelot (chevalier de la charete)	6	42	58	1	1	1	2	4

Périphrases relatives à Lancelot dans les romans étudiés

Précisons que c'est la *Charrette* du XIVè qui compte le plus d'occurrences de « *chevalier de la charrette* » relatives à Lancelot : on en note en effet **58**[2]. La *Charrette* du XIIIè la suit avec **42** exemples détectés. Quant à Chrétien de Troyes, il emploie rarement cette structure[3], lui préférant un anonymat encore plus total à travers l'emploi du substantif « *chevaliers* ». Cet écart entre la version en vers et les versions en prose s'explique encore une fois par ce souci d'élucidation qui tend à éliminer « *tout accès au nom semé d'embûches* [4]», et ce par l'introduction de compléments en rapport avec un épisode, voire une aventure advenue à un chevalier nommé. L'on pourrait penser que c'est ce souci de

[1] Du moins, si l'on adhère à la connotation donnée à la charrette par les us et coutumes de l'époque.

[2] Ces occurrences sont présentes sous forme de « *chevalier de la charrette* » ou « *cil de la karete* ».

[3] On note **six** occurrences.

[4] Florence Plet, *op.cit*, p. 211.

vraisemblance et de transparence qui se fait davantage sentir dans la version de la *Charrette* du XIVè qui expliquerait le nombre d'occurrences qui s'y veut plus important. Toutefois, la prolifération de la formule « *le chevalier de la charrette* » ne nous semble pas anodine, et ce dans les deux *Charrette* en prose. Le but de l'auteur de la *Charrette* du XIIIè, et à sa suite celui de la *Charrette* du XIVè, est loin de vouloir renvoyer au chevalier par l'épisode de la charrette[1]. Au contraire, nous pensons que cette insistance, un peu excessive, est significative, voire intentionnée. L'auteur du *Lancelot* en prose s'amuserait à tourner en dérision l'invention de Chrétien de Troyes. D'ailleurs, dans l'épisode des deux *Charrette* en prose, Lancelot n'est pas le seul à être désigné en tant que « *chevalier de la charrette* » ; cette appellation s'avère annexée même à Boort[2]. C'est comme si les auteurs des mises en prose voulaient démontrer que même les structures en complément du nom pouvaient prêter à confusion.

Les protagonistes des différentes versions de l'*Érec* et du *Cligès* n'auront pas ce même privilège d'appellation. En effet, les occurrences sous forme de périphrases qui leur sont relatives sont moindres. Pour commencer, voici le récapitulatif des périphrases relatives aux personnages principaux des diverses versions de l'*Érec :*

Anthroponymes	Érec en vers	ms. 363	ms. 7235
Énide	3	3	3
Érec	7	12	6
TOTAL	10	15	9

Périphrases relatives à Érec et Énide dans les trois Érec

Dans la version en vers, on désigne Érec par « *le fil Lac*[3] », « *filz [...] d'un riche roi poissant*[4] » et Énide par « *la fille au povre vavasor*[5] », la « *niece [...] le conte*[6] », ou « *fille de sa seror germainne*[7] ». C'est dans le **ms.363** qui englobe le plus d'exemples. Les statistiques

[1] La preuve en est dans le choix de l'emploi du prénom même de Lancelot. Voir *supra*, « les noms propres simples, les anthroponymes ».

[2] *Charrette* du XIIIè, *op.cit*, § 15c, p. 226, § 15e, 232.

[3] *Érec* en vers, *op.cit*, v. 19 ; 651 ; 667 ; 1261 ; 3876 ; 6030.

[4] *Ibidem*, v. 650.

[5] *Ibidem*, v. 1077.

[6] *Ibidem*, v. 6240.

[7] *Ibidem*, v. 6242.

concernant Énide sont identiques dans les trois versions[1], mais c'est Érec qui marque la différence puisque le **ms. 363** note **12** références[2], contre seulement **6** dans le **ms. 7235**[3] soit la moitié, et **7** chez Chrétien. Dans tous les cas, le point commun à toutes ces périphrases réside dans le fait qu'elles se réfèrent aux liens parentaux des personnages. Par ailleurs, voici le constat que nous tirons des versions du *Cligès* :

Anthroponymes	**Cligès en vers**	**Cligès en prose**
Alis	**1**	**11**
Alixandre	**2**	**6**
Cligès	**3**	**16**
Fénice	**3**	**2**
TOTAL	**9**	**35**

Périphrases relatives à Alis, Alexandre, Cligès et Fénice dans les deux Cligès

C'est la version en prose qui compte le plus d'occurrences : **35** exemples contre seulement **9** dans le vers. Les références faites à Fénice sont presque proportionnées[4]. L'écart se creuse concernant les **3** principaux personnages masculins, à savoir Alis qui compte **1** occurrence chez Chrétien[5] contre **11** dans la prose[6] ; Alexandre auquel on réfère **2** fois dans le vers[7] et **6** fois dans la prose[8], et, bien sûr, Cligès qui ne compte que **3** occurrences[9] dans la version en vers contre **16** dans la prose[10]. C'est que l'auteur de cette version a essayé d'apporter le plus possible d'informations concernant les personnages de Chrétien en leur octroyant des périphrases qui

---

[1] Voir *Érec* en prose, **ms. 7235**, *op.cit*, « *fille d'un chevalier frere au conte de Lalut* », §11, p. 147…etc.

[2] Voir *Érec* en prose, **ms. 363**, *op.cit*, « *filz du roy Lach* », §1, p. 101 ; §1 ; p. 104, §2, p. 116 ; §5, p. 140…etc.

[3] Voir *Érec* en prose, **ms. 7235**, *op.cit*, « *filz du roy Lac* », §1, p. 105 ; « *filz au roi Lach* », §4, p. 117…etc.

[4] *Cligès* en vers, *op. cit*, « *dame […] de Costentinoble* », v. 2608, *Cligès* en prose, *op. cit*, « *dame de l'empire de Constantinople* », §29, p. 103; « *La fille l'empereor* », v. 2612; v. 3580-81.

[5] *Cligès* en vers, *op. cit*, « *li emperere des Grés* », v. 4154.

[6] *Cligès* en prose, *op. cit*, « *l'empereur de Constantinople* », §30, p. 104.

[7] *Cligès* en vers, *op. cit*, « *roi […]/ Del meillor roiaume de Gales* », v. 1452-53.

[8] *Cligès* en prose, *op. cit*, « *père de Cligès* », §1, p. 65; §1, p. 66…etc.

[9] *Cligès* en vers, *op. cit*, « *De Costentinoble emperere* », v. 2533.

[10] *Cligès* en prose, *op. cit*, « *filz de Soredamours* », §1, p. 65.

viennent rappeler leurs généalogies ou les contrées dont ils sont issus. De même, d'autres protagonistes bénéficient de cette structure syntaxique qui met en évidence le lien de parenté qui les lie à d'autres personnages. C'est le cas de Méléagant présenté en tant que « *fil le roi Bademagu* [1]». C'est aussi le cas de Guenièvre qu'on tend à présenter comme « *la fame le roi Artu*[2] » et c'est enfin le cas de Gauvain, célèbre de par sa parenté avec le roi Arthur ; ce dernier étant son oncle[3]. Remarquons aussi qu'il existe des personnages dépourvus de noms propres et dont la dénomination ne passe que par des structures en compléments du nom. Concernant, les trois *Charrette*, l'exemple le plus probant pour notre analyse est celui de la sœur de Méléagant qu'on ne connaît qu'à travers sa fraternité avec Méléagant[4]. Les trois versions de la *Charrette* ajoutent aussi que cette héroïne est la fille de Bademagus[5] ; et la prose du XIIIè creuse davantage encore dans la précision par l'introduction d'un détail n'existant pas chez Chrétien : la sœur de Méléagant s'avère la « *fille de Bademagu* ***de sa daerainne femme***[6]*.*» Il en est de même pour d'autres protagonistes qui sont pourvus de noms propres, mais qui, parfois, sont désignés par des périphrases. Ils sont présents uniquement dans les deux *Charrette* en prose. Nous pensons non seulement à Boort, « *frere Lyoniel*[7]» et « *cousins Lancelos*[8]», à Girflés « *le fieus Do*[9]» et à Herlins « *frere au roi Norhomberlande*[10]», mais aussi à Galaad, « le *menour fil Joseph de Barimachie*[11]». Dans cet ultime exemple, le souci du lignage retentit encore plus par le retour aux ancêtres ; ce qui permet d'ancrer davantage la généalogie relative au héros éponyme de la prose. De même, dans les versions de l'*Érec* et du *Cligès*, nous retrouvons plusieurs périphrases de ce

---

[1] *Charrette* en vers, *op.cit*, v. 637-639 et 2121 ; *Charrette* du XIIIè, *op.cit*, § 1, p. 66 ; § 2, p. 72, *Charrette* du XIVè, *op.cit*, p. 224.

[2] *Charrette* en vers, *op.cit*, v. 1423 ; *Charrette* du XIIIè, *op.cit*, § 2, p. 80 ; *Charrette* du XIVè, *op.cit*, § 2, p. 178.

[3] *Charrette* en vers, *op.cit*, v. 225 ; *Charrette* du XIIIè, § 9, p. 160.

[4] *Charrette* en vers, *op.cit*, v. 6243 ; *Charrette* du XIIIè, *op.cit*, § 16, p. 248.

[5] *Charrette* en vers, *op.cit*, v. 6619 ; *Charrette* du XIIIè, *op.cit*, § 9e, p. 174.

[6] *Charrette* du XIIIè, *op.cit*, § 9e, p. 174.

[7] *Ibidem*, § § 15e, p. 234.

[8] *Ibidem*, § 15e, p. 234 ; *Charrette* du XIVè, *op.cit*, p. 260.

[9] *Ibidem*, § 15d, p. 228.

[10] *Ibidem*, § 16, p. 240.

[11] *Ibidem*, § 6f, p. 128.

type, mais surtout dans la version en vers de l'*Érec*. En voici le résumé :

Anthroponymes	Érec en vers	ms. 363	ms. 7235	Cligès en vers	Cligès en prose
Amis Morgain la fee (Guilemers)	1	0	0	0	0
Briens frere germains	1	0	0	0	0
Li filz Keu le seneschal	1	0	0	0	0
Li filz le roi Quenedis	1	0	0	0	0
Liconaus le père d'Énide	1	3	3	0	0
Tersanefide la mère d'Enide	1	1	1	0	0
Le nepveu au duc de Saxonne	0	0	0	0	2
TOTAL	**6**	**4**	**4**	**0**	**2**

Périphrases renvoyant au lien de parenté dans les Cligès et les Érec

L'*Érec* en vers note **6** occurrences contre **4** dans chacune de ses mises en prose, **2** dans la version en prose du *Cligès*, et aucune dans celle de Chrétien. Les **2** occurrences trouvées dans le Cligès en prose réfèrent à un personnage qu'on nomme de par son lien de parenté avec le duc de Saxonne : « *Le nepveu au duc de Saxonne* ». Dans l'*Érec* en vers, « *Guilemers* » est appelé « *amis Morgain la fee*[1] ». Nous trouvons aussi « *Briant frere germain*[2] », « li *filz Keu le seneschal*[3] » et « *li filz le roi Quenedis*[4] ». Il reste « *Liconaux* » rappelé par son nom propre **1** fois dans la version vers de l'*Érec*[5] et auquel les trois versions font référence par le moyen d'une apposition construite autour d'un nom propre et d'une périphrase répétée **1** fois chez Chrétien et **3** fois dans chacune des proses, à savoir « *Liconaus le père d'Énide* ». Le même constat est valable pour la mère d'Énide à laquelle on renvoie **1** fois par son nom propre simple chez Chrétien de Troyes et **1** fois par une même forme d'apposition construite sur la base de son nom propre et d'une périphrase rappelant qu'elle est « *la mère d'Énide* » dans chacune des versions de l'*Érec*. A part les références concernant ces deux personnages proches de l'héroïne principale des versions en prose de l'*Érec*, celles-ci n'octroient aucune importance à rappeler le lien de parenté qui existe entre les personnages. Le plus important dans la prose du XVe est de ce fait de raconter l'essentiel

---

1 *Érec et Énide, op.cit*, v. 1953.

2 *Ibidem*, v. 1992.

3 *Ibidem*, v. 1735.

4 *Ibidem*, v. 1718.

5 *Érec et Énide, op.cit*, v. 6888.

de l'histoire, sans s'attarder sur des élucidations jugées inutiles par des auteurs qui ne racontent que pour connaitre l'histoire, c'est-à-dire la trame narrative.

Les structures en complément du nom se construisent également sur la base d'un nom propre. En d'autres termes, le nom complété peut s'avérer lui-même un nom propre. C'est le cas de plusieurs personnages dans les trois versions de la *Charrette.* Rappelons les occurrences :

Anthroponymes	**Ch. en vers**	**Ch. du XIIIè**	**Ch. du XIVè**
Le roy de Logres	**0**	**3**	**6**
Cil de Nouaut	**0**	**0**	**1**
Cil de Pomiglay	**0**	**0**	**1**
Claudas de la Desierte	**0**	**1**	**0**
Coguillanz de Mautirec	**1**	**0**	**0**
Corehais de Ligne	**0**	**0**	**1**
Dame du Lac	**0**	**5**	**9**
Gardors d'Outre les Marches	**0**	**1**	**0**
Gazoains d'estrangot	**0**	**1**	**0**
Governauz de Roberdic	**1**	**0**	**0**
Joseph de Barimachie	**0**	**1**	**0**
Keu d'Estrax	**1**	**0**	**0**
La belle damoiselle de Longorre	**0**	**0**	**1**
La dame de Maloaut	**0**	**0**	**2**
La dame de Noaut	**0**	**0**	**1**
Le fils au roy d'Irlande	**0**	**0**	**4**
Le fils au roy des Iroys	**0**	**0**	**1**
Le roi d'Arragone	**0**	**0**	**1**
Li conquereres de Hoselice	**0**	**1**	**0**
Li premiers rois crestiens de Gales	**0**	**1**	**0**
Rois de Nothomberlande	**0**	**1**	**0**
Taulas de la Deserte	**1**	**0**	**0**
TOTAL	**4**	**16**	**28**

Complément du nom sous forme de nom propre dans les 3 versions de la Charrette

Dans *Le Chevalier de la charrette*, la combinaison « nom propre + complément du nom » s'applique à certains chevaliers présents lors du tournoi de Noauz. Le complément du nom se réfère alors à un lieu, qui, souvent, est fictif[1]. Nous pouvons rappeler « *Governauz de Roberdic*[2] », « Keu *d'Estrax*[1] » et « *Taulas de la*

[1] Dans le tableau, seules les références soulignées comprennent un complément de nom qui réfère à un lieu réel.

[2] *Charrette* en vers, *op.cit*, v. 5576.

Deserte[2] ». La *Charrette* du XIIIè suit le même modèle dans l'épisode correspondant au tournoi de Pomeglai. On assiste, en effet, à une prolifération de noms de chevaliers dont certains se plient à la combinaison de « nom propre + complément du nom ». Il en est ainsi pour « *Gazoains d'Estrangot*[3] », « *Gardors d'Outre les Marches*[4] » et « *Claudas de la Desierte*[5] »... etc. Mais c'est surtout la version du XIVè qui enregistre le plus d'occurrences : **28** dont seulement **3** réfèrent à des lieux réels. La *Charrette* du XIIIè emploie **16** fois ce modèle de périphrases et c'est la version de Chrétien qui compte le moins d'exemples, puisque nous n'avons noté que **4** références. Pour autant, dans la plupart des périphrases dont le complément réfère à un lieu, celui-ci s'avère un lieu non réel. Les versions du *Cligès* présentent, elles aussi, des formules similaires. Nous pouvons rappeler quelques-unes d'entre elles :

Anthroponymes	Cligès en vers	Cligès en prose
Acarionde d'Athenes	**3**	**0**
Calcedor devers Aufrique	**2**	**0**
Ferulin de Salenique	**1**	**0**
Le nepveu au duc de Saxonne	**0**	**2**
Nabunal de Micenes	**3**	**0**
TOTAL	**9**	**2**

Complément du nom sous forme de nom propre dans les 2 versions du Cligès[6]

Hormis la référence faite au « *neveu du duc de Saxonne* » présente uniquement dans le *Cligès* en prose, les compléments du nom des occurrences relevées sont présents seulement chez Chrétien de Troyes et renvoient non seulement à des lieux réels, mais aussi à des lieux présents en Orient : le roman « *à séquences orientales* » prend de l'ampleur et vient concurrencer les toponymes occidentaux usités dans les romans de Chrétien de Troyes en général et dans les *Cligès* en particulier. Les versions de l'*Érec* s'accordent sur certains points avec les versions de la *Charrette* et du *Cligès* et s'en différencient sur d'autres. Revoyons le récapitulatif de notre dépouillement relatif à ses différentes versions :

---

1 *Charrette* en vers, *op.cit*, v. 5810.

2 *Ibidem*, v. 5814.

3 *Charrette* du XIIIè, *op.cit*, §16, p. 240.

4 *Ibidem*, §16, p. 240.

5 *Ibidem*, §16, p. 242.

6 Cette liste n'est pas exhaustive.

Anthroponymes	Erec en vers	Ms. 363	Ms. 7235
Brïant des Illes	1	0	0
Caverrons de Rebedic	1	0	0
Cil de la Haute Montaigne	1	0	0
Crestiens de Troies	1	0	0
Garras de Corque	1	0	0
Gaudin de la Montaigne	1	0	0
Gornemanz de Grohort	1	0	0
Gorsoein d'Estrangot	1	0	0
Graislemiers de Fine Posterne	1	0	0
L'archevesque de Cantorbie	1	1	1
L'avesques de Nantes	1	0	0
Le beau roy de Gomaret	0	1	1
Le Conte de Honolan	1	0	0
Le roy d'Antipodes	0	1	1
Le roy de la Rouge Cité	1	1	1
Letrons de Prepelesent	1	0	0
Li cuens Brandains de Loecestre	1	0	0
Li Fevres d'Armes	1	0	0
Li laiz de Liz	1	0	0
Li larges rois de Galvoie	2	0	0
Li sires de l'Ille de voirre	1	0	0
Li vallez d'Escume	1	0	0
L'Orguilleux de la Lande	1	2	2
Melians de lis	0	1	1
Rois d'Estres Gales	1	0	0
Sire de l'Isle Avalon (royaume des Morts)	1	0	0
Ydoers dou Mont Doloroux	1	0	0
Yvain de Cavaliot	1	0	0
Yvain de Loenel	1	0	0
Yvain des Landes	0	1	1
TOTAL	28	8	8

Complément du nom sous forme de nom propre dans les 3 versions de l'Érec

Contrairement aux autres romans de Chrétien, ici, c'est la version en vers de l'*Érec* qui l'emporte quant au nombre d'occurrences. Nous avons noté **28** occurrences contre **8** dans chacune des mises en prose. Parmi ces **28** occurrences, **9** d'entre elles se rapportent à des lieux réels situés pour la plupart en Europe[1]. Dans le **ms. 363** et le **ms. 7235**, non seulement le nombre d'exemples est moindre, mais les références sont presque toutes imaginaires, mis à part

[1] Les références paraissant chez Chrétien de Troyes sont en bleu foncé dans le tableau. Elles sont, par ailleurs, soulignées.

« *L'archevesque de Cantorbie* », « *Le roy d'Antipodes* » et « *Yvain des Landes* » auxquels il est fait référence **1** fois dans chacune de ces deux mises en prose du *Cligès*. Ainsi, bien qu'étant au XVè siècle, ce sont les toponymes imaginaires qui fusent et qui l'emportent vraisemblablement toujours. Dans tous les cas, et concernant les divers romans analysés, loin de traduire uniquement un souci de lignage, cette combinaison se mesure même aux noms de lieux.

2.5.2.1.2. Les toponymes composés

De même que pour les anthroponymes, nous dégagerons deux catégories de compléments de nom qui nous renseignent sur des lieux : il y a ceux qui complètent des noms propres (ils sont rarissimes) et ceux qu'on annexe à des noms communs (les exemples en sont légion). Dans tous les cas, leurs occurrences sont variables selon le roman et sa version ou ses versions. En voici un aperçu :

Toponymes	Ch. en vers	Ch . du XIIIè	Ch. du XIVè	Érec en vers	Ms. 363	Ms. 7235	Cligès en vers	Cligès en prose
TOTAL	26	35	87	21	28	35	6	34

Les toponymes composés dans les romans étudiés

Ce qu'on peut d'ores et déjà noter, c'est la nette disproportion entre les occurrences présentes, d'une part, dans la *Charrette* du XIVè par rapport aux deux autres versions du même roman, et, d'autre part, par rapport à tous les autres romans analysés. En effet, la *Charrette* du XIVè note **87** cas contre **35** dans la *Charrette* du XIIIè et seulement **26** dans la version en vers de Chrétien. L'auteur de la version du XIVè multiplie les références toponymiques pour donner à son roman la légitimité qu'il voudrait lui octroyer, surtout face à la concurrence de la version vedette que constitue celle du XIIIè. Les versions de l'*Érec* et du *Cligès* opèrent différemment. Les proses proposent certes plus d'occurrences que les versions sources, mais le relevé est moindre que celui des trois *Charrette*. Dans l'*Érec* en vers, Chrétien de Troyes soumet **21** cas de toponymes composés ; le **ms. 363** fait mieux en proposant **28** exemples et le **ms. 7235** bat le record avec **35** occurrences dégagées. Dans ce cas, l'écart est palpable surtout entre la version vers et celle du **ms. 7235**, même si l'écart des statistiques relevées n'est pas aussi flagrant que dans les *Charrette*. Par contre, les deux versions du *Cligès* sont, quant à elles, disproportionnées. Chrétien de Troyes recourt à très peu de toponymes composés (**6** occurrences dégagées), alors que la version en prose en propose Revoyons de près les occurrences de chaque roman avec toutes ses versions, et comparons-les.

Toponymes	Ch. en vers	Ch. du XIIIè	Ch. du XIVè
Chastel du roi Artus	0	0	1
Chastel du royaume de Logres	0	0	1
Église de Saint Pierre	0	0	1
Forest de Camaaloth	0	0	1
Gué de la foriest	0	1	0
La chitét de Karahais	0	0	1
La cité au roy Baudemagus	0	0	1
La cité de Camaaloth	0	0	1
La cour Artu	1	0	0
La cour au vavasseur	0	0	1
La cour le roi Baudemagu	0	0	1
La cour Monseigneur le roi Artus	0	0	4
La court a Londres	0	0	1
La dessertine de Gorre	0	0	1
La forest de Bonevent	0	0	1
La forest de Cornouailles	0	0	1
La forest de Darnantes	0	0	1
La foriest de Tintajeul	0	1	0
La grant court de Londres	0	1	0
La maison a un chevalier	0	0	1
La maison le roi (Artu)	0	1	3
La maistre chaucee de Gorre	0	0	1
La marce de Gorre	0	2	1
La Mer Bethee	0	0	1
La prison Meleagant	0	0	1
La roche aux saisnes	0	0	1
La terre de Bretaigne	0	0	1
La terre de Logres	0	0	3
La terre deserte Claudas	0	0	1
La terre mon père	0	0	1
La Tiere Bademagu	0	3	0
La Tiere de Gales	0	1	0
La Tiere de Gorre	0	2	4
La Tiere de Promission	0	1	0
La tour au roi Baudemagus de Gorre	0	0	1
Le ponz Evages	1	0	1
Le pree de Badigan	0	1	0
Le royaume de Benoyc	0	0	1
Le royaume de Sorelois	0	0	1
Les estranges ysles Galeod	0	0	1
Les marches au roi Baudemagus de Gorre	0	0	1
Li passages des Pierres	2	0	2

Passage del ponz soz Eve	1	0	0
Pont de l'Espee	9	7	9
Pont desoz Eve/ Pont sous Eve	6	6	14
Rëaume de Logres	5	6	16
Rëaume le roi Artus	1	0	1
Roiaume de Gorre	0	2	2
TOTAL	26	35	87

Les toponymes composés dans les trois versions de la « Charrette »[1]

A la lecture du tableau, il apparait que les toponymes en fonction de complément de nom et déterminant des noms communs sont très nombreux dans les trois versions de la *Charrette*. Ils atteignent leur summum dans la version dérimée de la *Charrette* qui propose **101** références contre seulement **33** chez Chrétien de Troyes et **45** dans la *Charrette* du XIIIè. Il y a « une *tendance, sinon une règle absolue, [qui] semble être qu'un lieu mentionné pour la première fois est présenté par une formule de validation, qui précise sa qualité de toponyme, et ensuite, la chose est entendue*[2]» affirme Florence Plet concernant le *Tristan* en prose. Cette citation est valable pour quasi tous les toponymes présents dans le *Lancelot*. Ceux qu'on retrouve dans l'épisode de la *Charrette* et qui vont de pair avec ceux dont fait mention Chrétien de Troyes et l'auteur de la *Charrette* du XIVè sont relatifs aux deux ponts : le Pont dans l'Eau et le Pont de l'Épée. Chez Chrétien de Troyes et l'auteur de la *Charrette* du XIVè, les noms de ces deux ponts bénéficient d'une explication. Voici les explications fournies pour le Pont sous l'Eau :

---

[1] Nous avons noté la présence de toponymes renvoyant à des lieux imaginaires (nous avons relevé **3** références chez Chrétien de Troyes comptant **7** occurrences ; **7** références dans la *Charrette* du XIIIè comptant **16** occurrences et **12** exemples dans la *Charrette* du XIVè comptant **33** occurrences). On retrouve également ceux qui renvoient à des toponymes dont le complément du nom renvoie à un des personnages présents dans nos romans (nous avons relevé **2** références chez Chrétien de Troyes comptant **2** occurrences ; **3** références dans la *Charrette* du XIIIè comptant **7** occurrences et **11** exemples dans la *Charrette* du XIVè comptant **14** occurrences). On note aussi la présence de toponymes qui renvoient à des lieux réels (nous avons relevé **5** références chez Chrétien de Troyes comptant **6** occurrences ; **4** références dans la *Charrette* du XIIIè comptant **4** occurrences et **9** exemples dans la *Charrette* du XIVè comptant **9** occurrences). Il y a de surcroît des toponymes construits sur la base de deux noms communs qui renvoient, souvent mais pas toujours, à un lieu imaginaire (**5** références chez Chrétien de Troyes comptant **19** occurrences ; **5** références dans la *Charrette* du XIIIè comptant **17** occurrences et **10** exemples dans la *Charrette* du XIVè comptant **35** occurrences).

[2] Florence Plet, *op.cit*, p. 73.

	Ch. en vers	Ch. du XIIIe	Ch. du XIVe
Pont dans l'Eau	*« Li uns a non li ponz Evages, Por ce que soz eve est li ponz, Et s'a des le pont jusqu'au fonz Autant desoz come desus, Ne deça moins ne dela plus, Einz est li ponz tot droit enmi, Et si n'a que pié demi De lé et autretant d'espés »* [**v. 656-663**]	*« [...] car deus trop felons passages y a – si lor devise -, et ves chi, fait elle, [...] a seniestre si vait au Pont sour Eve, ke les gens del païs apielent le Pont Pierdu »*, §5, p. 102.	*« le Pont Evages, pour ce que soubz l'eaue siet le pont et si a de l'eaue aultant dessus comme dessouz, et si n'en y a la planche que pié et demy de léet autretant de l'espés, et moult fait le passage a reffuser. Et non pourquant si est le mains perilleux, mais il entre cy et la assés autres aventures dont je me tays »*, p. 183.
Total	**8 occurrences**[1]	**6 occurrences**[2]	**14 occurrences**[3]

Et voici celles qui concernent le Pont de l''Épée :

	Ch. en vers	Ch. du XIIIe	Ch. du XIVe
Pont de l'épée	*« Li autres ponz est plus malvés Et est plus perilleus assez, Qu'ainz par home ne fu passez, Qu'il est com espee tranchanz, Et por ce trestotes les genz L'apelent le Pont de l'Espee » [v. 656-663]*	*« [...] car deus trop felons passages y a – si lor devise -, et ves chi, fait elle, a diestre la voie del Pont de l'Espee »*, §5, p. 102.	*« Et l'autre pont si est tel qu'il est fait a manière d'espee trenchant et pour ce si l'appellent toutes les gens le Pont de l'Espee. », p. 183.*
Total	**11 occurrences**[4]	**7 occurrences**[5]	**10 occurrences**[1]

---

[1] *Charrette* en vers, *op.cit*, v. 656 et ss ; v. 680 ; v. 696 ; v. 4082 ; v. 5049 ; v. 5055 ; v. 5099 et v. 5105.

[2] *Charrette* du XIIIè, *op.cit*, §5, p. 102 ; §5, p. 104 ; §12, p. 198 ; §12, p. 198 ; §9c, p. 166 ; §14, p. 218.

[3] *Charrette* du XIVè (édition d'Annie Combes), *op.cit*, §33, p. 356 ; §34, p. 357 ; §34, p. 357 ; §143, p. 453 ; §144, p. 453 ; §145, p. 455 ; §174, p. 482 ; §174, p. 482 ; §177, p. 484 ; §177, p. 485 ; §178, p. 485 ; §178, p. 485 ; §188, p.495.

[4] *Charrette* en vers, *op.cit*, v. 673 ; v. 682 ; v. 698 ; v. 2145 ; v. 2148 ; v. 2583 ; v. 2588 et v. 2627 ; v. 3005 ; v. 5145 ; v. 6573.

[5] *Charrette* du XIIIè, *op.cit*, §5, p. 102 ; §5, p. 104 ; §9a, p. 160 ; §9b, p. 162 ; §9c, p. 166 ; §9c, p. 168 ; §9e, p. 176 ; §12, p.198.

La mise en prose de la *Charrette* du XIIIè fera abstraction d'une explication (relative au Pont de l'Épée) et résumera en une phrase les propos d'une demoiselle. Le complément du nom joue dans ce cas un rôle important dans la mesure où par lui seul se distinguent les noms des deux ponts. Ceci n'est nullement le cas de Chrétien de Troyes et de l'auteur de la *Charrette* du XIVè qui proposent chacun une explication longue et chargée d'adjectifs qualificatifs servant à décrire autant que possible les ponts. Il est des toponymes déterminant des noms propres, c'est-à-dire des anthroponymes. Les exemples ne sont pas très nombreux. L'unique occurrence existant dans les trois versions de la *Charrette* à la fois concerne le personnage éponyme de la prose : **Lancelot du Lac**[2]. « *Son nom n'est pas un nom patronymique, il renvoie à ses lieux d'origine, au lac, lieu magique dans la mythologie celte où vivent les fées et les ondins*[3]». Son nom rappelle sa mère adoptive et évoque par là-même les mystères de sa naissance et de son éducation[4]. Le *Lancelot* du XIIIè l'explique tout au long de la saga. L'on comprendra davantage l'histoire de Lancelot et ce qui le lie à la Dame du Lac. Quant au point carrefour des trois *Charrette*, il concerne le duo royal constitué d'Arthur et de Bademagus. Uniquement dans la mise en prose du roman de Chrétien de Troyes, un des deux protagonistes se voit doté d'un complément de nom toponymique. Le père de Méléagant est présenté en tant que « *Bademagu de Gorre*[5]», tout comme l'on présente le roi de Logres sous le nom d'« *Artus de la Bretaigne*[6]», mais seulement dans la *Charrette* du XIIIè. On renvoie donc aux deux figures royales de par leurs terres respectives. Alors qu'Arthur est le roi de « *Bretaigne* », Bademagus, qui donne son nom à « *Bade, sa cité* » est le roi de Gorre. C'est que

---

[1] *Charrette* du XIVè (édition d'Annie Combes), *op.cit*, §33, p. 357 ; §33, p. 357 ; §75, p. 385 ; §75, p. 386 ; §94, p. 402 ; §96, p. 403 ; §109, p. 415 ; §133, p. 440 ; §178, p. 485 ; §223, p. 526.

[2] *Charrette* en vers, *op.cit*, v. 3660 ; *Charrette* du XIIIè, *op.cit*, § 2, p. 68 ; *Charrette* du XIVè, *op.cit*, p. 216 ; p. 225 et p. 243.

[3] Anne Kukulka-Wojtasik, « Le Chevalier de la charrette de Chrétien de Troyes ou la solitude du héros », in *Médiévales*, revue publiée par Danielle Buschinger, 2ème année, numéro 2, Amiens, 2000, p. 106.

[4] Voir *Lancelot du Lac I*.

[5] *Charrette* du XIIIè, *op.cit*, § 2, p. 72 ; *Charrette* du XIVè, *op.cit*, **4** exemples : p. 208, p. 215 ...etc.

[6] *Charrette* du XIIIè, *op.cit*, § 6c, p. 116.

« *l'homme a donné son nom à la terre, et la terre à l'homme*[1]. » Ces noms communs peuvent renvoyer aussi bien à des noms de lieux qu'à des noms référant à une réalité ou matérielle ou animée ou humaine. Dans la version en vers de la *Charrette*, on aura des exemples comme « *destrier d'Espagne*[2]» (animé, non humain), « *l'or d'Arrabe*[3]» (concret, inanimé) ou encore « *cil de Monpellier*[4]» (en parlant des médecins), « *le roi d'Arragon*[5]» et « *le roi d'Irlande*[6]» (exemples référant à des humains). L'écho de ces exemples retentit dans les proses de la *Charrette* à travers des références présentant Herlins, en tant que « *frere le roi de Nohomberlande*[7]» et offrant pour la première fois à Guenièvre le titre de « *royne de Bretaigne*[8]». Les tombes aussi bénéficient de cette structure. Outre les occurrences comme « to*mbe Galaad*[9]», « *lame Galaad*[10]» et « *tombe Symeu*[11]», on notera la quadruple présence de la formule « *la tombe/lame del Saint Chimentiere*[12]» qui donne une aura sacrée à la scène de par la présence du lexème « *Chimentiere* » (renvoyant au royaume des Morts) et celle de l'adjectif « *Saint* » qui lui est attribué. Quant aux versions de l'*Érec*, les références relatives à « *L'archevesque de Cantorbie* » et « *au roy de la Rouge Cité* » sont présentes **1** fois dans chacune des versions étudiées. Les occurrences qui renvoient au « *beau roy de Gomaret* », « *au roy d'Antipodes* », à « *Melians de Lis* » et « *Yvain des Landes* » ne sont présentes que **1** fois aussi dans les deux versions en prose de l'*Érec*. Toutes les autres références ne concernent que la version en vers de Chrétien de Troyes ; leur point commun étant qu'ils renvoient tous à des personnages passagers et dont les références ne dépassent pas **1** mention[13]. Toutes les autres

---

[1] A. Dauzat, *Les Noms de famille en France, Traité d'anthropologie française*, Paris, Payot, 1945, 2è édition 1949, p. 20, cité par Florence Plet, *op.cit*, p. 87.

[2] *Charrette* en vers, *op.cit,* v. 6777.

[3] *Charrette* en vers, *op.cit,* v. 6010.

[4] *Ibidem*, v. 3585.

[5] *Ibidem*, v. 5780.

[6] *Ibidem*, v. 5630.

[7] *Charrette* du XIIIè, *op.cit*, § 16, p. 240.

[8] *Ibidem*, § 10, p. 180.

[9] *Ibidem*, § 15e, p. 224.

[10] *Ibidem*, § 6e p. 128.

[11] *Ibidem*, § 6g, p. 132.

[12] *Ibidem*, § 6k, p 144 ; § 6k, 146 ; § 6m, p. 150 ; § 7, p. 154.

[13] Voir tableau récapitulatif des anthroponymes en périphrases dans les trois versions de l'*Érec*.

références toponymiques composées sont construites sur la base d'un nom commun et d'un complément du nom référant à un lieu réel ou imagé, ou alors, sur la base de deux noms communs qui renvoient à un lieu connu par le lecteur-auditeur. Voici le récapitulatif des occurrences relevées[1] :

Toponymes	Érec en vers	ms. 363	ms.7235
Abbaye de Saint Maissent	0	0	1
Chastel de Caradigan	1	6	6
Chastel de Limors	1	0	0
Cort de roi	1	0	0
Ile d'Avalon	1	0	0
L'autel de Notre Dame	1	0	0
L'Isle Saint Sansan	1	0	0
L'ostel d'un chevalier	0	1	0
L'ostel le roy Artus	0	1	1
La Cort de Nantes	1	0	0
La cort la roÿne	1	0	0
La cort mon oncle	1	0	0
La cort mon père	2	0	0
La Court du roy Lac	0	2	2
La court du roy Uterpendragon	0	0	1
La Fontaine de la Vierge	0	0	1
Le bai de Cascoigne	1	0	0
Le chastel de Roaldan	0	2	4
Le chastel des Dix chevaliers	0	0	1
Le chastel du Val Brun	0	6	5
Le riche chasteau de Roadan	0	1	0
Roiaume d'Outres Gales	1	0	0

---

[1] L'*Érec* en vers propose **2** occurrences dans **2** exemples différents de toponymes construits sur la base d'un nom commun et d'un complément du nom rappelant le nom d'un référent humain (souvent personnage du roman). ; le **ms. 363** propose **3** occurrences dans **2** exemples distincts et le **ms. 7235** propose **5** occurrences dans **4** exemples différents. Nous rappelons aussi les toponymes composés construits sur la base d'un nom commun et d'un complément du nom qui fait référence à un lieu réel. L'*Érec* en vers propose **9** occurrences dans **9** exemples différents ; le **ms. 363** propose **6** occurrences dans **1** seul exemple et le **ms. 7235** propose **7** occurrences dans **2** exemples différents. Nous faisons également référence aux toponymes composés d'un nom commun et d'un complément de nom faisant référence à un lieu irréel. L'*Érec* en vers propose **1** occurrence dans **1** exemple ; le **ms. 363** propose **3** occurrences dans **2** exemples distincts et le **ms. 7235** propose **4** occurrences dans **1** seul exemple. Il reste les toponymes composés construits sur la base de deux noms communs. L'*Érec* en vers propose **6** occurrences dans **5** exemples différents ; le **ms. 363** propose **6** occurrences dans **1** seul exemple et le **ms. 7235** propose **9** occurrences dans **4** exemples différents.

Roiaume Erec	1	0	0
Royaulme de mon pere [roi Lac]	0	1	2
Royaume d'Angleterre	0	0	1
TOTAL	14	20	25

Les toponymes composés dans les trois versions de l' « Érec »

Le nombre de toponymes composés bat son comble surtout dans la version du **ms. 7235** où il atteint les **25** occurrences. Le **ms. 363** s'en rapproche avec un relevé qui touche **20** des occurrences dégagées. Et c'est la version de Chrétien de Troyes qui compte le moins de références, puisqu'il ne dépasse pas les **18** occurrences. Et il ne nous reste à revoir ainsi que les références toponymiques composées relevées des deux versions du *Cligès*. Nous pouvons commencer par rappeler les occurrences :

Toponymes	Cligès en vers	Cligès en prose
Fontaine des Merveilles	0	1
L'empire de Constantinople	0	1
La cité d'Athenes	0	1
La terre de Gaulle	0	1
La ville de Coulongne	0	1
La ville de Londres	0	6
La ville de Tenebrouc	0	1
Le chasteau de Guinesores	0	5
Le meilleur royaume de Gale	1	0
Le palais de Constantinople	0	1
Le port de Constantinople	0	3
L'empire de Grece	1	1
Por d'Espeigne	1	0
Roiaulme de la Grant Bretaigne	0	1
Roiaume de Gales	1	0
TOTAL	4	23

Les versions du *Cligès* proposent surtout des toponymes composés structurés sous forme de « *nom commun + nom de lieu réel* ». Sur les **23** occurrences notées dans le *Cligès* en prose, **22** parmi elles se soumettent à cette déclinaison. Les **4** références relevées de la version en vers épousent aussi le même moule. Une seule référence, présente sous forme de « *nom commun + nom de lieu irréel* » fait son apparition dans la version en prose. Elle concerne la référence faite à la « *Fontaine des Merveilles* ». Les seules références qui restent à noter et qui font partie des occurrences communes à toutes les versions étudiées sont celles qui renvoient à la cour du roi Arthur. Rappelons les occurrences :

Toponymes	Ch. en vers	Ch. du XIII[è]	Ch. du XIV[è]	Érec en vers	Ms. 363	Ms. 7235	Cligès en vers	Cligès en prose
La cort le roi	1	0	1	0	0	0	1	0
La cour le roi Artu	1	1	10	3	8	10	1	11
TOTAL	2	1	11	3	8	10	2	11

Les toponymes composés communs aux versions étudiées

Omniprésente dans les romans de Chrétien comme dans les mises en prose de ses romans, la Cour du roi Arthur constitue le fief de tous les auteurs de la légende des chevaliers de la Table Ronde. La récurrence des noms est beaucoup plus importante dans les mises en prose tardives que dans les versions en vers. En conclusion, les toponymes composés répondent donc à plusieurs déclinaisons. Ceux-ci peuvent paraitre sous forme d'un « *nom commun et d'un nom de lieu réel* », ou bien comme un « *nom commun + nom de lieu irréel* ». Ils peuvent également correspondre à une appellation sous forme de « *nom commun + nom commun* », tout comme ils peuvent rappeler le nom d'un des personnages principaux ou secondaires des romans sous forme d'un « *nom commun + nom commun + nom propre humain* ». Voici le récapitulatif des occurrences relevées :

	N. com + N. Humain		N. com + N. de lieu réel		N. com + N. de lieu irréel		N. com + N. com		Total d'exps	Total
Ch. en vers	3	3	5	6	3	7	6	20	17	36
Ch. du XIII[è]	3	7	4	4	7	16	6	18	20	45
Ch. du XIV[è]	12	24	9	9	12	33	11	36	44	102
Érec en vers	3	5	9	9	1	1	5	6	18	21
Ms. 363	4	10	1	6	2	3	1	6	8	25
Ms. 7235	6	14	2	7	1	4	4	9	13	34
Cligès en vers	1	1	4	4	0	0	1	1	6	6
Cligès en prose	1	11	10	21	2	2	0	0	13	35

Détails des toponymes composés dans les versions étudiées

Ce tableau reprend les statistiques que nous avons analysées le long de cette sous partie dédiées aux toponymes composés. Le plus intéressant à noter est que ces toponymes composés construits sous forme de « ***nom commun + nom humain*** », de « ***nom commun + nom de lieu irréel*** » et de « ***nom commun + nom commun*** » sont à leur comble dans la version de la *Charrette* du XIV[è] ; la plupart sinon tous réfèrent à des lieux imagés et qui sont des topoi géographiques des romans arthuriens de manière générale. Et c'est le *Cligès* en prose qui l'emporte quant au recours au « *nom commun + nom de lieu réel* » avec **21** occurrences notées ; ce qui confère au roman une aura véridique d'autant que l'histoire se passe entre un Orient fantasmé et un Occident réinventé.

Ainsi, aurons-nous balayé les exemples les plus probants de toponymes et d'anthroponymes construits selon la combinaison de « *nom + complément du nom* » et témoignant autant d'un souci de lignage que d'une volonté d'élucidation qui, à l'image d'un puzzle, tente de placer chaque pièce dans la case qui lui est appropriée. Les récurrences varient et valsent entre des références anthroponymiques bibliques, mythiques, arthuriennes et légendaires et des origines toponymiques réelles, imagées, crédibles et localisables sur une carte géographique. Selon, les romans, mais aussi selon les versions, les références réelles (surtout dans le *Cligès* en prose) l'emportent sur les références imaginaires (la *Charrette* du XIV^è^) ; et les références occidentales sur celles orientales et vice versa. C'est tout un phénomène qui fait sortir l'onomastique des romans de Chrétien de Troyes de son anonymat. Il permet également d'éclairer ou parfois de leurrer les lecteurs quant à l'identité des personnages dont il est question dans chacune des versions étudiées.

2.5.2.2. Les adjectifs substantivés

Aux aussi comptent parmi les noms composés puisqu'ils sont annexés à des noms propres, agrémentant les noms des protagonistes de détails renvoyant à leurs traits ou bien physiques ou bien moraux. Nous les retrouvons dans toutes les versions analysées mais à différents degrés.

2.5.2.2.1. Traits physiques

Les adjectifs substantivés sont des noms qui, comme l'indique leur nom forment, à l'origine des adjectifs auxquels on colle un déterminant défini ou indéfini permettant ainsi de les élever au rang de substantifs. Ces substantifs improvisés peuvent faire référence à un quelconque trait physique. Leur présence s'avère presque nulle dans le *Chevalier de la charrette*. Nous n'avons, en effet, noté qu'une seule occurrence qui, de plus, se rapporte à un personnage passager, n'apparaissant que lors du tournoi de Noauz. Il s'agit de « ***Thoas li Meschins***[1] ». L'adjectif

---

[1] *Charrette* en vers, *op.cit*, v. 5822.

« *meschins* » est substantivé dans la mesure où on le trouve déterminé par un article défini, en l'occurrence « *li* ». Cet adjectif substantivé met l'accent sur la jeunesse du chevalier participant au tournoi. La *Charrette* du XIIIè opère de même en ne présentant que **1** unique exemple référant à un trait physique. Cet exemple concerne également un personnage qui n'est pas directement impliqué dans les événements de l'épisode de la *Charrette*. Il s'agit *d'« Herlins li Roux*[1]». L'adjectif substantivé renvoie dans cet exemple à la couleur des cheveux de l'adversaire de Lancelot au tournoi de Pamegloi. Le choix de cette teinte n'est pas anodin. **Le roux** est une couleur qui, au Moyen Âge, est associée au diable. L'ennemi du « *mieudres chevaliers del monde* » ne peut qu'être associé à Lucifer par une couleur à connotation péjorative le plaçant d'emblée du côté du Mal[2]. La *Charrette* du XIVè reste dans la même cohérence puisque les mentions relatives à des traits physiques dans les anthroponymes demeurent minimes[3]. Elles atteignent seulement les **3** occurrences. Les versions du *Cligès* se rapprochent considérablement du fonctionnement des trois *Charrette*. Seulement, la version en vers du *Cligès* présente **9** occurrences d'adjectifs substantivés faisant référence aux traits physiques des personnages nommés contre seulement **4** mentions dans la version en prose de ce roman. En d'autres termes, contrairement au constat enregistré entre les versions de la *Charrette* – à savoir que c'est la version en vers qui admet le moins d'adjectifs substantivés faisant référence à des traits physiques – ici, c'est la version de Chrétien de Troyes qui compte le plus de mentions. Quant aux versions de l'*Érec*, elles se rapprochent des versions du *Cligès* dans le sens où c'est la version en vers qui compte le plus de mentions. Cependant, elle s'éloigne davantage de tous les autres romans analysés, dans la mesure où le nombre de mentions d'adjectifs substantivés référant aux traits physiques est plus important qu'ailleurs, surtout dans la version de Chrétien de Troyes qui compte **23** occurrences contre **3** dans chacune des

---

[1] *Charrette* du XIIIè, *op.cit,* § 16, p. 240.

[2] Le Bien finit par triompher du Mal ; Lancelot vaincra Herlin, § 16, ligne 24-25, p. 240. Dans la prose s'épanouissent davantage les adjectifs substantivés relatifs à la couleur des cheveux. On trouve une gamme de teintes à travers les noms de certains chevaliers : Mardoc **le Brun** § 47, p. 352 ; Argodras **le Roux** § 81, p. 454 ; Maruc **le Roux** § 119, p. 586 ; Tanagin **le Blond** § 141a, p. 684.

[3] Dans les annexes de notre thèse, nous dressons les tableaux récapitulatifs de toutes les mentions d'anthroponymes sous forme d'adjectifs substantivés relevés dans les romans étudiés.

versions en prose de ce même roman. Nous aurons des mentions comme « *le noir* », « *le blonc* », « *le rox* », « *le petit* », « *le jeune* » et « *le vieil* ». Les versions en prose n'accorderont pas de l'importance à nommer les personnages inconnus puisque leur mention n'est pas nécessaire à la compréhension de la trame principale de l'histoire.

2.5.2.2.2. Traits moraux

Dans toutes les versions étudiées, les adjectifs substantivés référant à l'aspect moral des protagonistes ont trait non pas aux qualités mais aux défauts de certains chevaliers. Dans *Le Chevalier de la charrette*, ces adjectifs s'attaquent à l'ennemi principal de Lancelot. **Méléagant** est en effet accablé de dénominations on ne peut plus péjoratives. C'est « *le desleal*[1]», « *le desputaire*[2]», « *li fel*[3]», et « *li forligniez*[4]». Les deux *Charrette* en prose aussi attribuent à Méléagant des adjectifs substantivés à sens négatif. Nous pouvons rappeler les exemples « *Meleagant le fel*[5]», « *li desloiaus*[6]» dans la *Charrette* du XIIIè et « *le fel* » dans la *Charrette* du XIVè. Ce personnage baigne ainsi dans une atmosphère teinte d'impureté et de félonie.

A d'autres noms de personnages sont annexés des adjectifs substantivés. On a vu comment « **Dodinel li Sauvage** » a insulté le roi seulement au début de la *Charrette* du XIIIè[7]. Cet emportement transparaît à travers le sens même de l'adjectif substantivé qui lui est attribué. « *Sauvage* » renvoie à ce qui n'est pas apprivoisé. Il se dit aussi de l'état de quelqu'un qui n'est pas civilisé. La manière dont Dodinel s'adresse au roi laisse à penser que ce chevalier est indompté, voire indomptable. De même, **Sagremor le Desreé** (présent uniquement dans la *Charrette* du XIIIè) porte bien son surnom. Suite à l'épisode de la charrette de Boort et stimulé par la fureur du roi Arthur, « *Saigremors se lance hors de la table et s'en keurt armer a son ostel et s'en vait apriés le chevalier a grande*

---

1 *Charrette* en vers, *op.cit*, v. 5426.

2 *Ibidem*, v. 5463.

3 *Ibidem*, v 6146.

4 *Ibidem*, v 6715.

5 *Charrette* du XIIIè, *op.cit*, § 1, p. 66.

6 *Ibidem*, § 9e, p. 174.

7 Il a été fait référence à ce personnage 1 fois dans chacune des versions de l'*Érec*.

aleure[1].» Aussitôt arrivé devant Boort, aussitôt vaincu par ce dernier. L'emportement est dans ce cas perçu comme négatif, dans la mesure où il cause l'échec du chevalier ; d'autant plus que la colère de Sagremor s'oppose au calme inébranlable de Boort. Rappelons aussi d'autres exemples présents dans la suite du *Lancelot* en prose. Nous pensons notamment à l'un des frères de Gauvain : Agravain l'Orgueilleux. Son orgueil et son entêtement lui causeront certains échecs. Le plus manifeste est celui relatif à son duel contre Boort. Ils défendent chacun un chevalier qu'ils croient « *li mieudres del monde* »[2]. Battu par Boort, Agravain octroie « ***a mout laide chiere***[3] » que Lancelot est meilleur chevalier que Gauvain. Dans les versions du *Cligès* une seule mention à un trait moral est notée. C'est la référence faite à « *Gauvain le pros* » qui revient **2** fois, mais seulement dans le vers. Les versions de l'*Érec* opèrent différemment dans la mesure où le nombre de mentions augmentent considérablement comparé aux autres versions étudiées. Comme pour les traits physiques, c'est la version en vers de ce roman qui l'emporte avec **17** mentions notées contre seulement **7** dans le **ms. 363** et **3** dans le **ms. 7235**. Toutes les mentions réfèrent à des personnages passagers ou inconnus qu'on nomme par des adjectifs substantivés mettant l'accent sur leurs défauts et rarement sur leurs qualités[4].

Les adjectifs substantivés sont donc susceptibles de résumer un trait de caractère dominant chez certains protagonistes. Ils s'avèrent explicatifs, dans la mesure où ils nous renseignent sur certains détails relatifs à l'aspect physique de quelques héros ; lequel aspect reflète l'identité du chevalier et permet de le classer ou du côté du Bien ou du côté du Mal. Le recours à ces procédés varie selon les versions et atteint son comble surtout dans la version en vers de l'*Érec* qui enregistre le summum de ces récurrences. La rhétorique employée pour la présentation des personnages des versions étudiées ne s'arrête pas pour autant à ce niveau, même lorsqu'elle passe par des adjectifs substantivés.

---

[1] *Charrette* du XIIIè, *op.cit*, § 15d, p. 230.

[2] Agravain défend la cause de Gauvain, alors que Boort, lui, est pour la suprématie de Lancelot. Voir *Lancelot en prose*, *op.cit*, § 56, p. 378-382.

[3] *Lancelot en prose*, *op.cit*, § 56, p. 382.

[4] Voir Annexes : « Récapitulatif des adjectifs substantivés dans les 3 *Érec* ».

2.5.3. Tendre à la transparence

Aux côtés des noms propres simples et composés, il est d'autres procédés qui voient le jour chez Chrétien de Troyes et qui s'épanouissent, se développent davantage et principalement dans la mise en prose de la *Charrette* du XIIIè et qui reprennent une autre forme dans les autres mises en prose des divers romans de Chrétien. Ces procédés témoignent presque tous d'une volonté de varier les appellations et tendent par là-même à la transparence.

2.5.3.1. L'origine géographique des personnages

En voulant référer aux origines géographiques de ses personnages, les auteurs recourent à des adjectifs substantivés. Ils sont quasiment absents des versions de la *Charrette* (**1** seule mention dans la *Charrette* du XIVè). Dans les différentes versions de l'*Érec*, nous avons noté la présence de **11** références dans le vers et **3** dans chacune des mises en prose. Mais c'est surtout dans *Cligès*, ce roman « *à séquences orientales* », comme l'appelle Catherine Gaullier Bougassas que ces références s'épanouissent le plus. Un véritable manège de références géographiques des personnages voit le jour dans la version de Chrétien de Troyes. C'est comme si l'auteur voulait démontrer la possibilité de concomitance de diverses nationalités dans un même roman. Le va-et-vient entre l'Orient et l'occident favorise, de ce fait, le foisonnement des références relatives aux origines géographiques des personnages passagers. Nous verrons les « *Galois*[1] », les « *Grezois*[2] », les « *Bretons*[3] », les « *Romains*[4] », les « *Escoz*[5] », les « *Cornoalois*[6] », etc. La version en prose se rétractera, dans le sens où aux **66** références relevées chez Chrétien ne répondent que **9** mentions[7]. D'ailleurs, à titre récapitulatif, nous pouvons rappeler les occurrences de toutes les formes d'adjectifs substantivés relevés dans nos différents romans :

[1] *Cligès* en vers, *op.cit*, v. 1786.

[2] *Ibidem*, v. 1785.

[3] *Ibidem*, v. 567.

[4] *Ibidem*, v. 41.

[5] *Ibidem*, v. 2386.

[6] *Ibidem*, v. 2386.

[7] Dans les annexes, nous rappellerons toutes les références présentes dans chacun des romans analysés.

Adjectifs substantivés/ qualificatifs	Ch. en vers	Ch. du XIIIè	Ch. du XIVè	Érec en vers	Ms. 363	Ms. 7235	Cligès en vers	Cligès en prose
Traits physiques	1	1	3	23	3	3	9	4
Traits moraux	5	4	1	17	7	3	0	0
Rangs sociaux	0	0	0	1	0	0	2	6
Fonctions sociales	0	2	2	0	0	0	0	0
Nationalités	0	0	1	11	3	3	66	9
Qualificatifs physiques	0	0	0	1	1	1	0	0
Qualificatifs moraux	0	0	0	0	1	1	0	0
Numéraux /superlatifs	0	0	6	0	0	0	6	0
Périphrases	0	0	0	1	1	1	0	0
Appositions	3	7	4	10	8	5	4	4
TOTAL	9	14	17	64	24	17	87	23

Les adjectifs substantivés et qualificatifs dans les versions étudiées

Il est intéressant de noter pour finir que c'est la version du *Cligès* en vers qui l'emporte puisqu'on note **87** occurrences d'adjectifs substantivés. C'est la version de l'*Érec* en vers qui la suit avec **64** mentions. Le **ms. 363** et le *Cligès* en prose arrivent plus loin avec respectivement **24** et **23** occurrences. Le **ms. 7235** note et la *Charrette* du XIVè enregistrent chacun **17** références. Plus on se rapproche des premières versions de la *Charrette* et moins le nombre est grand : La *Charrette* du XIIIè note **14** occurrences seulement et la version en vers de ce roman **9**. Peut-être est-ce l'anonymat qui frappe le personnage de Lancelot qui se transmet aux autres nominations des personnages, même lorsque cela se fait par le moyen de noms communs…

2.5.3.2. Les noms « génériques » simples

Dans les différentes versions des romans étudiés, on assiste à une véritable cascade de dénominations attribuées au « *petit personnel*[1]» du roman. Nous les répartissons en différentes catégories : il y a celle qui renvoie au rapport de féodalité qui existe entre les personnages ; celle qui rappelle le lien parental qui les lie entre eux ; celles qui convoquent les fonctions religieuses ou politiques de certains protagonistes et enfin des appellations beaucoup plus génériques qui mettent l'accent sur les liens

[1] Florence Plet, *op.cit*, p. 74 et p. 286.

d'amitié, de voisinage ou de travail...etc. Nous commencerons par la catégorie qui renvoie au rapport féodal qui distingue les protagonistes entre eux. En voici un récapitulatif :

	Ch. en vers	Ch. du XIIIè	Ch. du XIVè	Erec en vers	Ms. 363	Ms. 7235	Cligès en vers	Cligès en prose
Abbez	0	0	0	2	0	0	1	0
Abesse	0	0	0	0	1	1	0	0
Ambaxateurz	0	0	0	0	0	0	0	3
Ampereres	0	0	0	0	0	0	1	0
Arcevesque	0	0	0	1	0	0	0	0
Archiers	0	0	0	0	0	0	0	3
Baronnie	0	0	0	0	0	0	0	1
Barons	1	2	10	8	0	4	23	9
Chapelain	0	0	0	1	0	0	0	0
Chasseurs	0	0	0	0	0	0	0	0
Chevalerie	0	0	0	0	4	2	0	0
Chevalier	175	193	406	121	64	92	46	57
Clerc	0	0	0	3	0	0	1	0
Comte	0	0	0	34	3	2	3	0
Duc	0	0	0	6	0	3	0	0
Ducs	0	0	1	0	0	0	2	5
Emperere	0	0	0	1	0	0	22	13
Empereriz	0	0	0	0	0	0	2	1
Escuiers	1	3	6	9	6	7	3	8
Esvesque	0	0	0	3	0	0	1	0
Hermite	0	0	0	1	0	0	0	0
Maistresse	0	0	0	0	0	1	0	0
Pastours	0	0	0	0	0	0	0	0
Paysans	0	0	0	0	1	1	0	0
Prestres	0	0	0	1	0	0	0	0
Princes	0	0	1	0	2	2	0	0
Pueples	0	0	0	1	0	0	0	0
Reïne	0	0	0	0	0	0	1	0
Religieuses	0	0	0	0	1	2	0	0
Roi	107	60	152	1	0	0	7	0
Royne	128	100	201	22	6	8	0	0
Sarrazins	0	0	1	0	0	0	0	0
Segneur	25	4	7	0	0	0	0	0
Senechal	11	4	4	2	0	0	1	3
Serf	0	1	0	0	0	0	2	0
Sergens	0	0	0	13	0	0	13	3
Serviteur	0	0	0	0	1	1	0	2
Vallet	0	14	11	14	2	3	18	2
Vassal	0	0	0	0	0	0	1	0
Vassax	1	0	0	0	0	0	0	0
Vavasseur	11	17	11	9	1	1	0	0
Vilain	9	9	2	5	0	0	1	0
TOTAL	469	407	813	258	92	130	149	110

Les rapports de féodalité dans les versions étudiées

L'appellation la plus célèbre et se trouvant en tête de liste est relative au lexème « *chevaliers* » : rien de surprenant pour des romans qui se donnent la charge de conter des aventures de chevaliers. Les occurrences de ce substantif sont à leur comble dans les versions de la *Charrette*. Les relevés sont, en effet, moindres dans les versions de l'*Érec*, et encore plus dans celles du *Cligès*. Les références atteignent les **406** mentions dans la *Charrette* du XIVè, alors qu'elles se réduisent à moins de la moitié dans la *Charrette* du XIIIè avec **193** occurrences relevés et seulement **175** exemples détectés dans la version en vers de ce roman. Comme pour les autres relevés, nous avions constaté que c'est la version de la *Charrette* du XIVè qui présente le plus d'occurrences, probablement à cause du souci d'élucidation qui la marque davantage encore que la version du XIIIè. Il nous faut également préciser que ce substantif renvoie le plus souvent au protagoniste central de chaque roman. Dans la *Charrette*, Chrétien de Troyes use de ce lexème avec un article défini (**58** cas), un déterminant démonstratif (**9** cas) et un article indéfini (**13** cas). Il en est de même dans la *Charrette* du XIIIè[1], à ceci près que cette version ne présente pas d'occurrences de ce substantif déterminé par un article indéfini ; la *Charrette* du XIVè, elle, n'en présentera que très peu. A l'inverse, la *Charrette* du XIIIè offre au personnage central des adjectifs (**14** occurrences) et celle du XIVè lui en offre **26**, attribués à son statut de chevalier et rappelant un épisode ou une aventure antérieure. Ceci rejoint toujours ce souci d'élucidation absent chez Chrétien de Troyes et qui fait que l'on tire le chevalier de son anonymat en lui attribuant des qualificatifs qui permettent de le différencier d'autres protagonistes inscrits dans l'action. Quant aux autres occurrences de ce lexème, elles se répartissent en **95** cas dans *Le Chevalier de la charrette,* **104** dans la *Charrette* du XIIIè et **242** dans la *Charrette* du XIVè. Cependant, alors que Chrétien de Troyes amalgame ses protagonistes (chevaliers) et les regroupe sous le nom générique de « *chevaliers* », la *Charrette* du XIIIè et celle du XIVè préfèrent agrémenter les noms de ces personnages d'adjectifs permettant d'apporter certains éclaircissements relatifs à leur identité[2]. Nous pouvons rappeler certains exemples : « *li autres chevaliers*[3]», « *chevaliers estrange*[1]»,

---

[1] **50** cas d'articles définis déterminant le substantif « chevaliers » et **5** cas présentant des déterminants démonstratifs

[2] Sur les **104** occurrences dégagées, **34** d'entre elles présentent le substantif « chevaliers » accompagné d'un adjectif, voire d'un syntagme adjectival.

[3] *Charrette* du XIIIè, *op.cit*, § 6b, p. 114.

« *chevaliers mout sage*[2] ». D'ailleurs et répondant toujours à ce souci de vraisemblance, les proses de la *Charrette* attribuent à leurs chevaliers des adjectifs numéraux témoignant d'une volonté de précision[3].

Dans les versions de l'*Érec* et du *Cligès*, le recours au lexème « *chevaliers* » ne suit pas le même fonctionnement que celui détecté dans les différentes versions de la *Charrette*. Dans les versions du *Cligès*, la logique de distribution est la même que celle que nous avons remarqué entre les versions de la *Charrette*, dans le sens où la version en prose propose plus d'occurrences. Cela dit et contrairement aux versions de la *Charrette*, le relevé est non seulement moindre, mais l'écart entre les versions se fait à peine ressentir puisqu'aux **46** mentions dégagées de la version de Chrétien s'opposent les **57** cas retrouvés seulement dans le *Cligès* en prose. L'envergure des appellations anonymes – même lorsqu'elles embrassent des noms génériques – n'a plus de raison d'être dans des mises en prose tardives qui concentrent l'essentiel de la rédaction sur la trame principale de l'histoire, éliminant, *ipso facto*, toute forme de longueur, même nominative. Et c'est ce qui expliquerait que dans les versions de l'*Érec*, c'est la version de Chrétien de Troyes qui présente le plus d'occurrences relatives à « *chevaliers* ». Nous avons noté **121** occurrences contre seulement **64** dans la version incomplète que constitue le **ms. 363**, soit à peine un peu plus que le double que la version en vers, et **92** dans le **ms. 7235**. Une autre divergence notable aussi entre les différentes versions de l'*Érec* et du *Cligès* d'une part, et d'autre part, celles de la *Charrette* réside dans le fait que les déterminations du lexème « *chevaliers* » sont presque aussi importantes dans les versions vers que dans les mises en prose tardives. Dans les *Charrette*, l'écart se creuse entre la version de Chrétien et chacune des mises en prose. C'est que l'enjeu de la réécriture, le stimulus et l'objectif ne sont plus les mêmes.

---

1 *Ibidem*, § 6l, p. 150.

2 *Ibidem*, § 9, p. 158.

3 On notera des occurrences comme « *III. Chevaliers* » § 11, p. 190 ; « *XX chevalier armé* » § 12, p. 200 ; « *XL chevaliers armés* » § 13c, p. 214.

Toujours concernant les rapports de féodalité, il est fait référence aux figures royales. L'appellatif qui leur est attribué renvoie directement à leur fonction. Guenièvre sera en effet nommée « *la royne* [1]» et Arthur[2] et Bademagus[3] seront tous les deux nommés comme « *roi* ». Les références faites à Arthur vont crescendo (**28** occurrences dans le vers et **48** dans la *Charrette* du XIII[è] et **65** dans la *Charrette* du XIV[è]) et celles faites à Guenièvre et Baudemagus sont les plus importantes dans la *Charrette* du XIV[è], la version de Chrétien vient en 2[è] position et la *Charrette* du XIII[è] en dernier. Nous remarquons que la version du XIII[è] préfère renvoyer à ces personnages par leurs prénoms auxquels leur fonction est annexée. Il n'est pas étonnant de constater que les mentions de ces appellations sont moindres dans les autres romans puisque ces figures royales ne figurent pas dans la trame principale des versions de l'*Érec* et du *Cligès*. Les appellations se multiplient encore et traduisent selon leur pertinence d'autres signes démarcatifs entre les versions étudiées. Outre les rapports de féodalité exprimés, les appellations peuvent désigner un quelconque rapport de parenté. La *Charrette* de Chrétien de Troyes présente **40** cas contre **135** occurrences dégagées de la mise en prose du XIII[è] et **29** de la *Charrette* du XIV[è][4]. C'est donc la *Charrette* du XIII[è] qui accorde le plus d'importance au rapport de parenté qui lie les personnages entre eux. Dans les autres romans, les références sont beaucoup moins importantes : **11** dans la version en vers et le **ms. 7235** de l'*Érec*, **7** dans le **ms. 363 ; 29** dans le *Cligès* en vers et **21** dans sa mise en prose. La figure la plus sollicitée est celle du père qu'on retrouve dans **74** occurrences de la *Charrette* du XIII[è] contre seulement **7** dans les deux autres versions de la *Charrette*, **1** seule référence dans chacune des versions de l'*Érec* et aucune dans les *Cligès*. De même pour la mention relative à « *fieus* » qui est parmi les lexèmes les plus usités pour exprimer le rapport de parenté entre les protagonistes. Comme pour « père », ce lexème est présent surtout dans la *Charrette* du XIII[è]. On note, en effet, **21** mentions contre seulement **13** dans la version en vers de ce roman

---

1 **128** occurrences dans *la Charrette* en vers contre uniquement **100** dans la *Charrette* du XIII[è] et **176** dans la *Charrette* du XIV[è].

2 **28** occurrences dans le vers et **48** dans la *Charrette* du XIII[è] et **65** dans la *Charrette* du XIV[è].

3 **80** occurrences chez Chrétien de Troyes et **51** dans la *Charrette* du XIII[è] et **84** dans la *Charrette* du XIV[è].

4 On retrouvera en annexes le tableau récapitulatif des occurrences des noms génériques.

et **3** dans la version dérimée. Le *Cligès* en prose recourt à cette nomination **2** fois dans sa version en vers et **1** seule fois dans sa mise en prose, alors que dans les **trois** *Érec*, nous n'avons noté aucune occurrence relative à ce lexème. A travers cet écart flagrant dans les occurrences, il est facile de lire ce souci du lignage caractérisant la prose de la *Charrette* du XIIIè qui, plus que la *Charrette* en vers ou la version dérimée, voire tous les autres romans dans leurs différentes versions, tend à présenter ses personnages de par les rapports de parenté que les uns entretiennent avec les autres. L'ultime catégorie concerne les autres personnages secondaires ou passagers et auxquels on se réfère par des appellatifs rappelant ou leurs fonctions politiques ou celles religieuses à qui on se réfère par des appellatifs généraux[1] :

Appellations	Ch. En vers	Ch. du XIIIè	Ch. du XIVè	Érec en vers	ms. 363	ms. 7235	Cligès en vers	Cligès en prose
Religieuses	2	3	12	0	7	2	2	0
Publiques	11	6	7	0	15	1	14	9
Génériques	141	143	313	321	328	307	468	334
TOTAL	157	152	332	321	350	310	484	343

Autres types d'appellations dans les versions étudiées

La *Charrette* en vers et la *Charrette* du XIIIè usent de ces appellatifs avec des nombres d'occurrences qui se confondent ou presque[2]. Remarquons simplement que le substantif « *pucielle* » perd de sa valeur dans la prose de la *Charrette* du XIIIè et se voit concurrencé par le lexème « *damoisiele* »[3]. La *Charrette* du XIVè use des deux termes sans prédilection précise. Chrétien de Troyes, lui, emploie les deux substantifs comme de parfaits synonymes : une demoiselle n'est pas censée être mariée et elle doit, dans ce cas, être inévitablement vierge ; d'où le substantif « *pucelle* » qu'on retrouve, d'ailleurs, dans tous ces romans. Dans les proses plus tardives, le recours au terme « *demoiselle* » y est plus important que chez Chrétien de Troyes, hormis le **ms. 363** qui ne présente que **27** occurrences de ce lexème contre **44** chez Chrétien et **92** dans le **ms. 7235**. Inversement le lexème « *pucele* » parait différemment. Voici la déclinaison de ces deux lexèmes :

---

[1] Nous avons mis dans les annexes le détail de chaque catégorie.

[2] **130** chez Chrétien de Troyes et **135** dans la mise en prose de son roman.

[3] On note en effet **11** occurrences du substantif « *pucielle* » contre **62** pour « *damoisielle* ».

	Ch. en vers	Ch. du XIIIè	Ch. du XIVè	Érec en vers	ms. 363	ms. 7235	Cligès en vers	Cligès en prose
Pucele	46	11	25	40	77	30	34	13
Damoisele	40	62	67	44	27	92	4	19
TOTAL	86	73	92	84	104	122	38	32

Les lexèmes « pucele » et « demoiselle » dans les versions étudiées

Dans les *Charrette*, c'est dans la version du XIIIè qu'il s'épanouit le moins et dans la version en vers qu'on le trouve le plus souvent. Dans les versions de l'*Érec*, c'est le **ms. 363** qui est en tête avec **77** occurrences, contre **40** dans la version en vers et **30** dans le **ms. 7235**. Dans les deux *Cligès*, c'est la version vers qui favorise ce lexème. Inversement le mot « *demoiselle* » s'épanouira plus dans la prose de ce roman. Le choix du mot à utiliser dépend donc de la simple volonté de chaque auteur. Notons pour finir qu'il est une autre catégorie, mais cette fois relative aux toponymes. Une création nouvelle qui voit le jour uniquement dans les *Charrette* en prose, dans deux des versions de l'*Érec* et dans la version vers du Cligès est cette formule qui correspond à un « nom générique + adjectif » et qui correspond à un véritable nom de lieu. Nous regrouperons dans ce tableau toutes les occurrences dégagées de la mise en prose du roman de Chrétien de Troyes.

Noms génériques	Ch. en vers	Ch. du XIIIè	Ch. du XIVè	Érec en vers	ms. 363	ms. 7235	Cligès en vers	Cligès en prose
El haut Chimentiere	0	1	0	0	0	0	0	0
L'Eve Doloreuse	0	1	0	0	0	0	0	0
La Dolerouse Garde	0	0	1	0	0	0	0	0
La Dolerouse Tombe	0	2	0	0	0	0	0	0
La forest aventureuse	0	0	0	0	2	0	0	0
La Table Ronde	0	3	0	2	0	0	0	0
Le Val Brun	0	0	0	0	1	0	0	0
Li Saint Chimentires	0	3	0	0	0	0	0	0
Noire forest	0	0	0	0	0	0	1	0
Pont Perelleus	0	2	0	0	0	0	0	0
Pont Pierdu	0	1	0	0	0	0	0	0
Roiaume Aventureus	0	1	0	0	0	0	0	0
Roiaume sans Retour	0	1	0	0	0	0	0	0
Tiere Forainne	0	1	0	0	0	0	0	0
TOTAL	0	16	1	2	3	0	1	0

La combinaison « nom générique + adjectif » relative à la *Charrette* en prose

Les noms génériques prolifèrent dans les diverses versions étudiées. Ils forment des catégories soulignant les rapports de féodalité ou les liens de parenté qui lient les personnages entre eux. Ils renvoient aux fonctions publiques ou religieuses que peut avoir « *le petit personnel* » des romans arthuriens. Ils font référence à tous les personnages principaux ou passagers par des noms qui rappellent leurs statuts sociaux, leur appartenance sociale, leurs métiers...etc. Ils touchent même aux toponymes. Les noms génériques lorsqu'ils renvoient au rapport de féodalité sont plus importants dans les *Charrette* et surtout dans la *Charrette* du XIVè que dans les autres romans. Autant toute forme de longueur est éliminée des proses tardives des romans de Chrétien de Troyes, autant toute qualification est la bienvenue dans la *Charrette* du XIIIè. C'est ce qui explique d'ailleurs le souci de lignage qui caractérise l'écriture de la *Charrette* du XIIIè plus que toutes les autres versions des divers romans étudiés. Plus que Chrétien de Troyes, les versions en prose, et principalement la version en prose du XIIIè du *Chevalier de la Charrette* opère un choix savant dans les appellatifs, faisant rejaillir tout lien de parenté existant entre les protagonistes et tentant de varier les dénominatifs même toponymiques et de les éclairer dans un but de vraisemblance et de clairvoyance.

2.2.3.3. Les autres moyens

Outre les noms génériques simples, il existe d'autres outils syntaxiques utilisés par les auteurs des différentes versions analysées, mais avec des proportions différentes. Ces outils se résument dans des relatives adjectives, des relatives sans antécédent et des appositions. Une relative adjective est une proposition subordonnée introduite par un pronom relatif et déterminant un nom la précédant[1]. Nous pouvons rappeler un exemple extrait d'un des romans analysés : « *si lui pesa [à Keu] moult* ***du chevalier*** ***qui sans bataille s'en aloit***[2] ». Ce type de subordonnées, nous le retrouvons dans les diverses versions étudiées, mais les proses y recourent plus souvent que les romans en vers. En voici le récapitulatif :

[1] D'ailleurs, la relative adjective occupe toutes les fonctions et les propriétés d'un adjectif.

[2] *Charrette* du XIVè, *op.cit*, p. 175.

Relatives avec antécédent	Ch. en vers	Ch. du XIII[è]	Ch. du XIV[è]	Érec en vers	ms. 363	ms. 7235	Cligès en vers	Cligès en prose
Chevalier	4	29	48	2	7	8	9	3
Dame	0	3	1	0	0	0	0	1
Damoiselle	1	3	0	0	2	2	0	2
Empereor	0	0	0	0	0	0	1	0
Fame	0	0	0	0	0	0	1	0
Genz	0	0	0	0	0	0	1	1
Homme	0	2	5	0	0	0	0	4
Hoste	0	0	0	1	0	0	0	0
Nain	0	0	0	1	0	0	0	0
Niés	0	0	0	0	0	0	1	0
N. propre	0	0	0	0	1	0	1	0
Pucelle	1	3	0	0	1	0	0	0
Roi	1	0	0	0	0	0	1	0
Seigneur	0	0	0	0	1	0	0	0
Vallet	0	0	0	0	0	0	1	0
Toponymes	0	0	2	0	0	0	0	0
TOTAL	3	40	56	4	12	10	16	11

Les relatives adjectives dans les romans étudiés

Hormis la version en vers du *Cligès* qui compte plus d'occurrences de relatives adjectives que dans sa mise en prose (**16** dans le *Cligès* en vers et **11** dans sa mise en prose), dans les diverses versions des autres romans, ce sont les versions en prose qui comptent le plus d'occurrences de ces relatives. L'*Érec* en vers ne propose par exemple que **4** cas de relatives avec antécédent, alors que la version du **ms. 7235** en dénombre **10**. Le **ms. 363** n'est pas loin et propose **12** relatives adjectives. Et ce sont les versions en prose de la *Charrette* qui enregistrent le plus d'occurrences. La version en vers ne présente que **7** cas relevés. La *Charrette* du XIII[è] propose **40** occurrences et celle du XIV[è] explosent les références avec **56** cas dégagés. Voici quelques exemples extraits des trois versions de la *Charrette* :

Ch. en vers	**Ch. du XIII[è]**	**Ch. du XIV[è]**
« *Li chevaliers (fils du vavasseur) qui venoit seus* » **v. 1543**	« *Chevaliers qui fu karetés* » **§ 4, p. 100.**	« *bon chevalier qui y monta* », **p. 251.**
« *Chevalier qui cestui vausist* » **v. 1980**	« *Li chevaliers ki la nuit avoit hierbregié celui de la karete* »**§ 9b, p. 162.**	« *la damoiselle que le chevalier avoit menee...* », **p. 185.**
« *Li rois qui molt estoit frans et cortois* » **v. 3948**	« *une sereur [...] a cui Lancelot douna la tieste*	« *le chevalier qui estoit mellés de*

	del chevalier k'il ochist » § 17, p. 248.	*chaynes...* », p. 194.

Ces relatives adjectives apportent des détails relatifs aux personnages et susceptibles de tirer au clair tout éventuel imbroglio. Vue l'écrasante majorité d'occurrences dégagées des deux *Charrette* en prose, il s'avère indéniable que ce sont elles qui, plus que le vers, tendent à élucider tout détail à même d'être flou. Quant aux versions en prose de l'*Érec* et du *Cligès*, le nombre peu important des occurrences s'explique par la tradition des proses tardives qui tendent à écourter leurs versions et donc toute forme de références onomastiques. Inversement, ce sont les romans de Chrétien de Troyes qui englobent le plus de relatives sans antécédent (excepté pour les *Charrette*). Voici un rappel du récapitulatif des occurrences relevées :

Relatives sans antécédents	Ch. en vers	Ch. du XIIIè	Ch. du XIVè	Érec en vers	ms. 363	ms. 7235	Cligès en vers	Cligès en prose
TOTAL	50	25	94	2	0	0	52	33

Les relatives sans antécédents dans les romans étudiés

Nous entendons par relative sans antécédent toute proposition relative ne déterminant nul nom et ayant les propriétés d'un substantif. En voici un exemple :

Ch. en vers	Ch. du XIIIè	Ch. du XIVè
« *Je sui cele qui vos rové* *Quant au Pont de l'Espee alastes* *Un don, et vos le me donastes* *Molt volantiers, quant jel vos quis*[1] »	« *Je sui, fait elle, une vostre amie ki mout sui dolante de vostre travail*[2] »	« *jou suis chelle qui vous otriastes un don quant vous au Pont de l'Espee alastes*[3] »

La *Charrette* en vers et la versions dérimée s'accordent dans le recours à la relative sans antécédent. La *Charrette* du XIIIè préfère recourir à une relative avec antécédent, en l'occurrence « *une vostre amie* ». Dans les versions de l'*Érec*, elles ne sont présentes que dans **2** occurrences et uniquement dans la version en vers.

---

1 *Charrette* en vers, *op.cit*, v. 6572 et ss.

2 *Charrette* du XIIIè, *op.cit*, §17, p.252.

3 *Charrette* du XIVè, *op.cit*, p. 262.

Dans le *Cligès*, c'est la version de Chrétien de Troyes aussi qui présente plus d'occurrences (**52**) contre seulement **33** dans la version en prose. Cet amoindrissement s'explique encore une fois par la volonté des proses tardives d'alléger le texte et de ne garder que le contenu en faveur d'une meilleure compréhension de l'histoire. Dans les *Charrette*, le constat n'est pas le même. Dans la *Charrette* en vers, nous notons **50** occurrences contre seulement **25** dans la *Charrette* du XIII^{è}. Jusque-là, le constat est le même que pour les autres romans, c'est-à-dire que c'est la version en vers qui compte le plus d'occurrences de relatives sans antécédent. Seulement, la *Charrette* du XIV^{è} vient perturber ce constat, puisque les références à des relatives sans antécédent y battent leur plein avec **94** occurrences relevées. Cela veut dire qu'on passe du simple relevé chez Chrétien de Troyes à son presque double dans cette version dérimée. Bien sûr, et comme souvent, ce constat s'explique par cette volonté qu'aurait eue l'auteur de cette version de concurrencer la version de la *Charrette* du XIII^{è}. Il tend à étendre l'histoire de Chrétien en respectant son contenu, en piochant par moments, dans le contenu de la version du XIII^{è}, mais tout en s'en séparant. Parmi les personnages principaux qu'on nomme le plus par le biais de cette structure, c'est évidemment Lancelot, mais surtout dans *Le Chevalier de la charrette* et dans la version dérimée de celle-ci. Celui-ci compte, en effet, **15** occurrences dans le vers contre uniquement **3** dans la mise en prose du XIII^{è} du roman et **25** dans la *Charrette* du XIV^{è}. Rappelons quelques exemples :

Charrette en vers	**Charrette du XIIIe**	**Charrette du XIVe**
« *Cil qui bien le fet* »[1]		« *cil qui en la charrette avoit monté* »[2]
« *Cil qui de nul mal ne se dote* »[3]		« *cil qui moult se delicte et plaint de son pensé* »[4]
	« *cil ki montastes en la karete* »[5]	

[1] *Charrette* en vers, *op.cit*, v. 5635.

[2] *Charrette* du XIV^{è}, *op.cit*, p. 182.

[3] *Charrette* en vers, *op.cit*, v. 5079.

[4] *Charrette* du XIV^{è}, *op.cit*, p. 190.

[5] *Charrette* du XIII^{è}, *op.cit*, § 6j, p. 140.

« *cil [...] qui le pont de l'espee avoit passé* »[1]

« *Cil qui porte escu vermoil* »[2]

Cette structure détermine le sujet dont on parle en se référant soit à l'une de ses actions, soit en décrivant une partie de son armure, en l'occurrence la couleur de l'écu. L'ultime moyen usité pour la présentation des personnages demeure **l'apposition**. L'écart apparaissant entre le nombre d'occurrences dégagées de chaque version étudiée s'avère encore une fois révélateur d'un souci de clairvoyance et d'élucidation propre à l'écriture prose. Voici le récapitulatif des occurrences dégagées :

Appositions	**Ch. en vers**	**Ch. du XIIIè**	**Ch. du XIVè**	**Erec en vers**	**ms. 363**	**ms. 7235**	**Cligès en vers**	**Cligès en prose**
Apposition + relative	**1**	**0**	**0**	**1**	**0**	**0**	**0**	**0**
Exemple : « [...] *Pndragon, mon père,/ Qui fu droiz rois et emperere* », *Erec* en vers, *op.cit*, v. 1807-1808.								
N. commun + rel. sans antécédent	**0**	**0**	**3**	**0**	**0**	**0**	**0**	**0**
Exemple : « le chevalier, cil qui en la charrette avoit monté » (Charrette du XIVè, op.cit, p. 182.								
Nom commun + nom commun	**6**	**8**	**6**	**6**	**8**	**4**	**0**	**0**
Exemple : « *mes peres li rois* », *Erec* en vers, *op.cit*, v. 1806.								
Nom commun + périphrase	**2**	**0**	**0**	**2**	**0**	**0**	**0**	**0**
Exemple : « *Li cuens Brandains de Loecestre* », *Erec* en vers,, *op.cit*, v .1931.								
Nom propre + adj. Substantivé	**6**	**0**	**10**	**5**	**0**	**0**	**1**	**1**
Exemple : « *Boort ly essiliés* », *Charrette* du XIVè, *op.cit*, §15e, p. 234.								
Nom propre + nom commun	**59**	**83**	**149**	**50**	**46**	**17**	**34**	**91**
Exemple : « *Morgain la fee* », *Charrette* du XIVè, *op.cit*, p. 236.								
Nom propre + périphrase	**6**	**1**	**5**	**6**	**1**	**4**	**1**	**10**
Exemple : « *Erec li filz Lac* », *Erec* en vers, *op.cit*, v .667.								
Titre + nom commun	**16**	**24**	**76**	**0**	**0**	**0**	**2**	**1**
Exemple : « *mon seignor le roi* », *Charrette* en vers, *op.cit*, v. 5333.								
Titre + apposition	**1**	**0**	**0**	**1**	**0**	**0**	**0**	**0**
Exemple : « *mon seigneur le roy Artus* », *Charrette* du XIVè, *op.cit*, p. 241.								
Titre + nom propre	**35**	**91**	**94**	**17**	**43**	**80**	**11**	**0**
Exemple : « *mes sires Gavains* », *Charrette* du XIVè, *op.cit*, p. 264.								
TOTAL	**132**	**206**	**343**	**88**	**98**	**105**	**49**	**103**

Les appositions dans les romans étudiés

[1] *Ibidem*, § 12, p. 198.

[2] *Charrette* en vers, *op.cit*, v. 6026.

On constate que ce sont les versions en prose qui proposent le plus d'appositions. Cela s'explique par le souci d'élucidation propre à l'écriture en prose et dont les romans de Chrétien ne bénéficient pas largement. **49** occurrences relevées dans le *Cligès* en vers contre **103** dans sa mise en prose. **91** exemples détectés dans l'*Érec* en vers, contre **95** dans le **ms. 363** et **105** dans le **ms. 7235**. Et ce sont encore une fois, les versions de la *Charrette* qui présentent le plus d'occurrences. La *Charrette* en vers propose **133** cas d'appositions ; la *Charrette* du XIII[è] augmente le relevé avec **206** occurrences dégagées. Quant à la *Charrette* du XIV[è], elle explose le recours à cette structure puisqu'elle emploie cette formule dans plus de **343** exemples, soit **2** fois et demie le nombre détecté dans la version en vers de la *Charrette*. Dans les romans sources, ces appositions se résument toutes ou presque dans des formules comme « *li rois Artus* », « *messire Gauvain* » et « *la royne Guenievre* ». Sémantiquement parlant, chacun de ces titres équivaut au nom qui lui est annexé : « *li rois* », c'est « *Artus* » ; « *messire* », c'est « *Gauvain* » et « *la royne* », est bel et bien « *Guenievre* ». Les versions en prose présentent, elles également, des occurrences assimilables à celles dégagées des romans de Chrétien de Troyes. Il suffit pour s'en convaincre de voir le relevé des « nom propre + nom commun » que l'on retrouve davantage dans les proses que dans le vers (excepté le *Cligès* en prose qui ne propose aucune formule de ce type). Cependant, les mises en prose créent et développent aussi d'autres formules, tentant d'éclairer au mieux l'identité des protagonistes dont il est question et de lier les héros entre eux par leur rapport de parenté. Il en est ainsi pour une panoplie d'exemples dont nous choisissons quelques-uns :

Ch. du XIII[è]	**Ch. du XIV[è]**	**Érec ms.363**	**Érec ms. 7235**
« *Li roi Bademagu, son pere* (de Méléagant) » § 17, p. 248.	« *li roy Baudemagus son père* », p. 240.		
		« *le roi Artus* », [193r°b], p. 102.	« *le roi Artus* », [1v°], p. 103.
« *Messire Gauwain, li niés le roi Artu* » § 9, p. 160.	« *Gauvain le nepveu le roy Artus* », p. 241.		
		« *Enide son espouse* », [222r°a], p.	« *la belle damoiselle Enide* », [19r°],

		168.	p. 151.
« *Meleagans li fel, li fieus au roi Bademagu de Gorre* » § 1, p. 66.	« *Méleagans li traistres* », p. 264.		
			« *Erec le filz du roy Lach* », [1r°], p. 101.

Chacun de ces héros est donc présenté avec tant de précision que le roman en prose se voit teint d'un air de véridicité incontournable, l'opposant, de manière générale, à la présentation moins soignée des protagonistes dans les versions en vers.

Il en est ainsi de l'onomastique, de ses occurrences et de la portée significative de ses appellations. Une logique inconsciente voit le jour et transparait à travers certains noms propres prêtés aux personnages. De même, les romans analysés pullulent de toponymes. Les frontières s'estompent. Elles ouvrent l'espace de l'amalgame entre les toponymes simples réels et les toponymes imagés (principalement dans les versions de la *Charrette* et les versions de l'*Érec* – excepté le **ms. 363**). Elles balancent entre des toponymes orientaux et d'autres occidentaux, surtout dans les versions du *Cligès*, dans cette histoire « *à séquences orientales* », (et tentant à être perçue comme « vraie » puisque nous n'y avons noté aucun toponyme fictif simple) et avec toujours cette volonté d'ancrage des noms dans la prose ou plutôt dans les proses de la *Charrette*. Ces références onomastiques sont également exprimées par le moyen de structures composées. Elles embrassent des compléments de nom, des adjectifs substantivés, des appositions et bien d'autres moyens. Elles renvoient aux traits physiques et moraux dominants des protagonistes ainsi qu'à leurs origines géographiques. Ces dernières sont quasiment absentes des versions de la *Charrette*, prennent un peu plus de place dans les versions de l'*Érec*, et jouissent d'un véritable festival surtout dans le *Cligès* en vers de Chrétien de Troyes qui semble vouloir faire une démonstration de concomitance de diverses origines géographiques dans un même roman. Nous avons, par ailleurs, déblayé les références les plus concluantes de toponymes construits selon la combinaison de « *nom + complément du nom* » et témoignant aussi bien d'un souci de lignage que d'un souhait d'élucidation et qui, tel un puzzle, se hasardent à placer chaque pièce dans sa case congrue. Nous l'avons vu, concernant les anthroponymes, les relevés valsent entre des références bibliques, mythiques, arthuriennes et légendaires. Pour les toponymes, les exemples balancent entre des origines réelles, crédibles et localisables sur une carte géographique d'autres simplement imaginaires. Selon, les romans, mais aussi selon les versions d'un même roman, les références réelles (surtout le *Cligès* en prose) l'emportent sur les renvois imaginaires (La *Charrette* du XIV^è) ; et les références occidentales l'emportent sur celles orientales. Et c'est ce mécanisme qui fait sortir l'onomastique des romans de Chrétien de Troyes de son anonymat. Il permet également d'éclairer ou parfois de duper les lecteurs quant à l'identité des protagonistes dont il est question dans chacune des versions étudiées. Les noms génériques sont nombreux dans les diverses versions étudiées. Et au vu de l'écrasante majorité d'occurrences dégagées des deux *Charrette* en prose, ce sont elles qui, plus que le vers, tendent à éclairer tout détail pouvant sembler flou. Quant aux versions en prose de l'*Érec* et du *Cligès*, le nombre peu important des occurrences s'expliquerait par la tradition des proses tardives qui tendent à abréger leurs versions.

Ainsi, peut-on affirmer à ce stade de l'analyse que le passage du vers à la prose va de pair avec un passage de l'implicite à l'explicite. Cette tendance et cette prédilection pour la transparence ont donné naissance à une avalanche de questions voyant le jour chez Chrétien de Troyes, mais acquérant de plus en plus de pertinence dans les mises en prose des romans de Chrétien. Ce passage de l'obscur au clair passe par la rhétorique qui se charge d'effacer tout élément susceptible de paraître flou et de rajouter ensuite, et autant que possible, des détails et des indices dissipant tout mystère concernant un quelconque personnage ou lieu et enfin d'agrémenter, voire d'amplifier particulièrement la généalogie de Lancelot en le liant à d'autres protagonistes directement ou indirectement inscrits dans l'action. Multiples sont donc les stimuli provoqués par les différentes interrogations proposées par les versions étudiées. Celles-ci sont ou bien verbales ou bien non verbales. Elles accentuent les interactions des personnages qui répondent soit positivement, soit négativement, soit par une non-réponse aux questions qui leur sont posées. Bien sûr, les réponses éclairantes sont celles les plus présentes. Et ce sont les versions de la *Charrette* qui l'emportent quant au nombre de questions et d'explications ; l'influence de l'écriture de la Bible expliquant cette tendance dans l'écriture du XIII^è ; et c'est la pression de cette version qui explique l'avalanche de questions relevées dans la version dérimée de la *Charrette*. Quant aux versions de l'*Érec*, c'est le **ms. 363** qui enregistre le moins de questions et d'explications ; son auteur serait le plus détaché de tous les autres. Il prend de la distance, qu'on expliquerait certes par l'écriture du XVè qui se veut brève – le cas du *Cligès* en prose aussi – mais il n'en demeure pas moins qu'il n'est pas aussi impliqué que l'auteur du **ms. 7235** de l'*Érec* en prose. En ce qui concerne les explications, les moyens utilisés par les auteurs diffèrent. Le choix des conjonctions de coordination varie et évolue au fil des siècles ; la conjonction « *que* » omniprésente dans les romans de Chrétien tend à disparaitre à partir du XIIIè. Elle se confond dans son sémantisme avec la conjonction « *car* » qui devient mieux en vogue et prend, de ce fait, plus de place, ainsi que d'autres locutions conjonctives, dans l'écriture du XVè où les phrases restent toujours aussi complexes, mais où la subordination prend davantage d'ampleur. L'onomastique est aussi au rendez-vous. Les références anthroponymiques et toponymiques se multiplient. Des anthroponymes simples et composés sont les plus nombreux dans les deux versions du *Cligès* ; ce sont, en effet, celles qui accordent le plus d'importance au sens que pouvaient avoir les noms ; elles notifiaient par leur biais l'histoire de leurs personnages. Ceci n'est ni le cas des trois versions de l'*Érec* qui n'exposent aucun anthroponyme simple à valeur sémantique, ni le cas des diverses versions de la *Charrette* qui n'élucident pas forcément le sens des noms des personnages. De même, les toponymes regorgent dans les romans analysés. Les frontières entre toponymes réels et imagés s'estompent surtout dans les versions de la *Charrette* et les versions de l'*Érec* (excepté le **ms. 363**). Les deux *Cligès* se consacrent de manière exclusive aux toponymes réels ; plus de place à l'imaginaire qui pourrait biaiser l'aspect véridique recherchée dans l'histoire...

Les noms génériques sont ce qu'on retrouve le plus dans les diverses versions étudiées. Ils se réfèrent ou aux rapports de féodalité ou aux liens de parenté qui lient les personnages entre eux. Ils peuvent également renvoyer aux fonctions publiques ou religieuses que peut avoir « *le petit personnel* » des romans arthuriens. Bref, tout un mécanisme de nomination tend à éclairer, à simplifier et décrire dans une mouvance qui transporte les versions vers la catharsis d'une onomastique originale et fervente. L'effervescence des appellations crée la synergie du ou des romans et fermente l'univers arthurien de façon à lui octroyer l'allure qui sied le mieux à l'époque où la version est rédigée. Tous ces éléments onomastiques font diverger les romans étudiés entre eux, mais ils convergent tous vers un souci commun de nomination. Ce va-et-vient se fera remarquer même au sein des structures phrastiques et du choix syntaxique de chaque auteur.

PARTIE III
Les péripéties du rythme et des structures phrastiques

Comparer des textes écrits sous des formes différentes, implique d'emblée l'étude d'une composante fondamentale dans le passage d'une écriture-vers à une réécriture « prosifiée » et d'une écriture en prose écrite à une époque donnée à une autre écrite à une époque ultérieure. Cette composante touche aux structures phrastiques, et ce aussi bien dans leurs constructions que dans les rapports qu'elles entretiennent les unes avec les autres. Elle se voit également complice du choix d'un rythme scandé par un prosateur lucide, et mesuré selon un besoin propice à l'originalité de la composition des mises en proses des romans de Chrétien de Troyes. Nous verrons dans un premier temps jusqu'à quelle mesure le rythme de la narration peut être régulier. Lorsque ce rythme de narration ne l'est pas dans les romans étudiés, nous démontrerons qu'il peut être ou ralenti, ou rapide. Il n'est, par ailleurs, point surprenant de percevoir tant de mouvance dans les structures phrastiques qui régissent les versions étudiées. C'est un système de progression qui participe principalement de l'évolution de la langue, mais pas seulement. Le discours prôné par Chrétien de Troyes dans ses romans se voit redistribué par les auteurs des mises en prose de ses romans. Il est réorganisé selon la langue de l'époque à laquelle le roman est réécrit, et, parfois même, selon la fantaisie des prosateurs. L'on verra l'écriture embrasser plusieurs formes ; offrant de la sorte aux histoires de Chrétien de Troyes une fraicheur renouvelée et inédite à chaque réécriture.

Cette réécriture touche à la forme même des textes, dans leur passage de l'écriture en vers à l'écriture en prose. Elle réinvente les rimes tout en les absorbant dans une nouvelle forme dite « dérimée » et qui caractérise fondamentalement la version de la *Charrette* du XIVe. Nous verrons qu'un jeu autour de l'ajout et la suppression de mots fera enrichir ou simplifier les textes de Chrétien, en apportant, parfois, la cohésion nécessaire aux textes, et en insérant, d'autres fois, un imbroglio dans la trame syntaxique des réécritures. Un ballet de temps et de modes grammaticaux forme un tableau où cohabitent des modes inattendus ou inhabituels dans le choix de leur emploi. Tout un manège qui crée de l'énergie et vivifie des histoires identiques, mais réécrites chacune de façon singulière.

CHAPITRE VI

Un rythme géré par l'action

Une des variations à noter dans le passage du vers à la prose semble être le rythme selon lequel se développent les épisodes relatifs aux différentes versions que nous étudions. Celui-ci touche **trois** points fondateurs de la vitesse, allant **(1)** d'une lenteur parfois excessive à **(2)** un rythme plus que véloce et adoptant à plus d'un moment **(3)** une régularité qui ne cesse de surprendre. D'une version d'un roman à sa ou à ses mises en prose, ce rythme varie créant une cadence qui évolue, diminue, augmente, ralentit. Cette-ci revient de façon parfois dérangeante, parfois redondante et parfois innovante et faisant de chaque nouvelle réécriture d'une même histoire l'espace d'une « relecture » autant authentique qu'originale.

3.6.1. Accélération ou ralentissement des scènes

Les réécritures des romans de Chrétien de Troyes s'inscrivent dans une mouvance qui ménage la cohésion des récits tout en apportant à chacun d'entre eux une originalité qui le différencie de sa source. Chaque auteur apporte la forme qui sied le mieux au public auquel il adresse son roman. Chaque prosateur ose la tournure qui lui semble correspondre le mieux à son auditoire. Chaque remanieur redistribue les rôles, innove ou rappelle l'histoire, tout en respectant la source de Chrétien de Troyes, mais tout en y greffant sa signature. Les réécritures des scènes et des motifs des romans arthuriens, en général, et ceux de Chrétien de Troyes, en particulier, balancent dans une transe rythmique qui parfois abrège, parfois ralentit ; et d'autres fois accélère et régule l'histoire.

3.6.1.1. Rythme rapide : l'abrègement et/ou la suppression d'un épisode

Rappelons pour commencer une définition que Michèle Aquien propose à propos du rythme. Cette définition donne également les limites de ce concept :

> *«la notion de rythme est fuyante et difficile à définir de manière théorique ; on la fonde le plus souvent sur le retour plus ou moins régulier d'un repère constant, quelle que soit sa nature [...]. Il s'agit donc d'une expérience première en rapport existentiel avec le sujet*[1]*.»*

Nos romans illustrent la lucidité d'auteurs, de compilateurs et de remanieurs habiles à réécrire et à innover, tout en rappelant, et à maintes occasions, qu'ils sont, chacun, les seuls à détenir le fil d'Ariane de leurs romans. Ces rappels se font souvent en filigrane, mais mettent en vedette une pratique favorable à l'économie : le résumé. Dans les *Charrette*, nombreux sont les exemples. Nous pouvons rappeler l'abrègement dans le passage relatif d'une part, à la demande que fait le roi à la reine (à savoir prier Keu de rester à la Cour d'Arthur) et d'autre part, à celle faite par la reine à Keu (c'est-à-dire de demeurer à la Cour), et ce au début du *Chevalier de la charrette*. Alors que Chrétien de Troyes consacre cinquante-six vers à cet épisode[2], le prosateur de la *Charrette* du XIIIè, lui, se limite à cinq phrases, éliminant le dialogue du roi et de la reine et abrégeant celui de Keu et de la reine[3]. La *Charrette* du XIVè, quant à elle, se rapproche davantage de la version de Chrétien que de celle du XIIIè. Son auteur accorde autant de place et d'espace à cet épisode que l'a fait jadis Chrétien de Troyes. Et au vu de la longueur de cet épisode dans la version du XIVè, nous sommes même tentés de dire que c'est la version dérimée qui étend le plus cet épisode[4]. De même, l'ampleur que prennent les bienfaits de la sœur de Méléagant dans la version en vers n'a plus sa place dans la *Charrette* du XIIIè. Et cette fois-ci, la version dérimée va se rapprocher de la prose du XIIIè écourtant le passage et se limitant à l'essentiel de l'information. On peut, à ce sujet, revoir les trois passages :

---

[1] Michèle Aquien et Georges Molinié, *op.cit*, p.665.

[2] *Charrette* en vers, *op.cit*, v. 114-170, p.52-56.

[3] *Charrette* du XIIIè, *op.cit*, §2, p. 76.

[4] *Charrette* du XIVè, *op.cit*, pp. 175-176.

***Ch.* en vers**	***Ch.* du XIIIe**	***Ch.* du XIVe**
« *Et si tost com il fu venuz* *Quant il fu de sa robe nuz,* *En une haute et bele couche* *La pucele soef le couche,* *Puis le baigne, puis le conroie* *Si tres, bien que je n'an porroie* *La mitié deviser ne dire.* *Soef le menoie et atire* *Si com ele feïst son pere,* *Tot le renovele et repere,* *Tot le remue, tot le change.* *Or n'est moins biax d'un ange,* *N'est mes roigneus n'esgeünez,* *Mes forz et biax, si s'est levez,* *Et la pucele quis li ot* *Robe plus bele qu'ele pot.* *Dom au lever le revesti,* *Et cil liemant la vesti* *Plus legiers que oisiax qui vole* » [v.6659-6677]	« *Si [la sœur de Méléagant] douna a Lancelot quanke mestiers li fu, et il avoit mout grant mestier d'aide, car assés avoit eurve male prison* », **§17,** p. 252.	« *Et aussi l'onneure comme se che fust ses peres et li viesti biele robe et moult riche* », p. 262.

C'est comme si les prosateurs s'adressaient à des lecteurs connaissant d'ores et déjà la *Charrette* en vers. Selon eux, il s'avère inutile d'étaler l'exposé de ce qui a déjà eu sa place dans *Le Chevalier de la charrette*, d'autant plus que les bienfaits de la sœur de Méléagant ne font que reporter l'action et allonger ainsi le suspense du texte. D'ailleurs, ce relevé ne fait que renforcer l'idée selon laquelle *«la naissance du récit en prose ne relève[rait] pas de la rupture, mais [plutôt] d'un progressif démarquage*[1]*.* » Et c'est ce que nous retrouvons dans les trois versions de la *Charrette* : certains épisodes sont repris, mais pas tout à fait. On reste, certes, fidèle au sens, mais la forme et la longueur des épisodes, elles, ne sont pas pour autant les mêmes. Le même constat concerne d'autres extraits. Certains détails disparaissent surtout dans la *Charrette* du XIII^è. Revoyons de près un des exemples qui corroborent cette idée :

***Ch.* en vers**	***Ch.* du XIII^è**	***Ch.* du XIV^è**
Séparation des deux chevaliers, v. 700 et ss.	Séparation des deux chevaliers, § 5, p. 104.	Séparation des deux chevaliers, p. 183
Explication des noms des deux ponts, v. 656 et ss.		Explication des noms des deux ponts, p. 183.

[1]Annie Combes, « Du Brut au Merlin : le fils du diable et les incertitudes génériques », in *Cahiers de Recherches Médiévales*, *op.cit*, p. 15.

Rêverie du chevalier de la charrette, v. 711 et ss.		Rêverie du chevalier de la charrette, p. 184
Le chevalier de la charrette combat le chevalier du gué, v. 803 et ss.		Le chevalier de la charrette combat le chevalier du gué, p. 184 et ss
Le chevalier de la charrette laisse la vie sauve au chevalier, v. 900 et ss.		Le chevalier de la charrette laisse la vie sauve au chevalier, p. 186
Le chevalier de la charrette et la demoiselle séductrice, v. 932 et ss.	Lancelot et la demoiselle séductrice, § 6, p. 106.	Lancelot et la demoiselle séductrice ; Dès qu'elle le rencontre, elle lui demande de coucher avec elle en échange de l'hébergement qu'elle lui propose pour la nuit, p. 186

Là où le vers et la *Charrette* du XIVè s'aventurent à décrire le combat qui oppose le chevalier de la charrette au chevalier du gué et à élucider le nom des deux ponts qui séparent les chemins de Lancelot et Gauvain, la *Charrette* du XIIIè passe sous silence tous ces détails et passe directement à l'épisode de la demoiselle séductrice. Mais l'auteur de cette version remplace cet épisode par celui du combat de Lancelot contre le chevalier de la chaussée, épisode qu'on ne retrouve pas, d'ailleurs, dans les autres versions[1]. Dans tous les cas, nous remarquerons que dans plus d'un endroit, la version de la *Charrette* en vers s'accorde avec la version de la *Charrette* dite dérimée et s'éloigne par la même occasion de l'épisode de la *Charrette* du XIIIè. D'ailleurs, les exemples que l'on cite ci-dessous ne sont pas partagés par la version du XIIIè. Il en est ainsi de tous ces épisodes :

***Charrette* en vers**	***Charrette* du XIVè**
Le chevalier de la charrette hébergé et escorté, v. 2255 et ss.	Le chevalier de la charrette escorté puis hébergé, p. 201.
Combat des gens de Logres, v. 2382 et ss.	Combat des gens de Logres, p. 204-205.

[1] *Charrette* du XIIIè, *op.cit*, §6d, p. 118.

Exploits du chevalier de la charrette, v. 2409 et ss.	Exploit du chevalier de la charrette, p. 205
Joie des prisonniers, v. 2942 et ss.	Joie des prisonniers, p. 205.
Le chevalier de la charrette lui tranche la tête sous la demande insistante de la sœur de Méléagant, v. 2797 et ss.	Le chevalier de la charrette lui tranche la tête sous la demande insistante d'une demoiselle inconnue (la sœur de Méléagant), p. 213.
Refus orgueilleux de Méléagant, v. 3272 et ss.	Refus orgueilleux de Méléagant, p. 218.
Baudemagus défend Lancelot et réprimande son fils, v. 6304 et ss.	Baudemagus défend Lancelot et réprimande son fils, p. 260.

La plupart de ces extraits se réfèrent à des moments descriptifs qui, selon l'auteur de la prose du XIIIè, ne sont nullement importants pour la cohésion de la trame principale de l'histoire, d'où l'économie qu'il se réserve à leur sujet. Ainsi en est-il aussi de la nuit d'amour de Guenièvre et Lancelot, qui, dans le texte en vers, s'étend sur trente-deux vers, soit du **vers 4654** *au* **vers 4686**, et dans la *Charrette* dérimée s'étend aussi sur plusieurs phrases, alors que dans la prose du XIIIè, le compilateur résume cette scène en une seule et unique phrase, laissant libre cours à l'imagination de son lecteur : « *grant fu la joie k'il s'entrefisent*[1]», nous dit-il. Dans la *Charrette* du XIIIè, seront également abrégées les lamentations de Lancelot[2] et l'extase devant le peigne de Guenièvre[3]. Le *Lancelot* en prose, en général, et la *Charrette* du XIIIè, en particulier, semblent privilégier l'action au détriment de l'étalage de l'expression des sentiments et de la description. Dans ce cas, l'essentiel de la narration doit figurer dans l'action des personnages et non dans les extraits descriptifs qui ralentissent la trame. Qu'en est-il des versions de l'*Érec et du Cligès* ?

---

1 *Charrette* du XIIIè, *op.cit*, p. 206.

2 *Charrette* en vers, *op.cit*, [**v. 6468-6529**, p. 430-432] et *Charrette* du XIIIè, *op.cit*, [ligne 24-32, p. 250], La *Charrette* du XIVè, *op.cit*, [lignes 28 et ss], p. 234 et [lignes 1-29], p. 235.

3 *Charrette* en vers, *op.cit*, [**v.1424-1479**.] et *Charrette* du XIIIè, *op.cit*, [ligne 26-28, p. 120], *Charrette* du XIVè, *op.cit*, [lignes 25 et ss], p. 190 - lignes [1-5], p. 192.

Dans les *Charrette*, nous l'avons vu, le prologue que nous offre Chrétien disparait des deux mises en prose ; nous l'expliquons par le fait que l'épisode relatif aux deux *Charrette* ne correspond pas au début de chacun des livres. L'auteur du **ms. 363** opère de même en ne recourant pas à un prologue dans sa version ; ce qui ne sera nullement le cas de l'auteur du **ms. 2735** qui consacre un prologue au début de son roman et qui, comme le démontre Maria Colombo Timelli[1] semble beaucoup plus impliqué que l'auteur du **ms. 363**. Les deux versions du *Cligès* proposent chacune un prologue, très différents l'un de l'autre dans leurs composantes de forme et de fond ; toujours est-il qu'en apparence, les deux versions se valent au niveau de leur macrostructure. Les versions en prose de l'*Érec* font l'économie de détails qu'on ne retrouve que chez Chrétien de Troyes. Nous pensons notamment au proverbe qui inaugure le roman du Champenois[2] ; à l'étalage de la demande que fait Érec de revendiquer l'épervier pour Énide[3], à la description des noces d'Érec et Énide et l'énumération des personnages qui y étaient présents[4], à la description de l'arrivée des deux protagonistes à un château[5], à celle de la preuve de l'amour que voue Énide à Érec[6] et enfin, à celle de la Joie de la Cour[7]. Autant d'éléments qui ne lèsent nullement le déroulement de la trame principale de l'histoire et dont les prosateurs feront l'économie. Plus encore que l'auteur du **ms. 7235**, c'est le **ms. 363** qui limite la description jugée inutile. Son auteur ne fait mention que d'un seul élément qu'il partagera avec la version du Champenois. Il s'agit de la description de l'arrivée du chevalier orgueilleux. L'information est la même dans les deux versions, à ceci près, que le **ms. 363** précise que ce chevalier est prévenu par un messager de l'arrivée d'Érec (inconnu) et de sa belle demoiselle Énide[8]. Hormis cet extrait, nous n'avons noté aucun autre exemple. Et ce sont les deux autres versions de l'*Érec*, en l'occurrence celle de Chrétien et le **ms. 7235,** qui rallongent le déroulement de la trame principale par la présence d'éléments que l'auteur du **ms. 363** a préféré ne pas

---

1 Maria Colombo Timelli, in Introduction à l'édition de l'*Érec* en prose, op.cit, pp.9-99.

2 *Érec et Énide*, *op.cit*, v.1.

3 *Ibidem*, v. 631 et ss.

4 *Ibidem*, v. 2105 et ss.

5 *Ibidem*, v. 3659 et ss.

6 *Ibidem*, v. 4898 et ss.

7 *Ibidem*, v. 6350 et ss.

8 *Érec* en vers, *op.cit*, v. 776 et ss ; **ms. 363**, *op.cit*, §3, p. 122.

mentionner. Il en va ainsi du prologue du début de ces deux versions[1], de la description de la beauté d'Énide[2], du dilemme d'Énide[3] et bien d'autres exemples, mais ceux-ci se réfèrent autant à des épisodes descriptifs qu'à des épisodes narratifs ; ce qui creuse davantage le fossé qui sépare ces deux versions du **ms. 363**[4]. Les

---

[1] *Érec* en vers, *op.cit*, v. 9 et ss ; **ms. 7235**, *op.cit*, [1r⁰], p. 101.

[2] *Érec* en vers, *op.cit*, v.2394 et ss ; **ms. 7235**, *op.cit*, **§**17, p. 170.

[3] *Érec* en vers, *op.cit*, v. 3711 et ss ; **ms. 7235**, *op.cit*, §26, p. 184 et ss.

[4] Il y a plusieurs épisodes : la déception des barons quant à la passivité d'Érec, in *Érec* en vers, *op.cit*, v. 2455 et ss ; **ms. 7235**, *op.cit*, §18, p. 171. Énide culpabilise, *Érec* en vers, *op.cit*, v. 2461 et ss ; §18, p. 171. Érec entend les lamentations de sa femme et demande des explications, *Érec* en vers, *op.cit*, v. 2505 et ss ; **ms. 7235**, *op.cit*, §18, p. 171 et ss. Érec ordonne à sa femme de s'appareiller et part avec elle seule à l'aventure, *Érec* en vers, *op.cit*, v. 2571 et ss ; **ms. 7235**, *op.cit,* §18, p. 172. Érec part avec sa femme et lui ordonne de garder le silence, Érec en vers, *op.cit*, v. 2561 et ss ; **ms. 7235**, *op.cit*, §19, p. 173. Première aventure : Énide avertit Érec de l'arrivée d'un chevalier et de deux compagnons ; combat contre Érec et victoire de celui-ci, v *Érec* en vers, *op.cit*, 2791 et ss ; **ms. 7235**, *op.cit*, §19, p. 173 et ss ; §20, p. 174. Seconde aventure : cinq chevaliers ; Énide avertit Érec ; combat et victoire de celui-ci, *Érec* en vers, *op.cit*, v. 2912 et ss ; **ms. 7235**, *op.cit*, §21, p. 174 et ss. Érec et Énide se reposent pour la nuit, *Érec* en vers, *op.cit*, v.3079 et ss ; **ms. 7235**, *op.cit*, §22, p. 176 et ss. Énide culpabilise et se lamente, *Érec* en vers, *op.cit*, v. 3095 et ss ; **ms. 7235**, *op.cit*, §22, p. 177. Rencontre avec un écuyer qui les aide et leur propose son hospitalité chez un bourgeois, *Érec* en vers, *op.cit*, v. 3117 et ss ; **ms. 7235**, *op.cit*, §22, p. 178. L'écuyer revient chez son comte et lui décrit la générosité et la courtoisie d'Érec, *Érec* en vers, *op.cit*, v.3209 et ss ; **ms. 7235**, *op.cit*, §22, p. 179. Curiosité du comte qui part voir Érec et Énide, *Érec* en vers, *op.cit*, v. 3344 et ss ; **ms. 7235**, *op.cit*, §23, p. 179. Félonie du comte, *Érec* en vers, *op.cit*, v. 3406 et ss ; **ms. 7235**, *op.cit*, §23, p. 179 et ss. Intelligence d'Énide et preuve d'amour, *Érec* en vers, *op.cit*, v. 3456 et ss ; **ms. 7235**, *op.cit*, §24, p. 181 et ss. Érec échappe à la félonie du comte, *Érec* en vers, *op.cit*, v. 3488 et ss ; **ms. 7235**, *op.cit*, §25, p. 182. Le comte poursuit Érec ; combat et victoire d'Érec, *Érec* en vers, *op.cit*, v. 3522 et ss ; **ms. 7235**, *op.cit*, §25, p.182 et ss. Dilemme d'Énide, *Érec* en vers, *op.cit*, v. 3711 et ss ; **ms. 7235**, *op.cit*, §26, p. 184 et ss. Duel entre Érec et le seigneur du château ; victoire d'Érec, *Érec* en vers, *op.cit*, v. 3766 et ss ; **ms. 7235**, *op.cit*, §27, p. 185 ; §28, p. 186 et ss. Érec et le comte déclinent leurs identités et se font fête, *Érec* en vers, *op.cit*, v. 3858 et ss ; **ms. 7235**, *op.cit*, §28, p. 187. Épisode de la forêt : rencontre d'Érec et Énide avec Keu, Gauvain et le roi Arthur ; délicatesse de Gauvain, *Érec* en vers, *op.cit*, v. 3927 et ss ; **ms. 7235**, *op.cit*, §28, p. 188 ; §30, p. 191. Épisode de la jeune fille qui pleure et de son seigneur attaqué par deux géants, *Érec* en vers, *op.cit*, v. 4302 et ss ; **ms. 7235**, *op.cit*, §30, p. 192. Érec combat les géants et libère le chevalier qui part à la Cour

versions du *Cligès* se rapprochent plus de celles des *Charrette*. Bien qu'en présence d'une seule mise en prose, le processus de résumé touche la version prose qui élimine tout excès descriptif jugé inutile. En suivant le déroulement des faits dans les deux versions nous avons constaté la disparition de plusieurs passages présents chez Chrétien. En voici un récapitulatif :

***Cligès* en vers**

- Présentation de Soredamores ; elle n'arrive pas à aimer d'amour qui que ce soit, **v. 445 et ss.**
- Monologue de Soredamores ; elle est tombée amoureuse d'Alexandre et se plaint de l'amour qu'elle doit cacher, **v. 476 et ss.**
- Avisée, la reine Guenièvre se rend compte de la flamme des deux amants et en veut à la mer, **v. 541 et ss.**
- Alexandre décrit Soredamores. Complaintes d'Alexandre, **v. 774 et ss.**
- Description des plaintes de Soredamores, **v. 872 et ss.**
- Explication du secret du nom de Soredamores, **v. 958 et ss.**
- Soredamores se plaint encore de l'amour, **v. 984 et ss.**
- Le reine Guenièvre offre à Alexandre une chemise de soie dont les coutures contiennent un cheveu de Soredamores, **v. 1143 et ss.**
- Euphorie d'Alexandre, **v. 1163 et ss.**
- Description du château de Windsor fortifié par le comte de Guinesores, **v. 1232 et ss.**
- Énumération d'une série de personnages, **v. 1272 et ss.**
- Alexandre invite ses compagnons à se battre contre les chevaliers de la ville de Londres, **v. 1284 et ss.**
- Prouesses des Grecs, **v. 1305 et ss.**
- Arthur demande à Guenièvre de lui rendre ses prisonniers, **v. 1355 et**

---

d'Arthur avec son amie, *Érec* en vers, *op.cit*, v. 4395 et ss ; **ms. 7235**, *op.cit*, §31, p. 192 et ss ; §32, p. 193. Érec rejoint Énide et tombe évanoui de fatigue ; lamentations d'Énide le croyant mort, *Érec* en vers, *op.cit*, v. 4573 et ss ; **ms. 7235**, *op.cit*, §33, p. 194 et ss. Épisode du comte voulant épouser de force Énide ; on croit Érec mort, *Érec* en vers, *op.cit*, v. 4670 et ss ; **ms. 7235**, *op.cit*, §33, p. 196 et ss. Érec reprend connaissance et tue l'infâme comte, *Érec* en vers, *op.cit*, v. 4847 et ss ; **ms. 7235**, *op.cit*, §34, p. 197 et ss. Duel entre Guivret et Érec ; les deux amis se reconnaissent ; Érec est soigné, *Érec* en vers, *op.cit*, v. 4933 et ss ; **ms. 7235**, *op.cit*, §35, p. 199 et ss. Guivret part avec Érec et Énide à la Cour d'Arthur, *Érec* en vers, *op.cit*, v. 5252 et ss ; **ms. 7235**, *op.cit*, §36, p. 200 et ss, §39, p. 206. Épisode de la Joie de la Cour et victoire d'Érec, *Érec* en vers, *op.cit*, v. 5359 et ss ; **ms. 7235**, *op.cit*, §36, p. 200 et ss, §39, p. 206. Énide console la demoiselle de la Joie de la Cour ; elles se racontent mutuellement leurs histoires, *Érec* en vers, *op.cit*, v. 6184 et ss ; **ms. 7235**, *op.cit*, §39, p. 206 et ss. Départ pour la Cour d'Arthur ; honneur et joie de la Cour, *Érec* en vers, *op.cit*, v. 6404 et ss ; **ms. 7235**, *op.cit*, §40, p. 208.

ss.

- Alexandre est comme muet à la vue de Soredamores, **v. 1366 et ss.**
- Monologue de Soredamores quant au nom qu'elle pourrait utiliser pour apostropher Alexandre, **v. 1368 et ss.**
- Châtiment des traîtres, **v. 1426 et ss.**
- Le roi promet à Alexandre une récompense, **v. 1441 et ss.**
- Le supplice des traîtres, **v. 1496 et ss.**
- Description d'une coupe d'Or que le roi Arthur offre à celui qui prendra le château du comte de Guinesores, **v. 1524 et ss.**
- Scènes de désespoir face à la fausse nouvelle de la mort d'Alexandre, **v. 2028 et ss.**
- Désespoir de Soredamores, **v. 2076 et ss.**
- Du chagrin à la joie ; on se rend compte qu'Alexandre et ses hommes ne sont pas morts, **v. 2121 et ss.**
- Description de la beauté de Fénice, **v. 2669 et ss.**
- Description de la beauté de Cligès, **v. 2715 et ss.**
- Angoisse de Cligès quant à son obligation de mariage avec l'empereur de Constantinople et sa conscience de son amour pour Cligès, **v. 2932 et ss.**
- Fénice refuse de revivre le mythe de Tristan et Yseut, **v. 3091 et ss.**
- Les espions du duc de Saxe informent le duc sur ce qui se passe à la Cour de l'empereur d'Allemagne, **v. 3334 et ss.**
- Le duc de Saxe demande la tête de Cligès ; ce dernier se bat contre l'armée du duc de Saxe, **v. 3406 et ss.**
- Combat entre les deux armées, **v. 3519 et ss.**
- Cligès se bat contre le duc de Saxe, **v. 3545 et ss.**
- Description des craintes de l'amour que ressent Cligès pour Fénice et vice versa, **v. 3769 et ss.**
- Description de la joie des empereurs et celle de leur suite quant à la libération de Fénice, **v. 3881 et ss.**
- Défi du duc de Saxe pour Cligès, **v. 3894 et ss.**
- Détresse de Fénice voyant Cligès en péril, **v. 4037 et ss.**
- Cligès désire aller à la Cour d'Arthur ; il tend à convaincre son oncle, **v. 4165 et ss.**
- Description prolongée de Cligès prenant congé de Fénice, **v. 4220 et ss.**
- Monologue de Fénice, **v. 4350 et ss.**
- Cligès et Gauvain cessent la joute sous la demande du roi Arthur, **v. 4901 et ss.**
- Cligès retourne en Grèce par amour pour Fénice qui lui manque, **v. 5002 et ss.**
- La nouvelle de l'arrivée de Cligès arrive auprès de l'empereur et de Fénice, **v. 5047 et ss.**
- Joie des habitants de la cité et de l'empereur quant au retour de Cligès en Grèce, **v. 5054 et ss.**
- Fénice refuse d'être comme Tristan et Yseult, **v. 5192 et ss.**
- La nouvelle de la maladie de l'impératrice Fénice se propage dans toute

la ville, **v. 5576 et ss.**

- Inquiétude de Cligès quant à l'état de Fénice ; Thessala apporte pour celle-ci un onguent, **v. 5974 et ss.**
- Description du deuil du peuple, **v. 6048 et ss.**
- Thessala soigne Fénice par des onguents efficaces, **v. 6197 et ss.**
- Une poire tombe tout près de l'oreille de Fénice qui se réveille en voyant Bertrand, **v. 6384 et ss.**
- Épilogue, **v. 6683 et ss.**

Pour l'auteur de la prose du XVe, l'économie de toutes ces scènes n'altère en rien le sens de l'histoire. La description du désarroi des amants et les longs monologues de Chrétien disparaissent et laissent place à un conte plus court ; un conte qui rajeunit la syntaxe et qui rafraichit une histoire connue d'un auditoire qui ne lit que pour se la rappeler. Comme le rappelle Maria Colombo Timelli dans son introduction du *Cligès* en prose, « *il est [quelques] motifs que [le prosateur] supprime, sans doute dans le but de rationaliser son récit et/ou de retrancher tout élément qu'il perçoit comme accessoire*[1] ». Le rythme s'accélère donc selon les versions et selon les romans. De manière générale, le vers propose plus de détails descriptifs que les versions en prose. La version de la *Charrette* dérimée et du **ms. 7235** font exception et suivent davantage les versions de Chrétien de Troyes. Quant aux autres versions en prose, elles économisent toute forme d'expansion inutile relative à la description du physique d'un personnage ou d'une scène, au rappel de monologues qui s'étendent sur d'interminables tirades et qui ne font que retarder l'action dans l'histoire contée.

3.6.1.2. Un rythme ralenti par le souci de vraisemblance

L'autre modification du rythme est le moment où l'action s'arrête et où l'on marque une pause à l'aide de deux procédés familiers à l'esthétique des romans du XIIe et du XIIIe siècles : la description ou l'analyse psychologique et le récit rétrospectif ou les prolepses. Ce modèle ralentissant le rythme, nous le trouvons surtout dans les romans du maître champenois. Nous n'oublions pas les lamentations de Guenièvre quant à la nouvelle de la prétendue mort de Lancelot[2] ; lamentations auxquelles répond Lancelot dans les vers **4262-4283** et **4318-4396**. Il va même plus loin puisque d'autres lamentations lui sont attribuées lorsqu'il est

---

[1] Maria Colombo Timelli, In *Introduction au Cligès en prose*, *op.cit*, p. 44.

[2] *Charrette* en vers, *op.cit*, v. 4197-4244.

fait prisonnier dans la tour de Méléagant[1]. Ces quatre pauses s'avèrent des plus importantes dans *Le Chevalier de la charrette.* Elles freinent le déroulement et le développement de l'action. L'auteur de la *Charrette* dérimée s'en inspirera en faisant écho aux lamentations respectives de Guenièvre[2] et Lancelot[3]. On ne manquera pas, non plus, de rappeler l'extase du héros face à ces cheveux blonds qui représentent aussi, et de façon métonymique, la femme-aimée[4]. Cette pause est notée dans les trois *Charrette*[5]. On voit ainsi tracées les deux fonctions attribuées par Gérard Genette à la description : «*la première est d'ordre en quelque sorte décoratif [...] ; la seconde [...] d'ordre à la fois explicatif et symbolique*[6].» Ici intervient le *Lancelot* en prose. On a déjà noté l'étonnante pause descriptive relative à Gauvain et à ses quatre frères. Précisons toutefois que cette pause s'avère importante dans la mesure où elle annonce en filigrane la suite du cycle du *Lancelot-Graal*. Cette pause ne peut donc être ornementale. Elle est plutôt annonciatrice, dans le sens où elle précipite l'annonce de la fin du monde arthurien au cours même de la narration. Mais elle retarde néanmoins l'action ; ce qui rejoint d'ailleurs l'idée de Gérard Genette selon laquelle «*il est plus facile de décrire sans raconter que de raconter sans décrire*[7].» D'autres épisodes ralentissent le déroulement de l'histoire de la *Charrette*, mais cette fois-ci, ils sont partagés par les mises en prose. Ce sont, en quelque sorte, les extensions qui s'expliquent par la longueur du *Lancelot* en prose et par la présence de l'épisode de la *Charrette* du XIII^{è} comme l'extrait d'un volume, mais dont le commencement de l'histoire est situé bien ailleurs qu'au début de l'épisode de la *Charrette*. Rappelons les exemples :

***Charrette* du XIII^{è}**	***Charrette* du XIV^{è}**
Lancelot part pour la cour d'Arthur, § 2, p.68.	Lancelot part pour la Cour d'Arthur, p. 174.
Lancelot assiste au duel opposant	Lancelot assiste au duel opposant

[1] *Ibidem*, v. 6468-6528.

[2] *Charrette* du XIV^{è}, *op.cit,* p. 233-234.

[3] *Ibidem*, p. 233 et ss.

[4] *Charrette* en vers, *op.cit*, **v. 1424-1479**.

[5] *Charrette* en vers, *op.cit*, v. 1349 et ss ; *Charrette* du XIII^{è}, *op.cit,* §6d, p. 122 ; *Charrette* du XIV^{è}, *op.cit,* p. 191

[6] Gérard Genette, *Figures II*, Paris, Seuil, 1969, p. 58.

[7] *Ibidem*, p. 57.

Keu à Méléagant, § 2, p. 76.	Keu à Méléagant, p. 178.
Boort (encore inconnu) dans la charrette, § 15b, p. 224.	Boort (encore inconnu) dans la charrette, p. 248 et ss.
Il est accompagné d'un nain et d'une demoiselle qui va s'avérer une suivante de la Dame du Lac, § 15e, p. 234.	Il est accompagné d'un nain et d'une demoiselle qui va s'avérer la Dame du Lac, p. 251 et ss.
Gauvain dans la charrette, § 15e, p. 232.	Gauvain dans la charrette, p. 251.
Tous montent dans la charrette, § 15e, p. 234.	Arthur et Guenièvre dans la charrette, p. 251.
La reine a des nouvelles de Lancelot, § 15e, p. 234.	Tous dans la charrette, p. 251.

Le motif de la « *charrette* » est repris par l'auteur du XIIIè, et par la suite par l'auteur de la *Charrette* dérimée, qui attribue cet épisode au double de Lancelot qu'est Boort. Rien d'étonnant de la part de l'auteur du *Lancelot* qui tente de tourner en dérision une coutume qui discrédite et nuit à l'image du héros éponyme du *Chevalier de la Charrette*. Voulant faire montre de sa parfaite connaissance du *Lancelot* du XIIIè, l'auteur de la prose du XIVè fera balancer son roman entre une réécriture et un dérimage presque parfait de la *Charrette* en vers ; ce qui lui permettra de s'inspirer du roman du Champenois tout en rappelant ce que la *Charrette* du XIIIè aura inventé. D'ailleurs, tout le début de la version dérimée rappelle le contenu du *Lancelot* en prose. On y rajoute même des détails qu'on ne retrouve nullement dans la *Charrette* du XIIIè, mais plutôt juste avant. C'est comme si l'auteur de la version dérimée voulait rappeler le cadre spatio-temporel dans lequel a évolué le *Lancelot* et présenter l'épisode de la *Charrette* comme la partie d'un tout. Ainsi, apprend-on la nouvelle de la prétendue mort de Lancelot à la cour d'Arthur[1]. La dame du Lac apprend à son tour la nouvelle[2]. Ne croyant pas la véridicité de la nouvelle, elle part à la recherche de Lancelot en Grande Bretagne[3]. La dame du Lac retrouve Lancelot dans les forêts de Cornouaille, blessé et méconnaissable sinon grâce à l'anneau qu'elle lui avait offert[4] . Elle retourne avec Lancelot

1 *Charrette* du XIVè, *op.cit*, p. 172.

2 *Ibidem*, p. 172.

3 *Ibidem*, p. 172.

4 *Ibidem*, p. 173.

au Lac où elle le soigne et le garde jusqu'à un mois après Pâques[1]. Lancelot n'ose pas avouer à la Dame du Lac la cause de son désarroi, mais celle-ci connaît l'amour que ce dernier porte à la reine Guenièvre[2]. Elle lui donne des conseils prémonitoires[3]. À la demande de Lancelot, elle lui raconte ce qui va se passer et résume ainsi l'épisode de la *Charrette*[4]. Lionel arrive à la Cour d'Arthur dans l'espoir d'y trouver son cousin Lancelot[5]. Il ne l'y trouve pas ; on décrit sa peine[6] et aussi celle de Guenièvre à la nouvelle de la mort prétendue de Lancelot[7]. On annonce la nouvelle de la mort de la dame de Malehaut, qui meurt de chagrin pour la mort de Galehot et pour les 30 royaumes qu'elle perd ainsi[8]. Lionnel propose d'affronter Méléagant pour sauver l'honneur de son cousin Lancelot[9] ; La reine Guenièvre s'oppose à cet affrontement donnant comme explication la possibilité que Lancelot soit encore en vie[10]. Une foule de détails paraissent ainsi dans cette version. Ils viennent rappeler la version de la *Charrette* du XIII[è], en ralentissant davantage le début de l'épisode. Bien que manifestement moins que dans les *Charrette*, le rythme ralentit aussi dans les versions en prose de l'*Érec* et du *Cligès*. Les deux mises en prose de l'*Érec* partagent quelques scènes que l'on ne trouve guère chez Chrétien de Troyes, sinon à titre allusif. Il s'agit de la demande que fait Érec de revendiquer l'épervier pour Énide[11]. C'est le cas aussi de la description de l'amour que voue Érec à Énide et vice versa[12] ; de l'arrivée d'Érec et Énide et de l'émerveillement de la foule quant à la beauté d'Énide[13] ; et le cas enfin d'Érec qui rappelle le chevalier orgueilleux à la bataille en expliquant la raison de sa rage[14]. Ensuite, le **ms. 363** s'éloigne davantage autant de la version en vers de Chrétien que du **ms. 7235** en proposant des motifs que l'on ne

---

[1] *Ibidem*, p. 173.
[2] *Ibidem*, p. 173.
[3] *Ibidem*, p. 173.
[4] *Ibidem*, p. 173.
[5] *Ibidem*, p. 174.
[6] *Ibidem*, p. 174.
[7] *Ibidem*, p. 174.
[8] *Ibidem*, p. 174.
[9] *Ibidem*, p. 175.
[10] *Ibidem*, p. 175.
[11] *Érec* en prose, **ms.363**, *op.cit*, §2, p. 118 ; **ms. 7235**, *op.cit*, §4, p. 115 et ss.
[12] *Érec* en prose, **ms.363**, *op.cit*, §2, p. 120 ; **ms. 7235**, *op.cit*, §5, p. 121.
[13] *Érec* en prose, **ms.363**, *op.cit*, §3, p. 122 ; **ms. 7235**, *op.cit*, §5, p. 121 et ss.
[14] *Érec* en prose, **ms.363**, *op.cit*, §3, p. 128 ; **ms. 7235**, *op.cit*, §7, p. 129.

retrouve guère dans les autres versions. L'auteur de cette version commence par énumérer les titres des chapitres au début même de sa version. Ensuite,

- Erec résume le début de l'aventure : explication, §2, p. 116.
- Erec quitte la Cour du roi Arthur après ses noces ; départ pour la Cour du roi Lac et recherche du château du val brun, [213 v°b], p.224 et ss.
- Erec combat quatre chevaliers, p. 225 et ss.
- Description de la peur d'Enide, p. 227.
- Erec et Enide chez les Religieuses, p.227 et ss.
- Erec et Enide hébergés chez un seigneur ; Erec s'informe du chevalier à l'Écu d'Or, p. 228 et ss.
- Duel entre le chevalier à l'Ecu d'Or [Guiron] et Erec, p. 230 et ss.
- Enide intervient et trouve une solution pour arrêter le combat mortel, p. 233 et ss.
- Erec et Guiron se font fête après s'être reconnus mutuellement ; hospitalité rendue à Érec et Énide, p. 234 et ss.
- Erec et Enide se rendent à la Cour du roi Lac qui leur fait fête, p. 235 et ss.

C'est comme si l'auteur de cette version cherchait à réinventer l'histoire de l'*Érec* en produisant de nouveaux motifs et scènes, tout en s'éloignant le plus possible du récit de Chrétien. De même, mais, cette fois-ci, voulant donner à son roman la carrure d'un conte, l'auteur du **ms. 7235** dotera son récit d'un explicit peu attendu dans la réécriture d'un roman arthurien, mais ordinaire pour un récit réécrit au XVe. Il réinvente la fin de l'histoire du héros du Champenois. Ainsi assiste-t-on au :

- Couronnement d'Érec**, §40, p. 208 et ss.**
- Exploits accomplis par Érec dans un tournoi organisé par le roi Arthur**, §41, p. 209.**
- Départ d'Érec de la Cour d'Arthur pour rejoindre son royaume, **§42, p. 211 et ss.**
- Fin de vie d'Érec et Énide qui eurent des enfants et vécurent heureux, **§42, p. 212.**

C'est l'ossature du conte qui débute par le « *il était une fois* » tracé en filigrane et qui prend fin par un retour à la « normale » et par une chute « heureuse », canonisée par la formule « *ils vécurent heureux et eurent beaucoup d'enfants* ». Cette même fin, nous la retrouverons attribuée au *Cligès* en prose qui, réécrit au XVe, préfère redorer son roman d'une fin digne d'un conte merveilleux. Nous apprendrons, en effet, que Cligès et Phénice eurent beaucoup d'enfants et trépassèrent[1]. Cette fin marque une séparation fondamentale et notoire d'avec la version de Chrétien de Troyes qui propose un explicit « *moralisé* » pour son roman :

> *« [...] ainc puis n'i ot empereor*
> *N'eüst de sa fame peor*
> *Qu'ele nel deüst decevoir,*
> *Se se il oï ramantevoir*
> *Comant Fenice Alis deçut*
> *Primes par la poison qu'il but*
> *Et puis par l'autre traïson.*
> *Por ce einsi com an prison*
> *Est gardee an Costantinoble,*
> *J'a n'iert tant riche ne tant noble*
> *L'empererriz, quex qu'ele soit,*
> *Que l'empereres ne la croit*
> *Tant com de cesti li remanbre.*
> *Toz jorz la fait garder en chanbre*
> *Plus por peor que por le hasle,*
> *Ne ja avoec li n'avra masle*
> *Qui ne soit chastrez en anfance,*
> *De ce n'est criemme ne dotance*
> *Qu'Amors les lit an son lien.*
> *Ci fenist l'uevre Crestien.*[2] »

De même dans *Le Chevalier de la charrette,* Chrétien peut-être choisit-il de finir sa version en emmurant Lancelot dans une tour (peut-être était-ce dans le but de le punir de son adultère commis avec la femme du roi Arthur ; d'ailleurs, c'est Godefroi de Leigni qui octroiera à la *Charrette* en vers la fin que nous connaissons). Chrétien reste vigilant quant au choix des thèmes qu'il aborde dans ses romans. Le poids de la morale se fait ressentir dans la version du *Cligès* en vers ; le Champenois rappelle à ses lecteurs la « *ruse* » de Phénice. L'amour finit par triompher, certes, mais l'auteur n'oublie pas que ce fut au prix de manigances féminines et d'onguent hallucinatoire. Les pauses narratives ne s'arrêtent pas, pour autant, à ce niveau. Bien que le rythme s'accélère souvent dans les mises en prose tardives des romans du Champenois, il est des moments où c'est plutôt l'inverse qui prend le dessus. Comme dans les versions de l'*Érec,* le *Cligès* en prose marque des pauses descriptives un tant soit peu plus longues que celles dégagées du

---

[1] *Cligès* en prose, *op.cit*, § 75, p. 164.

[2] *Cligès* en vers, *op.cit*, v.6683-6702.

roman de Chrétien. Nous pouvons rappeler les épisodes concernés :

- Le peuple de la ville de Londres demande grâce au roi Arthur, §14, p. 82 et ss.
- La reine propose à Soredamours de prendre Alexandre pour époux, § 26, p. 99 et ss.
- L'armée de Grèce et celle d'Allemagne s'affrontent, § 33, p. 107 et ss.
- Archadéz annonce à son oncle la nouvelle du mariage de Fénice et d'Alix, § 40, p. 115.
- Cligès rencontre une dame pleurant son mari ; le dévouement de la dame lui rappelle l'amour de Fénice, § 53, p. 133 et ss.
- Cligès arrive à la ville où se trouvent son oncle et Phénice, § 54, p. 137 et ss.
- Cligès décrit à Fénice le lieu où l'a mené Jehan, § 60, p. 147.
- L'empereur se lamente croyant Fénice morte, § 62, p. 148 et ss.

De ces motifs émanent surtout de la description et des monologues interminables attribués à plusieurs personnages. Mais ce qui est intéressant à noter, après Maria Colombo Timelli, c'est l'épisode rajouté et qui correspond au chapitre **53** du *Cligès* en prose. Cligès y rencontre une dame pleurant son mari. Le dévouement de celle-ci pour son mari lui rappelle l'amour de Fénice[1]. C'est un épisode isolé, qui marque une pause et qui forme, en quelque sorte, une réécriture d'un motif déjà exploité par Chrétien de Troyes dans son *Cligès* en vers :

> « *Les caractéristiques de ce fragment de texte se décèlent facilement. Son* **isolement**, *d'abord, par rapport au reste du récit : à peine introduit par une allusion très discrète au « noble usage de voller et chassier » à la fin du ch. 52 (f.74r), il n'aura aucune conséquence par la suite, ne déclenchant aucune autre aventure. Sa longueur ensuite (194 lignes du manuscrit) : il s'agit de loin du chapitre le plus long du roman. Son autonomie narrative enfin, avec l'insertion d'au moins deux personnages, la jeune fille et son ami, auxquels on pourrait aussi ajouter le « secrétaire » envoyé à son tour chercher des nouvelles du chevalier ; tous, ils demeurent anonymes, ce qui semble contrarier la tendance du prosateur à donner un nom à des personnages secondaires, anonymes dans la source. [...] Le lecteur qui aborde sans idée préconçue*

---

[1] *Cligès* en prose, *op.cit*, §53, p. 133 et ss.

appréciera sans doute la cohérence que le prosateur atteint, en multipliant par exemple les ressemblances entre la demoiselle et Fénice, ou les renvois à l'intrigue principale (les souvenirs, chez Cligès, du mariage et du « buvrage » préparé par Thassala à l'intention d'Alix). Tous ces éléments [...] amènent à voir dans ce chapitre, bien au-delà d'une interpolation maladroite et sans intérêt, une réussite de notre auteur[1] »,

nous dit Maria Colombo Timelli dans son « Introduction à l'édition du *Cligès* en prose ». Il est d'autres exemples sur lesquels il serait avisé de mettre l'accent et qui viennent distinguer la source de sa réécriture. La première correspond à la description de la tristesse de la mère d'Alexandre, à la nouvelle de la volonté de départ de celui-ci à la cour d'Arthur. Dans la prose du *Cligès*, l'auteur octroie plus de la moitié du chapitre 2 à la description de la tristesse de Thantalis, alors que Chrétien se limite à trois vers :

Cligès en vers

« *Molt fu l'empererriz dolente*
Quant de la voie oï parler
Ou ses fiuz en devoit aller »
v. 224 et ss.

Cligès en prose

« *Encores n'estoient pas finés les enseignements du noble empereur quant l'empereis Thantalis survind illeuc, laquelle oyant racompter le partement de son filz Alixandre, elle chiet toute pasmee. L'epereur la relieve le plus tost qu'il puelt en la resconfortant et priant qu'elle cesse son duel, mais ce ne lui vault riens. Car Amours Maternelle lui vient au devant disant couvertement en ceste manière : « Lasse povre, que devenras tu quant ton enfant se depart de toy et aller s'en veult adventureusement transnageant l'anuyeux chemin és perilleuses undes de la large et longue mer ? » O, que durs sanglox retentissent contre le cuer de la noble dame Thantalis ad ces parolles. Elle ne scet sa manière, et ja la nature du sexe feminin l'a enclinee a plorer l'angoisseuse <...>* de son filz par grosses larmes.* », §2, p. 67.

---

[1] Maria Colombo Timelli, *In* « Introduction au *Cligès* en prose », *op.cit*, pp. 37-38.

Contrairement au dit rituel des proses tardives qui tendent à éliminer les descriptions inutiles, la version tardive du *Cligès* accorde ici une longue description ne justifiant pas les faits et marquant surtout une pause narrative d'importance. Il en est de même de l'épisode où Alexandre remet ses prisonniers à la reine. Chez Chrétien de Troyes, la narration est simple[1] ; dans la mise en prose du *Cligès*, l'auteur marque un arrêt pour décrire aussi bien l'affection de Soredamours que le cheveu d'or avec lequel est cousue la chemise d'Alexandre[2]. C'est le même cas dans l'épisode où l'armée d'Arthur assiège le château du comte de Guinesores[3]. La prose octroie plus de place à la description de l'affrontement des deux armées.

Outre la description, il est un autre procédé contribuant au ralentissement de l'action : ce sont les récits rétrospectifs et les anticipations dont nous avons eu l'occasion de parler[4]. On pourrait peut-être rappeler un exemple susceptible d'éclairer notre analyse : c'est celui de la sœur de Méléagant. Contrairement à Chrétien de Troyes, les proses de la *Charrette* amplifient le passé de ce personnage, apportant de la sorte une explication à la demande pressante faite à Lancelot. De même, mais beaucoup moins, dans les mises en prose tardives des romans de Chrétien, des pauses s'installent pour rappeler des détails laissés sous silence dans les versions du Champenois. Dans tous les cas, et quelle que soit la nature de la pause, elle marque un ralentissement dans l'action principale du roman et participe souvent de l'intertextualité qui bat son plein surtout dans le *Lancelot* en prose. On verra, d'ailleurs, qu'étant plus qu'usité dans le *Lancelot*, ce procédé vient creuser davantage l'écart entre la version en vers de la *Charrette* et sa ou ses mises en prose. La *Charrette* dérimée s'en inspirera à plus d'un moment et procurera à sa version de longues digressions narratives, rappelant le passé et préparant l'avenir, tout en faisant montre de la parfaite connaissance de son auteur du contenu du *Lancelot* en prose. A ce niveau de l'analyse, nous pouvons avancer que chaque prosateur a réussi à donner à son texte une empreinte singulière. Et ce sont les romans en vers qui utilisent le plus l'expression des lamentations et la description étendue des protagonistes et de leurs ébats et de leur désarroi. La seule mise en

---

1 *Cligès* en vers, *op.cit*, v. 1341 et ss.

2 *Cligès* en vers, *op.cit*, v. 1341 et ss.

3 *Cligès* en vers, *op.cit*, v. 1465 et ss, *Cligès* en prose, *op.cit*, §16, p. 86.

4 Voir *supra*, pp. 60-84.

prose qui s'en inspire est la *Charrette* dérimée qui, par souci de vraisemblance, tente souvent de copier la version de Chrétien et parfois même de l'amplifier. Quant aux mises en prose de la *Charrette*, elles présentent aussi des extensions, mais celles-ci ne concernent que les rajouts que Chrétien ne mentionnent pas, comme c'est le cas de l'épisode accordé à Boort sur la Charrette d'infamie. Les versions en prose de l'*Érec* et du *Cligès* se partageront également des scènes que l'on ne retrouve nullement chez Chrétien de Troyes. Le **ms. 363** va plus loin et s'écarte davantage des deux versions de l'*Érec* en proposant des motifs n'existant nullement ailleurs. C'est une forme de réinvention de l'histoire que l'auteur de cette version prend en charge. L'auteur du **ms. 7235** et l'auteur du *Cligès* en prose s'éloignent fortement de ce choix d'écriture. L'auteur du *Cligès* en prose construit son roman selon l'ossature d'un conte qui commence intrinsèquement par une formule similaire au « *il était une fois* » et qui finit par la fin heureuse qu'on retrouve souvent dans les contes. De même, le chapitre **53** marque une pause considérable qui met en vedette le principe de la réécriture des motifs.

3.6.2. Reprise des mêmes scènes : un rythme étonnamment régulier

Retraçant le schéma de la progression de chacun des héros des romans de Chrétien de Troyes et des mises en prose de ses romans (nous le soumettons dans le tableau ci-dessous), nous avons pu remarquer que la plupart des scènes se trouvent aussi bien dans les mises en prose que dans les versions sources. La vertu de la plupart des compilateurs est d'avoir respecté la matière de Chrétien de Troyes jusque dans le rythme des épisodes. Cela ne concerne pas toutes les mises en prose ; nous le verrons, analyse à l'appui. Nous pouvons commencer par le schéma de progression de la narration dans les diverses versions de la *Charrette*. Voici les épisodes partagés à l'unanimité par les trois romans :

Ch. en vers	Ch. du XIIIè	Ch. du XIVè
1- Arrivée à la Cour d'Arthur et provocation de Méléagant, v. 51 et ss.	1'- Arrivée à la Cour d'Arthur et provocation de Méléagant, § 2, p.72.	1''- Arrivée à la Cour d'Arthur et provocation de Méléagant, p.174.
2- Keu et le don contraignant, v. 87 et ss.	2'- Keu et le don contraignant, § 2, p. 74.	2''- Keu et le don contraignant, p. 175-176.
3- Surgissement du chevalier inconnu, v. 270 et ss.	3'- Surgissement de Lancelot et combat contre Méléagant, § 3, p. 82.	3''- Surgissement de Lancelot et combat contre les hommes de Méléagant, p. 178.
4- le chevalier inconnu sans monture en demande une à Gauvain, v. 279 et ss	4'- Lancelot sans monture en demande une à Gauvain, § 3, p. 84.	4''- Gauvain propose à Lancelot une monture, p. 179.
5- Le chevalier inconnu de nouveau sans monture, v. 305 et ss.	5'- Lancelot de nouveau sans monture, § 3, p.86.	5''- Lancelot de nouveau sans monture, p.179.
6- Le chevalier inconnu dans la charrette, v. 360 et ss.	6'- Lancelot dans la charrette, § 3, p. 88.	6''- Lancelot dans la charrette, p. 179-180.
7- Le chevalier inconnu humilié, v. 410 et ss.le	7'- Lancelot humilié, § 4, p. 92.	7''- Lancelot humilié, p. 181.
8- Le lit merveilleux, v. 480 et ss.	8'- Le lit merveilleux, § 4, p. 96.	8''- Le lit merveilleux, p 182.
9- Le chevalier de la charrette et Gauvain mis sur la voie, v. 608 et ss.	9'- Lancelot et Gauvain mis sur la voie, § 5, p. 102.	9''- Lancelot et Gauvain mis sur la voie, p. 183.
10- Séparation des deux chevaliers, v. 700 et ss.	10'- Séparation des deux chevaliers, § 5, p. 104.	10''- Séparation des deux chevaliers, p. 183.
11- Le chevalier de la charrette et la demoiselle séductrice, v. 932 et ss.	11'- Lancelot et la demoiselle séductrice, § 6, p. 106.	11''- Le chevalier de la charrette et la demoiselle séductrice ; Dès qu'elle le rencontre, elle lui demande de coucher avec elle en échange de l'hébergement qu'elle lui propose pour la nuit, p. 186.

12- Le chevalier de la charrette libéré de sa promesse, v. 1270 et ss.	12'- Lancelot libéré de sa promesse, § 6b, p. 112.	12''- Le chevalier de la charrette libéré de sa promesse, p. 189.
13- Le chevalier de la charrette escorte la demoiselle, v. 1295 et ss.	13'- Lancelot escorte la demoiselle, § 6b, p. 114.	13''- Le chevalier de la charrette escorte la demoiselle, p. 190 et ss.
14- Le chevalier de la charrette et le peigne de Guenièvre, v. 1349 et ss.	14'- Lancelot et le peigne de Guenièvre, § 6d, p. 122.	14''- Lancelot et le peigne de Guenièvre, p. 191.
15- Le chevalier de la charrette protecteur de la demoiselle, v. 1506 et ss.	15'- Lancelot protecteur de la demoiselle, § 6f, p. 128.	15''- Le chevalier de la charrette protecteur de la demoiselle, p. 192.
16- Le chevalier de la charrette suivi par le fils prétentieux et le père raisonnable, v. 1684 et ss.	16'- Lancelot suivi par le fils prétentieux et le père raisonnable, § 6f, p. 128.	16''- Le chevalier de la charrette suivi par le fils prétentieux et le père raisonnable, p. 195.
17- Le chevalier de la charrette et le cimetière futur, v. 1856 et ss.	17'- Lancelot et le cimetière aux deux tombes, § 6f, p. 128.	17''- Le chevalier de la charrette et le cimetière futur, p. 196.
18- Exploit du chevalier de la charrette, v. 1968 et ss.	18'- Échec de Lancelot, § 6h, p. 136.	18''- Échec du chevalier de la charrette, p. 197.
19- Le chevalier de la charrette et l'accueil du vavasseur, v. 2025 et ss.	19'- Lancelot et l'accueil du vavasseur, § 6j, p. 142.	19''- Le chevalier de la charrette et l'accueil du vavasseur, p. 199.
20- Le passage des pierres, v. 2161 et ss.	20'- Le passage des pierres, § 6m, p. 150.	20''- Le vavasseur parle à Lancelot du passage des pierres, p. 200.
21- Le chevalier de la charrette hébergé puis escorté par les fils du vavasseur, v. 2493 et ss.	21'- Lancelot hébergé puis escorté par les fils du vavasseur, § 9a, p. 160.	21''- Le chevalier de la charrette hébergé chez un vavasseur, p. 206.
22- Le chevalier de la charrette se bat contre un chevalier orgueilleux, v. 2579 et ss.	22'- Lancelot se bat contre un chevalier provocateur (celui de Méléagant), § 9c, p. 166.	22''- Le chevalier de la charrette se bat contre le chevalier provocateur de Méléagant, p. 210.
23- Le chevalier de la charrette au pont de l'Épée, v. 3004 et ss	23'- Lancelot au pont de l'Épée, § 9e, p. 174.	23''- Le chevalier de la charrette au pont de l'épée, p. 214.
24- Le chevalier de la	24'- Lancelot accueilli	24''- Le chevalier de la

<u>charrette accueilli par Baudemagus, v. 3325 et ss.</u>	<u>par Baudemagus, § 10, p. 180.</u>	<u>charrette accueilli par Baudemagus, p. 219.</u>
<u>25- Révélation par la reine du nom de Lancelot, v. 3660.</u>	<u>25'- Révélation par la reine du nom de Lancelot (déjà connu du lecteur et de certains protagonistes), § 10, p. 178.</u>	<u>25''- Révélation de la reine du nom de Lancelot, p. 225.</u>
26- Lancelot interrompt le combat sous la demande de la reine, v. 3805 et ss	26'- Lancelot interrompt le combat sous la demande de la reine, § 11, p. 192.	26''- Lancelot interrompt le combat sous la demande de la reine, p. 227.
27- Lancelot mal accueilli par la reine, v. 3945 et ss.	27'- Lancelot mal accueilli par la reine, § 12, p. 194.	27''- Lancelot mal accueilli par la reine, p. 229.
28- Lancelot s'entretient avec Keu, v. 4007 et ss.	28'- Lancelot s'entretient avec Keu, § 12, p. 196.	28''- Lancelot s'entretient avec Keu, p. 229.
29- On croit Lancelot mort, v. 4140 et ss.	29'- On croit Lancelot mort, § 12, p. 198.	29''- On croit Lancelot mort, p. 231.
30- Lancelot croit la reine morte, v. 4250 et ss.	30'- Lancelot croit la reine morte, § 12, p. 200.	30''- Lancelot croit la reine morte, p. 232.
31- Retrouvailles et nuit d'amour, v. 4460 et ss.	31'- Retrouvailles et nuit d'amour, § 13, p. 202-204.	31''- Retrouvailles et nuit d'amour, p. 235 et ss.
32- Lancelot défend la reine contre les accusations de Méléagant, v. 4901 et ss.	32'- Lancelot défend la reine contre les accusations de Méléagant, § 13b, p. 210.	32''- Lancelot défend la reine contre les accusations de Méléagant, p. 241.
33- Pour la seconde fois, Lancelot interrompt le duel contre Méléagant, et ce à la demande de la reine, v. 5016 et ss.	33'- Pour la seconde fois, Lancelot interrompt le duel contre Méléagant, et ce sous la demande de la reine, § 13b, p. 212.	33'- Pour la seconde fois, Lancelot interrompt le duel contre les accusations de Méléagant, p. 242.
34- Lancelot piégé, v. 5065 et ss.	34'- Lancelot piégé, § 13c, p. 214-216.	34''- Lancelot piégé, (le motif change par rapport aux deux autres

		versions, p. 243-244.
35- Le retour de Gauvain sans Lancelot, v. 5107 et ss.	35'- Le retour de Gauvain sans Lancelot, § 14, p. 218.	35''- Le retour de Gauvain sans Lancelot, p. 244.
36- Gauvain et la reine de retour à la cour d'Arthur sans Lancelot, v.5273 et ss.	36'- Gauvain et la reine de retour à la cour d'Arthur sans Lancelot, § 15, p. 222.	36''- Gauvain et la reine de retour à la cour d'Arthur sans Lancelot, p. 245 et ss.
37- Projet de Tournoi, v. 5370 et ss.	37'- Projet de Tournoi, § 15e, p. 234.	37''- Projet de tournoi, p. 253.
38- Lancelot au tournoi, v. 5612 et ss.	38'- Lancelot au tournoi de Pomeglai, § 16, p. 240.	38''- Lancelot au tournoi, p. 253.
39- Lancelot suit les ordres de la reine, v. 6536 et ss.	39'- Lancelot suit les ordres de la reine, § 16, p. 244.	39''- Lancelot suit les ordres de la reine, p. 255 et ss.
40- Lancelot enfermé par Méléagant, v. 6105 et ss.	40'- Lancelot enfermé par Méléagant, § 16, p. 246.	40''- Lancelot enfermé par Méléagant, p. 259.
41- Méléagant à la cour d'Arthur, v. 6148 et ss.	41'- Méléagant à la cour d'Arthur, § 16, p. 248.	41''- Méléagant à la Cour d'Arthur, p. 259.
42- Lancelot libéré par la sœur de Méléagant, v. 6389 et ss.	42'- Lancelot libéré par la sœur de Méléagant, § 17, p. 250-252.	42''- Lancelot libéré par la sœur de Méléagant, p. 262 et ss.
43- Ultime combat contre Méléagant et mort de celui-ci., v. 6788 et ss.	43'- Ultime combat contre Méléagant et mort de celui-ci, § 19, p. 256-258.	43'''- Ultime combat contre Méléagant, p. 265 et ss.

Récapitulatif des faits communs aux trois Charrette[1]

Pour ce qui est des conseils que Baudemagus adresse à son fils[2], la scène n'est pas nouvelle dans les proses, mais elle est réécrite. Elle se plie à des règles autres que celles de l'écriture vers. Celles-ci touchent aussi bien au vocabulaire qu'aux niveaux hypotactique et

[1] Nous avons choisi de mettre en rouge et en souligné les passages qui, bien qu'identiques dans leur contenu, présentent quelques variantes.

[2] *Charrette* en vers, *op.cit*, v. 3187-3219 ; *Charrette* du XIIIè, *op.cit*, p. 182 ; *Charrette* du XIVè, *op.cit*, p. 216.

paratactique des structures phrastiques. Il en est de même pour les scènes rappelant les duels judiciaires ou les affrontements de chevaliers. On pense, dans ce cas, aux trois combats de Lancelot contre Méléagant[1]. Nous pouvons ajouter la provocation de Méléagant à la cour (évocations des prisonniers)[2], l'accueil courtois de Baudemagus à Lancelot[3] et la froideur de la reine à l'égard de Lancelot[4]. Il est d'autres scènes présentant des variantes dans l'exploitation des « motifs », surtout par l'auteur de la version dérimée. Cela n'altère pas l'ordre du déroulement des actions. Lorsqu'il se retrouve sans monture au début du roman, Lancelot demande lui-même une monture à Gauvain aussi bien dans la version en vers[5] que dans la *Charrette* du XIII[è]. Dans la version dérimée, c'est Gauvain qui lui en propose une. De même, dans l'épisode relatif à la demoiselle séductrice, la version en vers et la *Charrette* du XIII[è] montrent la demoiselle attendre que Lancelot arrive chez elle pour l'éclairer quant au don contraignant qu'elle comptait lui « *imposer* », alors que dans la version dérimée, sa demande est faite dès lors qu'elle rencontre Lancelot. D'autres fois, ces variations concernent la *Charrette* du XIII[è]. Lancelot évolue longtemps comme un chevalier inconnu dans la version de Chrétien ; dans la *Charrette* dérimée, celui-ci est connu seulement du lecteur qui connait l'histoire de Chrétien. Dans la *Charrette* du XIII[è], Lancelot est, non seulement nommé par son nom depuis le début de l'épisode, mais les personnages qui évoluent avec lui le reconnaissent, avant l'incontournable révélation de son nom par la reine[6]. Plus loin, après son retour à la Cour d'Arthur et la libération

---

[1] **(1)** Avant la libération des Captifs, *in Charrette* en vers, *op.cit*, v. 3584-3624 ; *Charrette* du XIII[è], *op.cit*, p. 186-188, *Charrette* du XIV[è], *op.cit*, p. 224 ; **(2)** pour défendre la reine, *in Charrette* en vers, *op.cit*, v. 4987-5009 ; *Charrette* du XIII[è], *op.cit*, p. 210-212, *Charrette* du XIV[è], *op.cit*, p. 241 ; **(3)** l'ultime combat, *in Charrette* en vers, *op.cit*, v. 7009-7089 ; *Charrette* du XIII[è], *op.cit*, p. 256-258, *Charrette* du XIV[è], *op.cit*, p. 265 et ss.

[2] *Charrette* en vers, *op.cit*, v. 51-79, p. 48-50 ; *Charrette* du XIII[è], *op.cit*, (p. 72-74), *Charrette* du XIV[è], *op.cit*, p. 174.

[3] *Charrette* en vers, *op.cit*, v. 3303-3342, p. 48-50 ; *Charrette* du XIII[è], *op.cit*, ligne. 7-19, p. 180, *Charrette* du XIV[è], *op.cit*, p. 219.

[4] *Charrette* en vers, *op.cit*, v. 3937-3959 ; *Charrette* du XIII[è], *op.cit*, ligne. 4-1, p. 194, *Charrette* du XIV[è], *op.cit*, p. 229.

[5] *Charrette* en vers, *op.cit*, v. 279 et ss ; *Charrette* du XIII[è], *op.cit*, §6, p. 84, *Charrette* du XIV[è], *op.cit*, p. 179.

[6] *Charrette* en vers, *op.cit*, v. 3660 ; *Charrette* du XIII[è], *op.cit*, §10, p. 178, *Charrette* du XIV[è], *op.cit*, p. 225.

des chevaliers, Guenièvre organise un tournoi qui ne porte pas de nom autant dans le vers[1] que dans la version dérimée de la *Charrette*[2] ; dans la *Charrette* du XIIIè, ce tournoi est baptisé Pomegloi[3]. Dans tous les cas, et bien que des variations paraissent dans les séquences partagées par les trois versions de la *Charrette*, il nous faut noter que l'ossature du roman est respectée, dans le sens où nous retrouvons l'intégralité de l'histoire proposée par Chrétien de Troyes dans ces deux mises en prose. La prose «*se nourrit, se vivifie du retour sur elle-même, [elle] cherche non point à inventer quelque « novelté », mais à « reconter », « retraire », «renoveler» et [...] se ressource inépuisablement dans l'acquiescement consenti à la tradition, dans la filiation acceptée*[4]. » Ainsi choisit-on de définir ce qu'on baptise ici par « réemploi différentiel des mêmes motifs ». Dans sa préface au Che*valier de la charrette*[5], Jean-Claude Aubailly a démontré que comme toute écriture, celle de Chrétien de Troyes ne peut se faire *ex nihilo* : ce dernier reprend en effet les mêmes motifs qu'il réexploite à sa manière et crée ainsi des scènes et des épisodes inédits dans ses romans. *Le Chevalier de la charrette* rejoint cette idée dans la mesure où il présente certains passages, en quelque sorte recyclés par le poète champenois. Nous pensons aux multiples apparitions de demoiselles[6], aux dons[7], aux ponts[8] et aux duels et combats[9]. Le motif médiateur par excellence, se croisant dans tous les romans de Chrétien de Troyes et se retrouvant avec abondance dans le *Lancelot* en prose est le motif de la « quête ». Celui-ci est le moteur même du développement de la matière. C'est en partant en quête d'un « objet » perdu ou désiré que le, ou les chevaliers quittent la cour d'Arthur. Depuis leur départ et jusqu'à leur retour, ils seront soumis à des épreuves leur permettant d'acquérir une « identité » et d'accroître leur gloire. Ce que le *Lancelot* en prose donne à voir, c'est l'exploitation d'un même motif sur une pluralité de chevaliers;

---

1 *Charrette* en vers, *op.cit*, v. 5612.

2 *Charrette* du XIVè, *op.cit*, p. 253.

3 *Charrette* du XIIIè, *op.cit*, §10, p. 240.

4 Emmanuèle Baumgartner, « Retour des personnages et mise en prose de la fiction arthurienne au XIIIè siècle », *op.cit*, p. 469.

5 Préface du *Chevalier de la charrette*, Paris, Garnier Flammarion, 1991, p. 9-48.

6 *Charrette* en vers, *op.cit*, v. 433 ; 608 ; 933-34 ; 2780-82.

7 *Ibidem*, v. 154-57 ; 943-45

8 *Ibidem*, v. 3005 ; 5049

9 *Ibidem*, v. 844-63 ; 1126-1173 ; 2387-2408 ; 2680-2705 ; 3584-3628 ; 3708-3757 ; 4990-5009 ; 7010-7089.

exploitation favorisée d'ailleurs par le réseau que forme la progression en spirale des protagonistes. Contrairement à ce qu'on retrouve chez Chrétien de Troyes, cette progression permet une hiérarchisation légitime et non arbitraire des chevaliers. On pense dans ce cas à l'escorte de la reine[1], ou alors aux trois compagnons partis à la recherche de Gauvain enlevé[2] ou encore à l'élection de Boort par les demoiselles du château de la Marche[3]. A propos de Boort, il est intéressant de noter que le compilateur use de la permutation et transpose les aventures advenues à Lancelot sur son cousin Boort : celui-ci commence d'abord par donner fin à la coutume de la « charrette d'infamie » en prenant place lui-même dans celle-ci et en arrivant à y mettre et Gauvain et le roi Arthur. Plus encore, « *si ne remest onkes chevalier en ostel le roi ki n'i montast*[4] ». Le motif de l'anneau réapparaît également : Morgane échange l'anneau offert par Guenièvre à Lancelot, par un autre qui lui est semblable. La vieille gouvernante en donne un à Boort qui, sous l'effet de la magie, s'éprend de la fille du roi. De même que Lancelot viendra au secours de la demoiselle soi-disant violée[5], Boort viendra à l'aide d'une demoiselle maltraitée par « *.IIII. ribaut*[6]». En somme, bien des scènes sont exploitées et remodelées dans le but d'en donner une nouvelle forme rappelant de près des épisodes antérieurs, mais qui se différencient nettement d'eux par des touches quelque peu inédites. Le *Lancelot* tout entier est un roman construit et reconstruit à partir d'une même matière en perpétuel changement dans l'espace et dans le temps.

Les versions du Cligès suivent peu ou prou le même mécanisme usité dans les mises en prose de la *Charrette*, dans le sens où la macrostructure proposée par Chrétien dans son *Cligès* en vers s'avère respectée par l'auteur de la mise en prose de ce roman. Revoyons-les, de près, en les confrontant l'une à l'autre :

***Cligès* en vers**	***Cligès* en prose**
1- Prologue, v. 1 et ss.	1'- Prologue, [1r-v] et [2r], 65.
2- Présentation des parents	2'- Présentation des parents

[1] *L'Enlèvement de Guenièvre, op.cit*, p. 534-36.

[2] *Lancelot en prose*, Tome IV, « Le Val des amants infidèles », *op.cit*, p. 146 et ss.

[3] *L'Enlèvement de Guenièvre, op.cit*, p. 389 et ss.

[4] *L'Enlèvement de Guenièvre, op.cit*, p. 234.

[5] *La Charrette* du XIIIè, *op.cit.*, p. 108-110.

[6] *L'Enlèvement de Guenièvre, op.cit*, p. 416

d'Alexandre, père de Cligès, v. 45 et ss.

d'Alexandre, père de Cligès, §1, p. 66.

3- Description d'Alexandre et d'Alix, v. 51 et ss.

3'- Description d'Alexandre et d'Alix, § 1, p. 66.

4- Renommée de la Cour d'Arthur, v. 68 et ss.

4'- Renommée de la Cour d'Arthur, § 1, p. 66.

5- Alexandre veut partir à la Cour d'Arthur ; tentative de dissuasion de la part de son père ; tristesse de sa mère, v. 140 et ss.

5'- Alexandre veut partir à la Cour d'Arthur ; description de la tristesse de ses parents et surtout de sa mère, § 2, p. 67 et ss.

6- Alexandre part à la Cour d'Arthur, v. 232 et ss.

6'- Alexandre part à la Cour d'Arthur, § 3, p. 68 et ss.

7- Hospitalité rendue à Alexandre à la Cour d'Arthur, v. 312 et ss.

7'- Hospitalité rendue à Alexandre à la Cour d'Arthur, § 4, p. 70 et ss.

8- Arthur veut se rendre en Bretagne et laisse son royaume au comte de Guinesores, v. 422 et ss.

8'- Arthur veut se rendre en Bretagne et laisse son royaume au comte de Guinesores, § 5, p. 71 et ss.

9- Alexandre et Soredamores tombent amoureux l'un de l'autre. description de l'amour que voue l'un pour l'autre, v. 526 et ss.

9'- Alexandre et Soredamores tombent amoureux l'un de l'autre ; description de l'amour que voue l'un pour l'autre, § 6, p. 72.

10- Arrivée du roi Arthur au port de la Bretagne, v. 566 et ss.

10'- Arrivée du roi Arthur au port de la Petite Bretagne, § 8, p. 74 et ss.

11- Description des tourments de l'amour, v. 571 et ss.

11'- Description des tourments de l'amour, § 9, p. 75 et ss.

12- Le roi Arthur se prépare à affronter le traître comte de Guinesores, v. 1050 et ss.

12'- Le roi Arthur se prépare à affronter le traître comte de Guinesores, § 11, p. 79 et ss.

13- Alexandre est adoubé à la Cour d'Arthur, v. 1100 et ss.

13'- Alexandre est adoubé à la Cour d'Arthur, § 12, p. 80 et ss.

14- Le comte Guinestre s'enfuit la nuit de la ville de Londres, v. 1208 et ss.

14'- Le comte Guinestre s'enfuit la nuit de la ville de Londres, § 13, p. 81 et ss.

15- Exploits d'Alexandre, v. 1334 et ss.

15'- Alexandre se bat contre des chevaliers du chasteau de la ville de Londres ; exploits d'Alexandre,

§ 15, p. 83 et ss.

16- Alexandre remet ses prisonniers à la reine, v. 1341 et ss.

16'- Alexandre remet ses prisonniers à la reine et au roi ; description de l'affection de Soredamours et du cheveu d'or avec lequel est cousu la chemise d'Alexandre, § 15, p. 84 et ss.

17- L'armée d'Arthur traverse la Tamise et assiège le château du comte de Guinesores, v. 1465 et ss.

17'- L'armée d'Arthur assiège le château du comte de Guinesores ; description de l'affrontement des deux camps adversaires, § 16, p. 86 et ss.

18- Guenièvre parle à Soredamours de la chemise d'Or d'Alexandre, v. 1545.

18'- Guenièvre parle à Soredamours de la chemise d'Or d'Alexandre, § 17, p. 88.

19- Euphorie d'Alexandre ; il se couche la chemise entre les bras, v. 1605 et ss.

19'- Euphorie d'Alexandre ; il se couche la chemise entre les bras, § 18, p. 88 et ss.

20- Le conte Guinesores prépare un assaut nocturne contre le roi Arthur, v. 1637 et ss.

20'- Le conte Guinesores prépare un assaut nocturne contre le roi Arthur, § 19, p. 89 et ss.

21- Combat entre l'armée de Guinesores et celle du roi Arthur, v. 1703 et ss.

21'- Combat entre l'armée de Guinesores et celle du roi Arthur, § 20, p. 90 et ss.

22- Prouesses d'Alexandre, v. 1737 et ss.

22'- Prouesses d'Alexandre, § 20, p. 91 et ss.

23- Ruse d'Alexandre qui entre au chasteau de Guinesores l'assiège et injurie le comte de Guinesores ; combat acharné ; v. 1789 et ss.

23'- Alexandre entre au chasteau de Guinesores, l'assiège et injurie le comte de Guinesores, combat acharné, § 21, p. 92 et ss.

24- Arthur offre à Alexandre une coupe d'or en gage de sa prouesse, v. 2166 et ss.

24'- Arthur offre à Alexandre une coupe d'or en gage de sa prouesse ; il lui offre aussi la main de Soredamours, § 24, p. 97 et ss.

25- La reine interroge Alexandre puis Soredamores quant à leurs sentiments l'un pour l'autre, v. 2241 et ss.

25'- La reine interroge Alexandre puis Soredamores quant à leurs sentiments l'un pour l'autre, § 25, p. 98 et ss.

26- Mariage d'Alexandre et de Soredamours ; naissance de Cligès, v. 2298 et ss.

26'- Mariage d'Alexandre et de Soredamours ; naissance de Cligès, § 26, p. 100.

27- Alix est couronné roi, suite à la fausse nouvelle du décès de son frère Alexandre ; l'héritier légitime, v. 2341et ss.	27'- Alix est couronné roi, suite à la fausse nouvelle du décès de son frère Alexandre ; l'héritier légitime, § 27, p. 100 et ss.
28- Alexandre apprend la nouvelle du couronnement de son frère ; compromis : Alix demeurera empereur tant qu'il ne se mariera pas, v. 2377 et ss.	28'- Alexandre apprend la nouvelle du couronnement de son frère ; compromis : Alix demeurera empereur tant qu'il ne se mariera pas, § 28, p. 101 et ss.
29- Conseils donnés par Alexandre mourant à son fils Cligès, v. 2556 et ss.	29'- Conseils donnés par Alexandre mourant à son fils Cligès, § 28, p. 102.
30- Décès d'Alexandre et Soredamores, v. 2577 et ss.	30'- Décès d'Alexandre et Soredamores, § 29, p. 102.
31- Les hommes d'Alix lui conseillent de se marier à la fille de l'empereur d'Allemagne, Fénice, v. 2592 et ss.	31'- Les hommes d'Alix lui conseillent de se marier à la fille de l'empereur d'Allemagne, Fénice, § 29, p. 102 et ss.
32- Alix part en Allemagne pour épouser Fénice, v. 2622 et ss.	32'- Alix part en Allemagne pour épouser Fénice, § 30, p. 104.
33- Cligès et Fénice se regardent mutuellement ; coup de foudre, 2754 et ss.	33'- Cligès et Fénice se regardent mutuellement ; coup de foudre, § 31, p. 104 et ss.
34- Le neveu du duc de Saxe défie l'empereur, Cligès l'affronte, v. 2811 et ss.	34'- Archadéz défie l'empereur, Cligès l'affronte, § 32, p. 106 et ss.
35- Cligès fait des merveilles au combat, v. 2874 et ss.	35'- Cligès fait des merveilles au combat, § 34, p. 108 et ss.
36- Fénice avoue à Thessala son amour pour Cligès, v. 2956 et ss.	36'- Fénice avoue à Thessala son amour pour Cligès, § 35, p. 110 et ss.
37- Thessala promet à Fénice de l'aider à guérir de sa maladie d'amour, v. 3061 et ss.	37'- Thessala promet à Fénice de l'aider à guérir de sa maladie d'amour, § 36, p. 111 et ss.
38- Mariage d'Alix et de Fénice ; Thessala prépare une potion à Fénice qui empêcherait son époux de la toucher, v. 3202 et ss.	38'- Mariage d'Alix et de Fénice ; Thessala prépare une potion à Fénice qui empêcherait son époux de la toucher, § 37, p. 113.
39- Cligès sert, sans le savoir, à son oncle du breuvage enchanté préparé par Thessala, v. 3231 et ss.	39'- Cligès sert, sans le savoir, à son oncle du breuvage enchanté préparé par Thessala, § 38, p. 113

	et ss.
40- Sous l'effet du breuvage magique, Alix pense coucher avec sa femme, v. 3277 et ss.	40'- Sous l'effet du breuvage magique, Alix pense coucher avec sa femme, § 39, p. 114 et ss.
41- Alix repart en Grèce en compagnie de sa femme et de sa suite, v. 3342 et ss.	41'- Alix repart en Grèce en compagnie de sa femme et de sa suite, § 40, p. 115.
42- Le neveu du duc de Saxe et ses hommes leur barent la route ; duel avec Cligès qui tue le neveu du duc, v. 3353 et ss.	42'- Archadèz et ses hommes leur barrent la route, duel avec Cligès qui tue Archadéz, § 41, p. 116 et ss.
43- Fénice est enlevée, v. 3575 et ss.	43'- Fénice est enlevée, § 42, p. 119 et ss.
44- Cligès tue les ravisseurs de Fénice et la libère, v. 3613 et ss.	44'- Cligès tue les ravisseurs de Fénice et la libère, § 44, p. 120 et ss.
45- Combat entre Cligès et le duc de Saxonne, v. 3962 et ss.	45'- Combat entre Cligès et le duc de Saxonne, § 45, p. 122 et ss.
46- Le duc se rend à Cligès, v. 4092 et ss.	46'- Le duc se rend à Cligès, §47, p. 125 et ss.
47- Cligès part à la Cour d'Arthur, v. 4514 et ss.	47'- Cligès part à la Cour d'Arthur, § 47, p. 125 et ss.
48- Cligès arrive à Wallingford ; il participe à un tournoi organisé par les gens du roi Arthur, v. 4520 et ss.	48'- Cligès arrive à Wallingford ; il participe à un tournoi organisé par les gens du roi Arthur, § 48, p. 127 et ss.
<u>49- Le chevalier aux armes noires abat plusieurs chevaliers dont Lancelot du Lac et Perceval le Galois, v. 4585 et ss.</u>	<u>49'- Le chevalier aux armes noires, vermeilles et vertes abat plusieurs chevaliers dont Aguichanz, Sagremors, Lancelot du Lac et Perceval le Galois, § 49, p. 129 et ss.</u>
50- Le chevalier aux armes blanches se bat contre Gauvain, v. 4848 et ss.	50'- Le chevalier aux armes blanches se bat contre Gauvain, § 51, p. 131.
<u>51- Cligès décline son identité au roi Arthur et à Gauvain ; description de l'hospitalité qui lui est rendue ; Cligès demeure à la Cour d'Arthur jusqu'au retour de la belle saison, v. 4924 et ss.</u>	<u>51'- Cligès décline son identité au roi Arthur et à Gauvain ; description de l'hospitalité qui lui est rendue, § 52, 132 et ss.</u>
52- Cligès et Fénice s'avouent leur	52'- Cligès et Fénice s'avouent leur

amour réciproque ; Fénice avoue la manigance de Thessala et l'histoire du breuvage, v. 5093 et ss.	amour réciproque ; Fénice avoue la manigance de Thessala et l'histoire du breuvage, § 54, p. 138 et ss.
53- Sous le conseil de Thessala, Fénice conclut de faire la morte, v. 5264 et ss.	53'- Sous le conseil de Thessala, Fénice conclut de faire la morte, § 56, p. 140 et ss.
54- Thessala promet à Fénice de lui préparer un breuvage lui permettant de feindre la mort, v. 5338 et ss.	54'- Thessala promet à Fénice de lui préparer un breuvage lui permettant de feindre la mort, § 57, p. 141 et ss.
55- Cligès confie son secret à Jehan à qui il demande son assistance pour fabriquer un cercueil pour y mettre Fénice feignant la mort, v. 5422 et ss.	55'- Cligès confie son secret à Jehan à qui il demande son assistance pour fabriquer un cercueil pour y mettre Fénice feignant la mort, § 59, p. 143 et ss.
56- Jehan mène Cligès dans sa maison ; description de la tour du serf et de son raffinement, v. 5489 et ss.	56'- Jehan mène Cligès dans sa maison ; description de la superbe demeure du serf et de son raffinement, § 59, p. 144 et ss.
57- Fénice feint la maladie et la douleur ; Thessala appuie sa comédie, v. 5619 et ss.	57'- Fénice feint la maladie et la douleur ; Thessala appuie sa comédie, § 60, p. 146 et ss.
58- Lamentations du peuple quant à la mort de Fénice ; arrivée de trois médecins, v. 5709 et ss.	58'- Lamentations du peuple quant à la mort de Fénice ; arrivée de trois médecins, § 63, p. 149 et ss.
59- Se remémorant la femme de Salomon feignant la mort, les médecins pensent que Fénice n'est pas morte ; tentatives de la réveiller, v. 5796 et ss.	59'- Les médecins pensent que Fénice n'est pas morte ; tentatives de la réveiller, § 64, p. 150 et ss.
60- Les médecins échouent par tous les moyens à réveiller Fénice ; ils sont tués par les dames, v. 5960 et ss.	60'- Les médecins échouent par tous les moyens à réveiller Fénice ; ils sont tués par les dames, § 66, p. 152 et ss.
61- Fénice est mise dans son cercueil et portée à l'église, v. 6008 et ss.	61'- Fénice est mise dans son cercueil et portée à l'église, § 68, p. 153 et ss.
62- Jehan et Cligès récupèrent le corps de Fénice, v. 6092 et ss.	62'- Jehan et Cligès récupèrent le corps de Fénice, § 69, p. 154 et ss.
63- Lamentations de Cligès croyant	63'- Lamentations de Cligès

Fénice morte, v. 6143 et ss.	croyant Fénice morte, § 70, p. 156 et ss.
64- Fénice réconforte son ami, v. 6186 et ss.	64'- Fénice réconforte son ami, § 71, p. 157 et ss.
65- Cligès et Fénice demeurent pendant plus d'une année dans la demeure de Jehan, v. 6265 et ss.	65'- Cligès et Fénice demeurent pendant plus d'une année dans la demeure de Jehan, § 71, p. 157.
66- Cligès et Fénice entrent dans un verger, v. 6288 et ss.	66'- Cligès et Fénice entrent dans le verger de plaisance, § 73, p. 159 et ss.
67- Ils sont vus par un chevalier nommé Bertrand venu chasser pas très loin de la tour, v. 6348 et ss.	67'- Ils sont vus par un chevalier nommé Bertrand, § 74, p. 160 et ss.
68- L'empereur Alis apprend la nouvelle et part à la recherche des amants. Jehan est accusé ; il prend la défense de son maître Cligès, v. 6392 et ss.	68'- L'empereur Alis apprend la nouvelle et part à la recherche des amants. Jehan est accusé ; il prend la défense de son maître Cligès § 74, p. 161 et ss.
69- Jehan est mis en prison ; départ à la poursuite de Cligès, v. 6508 et ss.	69'- Jehan est mis en prison ; départ à la poursuite de Cligès, § 74, p. 162.
70- Cligès bien accueilli chez le roi Arthur, v. 6590 et ss.	70'- Cligès bien accueilli chez le roi Arthur, § 75, p. 162 et ss.
71- Mort d'Alix annoncée par les Grecs venus à la Cour du roi Arthur avec Jehan libéré, v. 6633 et ss.	71'- Mort d'Alix annoncée par les Grecs venus à la Cour du roi Arthur avec Jehan libéré, § 75, p. 163 et ss.
72- Cligès épouse Fénice, v. 6671 et ss.	72'- Cligès épouse Fénice, § 75, p. 163 et ss.

Récapitulatif des faits communs aux deux Cligès[1]

Comme c'est le cas dans les trois versions de la *Charrette*, la réécriture du *Cligès* respecte la macrostructure du roman de Chrétien, dans la mesure où les faits relatés reprennent tous ceux figurant dans le roman du Champenois. Parfois, ces faits sont annexés à quelques détails présents dans une seule version de ce

[1] Nous avons choisi de mettre en rouge et en souligné les passages qui, bien qu'identiques dans leur contenu, présentent quelques variantes.

roman. Nous pensons notamment aux exploits d'Alexandre, décrits dans les deux versions, certes, mais le *Cligès* en prose octroie de la place à la description du combat que mène Alexandre contre les chevaliers du château de Londres[1], ce que Chrétien s'abstient de faire[2]. À rajouter aussi que la prose apporte de petites précisions absentes de la version en vers du *Cligès*, comme lorsqu'elle octroie un nom propre au neveu du duc de Saxe[3] qu'elle présente sous le nom d'Archadéz[4] ; ou bien lorsqu'elle nomme le verger[5] dans lequel s'introduiront Cligès et Fénice et qu'elle a baptisé le verger de Plaisance[6]. Inversement, la prose du *Cligès* peut omettre ou réécrire des détails présents dans la version en vers du Champenois. Tel est le cas de Bertrand que l'on retrouve dans les deux versions et qui va surprendre Cligès et Fénice dans le verger. La prose réécrit la scène de Chrétien. Revoyons les deux extraits :

***Cligès* en vers**	***Cligès* en prose**
« *Et tens que l'en vait en gibier De quiert l'aloe et le machet Et la quaille et la perdriz chace, Avint c'uns chevaliers de Trace, Bachelers jovnes, envoissiez, De chevalerie proisiez, Fu un jor en gibiers alez Vers cele tor tot lez a lez. Bertranz ot non li chevaliers. Essorez fu ses espreviers, Q'a une aloete ot failli. Or se tendra por malballi Bertranz s'il pert son esprevier. Desoz la tor, enz eu vergier, Le vit descendre et aseor, Et ce li plot molt a veor, Qu'or ne le cuide il mie perdre.*[7] »	« *En celle journee mesmes* advint, conme ung chevalier nommé Bertrand s'en alast après disner jouer aux champz, et il vint droit au devant de la muraille du vergier ou estoit Cligés et Fénice, que pour fere aulcune necessité qu'il cuidant baillier son oyseau a son page, ad ce page d'adventure il eschapa* et s'en alla soir droitement sur la maison de Jehan.* », §74, p. 160.

La scène est certes réécrite, mais le rythme de la macrostructure de l'histoire est respecté[1]. La macrostructure du roman de Chrétien de

[1] *Cligès* en prose, *op.cit*, §15, p. 83.
[2] *Cligès* en vers, *op.cit*, v. 1334.
[3] *Ibidem*, v. 2811 et ss.
[4] *Cligès* en prose, *op.cit*, §32, p. 106 et ss.
[5] *Cligès* en vers, *op.cit*, v. 6288 et ss.
[6] *Cligès* en prose, *op.cit*, §73, p. 159 et ss.
[7] *Cligès* en vers, *op.cit*, v. 6348 et ss.

Troyes demeure donc respectée dans la mise en prose du *Cligès* ; à des détails près, bien sûr, mais le lecteur retrouve les faits principaux dans leur totalité ; il suit le cheminement de l'histoire et perçoit la réécriture comme un rafraichissement de l'histoire contée jadis par le Champenois.

Il nous faut enfin nous pencher sur les trois versions de l'*Érec* pour en établir le fonctionnement. En voici le relevé :

***Érec* en vers**	**ms. 363**	**ms. 7235**
1- Projet de la chasse au blanc cerf, v. 27 et ss.	1'- Projet et explication de la coutume de la chasse au blanc cerf, §1, p. 102 et ss.	1''- Projet et explication de la coutume de la chasse au blanc cerf, §1, p. 103 et ss.
2- Départ pour la chasse au blanc cerf, v. 69 et ss.	2'- Départ pour la chasse au blanc cerf, §1, p. 104.	2''- Départ pour la chasse au blanc cerf, §1, p. 105 et ss.
3- Présentation d'Érec, v.81 et ss.	3'- Présentation brève d'Érec §1, p. 104.	3''- Présentation brève d'Érec § 1, p. 105.
4- Description de la chasse, v.117 et ss.	4'- Description de la chasse, §1, p. 104.	4''- Description de la chasse, §1, p. 105.
5- Épisode du chevalier orgueilleux, de sa demoiselle et du nain, v. 125 et ss.	5'- Épisode du chevalier orgueilleux, de sa demoiselle et du nain, §1, p. 104 et ss.	5''- Épisode du chevalier orgueilleux, de sa demoiselle et du nain, §1, p. 105 ; §2, p. 107.
6- Érec est frappé par le nain, v.217 et ss.	6'- Érec est frappé par le nain, §1, p. 108.	6''- Érec est frappé par le nain §2, p. 107.
7- Érec part à la poursuite du chevalier après l'autorisation de la	7'- Érec part à la poursuite du chevalier après l'autorisation de	7''- Érec part à la poursuite du chevalier après l'autorisation de la

[1] Nous pensons aussi au détail présent chez Chrétien et qui disparait de la prose. C'est celui des médecins qui croient que Fénice n'est pas morte. Dans la version en vers, Chrétien dit les concernant : « *Lors lor sovint de Salomon/Cui sa femme tant enhaï/Qu'an guise de mort le tr[a]ï.* », *Cligès* en vers, *op.cit*, v. 5796 et ss. Dans la scène correspondant dans la prose du Cligès, cette mention ne parait nullement, *Cligès* en prose, *op.cit*, §64, p. 150. C'est le même cas, lorsque Chrétien précise que ligès restera à la Cour d'Arthur jusqu'au retour de belle saison, *Cligès* en vers, *op.cit*, v. 4924 et ss ; *Cligès* en prose, *op.cit*, §52, p. 132.

reine, v.234 et ss.	la reine, §1, p. 108.	reine, §2, p. 109.
8- Prise du cerf et retour du roi et de la reine à la Cour, v. 277 et ss.	8'- Prise du cerf et retour du roi et de la reine à la Cour, §1, p. 108.	8''- Prise du cerf et retour du roi et de la reine à la Cour, §2, p. 109.
<u>9- La coutume du baiser remise à plus tard sous le conseil de la reine et présentation de certains chevaliers, v. 291 et ss.</u>	<u>9'- La coutume du baiser remise à plus tard sous le conseil de la reine, §1, p. 108.</u>	<u>9''- La coutume du baiser remise à plus tard sous le conseil de la reine, §2, p. 109.</u>
<u>10- Érec poursuit le chevalier, le nain et la demoiselle ; arrivée dans un bourg, v. 342 et ss.</u>	<u>10'- Érec poursuit le chevalier orgueilleux, §2, p. 110.</u>	<u>10''- Érec poursuit le chevalier orgueilleux, §3, p. 111.</u>
<u>11- Le vavasseur (père d'Enide) accueille Érec, v. 372 et ss.</u>	<u>11'- L'ancien chevalier accueille Érec, §2, p. 110.</u>	<u>11''- L'ancien chevalier accueille Érec, §3, p. 111.</u>
12- Présentation de la femme et de la fille (Énide) du vavasseur, v. 397 et ss.	12'- Présentation de la femme et de la fille (Énide) du vavasseur, §2, p. 110.	12''- Présentation de la femme et de la fille (Énide) du vavasseur, §3, p. 111.
13- Description de la beauté d'Énide, v. 401 et ss.	13'- Description de la beauté d'Énide, §2, p. 110 et ss.	13''- Description de la beauté d'Énide, §3, p. 111 et ss.
14- Hospitalité rendue à Érec, v. 448 et ss.	14'- Hospitalité rendue à Érec, §2, p. 112.	14''- Hospitalité rendue à Érec, §3, p. 113.
<u>15- Le vavasseur explique à Érec la cause de sa pauvreté, v. 501 et ss.</u>	<u>15'- L'ancien chevalier explique à Érec la cause de sa pauvreté, §2, p. 112.</u>	<u>15''- L'ancien chevalier explique à Érec la cause de sa pauvreté, §3, p. 113.</u>
<u>16- Le vavasseur explique à Érec la coutume du pays, v. 574 et ss.</u>	<u>16'- L'ancien chevalier explique à Érec la coutume du pays, §2, p. 114.</u>	<u>16''- L'ancien chevalier explique à Érec la coutume du pays, §4, p. 115.</u>
<u>17- Érec demande des nouvelles du chevalier orgueilleux, v. 581 et ss.</u>	<u>17'- Érec demande des nouvelles du chevalier orgueilleux, §2, p. 114.</u>	<u>17''- Érec demande des nouvelles du chevalier orgueilleux, §4, p. 115.</u>

18- Le vavasseur offre à Érec des armes, v. 601 et ss.	18'- L'ancien chevalier offre à Érec des armes, §2, p. 114.	18''- L'ancien chevalier offre à Érec des armes, §4, p. 115.
19- Érec se présente au vavasseur, v. 647 et ss.	19'- Érec se présente, §2, p. 116.	19''- Érec se présente, §4, p. 115.
20- Le vavasseur accorde le don à Érec, v. 666 et ss.	20'- L'ancien chevalier accorde le don à Érec, §2, p. 118.	20''- L'ancien chevalier accorde le don à Érec, §4, p. 117 et ss.
21- Départ d'Érec et Énide vers l'épervier, v. 681 et ss.	21'- Départ d'Érec et Énide, §2, p. 120.	21''- Départ d'Érec et Énide, §5, p. 121.
22- Érec interdit à la demoiselle de prendre l'épervier et revendique la beauté d'Énide, v. 814 et ss.	22'- Érec interdit à la demoiselle de prendre l'épervier et revendique la beauté d'Énide, §3, p. 124.	22''- Érec interdit à la demoiselle de prendre l'épervier et revendique la beauté d'Énide, §6, p. 125.
23- Défi entre Érec et le chevalier orgueilleux ; combat, v. 837 et ss.	23'- Défi entre Érec et le chevalier orgueilleux, combat, §3, p. 124 et ss.	23''- Défi entre Érec et le chevalier orgueilleux ; combat, §6, p. 125 ; §7, p. 127 et ss.
24- Victoire d'Érec et explication de la raison de sa rage, v. 989 et ss.	24'- Victoire d'Érec et ré-explication d'Erec et menace, §3, p.130 et ss.	24''- Victoire d'Érec et explication d'Erec de la raison de sa rage, §8, p. 129 et ss ; §8, p. 135.
25- Érec et Ydier (le chevalier orgueilleux) déclinent leurs identités, v. 1045 et ss.	25'- Érec et Ydier déclinent leurs identités, §3, p. 132 et ss.	25''- Ydier décline son identité, §8, p. 135.
26- Ydier part à la Cour d'Arthur se constituer prisonnier de la reine Guenièvre, v. 1062 et ss.	26'- Ydier part à la Cour d'Arthur se constituer prisonnier de la reine Guenièvre, §3, p. 134 ; §4, p. 136.	26''- Ydier part à la Cour d'Arthur se constituer prisonnier de la reine Guenièvre, §9, p. 137.
27- Ydier arrive à la Cour, se présente et apporte des nouvelles d'Érec, v. 1089 et ss.	27'- Ydier arrive à la Cour, se présente et apporte des nouvelles d'Érec, §4, p. 136 et ss.	27''- Ydier arrive à la Cour, se présente et apporte des nouvelles d'Érec, §9, p. 137.
28- La reine libère Ydier,	28'- La reine libère Ydier	28''- La reine libère Ydier

v. 1213 et ss.	§4, p. 138.	§9, p. 139.
29- Honneur fait à Érec dans le bourg, v.1242 et ss.	29'- Honneur fait à Érec dans le bourg, §5, p. 140.	29''- Honneur fait à Érec, §9, p. 139 et ss.
30- Érec retourne chez le comte où on lui fait grand honneur, v.1288 et ss.	30'- Érec retourne chez l'ancien chevalier où on lui fait grand honneur, §5, p. 140 et ss.	30''- Érec retourne chez l'ancien chevalier où on lui fait grand honneur, §10, p. 143.
31- Érec annonce son départ à la Cour du roi Arthur en compagnie d'Énide, v. 1316 et ss.	31'- Érec annonce son départ à la Cour d'Arthur en compagnie d'Énide, §5, p. 142 et ss.	31''- Érec annonce son départ à la Cour d'Arthur en compagnie d'Énide, §10, p. 143.
32- Description de la beauté d'Érec et Énide, v. 1478 et ss.	32'- Description de la beauté d'Énide, §5, p. 146.	32''- Description de la beauté d'Énide, §10, p. 143 et ss.
33- Érec et Énide arrivent à la Cour du roi Arthur ; on leur fait fête, v. 1513 et ss.	33'- Érec et Énide arrivent à la Cour du roi Arthur ; on leur fait fête, § 5, p. 146 et ss.	33''- Érec et Énide arrivent à la Cour du roi Arthur ; on leur fait fête, §11, p. 147.
34- Guenièvre pare Énide, v.1550 et ss.	34'- Guenièvre pare Énide, §5, p. 150 et ss.	34''- Guenièvre pare Énide, §11, p. 147 ; §12, p. 151 et ss.
35- Présentation et énumération d'une série de chevaliers appartenant à la Table Ronde, v. 1676 et ss.	35'- Présentation et énumération d'une série de chevaliers appartenant à la Table Ronde, §5, p. 152.	35''- Présentation et énumération d'une série de chevaliers appartenant à la Table Ronde, §13, p. 153.
36- Le roi accorde le baiser à Énide reconnue la plus belle femme de la Cour, v.1747 et ss.	36'- Le roi accorde le baiser à Énide reconnue la plus belle femme de la Cour, §5, p. 154.	36''- Le roi accorde le baiser à Énide reconnue la plus belle femme de la Cour, §14, p. p. 155.
37- Érec tient parole et honore le vavasseur (père d'Énide), v. 1841 et ss.	37'- Érec tient parole et honore le père d'Énide, §5, p. 154 et ss.	37''- Érec tient parole et honore le père d'Énide, §14, p. 155.
38- Mariage d'Érec et Énide à la Cour d'Arthur ;	38'- Mariage d'Érec et Énide à la Cour d'Arthur	38''- Mariage d'Érec et Énide à la Cour d'Arthur

énumération d'autres personnages v. 1911 et ss.	; énumération d'autres personnages, §5, p. 156 et ss.	; énumération d'autres personnages, §14, p. 155 et ss.
39- Nuit d'amour, v. 2076 et ss.	39'- Nuit d'amour, §5, p. 158.	39''- Nuit d'amour, §14, p. 157 et ss.
40- Description du tournoi, v.2131 et ss.	40'- Description du tournoi, §6, p.160 et ss.	40''- Description du tournoi, §15, p. 161 et ss ; §16, p. 165 et ss.
41- Départ d'Érec, v. 2289 et ss.	41'- Départ d'Érec, §7, p. 168.	41''- Départ d'Érec, §17, p. 169.
42- Honneur rendu à Érec et Énide chez le roi Lac, v. 2312 et ss.	42'- Honneur rendu à Érec et Énide chez le roi Lac, §7, p. 168.	42''- Honneur rendu à Érec et Énide chez le roi Lac, §17, p. 169 et ss.

Récapitulatif des faits communs aux trois Érec[1]

Les versions de l'*Érec* sont particulièrement différentes du fonctionnement macrostructural des autres romans de Chrétien et de leurs diverses mises en prose. Les trois versions de ce roman coïncident dans les faits, mais uniquement dans une partie de l'histoire que l'on résume, dans les scènes citées dans le tableau, en **42** points. Au moment du départ d'Érec de la Cour d'Arthur (les points **41**, **41'**, **41''**), un fossé se creuse entre les versions. Le **ms. 363** narre des faits qui lui sont uniques. Nous pensons notamment à la recherche du Val Brun que mène Érec[2] ; son combat contre quatre chevaliers[3] ; la description de la peur d'Énide[4] ; le passage du couple chez les Religieuses[5], puis chez un seigneur[6] ; le duel entre Érec et le chevalier à l'Écu d'Or (Guiron)[7] et enfin l'hospitalité rendue à Érec et Énide par Guiron[8]. Ensuite, les trois versions coïncident à nouveau chronologiquement dans un seul autre

---

1 Nous avons choisi de mettre en bleu et en souligné les passages qui, bien qu'identiques dans leur contenu, présentent quelques variantes.

2 *Érec* en prose, **ms. 363**, *op.cit*, [213 v^o^b], p. 224 et ss.

3 *Ibidem*, p. 225 et ss.

4 *Ibidem*, p. 227.

5 *Ibidem*, p. 227.

6 *Ibidem* p. 228.

7 *Ibidem*, p. 230.

8 *Ibidem*, p. 234.

épisode, celui du passage d'Érec et Énide à la cour du roi Lac (les points **42**, **42'**, **42''**). Nous pouvons expliquer ce constat par la nature du **ms. 363** qui se veut incomplet et dont l'auteur est distant et peu impliqué comparé à l'auteur du **ms. 7235**[1]. En ce qui concerne le tableau où l'on rappelle les faits présents dans les trois versions du roman, il est quelques variantes qui viennent différencier les versions entre elles. Nous pensons notamment au père d'Énide qui est nommé « *le vassaseor* » ou « *li comte* » chez Chrétien de Troyes et à qui on octroie l'appellation « *ancien chevaliers* », ou « *père d'Énide* » dans les deux mises en prose de l'*Érec*[2]. Lorsqu'il remet la coutume du baiser à plus tard, Chrétien de Troyes en profite pour présenter une série de chevaliers[3] ; les deux versions en prose éviteront cette bifurcation[4] (exemples **9, 9', 9''**). Lorsqu'il quitte la reine, Érec poursuit le chevalier orgueilleux, sa demoiselle et son nain[5]. Dans les deux mises en prose, les auteurs précisent qu'il poursuit uniquement le chevalier orgueilleux[6] (exemples **10, 10', 10''**). De même, et alors que Chrétien décrit aussi bien la beauté d'Énide que celle d'Érec[7], les deux proses se contentent de peindre la beauté d'Énide[8] (exemples **32, 32', 32''**) ; cela s'expliquerait par cette volonté propre aux proses tardives de réduire à l'essentiel la narration. C'est ce qu'on retrouve aussi dans la présentation d'Érec. Rappelons les exemples :

Érec* et *Énide	**ms. 363**	**ms. 7235**
« Après les siut a esperon Uns chevaliers, Erec ot non. De la Tauble Reonde estoit, Mout grant los en la cort avoit. De tant con il ot esté, N'i ot chevalier plus amé ; Et fu tant beax qu'en nule terre N'esteüst plus bel de lui querre. Mout estoit beax et prouz et genz,	*« apréz vint le filz du roy Lac qui nouvellement estoit venus a la court du roy Artus, que l'on appeloit Erec le gentil chevalier, duquel je vous*	*« Avec la reyne avoit ung noble chevalier nommé Erec, et estoit filz du roy Lac, lors jeune et de jour en jour croissant en beaulté,*

---

1 A ce sujet, voir l'« Introduction à l'*Histoire d'Érec en prose* » de Maria Colombo Timelli, *op.cit*, pp. 9-99.

2 Voir les exemples 11, 11', 11'' ; 15, 15', 15'' ; 16, 16', 16'' ; 18, 18', 18'' et 20, 20', 20'' ; 30, 30', 30'' ; 37, 37', 37''.

3 *Érec* en vers, *op.cit*, v. 291 et ss.

4 *Érec* en prose, **ms. 363**, *op.cit*, §1, p. 108, **ms. 7235**, *op.cit*, §2, p. 109.

5 *Érec* en vers, *op.cit*, v. 342 et ss.

6 *Érec* en prose, **ms. 363**, *op.cit*, §2, p. 110, **ms. 7235**, *op.cit*, §3, p. 111.

7 *Érec* en vers, *op.cit*, v. 1478 et ss.

8 *Érec* en prose, **ms. 363**, *op.cit*, §5, p. 146, **ms. 7235**, *op.cit*, §10, p. 143.

Se n'avoit pas .xxv. anz. *Onques nuns hom de son aage* *Ne fu de greignor vasselage.* *Que diroie de ses bontez ?* *Sor un destrier estoit montez :* *Afublez d'un mantel hermin,* *Vient galopant par le chemin ;* *S'ot cote d'un dÿapre noble* *Qui fu faiz en Costantenople.* *Chauces ot de paile chaucies,* *Mout bien faites et bien taillies,* *Et fu es estriers esfichiez,* *Uns esperons a or chauciez ;* *Ne n'ot arme o lui aportee* *Fors que tant soulement s'espee.* » v. 81 et ss	*parleray plus a plain. Il estoit bien aymé de la royne et de toutes dames et demoiselles.* », §1, [194r°b], p. 104.	*science et vertu.* », §1, [2r-2v], p. 105.

Chrétien de Troyes consacre plus de **20** vers à la description d'Érec ; le **ms. 7235** résume les vertus morales et physiques de ce personnage dans une énumération se limitant à une seule phrase. Quant à l'auteur du **ms. 363**, il n'octroie aucune description au personnage de Chrétien, hormis celle où il précise qu'Érec est bien aimé de la reine et des dames et demoiselles, et annexant le détail « *Eret duquel je vous parleray plus a plain.* » La description de Chrétien semble ralentir la progression des faits ; voilà que les deux proses résument encore une fois le texte de Chrétien en ne laissant que l'essentiel pour la compréhension de l'histoire (exemples **3, 3', 3''**). Parfois, cette compréhension passe par un ralentissement et des explications absentes de la version du Champenois et que l'on retrouve dans les mises proses. C'est l'une des principales caractéristiques de l'écriture du XIII[è] et qu'empruntent aussi les auteurs des mises en prose tardives des romans de Chrétien. C'est le cas de l'explication de la coutume de la chasse du blanc cerf. En voici les références :

Érec* et *Énide	**ms. 363**	**ms. 7235**
« *Li rois a ses chevaliers dist* *Qu'il voloit le blanc cerf chacier* *Por la costume ressaucer* » v. 36 et ss.	« *vous di je que, en ce temps [...] le roy Artus se tenoit a Caradigan, en la forest adventureuse scituee et assise préz de laditte ville avoit ung cerf non pareil aux aultres duquel la force estoit merveilleuse et estoit tout blanc. Par*	« *vendra a dire qu'en ce tampz que le roi Artus se tenoit a Karadigan, en la forest aventureuse scituee asséz prés d'icelle part avoit ung cerf impareil aux aultres, car il estoit tout blanc. Par pluseurz fois il avoit esté chassié, et avoit le roy fait ung edit pour*

plusieurs foiz il avoit esté chassiet, et avoit le roy fait ung edit pour esmouvoir son barnage pour prendre cestui cerf, tel que quiconques le prendroit il porroit a son chois, sans prejudice nul, avoir ung baisier de la lus belle dame ou damoiselle de sa court. Advint doncques que le roy, avant que sa feste de Penthecouste fust passee, pour ce qu'il avoit plenté de chevaliers en sa compaignie, voult aller en la forest adventureuse pour chassier cestui cerf. », §1, p. 102.

esmouvoir son barnage que quiconquez prendroit ce cerf, sans prejudice nul, il pourroit a son chois avoir ung baisier de la plus belle dame ou damoiselle de sa court. Advint doncquez que le roy Artus, ains que sa feste fu passee, pour ce qu'il avoit plenté de chevaliers, voult aller en la forest adventureuse chassier le cerf. », §1, p. 103.

Chrétien de Troyes explique le projet de la chasse au blanc cerf par un simple complément circonstanciel de cause « *Por la costume ressaucer* » ; c'est une seule phrase qui s'étend sur seulement **3** vers. Les deux proses s'en éloignent manifestement pour accorder plusieurs phrases à l'explication de la coutume du blanc cerf. Ici, les deux proses se rapprochent de l'esthétique d'écriture propre au XIII[è] qui est celle d'élucider les détails restés sans explication chez Chrétien de Troyes. Toutefois, la scène est la même ; l'explication ne vient en rien bouleverser la logique de la progression de la narration.

Toujours concernant la régularité du rythme de la narration, nous avons constaté que dans les versions de l'*Érec*, il est des passages narratifs similaires seulement dans deux des versions étudiées. Parfois, ce sont les proses qui se partagent cette similitude[1], d'autres fois, c'est la version de Chrétien et celle du **ms.**

[1] **(1)** lorsqu'Érec demande à revendiquer l'épervier pour Énide, **ms. 363**, *op.cit,* §2, p. 118 ; **ms. 7235,** *op.cit,* **§4, p. 115 et ss. (2)** Description de l'amour que voue Érec à Énide et *vice versa***, ms. 363**, *op.cit,* §2, p. 120 ; **ms. 7235,** *op.cit,* **§5**, p. 121. (**3**) Arrivée d'Érec et Énide et émerveillement de la foule quant à la beauté d'Énide,

363[1], et souvent, c'est la version source et le **ms. 7235** qui s'accordent dans le rythme de la narration. Nous avons noté plusieurs exemples allant dans ce sens. La cadence de la corrélation des faits y est stable dans sa macrostructure. En voici le relevé :

- Prologue **v.9 et ss ; ms. 7235, [1rᵛ], p. 101.**
- Description de la beauté d'Enide, **v. 2394 et ss ; ms. 7235, §17, p. 170.**
- Enide culpabilise, **v. 2461 et ss ; ms. 7235, §18, p. 171.**
- Erec entend les lamentations de sa femme et demande des explications, **v. 2505 et ss ; ms. 7235, §18, p. 171 et ss.**
- Erec ordonne à sa femme de s'appareiller et part avec elle seule à l'aventure, **v. 2571 et ss ss ; ms. 7235, §18, p. 172.**
- Erec part avec sa femme et lui ordonne de garder le silence, **v. 2561 et ss ; ms. 7235, §19, p. 173.**
- Erec et Enide se reposent pour la nuit, **v.3079 et ss ; ms. 7235, §22, p. 176 et ss.**
- Enide se sent coupable et se lamente, **v. 3095 et ss ; ms. 7235, §22, p. 177.**
- Rencontre avec un écuyer qui les aident et leur propose son hospitalité chez un bourgeois, **v. 3117 et ss ; ms. 7235, §22, p. 178.**
- Curiosité du comte qui part voir Erec et Enide, **v. 3344 et ss ; ms. 7235, §23, p. 179.**
- Félonie du comte, **v. 3406 et ss ; ms. 7235, §23, p. 179 et ss.**
- Intelligence d'Enide et preuve d'amour, **v. 3456 et ss ; ms. 7235, §24, p. 181 et ss.**
- Erec échappe à la félonie du comte, **v. 3488 et ss ; ms. 7235, §25, p. 182.**
- Episode de la forêt : rencontre d'Erec et Enide avec Keu, Gauvain et le roi Arthur ; délicatesse de Gauvain, **v. 3927 et ss ; ms. 7235, §28, p. 188 ; §30, p. 191.**
- Episode de la jeune fille qui pleure et de son seigneur attaqué par deux géants, **v. 4302 et ss ; ms. 7235, §30, p. 192.**
- Erec combat les géants et libère le chevalier qui part à la Cour d'Arthur avec son amie, **v. 4395 et ss ; ms. 7235, §31, p. 192 et ss ; §32, p. 193.**
- Erec rejoint Enide et tombe évanoui de fatigue ; lamentations d'Enide le croyant mort, **v. 4573 et ss ; ms. 7235, §33, p. 194 et ss.**
- Episode du comte voulant épouser de force Enide ; on croit

---

ms. 363, *op.cit,* §3, p. 122 ; **ms. 7235,** *op.cit,* **§5, p. 121 et ss. (4)** Érec rappelle le chevalier orgueilleux à la bataille, **ms. 363**, *op.cit,* §3, p. 128 ; **ms. 7235,** *op.cit,* §7, p. 129.

[1] Arrivée du chevalier orgueilleux et accueil du peuple, *Érec et Énide*, *op.cit*, v. 776 et ss ; **ms. 363**, *op.cit*, §3, p. 122.

Erec mort, **v. 4670 et ss ; ms. 7235, §33, p. 196 et ss.**
- Erec reprend connaissance et tue l'infâme comte, **v. 4847 et ss ; ms. 7235, §34, p. 197 et ss.**
- Guivret part avec Erec et Enide à la Cour d'Arthur, **v. 5252 et ss ; ms. 7235, §36, p. 200.**
- Episode de la Joie de la Cour et victoire d'Erec, **v. 5359 et ss ; ms. 7235, §36, p. 200 et ss ; §39, p. 206.**
- Enide console la demoiselle de la Joie de la Cour ; elles se racontent mutuellement leurs histoires, **v. 6184 et ss ; ms. 7235, §39, p. 206 et ss.**

Le rythme et le contenu de ces passages sont identiques dans les deux versions étudiées. Dans d'autres cas, et bien que les faits soient similaires, nous avons noté quelques variantes qui viennent particulariser la version en vers de sa mise en prose. Nous avons regroupé les extraits dont il est question, en soulignant à chaque fois les différences qui s'installent entre les versions :

***Érec* en vers**	**ms. 7235**
1- Déception **des barons** quant à la passivité d'Érec, v. 2455 et ss.	1'- Déception **des chevaliers du royaume** quant à la passivité d'Érec, §18, p. 171.
2- Première aventure : Énide avertit Érec de l'arrivée **d'un chevalier et de deux compagnons** ; combat contre Érec et victoire de celui-ci, v. 2791 et ss.	2'- Première aventure : Énide avertit Érec de l'arrivée **de trois larrons** ; combat contre Érec et victoire de celui-ci, §19, p. 173 et ss ; §20, p. 174.
3- Le comte poursuit Érec ; combat et victoire d'Érec, v. 3522 et ss.	3'- Le comte poursuit Érec ; **celui-ci le tue, lui et son sénéchal,** §25, p.182 et ss.
4- **Érec et le comte** déclinent leurs identités **et se font fête**, v. 3858 et ss.	**4'- Guivret** inconnu décline son nom §28, p. 187.
5- Duel entre Guivret et Érec ; les deux amis se reconnaissent ; Érec est soigné, v. 4933 et ss.	5'- Duel entre Guivret et Érec ; **Érec abattu ; Énide décline l'identité de son ami ;** les deux amis se reconnaissent ; Érec est soigné, §35, p. 199 et ss.

Récapitulatif des faits communs à l'Érec et Énide et au ms. 7235

Les variantes peuvent être d'ordre nominatif, comme c'est le cas dans les exemples **1**, **1'** ; **2**, **2'** et **4** et **4'**. On passe, en effet, de « *li* *bernages*[1] » aux « *chevaliers du royaulme*[2] » ; d'«*[u]n chevaliers*[3] » et de ses « *[d]eux compaignons*[4] » aux « *trois larrons*[5] ». Dans ce cas, les appellatifs ne touchent en rien à la macrostructure de l'histoire de Chrétien, dans le sens où un lecteur qui connait la version du Champenois ne voit dans les variantes présentes dans la mise en prose du roman de celui-ci pas plus qu'une touche de « fantaisie » de la part de l'auteur du **ms. 7235**. Dans d'autres cas, les variantes peuvent toucher à des détails renvoyant aux faits. Nous pensons notamment à l'épisode où Érec et Guivret déclinent mutuellement leurs identités dans le vers (exemples **4** et **5**). Dans la prose, seul Guivret décline son identité ; et c'est une fois Érec battu par ce dernier que sa femme Énide prend l'initiative de faire connaitre l'identité de son mari (exemples **4'** et **5'**). La macrostructure des romans de Chrétien de Troyes est donc peu ou prou respectée dans les diverses mises en prose de ses romans. Pourtant les mises en prose se différencient de la source par des mouvances qui touchent non seulement au choix du vocabulaire auxquels les auteurs recourent, mais aussi à la structure grammaticale des phrases. Parfois aussi, ce sont les motifs qui se meuvent dans quelques mises en prose. Les appellatifs et le souci d'élucidation semblent la valeur commune des mises en prose de la *Charrette* et du *Cligès*. Le **ms. 363**, version incomplète de l'*Érec* en prose, s'en détache dans la mesure où il s'éloigne épisodiquement de la macrostructure du roman de Chrétien. Parfois aussi, ce sont les mises en prose du même roman qui se font écho, au détriment de la version source. C'est le cas notamment pour les deux versions de la *Charrette* et plus tard celles de l'*Érec*. Dans ce cas, étonnant est de constater l'influence de l'écriture du XIIIe et du souci d'élucidation qui vient se greffer même à l'écriture lapidaire et concise propre aux proses du XVe.

1 *Érec* en vers, *op.cit*, v. 2455.

2 *Érec* en prose, *op.cit*, **ms. 7235**, §18, p. 171.

3 *Érec* en vers, *op.cit*, v. 2792.

4 *Ibidem*, v. 2794.

5 *Érec* en prose, *op.cit*, **ms. 7235**, §19, p. 173.

Le rythme se déploie donc selon trois modes : un rythme rapide vivifiant l'action et ajoutant une touche de dynamisme au récit, ou à l'inverse, un rythme lent lié à l'amplification de l'histoire et l'épanouissement de la description, ou encore un rythme régulier lié à la fidélité des compilateurs à leurs sources. Le mouvement des réécritures varie selon les exigences, le choix du style d'écriture ou la fantaisie des compilateurs. Ces réorientations insufflées par chacune des réécritures font valser la trame de l'histoire ou des histoires de Chrétien dans une contenance cadencée par différents *tempi*. Lorsque le rythme s'accélère, c'est la *Charrette* dérimée et le **ms. 7235** qui suivent les versions en vers de Chrétien de Troyes en proposant des détails descriptifs absents des autres mises en prose étudiées qui, elles, préfèrent opter pour l'économie et le résumé dans la narration. Lorsqu'il ralentit, seule la *Charrette* dérimée s'accorde avec les romans du Champenois proposant des pauses narratives davantage plus longues que celles qu'on retrouve dans les romans en vers de Chrétien. La potentialité d'existence de pauses narratives n'est pas exclue des autres mises en prose, mais dans ce cas, elle se concrétise par l'invention et la projection de détails presque absents des romans en vers. Enfin, et quand il est régulier, le rythme de la narration suit le schéma de la progression narrative des romans en vers avec des secousses qui viennent donner un nouveau sens à un même épisode, à un même espace investi, et qui réinventent une architecture de partage des mêmes scènes proposées par Chrétien de Troyes, en rafraichissant leurs jalons et les personnalisant selon les versions.

CHAPITRE VII

Les structures phrastiques : de l'écho à la dissymétrie

Les variantes présentes dans les textes retenus dans notre analyse touchent le niveau microstructural des phrases. Ces particularités sont intéressantes à souligner, dans la mesure où nous remarquons une fidélité étonnante dans le passage d'un roman en vers à sa ou à ses mises en prose. Ne tenant pas compte du discours direct attribué aux personnages des versions étudiées, mais uniquement du style indirect – ou du moins de ce qui l'est en apparence[1] – nous avons également constaté que le versificateur et les prosateurs ont usé de la même gamme de temps et de modes, mais avec des proportions équitables, par moments, et des dosages déséquilibrés, par d'autres. De même, les structures des phrases, plus que leur nature, évoluent et valsent entre différents types de phrases. Elles annoncent, selon les versions étudiées, une nouvelle ère syntaxique, faisant de la phrase un espace pour de nouvelles acrobaties grammaticales et mettant en vedette les différentes fonctions des mots dans la phrase simple, mais surtout dans la phrase complexe. Les compléments circonstanciels se concurrencent et les liens hypotactiques et paratactiques se développent en se dupliquant davantage au sein d'une seule phrase complexe ; autant de mouvements entre les versions en vers et leurs mises en prose qui font de l'espace de réécriture un labyrinthe pour celui qui s'y aventure.

---

[1] Nous rappelons que l'acte de conter pris en charge par certains auteurs, tant dans les versions en vers que dans les mises en prose, peut avoir une semblance de discours direct qu'adressent ces auteurs à leurs auditeurs/lecteurs potentiels.

3.7.1. La symphonie syntaxique des modes et des temps

Indicatif, subjonctif, conditionnel, infinitif, participe ou gérondif, que ces modes soient présents aux temps simples ou composés, ils demeurent incontestablement les vedettes de l'écriture. Ils se font échos dans les réécritures de la *Charrette* et convergent moins lorsqu'il s'agit des mises en prose tardives des romans de Chrétien. Nous verrons ces modes un à un, en étudiant à chaque fois leur emploi selon les versions.

3.7.1.1. L'indicatif au service du réel

Ce mode s'épanouit dans toutes les versions étudiées à travers l'emploi de tous ses temps. Le présent y est le temps qui domine avec des pourcentages flottant dans les **50%**, et ce, dans toutes les versions étudiées, hormis celle de l'*Érec* en prose **ms.363**. En effet, chez Chrétien, **la moitié** des verbes, ou presque, sont au présent de l'indicatif (**50,96%** dans le *Chevalier de la charrette*, **51,65%** dans *Cligès* et **45,95%** dans *Érec et Énide*). Quant aux mises en prose de ses romans, la *Charrette* du XIIIè adopte ce temps dans **54,27%** de ses verbes, dépassant les **42,61%** de ceux du *Cligès* en prose, les **44,67%** de ceux du *Lancelot* du XIVè et les **46.92%** de ceux **ms.7235** de l'*Érec*. Mais l'on découvre que, de façon générale, l'auteur de la version du **ms. 363** de l'*Érec* en prose a fait un tout autre choix quant aux temps prônés dans sa version. En effet, il n'a utilisé le présent de l'indicatif que dans **26,81%** de ses verbes ; ce qui représente **la moitié** des emplois relevés dans les autres versions étudiées, qu'elles soient en vers, ou en prose écrite au XIIIè, ou même plus tard ! Voici quelques extraits des trois *Charrette* :

***Ch.* en vers**	***Ch.* du XIIIè**	***Ch.* du XIVè**
« *Lanceloz molt* ***se demantast*** *Se la reïne l'****escoutast****,* *Mes por lui grever et confondre* *Ne li* ***vialt*** *un seul mot respondre,* *Einz* ***est*** *an une chanbre* ***antree****,* *Et Lanceloz jusqu'à l'antree* *Des ialz et delcuer la* ***convoie***[1] ».	« *Elle ne li* ***respont*** *plus, mais pour lui courechier* ***s'en entre*** *en une cambre et il l'****esgarde*** *tant comme il le* ***puet*** *veoir*[2] ».	« *Et lors* ***se dementa*** *moult Lancelot se la royne le* ***voulzist*** *escouter, mais elle, pour lui grever et conffondre ne* ***voult*** *escouter ne respondre .i. mot, ains s'en* ***vait*** *repondre en sa chambre. Et Lancelot jusques a l'entree*

[1] *Charrette* en vers, *op.cit*, v. 3965-3971.

[2] *Charrette* du XIIIè, *op.cit*, §12, p. 194.

des yeulx et du cuer tant doucement la ***convoye*** [1] ».

Nous avons souligné en noir les verbes utilisés au présent de l'indicatif. Dans la même phrase, la version de la *Charrette* en vers et celle du XIVè siècle recourent à un verbe aspectuel, en l'occurrence « *vouloir* » qui met l'accent sur la volonté qu'a eu Guenièvre d'ignorer Lancelot. La *Charrette* du XIIIè emploie directement le verbe « *respondre* » au présent, allégeant ainsi le message.

Dans les versions de l'*Érec*, le recours au présent de l'indicatif n'est pas forcément respecté équitablement au sein d'extraits respectifs. Il peut varier et être remplacé par d'autres temps. Revoyons quelques extraits :

Érec et Énide

« *Li nains* ***fu*** *fel, nuns nou fu plus.*
De la corgie grant colee
Li ***a*** *parmi le col* ***donee****.*
Lz col et la face ***a vergie***
Erec dou cop de la corgie ;
De chief ***perent*** *les roies*
Que li ***ont faites*** *les corroies.*
Il ***sot*** *bien que dou nain ferir*
Ne ***porroit*** *il mie joïr,*
Car le chevalier ***vit*** *armé,*
Mout felon et desmesuré,
Et ***crient*** *qu'assez tost* ***l'ocirroit***
Se devant li son nain ***feroit****.*
*Folie n'****est*** *pas vasalages ;*
De tant ***fist*** *mout Erec que sages* [2] ».

Érec **ms. 363**

« *le nain le* ***aproce*** *et, pour ce qu'il* ***seut*** *son maistre armé et Erec impourveu d'armes, il lui* ***donne*** *tel coup des escorgies travers le col que pou s'en* ***faut*** *que le sang n'en* ***sailli*** *; de ce coup* ***fut*** *tresmalcontent Erec, mais ne l'****ose*** *ferir pour ce qu'il ce lui* ***seroit*** *blasme s'il* ***batoit*** *ung nain qu'il* ***peut*** *tuer a ung seul coup. Et pour ce qu'il* ***voit*** *le chevalier armé qui orguilleusement le* ***regarde****, et qui tantost lui*

Érec **ms. 7235**

« *mais lors le naim* ***l'aproce*** *et, pour ce qu'il* ***seut*** *son maistre armé et Erec non, il lui* ***donne*** *tel coup dez escorgeez traverz le col que pou s'en* ***fault*** *que le sang n'en* ***saille****. De ce se* ***tient*** *tresmalcomptent Erec, mais il ne l'****ose*** *ferir pour ce que ce lui* ***seroit*** *blasme s'il* ***batoit*** *ung naim qu'il* ***puelt*** *tuer a ung seul coup. Et pour ce qu'il* ***voit*** *le chevalier armé qui orguilleusement le* ***regarde*** *et qui tantost lui* ***voudroit*** *courre sus s'il le* ***feroit*** *en sa presence, il* ***dist*** *que*

---

[1] *Charrette* du XIVè, *op.cit*, p. 229, correspondant au §142, p. 449 de l'édition d'Annie Combes.

[2] *Érec et Énide, op.cit*, v. 218-232.

	__vendroit__ courre sus s'il le __frapoit__ en sa presence, pour cause qu'il __est__ impourveu de harnois de guerre, __retourne__ vers la royne et lui __racompte__ son adventure[1] ».	*ce ne __seroit__ pas sens a lui de soi vengier, ains sans mot dire __s'en retourne__ vers la reyne et lui __compte__ son adventure*[2] ».

Le vers ne recourt qu'à **trois** verbes au présent, alors que les deux proses en présentent plus du **triple**. Et c'est Chrétien de Troyes qui recourt au passé composé dans « *De la corgie grant colee/ Li **a** parmi le col **donee*** » ; les deux proses préfèrent employer le même verbe « *donner* » mais au présent qui confère à l'action son aspect immédiat et inaccompli : « *il lui **donne** tel coup des escorgies* ». Ensuite, Chrétien emprunte d'autres verbes toujours au passé composé « ***a donee*** », « *li **ont faites*** », etc., ou encore au conditionnel « ***pourroit*** », « ***l'occiroit*** », « ***feroit*** ». Ceux-ci seront complètement ignorés par les deux proses au profit d'un nouveau vocabulaire, mais qui reprend le même sens « *pou s'en **faut*** », « *mais il ne l'**ose*** », « *il **puelt*** », « *le **regarde*** », « ***retourne*** », etc. ; ce qui met en exergue l'imminence de l'action, ou qui, du moins, permet au lecteur-auditeur de revivre l'action instantanément. Allant dans le même sens, la version en prose du *Cligès* ignore à plus d'un moment les verbes utilisés par Chrétien de Troyes, en créant d'autres verbes et d'autres temps :

***Cligès* en vers**	***Cligès* en prose**
« *Les nés **sont chargiees** au port, Et l'endemain, a grant deport **Vint** Alixandres el sablon, Ensemble o lui si compeignon Qui lié **estoient** de la voie. Li empereres les **convoie** Et l'empererriz, qui molt **poise**. Au port **truevent**, lez la faloise, Les mariniers dedenz les nés.*[3]»	« *Quand **vint** a l'endemain, Alixandre ardamment **desirant** d'estre <...> et avoir l'ordre de chevalerie de la main du roy Artus, il **fait** par matin apprester son barnage ; puis **vient** a l'empereur son père et Thantalis sa mere **plorant** tendrement au prendre congié. [...] Il **treuve** ses mariniers prests et, sitost qu'il est entré leans la barge, les voilles **sont levés**, les nefs **desancrees***[4] ».

---

[1] *Érec* en prose, **ms. 363,** *op.cit,* **§1,** p.106 et ss.

[2] *Érec* en prose, **ms. 7235,** *op.cit,* **§2,** p.106 et ss.

[3] *Cligès* en vers, *op.cit*, v. 235 et ss.

[4] *Cligès* en prose, *op.cit*, **§3**, p.68 et ss.

Le verbe « *truever* » est employé au pluriel chez Chrétien de Troyes ; au singulier dans la prose. Mais l'épisode du départ d'Alexandre à la Cour d'Arthur demeure, pour autant, le même dans son fond. D'autres verbes jouissent d'un emploi à la forme passive « *Les nés **sont chargiees*** » chez Chrétien de Troyes. Cet usage est doublé dans la prose, bien que le choix des verbes soit tout autre : « *les voilles **sont levés**, les nefs **desancrees*** ». Dans tous les cas, ce qui ressurgit, c'est que l'écriture confère à la scène un aspect immédiat. Le lecteur-auditeur revit l'action comme si elle se passait devant lui ; ce qui, peut-être, expliquerait le recours imposant au présent de l'indicatif. D'autres temps de l'indicatif sont également privilégiés, mais particulièrement, par un des auteurs de l'*Érec* en prose. En effet, nous remarquons que, contrairement à l'emploi du présent de l'indicatif, c'est le passé simple qui prend de l'ampleur dans le **ms. 363**. Il est présent dans **34,32%** des occurrences verbales, alors qu'il ne dépasse nullement les **19%** dans toutes les autres versions étudiées[1]. De même pour l'imparfait de l'indicatif, on le retrouve dans **16,03%** des verbes du **ms. 363**, ce qui correspond au **double** de l'emploi prôné dans chacune des autres versions[2]. Seule la version en prose du *Chevalier de la charrette* du XIII^è se rapproche des statistiques du **ms. 363**, puisqu'elle renferme **13,27%** de verbes à l'imparfait de l'indicatif. On pourrait légitimer cet emploi par le passage du vers à la prose ; un passage qui s'explique, peut-être, par la volonté de passer de l'*in medias res* à l'histoire contée dans les temps du passé. Au début de l'histoire de l'*Érec*, il est dit dans les trois versions respectives que :

Érec et Énide	***Érec* ms. 363**	***Érec* ms. 7235**
« *L'endemain, lues que il ajorne,* *Li rois se lieve et si s'atorne,* *Et por aller en la forest* *D'une corte cote se vest.* *Ses chevaliers fait esveiller,* *Ses chaceors aparoillier.* *Ja sont tuit monté, si s'en vont,* *Lors ars et lor seetes ont.* *Après aus monte la roÿne,* *Ensamble o li une meschine.* *Pucele **estoit**, fille de roi,* *Et **sist** sor un blanc palefroi.* *Après les siut a esperon* *Uns chevaliers, Erec **ot** non.*	« *Quant ce **vint** apréz diner, le roy **se fist** atourner moult richement comme a son estat **appartenoit,** et puis il **monta** a cheval pour aller a la chasse pour veoir le deduit du blanc cerf. Il **sonna** son cor moult haultement pour faire monter sa*	« *Le roy **fist** adnoncier la chasse a la remontee, si n'y **eust** chevalier qui ne **se mist** en point pour y comparoir. Et a heure competente le roi, atourné noblement, **monta** a cheval. Il **sonna** son cor pour faire monter sa chevalerie et tantost chascun **fu***

[1] Chez Chrétien, on le retrouve dans **18,43%** des verbes de la *Charrette*, **13,1%** de ceux du *Cligès* et **17,51%** de ceux d'*Érec et Enide*. Dans les proses, il représente **17,5%** des verbes de la *Charrette* du XIII^è, **16,29%** de ceux de la *Charrette* du XIV^è, **19,42%** du *Cligès* en prose et **17.83%** du **ms.7235** de l'*Érec* en prose.

[2] Dans l'*Érec* (Chrétien de Troyes : **7,64%, ms.7235 : 6,85%**) ; dans *Cligès* (Chrétien de Troyes : **5%**, *Cligès* en prose : **5,83%**), dans la *Charrette* (Chrétien de Troyes : **11,74%**, la *Charrette* du XIII^è : **13,27%**, la *Charrette* XIV^è : **8,18%**).

De la Tauble Reonde ***estoit****,*
Mout grant los en la cort ***avoit.***[1] »

chevalerie, et incontinent ***furent*** *tous prestz pour eulz mettre au chemin quant il lui* ***plairoit****. Et quant il* ***vit*** *ce, il* ***se mist*** *au chemin tout devant come cellui qui moult* ***estoit*** *desirant de venir ou bois. Car il* ***estoit*** *l'omme du monde qui plus voulentiers* ***chassoit****, et toute sa chevalerie* ***se mist*** *apréz, qui* ***estoient*** *tresgrant nombre. Lorsque la royne et plusieurs dames et damoiselles* ***oït*** *que le roy volloit aller chassier, par le congiet du roy se parti de Caradigan en grant estat, montee sur ung beau pallefroy pour veoir le deduit ; après vint le filz du roy Lac qui nouvellement* ***estoit venus*** *a la court du roy Artus, que l'on* ***appelloit*** *Erec le gentil chevalier, duquel je vous parleray plus a plain*[2]. »

prest de cheminer. Le roi lez ***voit****, si* ***picque*** *devant comme le plus asseuré, et ja il* ***estoit*** *bien* ***eslongié*** *quant le reyne, a compagnie de pluseurz dames et damoisellez, ja* ***aiant obtenu*** *du roi licence d'aller au deduit,* ***monta*** *sur ung blanc pallefroy et* ***tira*** *après lez autrez. Avec la reyne* ***avoit*** *ung noble chevalier nommé Erec, et* ***estoit*** *filz du roy Lac, lors jeune et de jour en jour croissant en beaulté, science et vertu.*[3] »

En souligné paraissent les verbes au présent de l'indicatif. Ils sont très utilisés dans la version en vers. Ils sont remplacés par le passé simple (en gras et soulignés de deux traits) et l'imparfait (en gras), surtout dans le **ms. 363**. Le **ms. 7235** construit son extrait autour du

[1] *Érec et Énide, op.cit*, v. 69-84.

[2] *Érec* en prose, **ms. 363,** *op.cit,* **§1,** p.104.

[3] *Érec* en prose, **ms. 7235,** *op.cit,* **§1,** p.105.

passé simple et un peu d'imparfait. Il l'agrémente ensuite de deux verbes au présent pour revenir de plus belle vers le passé simple, l'imparfait et d'autres temps et modes. L'on glisse de l'immédiateté de la narration et donc de l'action à l'histoire contée aux temps du passé. C'est un choix d'écriture de plus en plus récurrent dans les réécritures tardives, en l'occurrence dans les mises en prose du XV^è^ des romans de Chrétien. Il est à rappeler aussi que la version du **ms. 363** de l'*Érec* en prose correspond à la mise en prose partielle du roman du Champenois. Elle admet plus de temps du passé que des temps du présent ; ce qui, comme nous venons de le voir, ne concorde pas avec le choix des temps opérés par le prosateur du **ms. 7235.** Il en va ainsi aussi de l'emploi du plus-que-parfait. Dans ce cas, ce sont la version du *Lancelot* du XIII^è^ et celle du **ms. 363** qui admettent le plus d'occurrences. Son emploi n'est pas très fréquent, mais il s'applique à **3,6%** des verbes du *Lancelot* du XIII^è^ et sur **3.58%** du **ms. 363**, alors qu'il atteint à peine la moitié, dans toutes les autres versions étudiées[1].

Toujours concernant l'indicatif, le passé composé est usité dans toutes les versions. Chez Chrétien de Troyes, il parait dans **7,12%** des verbes présents dans *Le Chevalier de la charrette*, dans **7,12%** de ceux du *Cligès* et dans **8.21%** des verbes d'*Érec et Énide*[2]. Et c'est uniquement la version du *Lancelot* en prose du XIV^è^ siècle qui suit le modèle de Chrétien, en accordant ce temps à **7,08%** de ses verbes ; ce qui s'explique par la quasi ressemblance de cette version avec la *Charrette* en vers. Quant aux futurs simple et antérieur, ils sont également utilisés, mais il reste à préciser que ces temps verbaux sont à emploi occasionnel, exclusivement

---

[1] Dans l'*Érec* (Chrétien de Troyes : **1.68%, ms. 7235 : 1.8%**) ; dans *Cligès* (Chrétien de Troyes : **0,9%,** *Cligès* en prose : **1,87%**), dans la *Charrette* (Chrétien de Troyes : **1,55%**, la *Charrette* XIV^è^ : **2,59%**). Dans cette dernière version, le pourcentage se rapproche de ceux du *Lancelot* du XIII^è^ et du **ms. 363**. Mais l'emploi du plus-que-parfait reste occasionnel et répond plus à une exigence de concordance des temps, qu'à un choix stimulé par le prosateur. Ce qui le différencie des versions du *Lancelot* du XIII^è^ et du **ms. 363** dans le sens où, comme nous l'avons fait remarquer, les auteurs ont prônés l'emploi de l'imparfait, mais surtout du passé simple (dans le cas du **ms. 363**) de manière beaucoup plus imposante que dans les autres versions étudiées.

[2] Dans la *Charrette* du XIII^è^, **5,07%** sont au passé composé ; **4,68%** dans le *Cligès* en prose, **3.13%** dans le **ms. 363** et **4.29%** dans le **ms. 7235** de l'*Erec* en prose.

utilisés pour la concordance des temps[1]. Ce qui est significatif, c'est la prédominance du présent de l'indicatif dans quasi tous les romans étudiés. Le passé simple le suit avec un pic important dans le **ms. 363**, suivi de l'imparfait qui vient en troisième position et qui atteint son sommet dans le même manuscrit. Le passé composé tente vainement de concurrencer l'imparfait ; le futur s'emploie pour anticiper des actions ultérieures. Quant aux autres temps, leur emploi est très minime et dans toutes les versions. Ils ne surgissent que pour des raisons de concordances de temps. Le mode phare de la syntaxe, alias l'indicatif, est aussi le plus usité dans nos romans. Cela n'empêche pas les autres modes d'exister parallèlement.

3.7.1.2. Le subjonctif et le conditionnel ou le possible irréel

Le subjonctif est également employé dans les versions que nous étudions[2]. Nous le retrouvons surtout au présent avec des pourcentages flottant entre **4** et **6** chez Chrétien de Troyes. Au passé, son emploi reste très occasionnel ; ses occurrences frôlant à peine les **1%** dans toutes les versions[3]. Quant à l'imparfait du subjonctif, son emploi est également occasionnel. Son pic est atteint dans la version en prose du XIVè siècle de la *Charrette* où on le retrouve dans **4,22%** des occurrences verbales, alors que dans les autres versions, il ne dépasse pas les **2%**[4]. Il reste le subjonctif plus-que-parfait qui autant que le conditionnel, avec tous ses temps, demeure utilisé à titre exceptionnel et souvent pour des exigences relatives à la concordance des temps[5]. Reprenons quelques exemples pour mieux expliquer les occurrences occasionnelles du subjonctif et du conditionnel. Nous pensons notamment à l'épisode

---

1 Voir thèse de doctorat chapitre 7. Nous y proposons un diagramme récapitulatif de l'emploi de l'indicatif dans toutes les versions sujettes à notre analyse. Chaque couleur renvoie à une version ; et chaque pilier à un temps verbal.

2 Voir Thèse de doctorat, chapitre 7 : diagramme récapitulatif des temps du subjonctif.

3 Dans la *Charrette*, on le retrouve avec **0,76%** de verbes de la version de Chrétien de Troyes, dans **0,35%** de ceux de la *Charrette* du XIIIè et dans **0,34%** de ceux de la *Charrette* du XIVè. Dans *Cligès*, il représente **0,29%** des verbes chez Chrétien et **0,33%** de ceux de la prose. Dans l'*Erec*, il atteint **0.19%** des verbes de Chrétien ; **0.31%** des verbes du **ms. 363**, et **0.41%** *des verbes* du **ms.7235** de l'*Érec* en prose.

4 Dans la *Charrette*, on ne le retrouve ni chez Chrétien de Troyes ni dans la *Charrette* XIIIè. Dans *Cligès*, il représente **1,98%** des verbes chez Chrétien et **0,63%** de ceux de la prose. Dans l'*Érec*, il atteint **1.15%** des verbes de Chrétien ; **1.98%** des verbes du **ms. 363**, et **0.93%** *des verbes* du **ms.7235** de l'*Érec* en prose.

5 Voir Thèse de doctorat, chapitre 7 : diagramme récapitulatif des temps du conditionnel.

du peigne de la reine. Lorsque Lancelot appris que le peigne était celui de Guenièvre, il a fléchi et failli tomber. La demoiselle qui l'accompagnait est descendue de son cheval pour le soutenir, mais il eut honte et lui demanda la raison pour laquelle elle était venue vers lui. En guise de réponse, voici ce que disent les trois *Charrette*:

Ch. **en vers**	***Ch.*** **du XIIIe**	***Ch.*** **du XIVe**
« *La dameisele l'an* ***conoisse****,* *Qu'il an* ***eüst*** *honte et angoisse,* *Et si li* ***grevast*** *et* ***neüst*** *S'ele le voir li* ***coneüst***[1]*.*»	**Pas d'équivalent dans cette version.**	« *Mais ne cuidiés mie que la damoiselle le voir l'en* ***congneüst*** *pourquoy elle l'****avoit fait****. Car elle* ***avoit*** *grant paour que il n'en* ***eüst*** *angoisse ; si s'****est*** *de voir dire* ***gaitiee***[2]»

La *Charrette* du XIII^è exclut l'extrait en entier, puisque le passage de peigne de Guenièvre s'y réume à : « *sel fice en son sain et le pigne et les cheveus et dist au chevalier ke tout quite s'en aille, car assés s'est richement raiens*[3] ». Quant à la *Charrette* en vers et la *Charrette* du XIV^è, elles reprennent presque les mêmes verbes avec les mêmes temps et modes, à ceci près que la version dérimée semble mieux faire concorder ses verbes en fonction de l'aspect des actions. En d'autres termes, des temps composés sont octroyés à certaines actions. Nous pensons notamment à la phrase « *Car elle* ***avoit*** *grant paour que il n'en* ***eüst*** *angoisse ; si s'****est*** *de voir dire* ***gaitiee*** ». Le choix du passé composé ne correspond pas aux exigences de la grammaire moderne. Mais le recours à ce temps composé semble marquer l'aspect accompli de l'action.

Un autre exemple de l'emploi occasionnel du conditionnel, mais surtout du subjonctif, figure dans les trois versions de l'*Érec*. Après que le roi Arthur a donné le baiser du cerf blanc à Énide, les auteurs avancent respectivement que :

Érec et Énide	***Érec*** **ms. 363**	***Érec*** **ms. 7235**
« *Erec, comme cortois et frans,* *De son oste* ***fu*** *en espans :* *De ce que* ***promis*** *li* ***avoit*** *Covent mentir ne li* ***voloit***	« *et d'aultre part incontinent que Erec* ***fut venus*** *a la court, apréz*	« *Cy* ***laira*** *ung petit nostre compte a parler dez gracieux*

[1] *Charrette* en vers, *op.cit*, v. 1447 et ss.

[2] *Charrette* du XIV^è, *op.cit*, p. 291.

[3] *Charrette* du XIII^è, *op.cit*, **§6d**, p. 120.

*Mout li **tient** bien son convenant,*
*Qu'il li **envoia** maintenant*
Cinq somiers sejornez et gras,
Chargiez de robes et de dras,
De boqueranz et d'escarlates,
De mars d'or et d'argent en plates,
De vairs, de gris, de sebelins,
Et de porpres et d'oterins.
*Quant **chargié furent** li somier*
De quanqu'a proudome a mestier,
.X., chevaliers que sergens,
De sa mesnie et de ses gens,
*Avec les somiers **envoia**,*
*Et si lor **dist** mout et **prïa***
*Que son hoste li **saluassent***
*Et si grant honor li **portassent**,*
[Et] lui et la dame ausement,
Con le suen cors domeinnement.
*Et quant **presenté** lor **avroient***
*Les somiers que il lor **monoient**,*
L'or et l'argent et les besanz
Et toz les autres garnemanz
*Qui **estoient** dedenz les males,*
En on roiaume d'Outre Gales
*En **menassent** a grant honor*
[Et] la dame et le vavasor[1] ».

*toutes les bienviengnances, il **charga** deux sommiers d'or et d'argent et de finance et les **envoya** a son beau pere comme **promis** lui **avoit**, pour lesquelz conduire Erec **trabsmist** et **envoia** X chevaliers et di vallés de sa maisnie, et leur **pria** qu'ilz le **conduisissent** en sa terre au chasteau de Roaldam, et qu'ilz lui **portaissent** honneur comme a lui meismes, et lui **fesissent** delivrer de par soy la terre et la seigneurie appendant audit chasteau.*[2] ».

*maintienz de Enide, et maintenant **vendra** a dire que Erec **fist** chargier V sommiers d'or, d'argent et de grans ricessez, et lez **envoia** a son beau pere et a sa belle mere de Lalut par X chevaliers et pluseurz varletz et escuierz qui lez **menerent** au chasteau de Roadam et de par Erec **firent** publier que chascun lez **obeist** et **hounourast***[3] ».

Nous ne nous attarderons pas sur l'étude des différences entre les trois extraits. Notons simplement que celui de Chrétien de Troyes est beaucoup plus étayé que ceux des deux mises en prose. Ces dernières préfèrent, en effet, supprimer les détails superflus de la version en vers. Cela étant, et dans les trois versions, l'action d'Érec est reprise au style indirect. Le protagoniste ordonne à ses chevaliers et ses écuyers d'aller chez les parents d'Énide leur remettre des présents et leur faire honneur. L'extrait de Chrétien est le plus long des trois. L'auteur développe le discours indirect d'Érec en recourant au **conditionnel passé** « *Et quant **presenté** lor **avroient*** ». La concordance des temps tend à être respectée dans la progression d'une action à la fois **accomplie** si l'on pense à toute l'histoire re-contée par l'auteur, et **non accomplie** lorsqu'on se situe au moment où l'ordre a été proféré. Quant au subjonctif,

---

[1] *Érec et Énide, op.cit*, v. 1841 et ss.

[2] *Érec* en prose, **ms. 363**, *op.cit*, §5, p. 154.

[3] *Érec* en prose, **ms. 7235**, *op.cit*, §14, p. 155.

nous le retrouvons dans les trois extraits, conjugué à l'imparfait. Chez Chrétien, trois verbes sont concernés. Ils sont annoncés par un verbe modal, à savoir « *prier* » dans son emploi au passé simple. Il apparaît dans la principale d'une phrase complexe qui va s'étendre sur plusieurs vers, exprimant un ordre atténué, émis par Érec à l'encontre de ses hommes. Il les « ***prïa*** » qu'il « ***saluassent*** » ses beaux-parents, qu'ils leur « ***portassent*** » honneur et qu'ils les « ***en menassent*** » au « *roiaume d'Outre Gales* ». Cette même prière est exprimée par l'auteur du **ms. 363** de l'*Érec* en prose. Seul le verbe « *porter* » est emprunté à Chrétien de Troyes et repris au subjonctif imparfait. L'auteur de ce manuscrit change le vocabulaire et introduit le verbe « *conduire* » conjugué aux mêmes temps et mode. Il surenchérit par une périphrase verbale construite autour du verbe « *faire + délivrer* ». L'expression modale du verbe « *prier* » se trouve ainsi accentuée par l'emploi de verbes d'action, synonymes de ceux proposés par la version mère du roman de l'*Érec*. Quant au **ms. 7235**, son auteur recourt à un double discours indirect, dans la mesure où ce n'est plus l'auteur qui rapporte l'ordre atténué proféré par Érec, mais ce sont les chevaliers de ce dernier qui s'en chargent. En d'autres termes, l'auteur rapporte ce que les chevaliers d'Érec rapportent aux leurs : « ***de par Erec firent*** *publier que chascun lez* ***obeist*** *et* ***hounourast***[1]». L'expression de l'ordre est d'ailleurs la même, et le recours à l'imparfait du subjonctif se justifie par les mêmes outils.

Demeurent quelques exemples extraits des deux versions du *Cligès*. Le recours au conditionnel et au subjonctif y est aussi rare que dans les autres romans. Reprenons ces deux exemples :

Cligès **en vers**	***Cligès*** **en prose**
« *La reïne garde s'en* ***prent*** *Et* ***voit*** *l'un et l'autre sovent* *Decolorer et enpalir* *Et soupirer et tressaillir,* *Mais ne* ***set*** *por coi il le* ***font*** *Fors que por la mer ou il* ***sont****.* *Espoir bien s'en* ***aperceüst*** *Se la mers ne la* ***deceüst****,* *Mes la mers l'****engingne*** *et* ***deçoit*** *Si qu'en la mer l'amor ne* ***voit***[2]».	« *Tant* ***s'entreregardent*** *Soredamours et Alixandre que Genievre la noble reyne aulcunement* ***s'aperçoit*** *que leurz doulx regars* ***font*** *les messages et ambassadez 'Amours. Car elle lez* ***voit*** *tressalir, compalir et rougir souvent, si n'en* ***dist*** *riens, més elle n'en* ***pence*** *pas moins. Et des deux amans elle ne* ***blasme*** *nulz, car bien lui* ***plairoit*** *l'assamblee, et* ***cuide*** *bien qu'ilz* ***aient*** *autresfois* ***parlé*** *ensamble, ce que non*[3]».

---

[1] *Érec* en prose, **ms. 7235**, *op.cit*, §14, p. 155.

[2] *Cligès* en vers, *op.cit*, 541 et ss.

[3] *Cligès* en prose, *op.cit*, §8, p. 74.

L'extrait est sans doute réécrit avec des modifications prises en charge par l'auteur de la mise en prose du *Cligès*. Dans le vers, le présent de l'indicatif prédomine. C'est un présent de narration qui équivaudrait à un passé simple. Dans le français moderne, le verbe « *espérer* » exige l'emploi du futur de l'indicatif pour le verbe de la subordonnée qu'il annonce. Sa présence au vers **547** amène un mode inattendu pour un lecteur moderne : le subjonctif imparfait. Il place la modalité de la phrase sous l'égide de l'éventualité, accentuée d'ailleurs par la proposition subordonnée d'hypothèse introduite par « *se* » au vers **548** : « *Se la mers ne la **deceüst*** ». La prose réécrit le passage. L'attitude de la reine Guenièvre n'est plus la même que dans le vers. Elle est présentée dès l'abord beaucoup plus encline à cet amour et n'accusant nullement la mer. D'ailleurs, ce consentement affirmé est appuyé par le recours au conditionnel présent *qui habille le verbe « plaire » dans « car bien lui **plairoit** l'assamblee »* et par une ouverture rappelant qu'il était possible que Soredamors et Alixandre se fussent parlé avant même que Guenièvre ne se fût aperçue de leur amour. Cette alternative est rappelée par une phrase complexe dont la proposition principale est annoncée par le verbe « *croire* » et une subordonnée avec un subjonctif passé, mettant l'accent sur l'aspect accompli de cette éventualité : « *et **cuide** bien qu'ilz **aient** autresfois **parlé** ensamble, ce que non* ».

En somme, l'emploi du subjonctif et du conditionnel reste occasionnel dans les diverses versions étudiées. Ces modes sont présents chaque fois que les exigences de la concordance des temps se sont présentées. Ils obéissent à des règles bien différentes de celles de la grammaire moderne et n'épousent souvent que des formes sous-jacentes. Ils sont, certes, d'emploi exceptionnel, mais leur présence dans les temps simples est d'autant plus remarquée dans quasi toutes les versions étudiées.

3.7.1.3. Les modes impersonnels : le ballet des proses tardives

Nous en arrivons ainsi à deux modes impersonnels qui se rapprochent de par leurs formes quasi identiques, à savoir **le participe** et **le gérondif**. Nous avons tenu compte de toutes leurs occurrences, entre autres celles des faux participes, c'est-à-dire des emplois du gérondif sans la particule « en ». Ces deux modes sont quasi absents chez Chrétien de Troyes[1]. Ils deviennent courants dans les mises en prose, surtout les plus tardives, en l'occurrence dans le *Cligès* et *l'Érec* du XVè siècle. Il sied à ce propos de noter que les récurrences des verbes dans leur forme participiale ou au gérondif s'expliqueraient aussi bien par l'évolution de la langue que par cette volonté de faire varier les phrases, autant que possible, en alternant l'emploi des subordonnées relatives avec celui des participiales et en recourant aussi au gérondif[2]. Et même si les occurrences sont minimes, comparées à celles de l'indicatif, leur présence reste significative surtout dans les proses tardives des romans de Chrétien[3]. Ce que l'on peut signaler, c'est la quasi absence de ces modes dans la *Charrette* du XIIIè, l'*Érec* en vers et le **ms. 363** de l'*Érec* en prose. Dans la *Charrette* en vers, nous avons trouvé quelques cas de participe présent[4] et de gérondif présent, parfois présent aussi sous la forme d'un faux participe[5]. Dans la *Charrette* du XIVè, le pourcentage qui est dédié aux modes impresonnels est minime, soit **0,02%** pour le participe présent ; **0,15%** pour le participe passé et **0,27%** pour le gérondif présent. En voici deux exemples au gérondif présent :

---

[1] On retrouve le participe dans *Cligès*, au présent avec **0,04%** et au passé avec **0,05%.** De même pour le gérondif, on ne le retrouve que dans *Cligès* avec **0,33%** des verbes. La *Charrette* en vers marque une exception avec **9** occurrences participiales (ou fausses participales = gérondif) dégagées.

[2] On retrouve ces deux modes surtout dans l'*Érec* et le *Cligès* en prose du XVè siècle. Dans l'*Érec*, le participe présent représente **0.41%** des verbes et le participe passé **1.13%**, et ce dans le **ms.7235**. Le gérondif présent, lui, marque **3.67%** des verbes présents dans le **ms.7235.** Quant au *Cligès* en prose, les occurrences relatives au participe présent atteignent les **1,03%** des verbes ; celles du participe passé représentent **1,57%.** Le gérondif s'épanouit surtout dans le *Cligès* en prose. Il représente **4,09%** des verbes au présent, et **0,17%** de ceux au passé.

[3] Voir Thèse de doctorat, chapitre 7 : diagrammes récapitulatifs des modes impersonnels.

[4] *Charrette* en vers, *op.cit*, v. 4650.

[5] Nous avons relevé quelques cas de faux participe dans les vers : « ***Chevauchant*** *lez une reviere/S'an vindrent jusqu'au herberjage,/Et an lor ot por le passage/Un pont torneïz avalé.* », *Charrette* en vers, *op.cit*, v. 976 et ss ; mais également dans les vers 2508 et ss ; le vers 2946 ; le vers 3003 ; le vers 3004 ; le vers 3078 ; le vers 3751 ; le vers 4262 ; le vers 5962.

1- « *et se tu ne m'aides, il me honnira **voyant** toy* [1] »
2- « *Et toutevoies s'arrestoit il par devant sa dame la royne qui lui avoit mise ou cuer la flambe d'amours, et pour ce le va il si **esgardant**, et celle flame si ardans que Amours lui avoit mise dedens le corps*[2] ».

Traduire l'exemple **1** nous amènerait à remplacer le faux participe « *voyant* » par un adverbe de lieu en l'occurrence « *devant* ». Quant à l'exemple **2**, nous y retrouvons un des emplois du gérondif dont la langue moderne va hériter. C'est celui du verbe « *aller + gérondif sans la particule « en »* ». Ce recours exprime l'aspect simultané et continu de l'action : Lancelot s'en va (action 1) tout en continuant à regarder la reine (action 2). Par cet emploi, l'auteur permet à son lecteur de revivre la scène dans son détail, comme si l'action se déroulait au moment où elle était contée.

Dans les autres romans, le participe est présent dans sa forme simple comme dans sa forme composée. Mais le plus probant à signaler, c'est que le participe, autant que le gérondif d'ailleurs, ne voient leur présence croître que dans les mises en prose des romans de Chrétien. Leur summum est atteint dans la mise en prose du *Cligès* : **1,03**% au participe présent contre **1,57**% au participe passé ; **4,09**% au gérondif présent et **0,17**% au gérondif passé. Rappelons aussi que c'est la seule version qui comprend l'expression de ces modes dans tous leurs temps. Le **ms. 7235** de l'*Érec* en prose se rapproche des statistiques relatives au *Cligès* surtout dans l'expression du gérondif présent qui, dans cette version, atteint les **3,67**%. Revoyons quelques exemples extraits des deux versions du *Cligès* :

***Cligès* en vers**	***Cligès* en prose**
	1'- « *toutevoies je, **congnoissant** que ceulx du tampz present voulentiers **se tournent** au bon usage de lirre et escouter rommans et histoirez en lieu de passetamps [...] **en rendant** obeissant a mon treshault et redoubté prince, lui **priant** et a toux aultres*

[1] *Charrette* du XIVè, *op.cit*, p. 187.
[2] *Ibidem*, p. 226.

*qu'ilz **aient** mon ygnorance pour excusee*[1] ».

2- « *Quant les **orent** au cols **penduz**,*
*Les escuz, et les lances **prises**,*
De colors teintes par devises,
*Au gué tuit a .I. frois **s'esleissent**.*
*Et cil dela lor lances **bessent**,*
*Ses **vont** iriement ferir.*
*Cil lor **resevent** bien merir*
*Qu'il nes **espargnent** ne **refusent***
*Ne por aus plein pié ne **reüsent**,*
*Einz **fiert** chascuns si bien le suen*
*Qu'il n'i **a** chevalier si boen*
*N'**estuisse** vuidier les arçons.*
[...]
*Li Grezois après les **convoient***
***Ferant** de lances et d'espee*[2] ».

2'- « *A cez parolez **sont** Alixandre et ses chevaliers **montés** sur leurz bons destriers et, quant ilz **se voient** bien mis en point, ilz **se monstrent** et **laissent** courre vers ceulx qui au comte de Guinesores, lesquelz, comme folz qu'ils **sont**, ne **s'enfuient** pas, ains **baisent** les lances et d'une part et d'aultre **s'en vont joustant** par telle façon que chascun des gregois **fait** son homme widier des arçons et cheioir par terre*[3] ».

L'exemple **1'** n'a pas d'équivalent dans la version en vers du *Cligès* ; puisque le prologue de celle-ci mentionne les œuvres de Chrétien, la bibliothèque où l'histoire est rangée, et la transmission de la chevalerie et du savoir. Il n'y est nullement fait mention d'une quelconque obéissance à la volonté d'un duc ou d'un prince dans la rédaction de l'œuvre[4]. La prose, elle, octroie un prologue à sa version, mais ce dernier remplit un rôle distinct de celui du vers : l'auteur de la version en prose explique les motifs de son récit[5]. Et pour ce faire, il exprime manière et cause par le recours à plusieurs gérondifs[6] : puisqu'il connaît (= « ***congnoissant*** ») le goût de ses lecteurs, il s'efforce de reprendre l'histoire de Chrétien « ***en*** [se] ***rendant*** » obéissant à son « *prince* », et le « ***priant*** » d'excuser « *son ygnorance* ». L'aspect continu de l'action est ainsi assuré. Le lecteur est pris à témoin et devient lié au texte et à son auteur par un lien de connivence annoncé dès le prologue. Quant à l'exemple **2**, il possède un doublon dans la version en prose du *Cligès* (**2'**). Chez Chrétien, le recours à ce faux participe est unique. C'est, en effet, le seul exemple que nous ayons pu trouver dans cette version. Le gérondif « *ferant* » est utilisé sans la particule « *en* ». Il confère ainsi à l'action un aspect immédiat et progressif. L'exemple

[1] *Cligès* en prose, *op.cit*, §1, p. 65.
[2] *Cligès* en vers, *op.cit*, v.1308 et ss.
[3] *Cligès* en prose, *op.cit*, §15, p. 83 et ss.
[4] *Cligès* en vers, *op.cit*, v.1 et ss.
[5] *Cligès* en prose, *op.cit*, §1, p. 65.
[6] Nous les avons soulignés en **noir**.

2’ recourt également à un faux participe dans une construction similaire à celle relevée dans la *Charrette* du XIVè[1], à savoir une périphrase verbale « aller + verbe au participe présent (faux gérondif) ». Le constat est d’ailleurs le même, dans le sens où cette formule confère à l’action un aspect progressif et inaccompli.

Ainsi, nous pouvons avancer que la prédominance de l’indicatif est incontestable dans les versions que nous étudions. La prépondérance de certains temps verbaux y est également assurée. Les autres modes et temps demeurent, cependant, présents dans les romans analysés ; leur emploi étant régi par les contraintes de la concordance des temps, par la fantaisie de certains prosateurs et, parfois même, par les exigences de l’évolution de la langue. Voici un tableau récapitulatif des statistiques auxquelles nous avons abouti. Il résume l’analyse que nous venons de proposer :

			Indicatif	**Subjonctif**	**Condi-tionnel**	**Parti-cipe**	**Géro ndif**
Prés ent	*La Ch.*	**Ch. De Tr.**	**50,96**	**4,47**	**0,23**		
		***Lancelot* XIIIè**	**54,27**	**1,18**	**1,03**		
		***Lancelot* XIVè**	**44,67**	**3,29**	**3,18**	**0,02**	**0,27**
	Cligès	**Ch. De Tr.**	**51,65**	**6,25**	**2,38**	**0,04**	**0,33**
		ms. 108	**42,61**	**5,83**	**2,4**	**1,03**	**4,09**
	Erec	**Ch. De Tr.**	**45.95**	**4.13**	**2.76**		
		ms. 363	**26.81**	**2.27**	**2.12**		
		ms. 7235	**46.92**	**4.41**	**1.98**	**0.41**	**3.67**
Pa-ssé com po-sé	*La Ch.*	**Ch. De Tr.**	**7,12**	**0,76**	**0,15**		
		***Lancelot* XIIIè**	**5,07**	**0,35**	**0,44**		
		***Lancelot* XIVè**	**7,08**	**0,34**	**0,54**	**0,15**	
	Cligès	**Ch. De Tr.**	**7,12**	**0,29**	**0,27**	**0,05**	
		ms. 108	**4,68**	**0,33**	**0,24**	**1,57**	**0,17**
	Erec	**Ch. De Tr.**	**8.21**	**0.19**	**0.1**		
		ms. 363	**3.13**	**0.31**	**0.62**		
		ms.7235	**4.29**	**0.41**	**0.32**	**1.13%**	
Im-parf ait	*La Ch.*	***La Ch.***	**11,74**				
		***Lancelot* XIIIè**	**13,27**				
		***Lancelot* XIVè**	**8,18**	**4,22**			
	Cligès	**Ch. De Tr.**	**5**	**1,98**			
		ms. 108	**5,83**	**0,63**			
	Erec	**Ch. De Tr.**	**7.64**	**1.15**			
		ms.363	**16.03**	**1.98**			
		ms. 7235	**6.85**	**0.93**			

1 *Charrette* du XIVè, *op.cit*, p. 226.

Plus-que-parfait	*La Ch.*	Ch. De Troyes	1,55	
		Lancelot XIIIè	3,6%	
		Lancelot XIVè	2,59	0,20
	Cligès	Ch. De Troyes	0,9	0,14
		ms. 108	1,87	0,02
	Erec	Ch. De Tr.	1.68	0.1
		ms.363	3.58	0.22
		ms. 7235	1.8	0.32
Passé simple	*La Ch.*	Ch. De Tr.	18,43	
		Lancelot XIIIè	17,5	
		Lancelot XIVè	16,29	
	Cligès	Ch. De Tr.	13,1	
		ms. 108	19,42	
	Erec	Ch. De Tr.	17.51	
		ms.363	34.32	
		ms. 7235	17.83	
Passé antérieur	*La Ch.*	Ch. De Tr.	2	
		Lancelot XIIIè	1,11	
		Lancelot XIVè	1,42	
	Cligès	Ch. De Tr.	1,7	
		ms. 108	1,52	
	Erec	Ch. De Tr.	2.05	
		ms.363	2.13	
		ms. 7235	1.09	
Futur simple	*La Ch.*	Ch. De Tr.	2,64	
		Lancelot XIIIè	2,18	
		Lancelot XIVè	7,35	
	Cligès	Ch. De Tr.	6,01	
		ms. 108	6,39	
	Erec	Ch. De Tr.	4.79	
		ms.363	3.49	
		ms. 7235	5.95	
Futur antérieur	*La Ch.*	Ch. De Tr.		
		Lancelot XIIIè		
		Lancelot XIVè	0,16	
	Cligès	Ch. De Tr.	0,34	
		ms. 108	0,17	
	Erec	Ch. De Tr.	0.18	
		ms.363	0.09	
		ms. 7235	0.12	

Récapitulatif des modes et temps dans toutes les versions étudiées

On remarque l'importance du présent de l'indicatif qui touche plus de la moitié des verbes, et ce aussi bien dans les versions en vers que dans quasi toutes les proses. Mais il reste à signaler que dans la majorité de ses emplois, le présent s'avère un présent de narration ; ce qui le rapproche peut-être de cette prédilection marquée par le prosateur de l'***Érec* ms. 363** pour le passé simple et l'imparfait[1]. Cela étant, nous ne ressentons l'immédiateté de l'action que dans les scènes qui décrivent un duel judiciaire ou un affrontement de chevaliers, et ce, autant dans les versions en vers que dans les mises en prose des romans de Chrétien de Troyes du XIII[è] au XV[è] siècles. À titre d'exemple, citons ces trois passages parallèles évoquant l'ultime duel de Lancelot et Méléagant :

***Charrette* en vers**	***Ch. du XIII*[e]**	***Ch.* du XIVe**
« *Les escuz devant lor vis* ***metent*** *Et des ore més* ***s'antrement*** *Comant* ***se puissent*** *domagier* *Aespees tranchanz d'acier.* *Lanceloz nel* ***redote*** *mie,* *Car il* ***savoit*** *plus d'escremie* *La mitié que cil n'an* ***savoit****,* *Car an s'anfance* ***apris l'avoit****.* *Andui* ***s'antrefierent*** *granz cos* *Sor les escuz qu'il* ***ont*** *as cos* *Et sor les hiaumes d'or barrez,* *Que* ***fraiz*** *les* ***ont*** *et* ***anbarrez****.* ». [v. 7048-7058]	« *si* ***s'entredounent*** *grans cos et pesans par mi les hiaumes et par mi les escus, si* ***se despiecent*** *les hiaubiers et par mi les espaules si* ***se traient*** *le sanc et* ***s'entrepirent*** *au plus k'il* ***poeent****, si* ***se tiennent*** *aukes en .I. point pusques viers midi*[2] ».	« *si* ***se fierent*** *sour les escus de fortes lances, que les ais en* ***pierchent*** *et* ***tronchent*** *mais point ne se* ***blechent*** *en la car, car li haubierc* ***furent*** *fort et tenant et les alnces roides qui ne* ***sont*** *franites ne perchoiies. Et lors* ***brochent*** *par grant aïr et* ***reviennent*** *a lor joustes tant ireement comme il plus* ***porent****, et* ***se fierent*** *as grans aleures des chevaus tant que les lanches* ***froissent*** *et il* ***s'entrecourent*** *des corps et des jenous et des*

[1] Un présent qui se rapproche – sans vraiment les toucher – des trois temps de l'énonciation historique évoqués par E. Benveniste et rappelés par Le Goff dans son *Imaginaire médiéval* (Paris, Gallimard, 1985, p. 100) ; lesquels temps sont : aoriste (passé simple et passé défini), imparfait, et plus-que parfait.

[2] *Lancelot* en prose, *op.cit*, p. 256-268.

*haiaumes qu'il **volent** andui a la tiere tout plat*[1]».

C'est comme si le lecteur-auditeur vivait l'action dans son déroulement immédiat, et ce grâce à un présent qui vivifie et dépoussière l'affrontement des chevaliers. Si l'on comparait les versions en prose entre elles, on arriverait, par moments, au même constat. En effet, les auteurs des mises en prose plus tardives des romans de Chrétien ont également utilisé le présent dans des scènes de joutes ou de duels judiciaires. Et c'est particulièrement dans ces scènes que l'on ressent, peu ou prou, l'immédiateté de l'action. En voici un exemple :

***Ch.* du XIIIe**	***Ch.* du XIVe**	***Cligès* en prose**	***Érec*, ms. 363**	***Érec*, ms. 7235**
« *Lors **s'entrelongent** ambeduy, si **metent** les glaves sous les aissielles et **hurtent** les escus des coutes et **dounent** as chevaus des espourons, si **s'entrefierent** grans cols sor les escus. Kex **met** sa lance em pieces, et Meleagans **fiert** lui si durement ke tout le **ploie** sour l'arçon deriere, si ke tous li cuirs de l'escu et les ais **partent** et li haubiers ne **poet** si grant colp sousfrir, si **rompent** les mailles et li fiers trençans*	« *Lor **s'eslaisse** aval en my le champ et **met** le gleve soubz son esselle, si **vient** vers mon seigneur Keux si tost comme le cheval l'en **puet** porter. Et Keux revient aussi encontre lui, et ilz **vindrent** de loings et m**urent** tost et **s'entrefierent** es escus bien failticement. Si **peçoye** mon seigneur Keux son gleve, et Meleagant **emploie** le sien en telle manière que de l'escu*	« *si **s'entrefierent** par tel vertu que les lances **brisent** et que lez changles du destrier qui **rompent**. Mais combien qu'ilz soient chutz, ilz **sont** habillement sallis sur piés et ont tost saisiez bonnes espees, du trençant desquellez ilz **fierent** l'un l'aultre en telle manière que des heaulmes et haubers ilz **font** estinceller feu, et samble qu'ilz **doibvent***	« *Atant et sans plus mot dire **s'eslonge** chascun de son adversaire, et apréz par tresgranr maltalent **broche** chascun des esperons l'ung contre l'autre en grant desir chascun de grever sa partie. Et a l'entrer moult pesans coups se **donnent** tellement qu'ilz **se percent** les escus, **rompent***	« *Le chevalier le leva, puis s'eslonga de son adversaire, et après par grant desroy toux deux **brocent** des esperons lez destriers et, comme veullans entreferir l'un l'aultre pour l'amour de leurz damez, ils **percent** les escus, **desmentent** les changlez dez chevaulx et toux deux **chieent** a terre, lez chevaulx sur lez corpz, si ruidement qu'ilz ne **scevent** ou ilz sont. [...] Ilz **saillent** habillement sur piés et **mettent** mains aux bonnes espees.*

[1] *La Charrette* du XIVe, *op.cit*, p. 265.

__passe__ jouste le costé, si li __brise__ une des costes et l'__empraint__ si durement que par delés l'eskrime li __fait__ passer et fier et fust, si __porte__ lui et le cheval tot en .I. mont et chiet si durement contre un perron ke tous li archons deriere __esmie__[1] », §2, p. 82.	*__perce__ les ays, et les amilles du hauberc __descloent__, si __l'empaint__ si durement qu'il lui __passe__ par my la destre espaule et fer et fust.*[2]» §4, p.178.	*occirre l'un l'aultre a chascun coup. Or __sentent__ ilz pluseurs coupz lourz et pesans, chascun __pence__ de sauver sa vie, et Cligès, qui tresbien __se acquitte__, ung coup __donne__ a son ennemi tel que cliner le __fait__ et desmarcier ung pas. Le duc, qui par orgoeul __gringne__ les dens, lors __cuide__ crever de grant ire, il __haulce__ l'espee et en baille telle entortillie a Cligés sur le heaulme que par force il lui __fait__ mettre ung genoul e terre*[3]. », §46, p. 123-124.	*les cengles des selles et tous deux __cheent__ a terre les chevaulz si durement qu'ilz ne __scevent__ ou ilz __sont__ et les chevaliers deléz*[4]»§ 3, p. 126.	*Ils __s'entreprocent__ Dieux scet a grant desir de vaincre l'un l'aultre, et par telle façon au premier assault __s'entrechargent__ de coupz que lez heaulmez __estaincillent__. Tout ce qu'ilz __attaindrent__ est frocié. Ilz __fierent__ de lus en plus et de leurz escus __se couvrent__ par bonne manière*[5]» §7, p. 127.

Toutefois, une particularité propre à l'*Érec* en prose s'impose à notre analyse. Il est des scènes représentant des joutes ou des duels judiciaires où l'auteur emploie non pas le présent, mais des temps du passé. L'auteur devient conteur d'un fait qui a lieu

[1] *La Charrette* du XIIIè, *op.cit*, p. 82.

[2] *La Charrette* du XIVè, *op.cit*, p. 178.

[3] *Cligès* en prose, *op.cit*, p. 123-124.

[4] *Érec* en prose, **ms. 363**, *op.cit*, p. 126.

[5] *Érec* en prose, **ms. 7235**, *op.cit*, p. 127.

autrefois et qu'il transcrit pour le communiquer à un lecteur contemporain. Citons, à titre d'exemple, ces occurrences :

***Ch.* du XIII^è^**	***Ch.* du XIV^è^**	***Cligès* en prose**	***Érec*, ns. 363**	***Érec*, ns. 7235**
*« Lors **s'entrelongent** ambeduy, si **metent** les glaves sous les aissielles et **hurtent** les escus des coutes et **dounent** as chevaus des espourons, si **s'entrefierent** grans cols sor les escus*[1] ».	*« Si **peçoye** mon seigneur Keux son gleve, et Meleagant **emploie** le sien en telle manière que de l'escu **perce** les ays, et les amilles du hauberc **descloent**, si **l'empaint** si durement qu'il lui **passe** par my la destre espaule et fer et fust*[2] ».	*« si **s'entrefierent** par tel vertu que les lances **brisent** et que lez changles du destrier qui **rompent**. Mais combien qu'ilz soient chutz, ilz **sont** habillement sallis sur piés et **ont** tost **saisiez** bonnes espees, du trençant desquellez ilz **fierent** l'un l'aultre en telle manière que des heaulmes et haubers ilz **font** estinceller feu, et samble qu'ilz **doibvent** occirre l'un l'aultre a chascun coup*[3] ».	*« Aprèz ceste rencontre, **jasoit** ce que les chevaliers **feussent cheuz** durement, touteffois ilz n'y **eurent** pas de deshonneur par les changles qui **estoient rompues**, si **saillirent** habillement sur piéz, puis **mirent** la main aux espees et **s'aproucheren**t en grant desir de grever et malmener l'ung l'autre. Et quant ce **vint** qu'ilz **vindrent** ensemble ilz **s'entrechargent** de si pesans coups qu'ilz en **font** les heaulmes estinceller et le feu saillir contremont. Et tout ce qu'ilz **attaindoient estoit** froissiet et destrenchiet ; si **envahissoient** l'ung l'autre de plus en plus comme bons etvaillans*	*« Le chevalier **le leva,** puis **s'eslonga** de son adversaire, et après par grant desroy toux deux **brocent** des esperons lez destriers et, comme veullans entreferir l'un l'aultre pour l'amour de leurz damez, ils **percent** les escus, **desmentent** les changlez dez chevaulx et toux deux **chieent** a terre, lez chevaulx sur lez corpz, si ruidement qu'ilz ne **scevent** ou ilz sont*[2] ».

[1] *Charrette* du XIII^è^, *op.cit*, §2, p. 82, p. 82.

[2] *Charrette* du XIV^è^, *op.cit*, §4, p.178, p. 178.

[3] *Cligès* en prose, *op.cit*, §46, p. 123-124.

chevaliers qu'ilz ***estoient***[1] ».

Les extraits choisis représentent des scènes, opposant, à chaque fois, deux chevaliers. Les deux versions en prose du *Lancelot* n'y présentent pas des verbes conjugués aux temps du passé ; la description de l'affrontement se fait au présent de l'indicatif. Dans le *Cligès* en prose se glisse un passé composé, qui n'est autre que la forme composée, à aspect accompli, du présent de l'indicatif. L'on demeure presque témoin du duel qui oppose les héros. Dans le **ms. 7235** de l'*Érec* en prose, s'immiscent deux verbes au passé simple : « *Le chevalier* ***le leva****, puis* ***s'eslonga*** *de son adversaire*[3] », alors que tous les autres verbes empruntent le présent de l'indicatif. Ce mélange de temps ne semble pas contrecarrer l'effet d'immédiateté de la scène décrite. Le lecteur sait, indubitablement, que l'action s'est déroulée au passé et qu'il s'agit d'une fiction, mais c'est, peut-être, la volonté de l'auteur de rappeler qu'il s'agit, là, d'une histoire inventée et exploitée jadis par Chrétien ; une histoire reprise pour plaire au public du XVè siècle, sous le règne des ducs de Bourgogne. Il en est de même dans le **ms. 363** de l'*Érec*. L'auteur met en concurrence le présent avec l'imparfait et le passé simple dans une même scène qui décrit un duel qui oppose Érec à un autre chevalier. Le caractère immédiat n'est pas biaisé par ce mélange des temps. Au contraire, l'on perçoit une homogénéité, et l'on peut en conclure que le présent descriptif utilisé n'est pas un présent déictique, mais un présent de narration. Il va sans dire, toutefois, que l'auteur du **ms. 363** s'est différencié des autres versions en amalgamant ces temps dans une même scène descriptive. Un doute s'installe quant à son dessein. Peut-être voulait-il asseoir son roman dans l'ossature d'une histoire créée par Chrétien, récitée, au fil des siècles, par plusieurs orateurs, et reprise devant un auditoire bourguignon averti et connaissant le roman du Champenois. C'est une manière de rendre hommage à la source, tout en ajustant son roman, de façon à se distinguer des conteurs antérieurs.

---

[2] *Érec* en prose, **ms. 7235**, *op.cit,* §7, p. 127.

[1] *Érec* en prose, **ms. 363**, *op.cit*, §3, p. 126-128.

[3] *Érec* en prose, **ms. 7235**, *op.cit*, p. 126-128.

En somme, différents sont les choix des modes et temps utilisés dans les romans étudiés. La prédominance des temps de l'indicatif est incontestable. Ce mode dit de la narration explose dans toutes les versions avec une prédilection pour le présent dans quasiment tous les romans, sauf le **ms. 363** de l'*Érec* en prose. Son auteur utilise deux fois moins le présent de l'indicatif que les autres romanciers. En contrepartie, il double la mise lorsqu'il s'agit de recourir au passé simple au à l'imparfait de l'indicatif. De plus, nous avons remarqué que dans un même extrait réécrit, le mouvement des temps n'est pas forcément le même. Il appelle aux règles de concordances des temps qui se trouvent respectées à certains moments, et complètement oubliées, à d'autres. C'est que le flottement de la grammaire se fait entendre dans une langue en pleine évolution. Dès lors, les autres modes personnels deviennent occasionnels ; leur emploi étant principalement justifié par la concordance des temps. Quant aux modes impersonnels, en l'occurrence le participe et le gérondif, nous les retrouverons surtout dans les mises en prose tardives des romans de Chrétien. Ils sont presque inexistants dans les romans que nous étudions et ne prennent une ampleur relative que dans les mises en prose tardives des romans de Chrétien. La volonté des auteurs de ces versions est de donner un nouveau souffle à la grammaire médiévale. Les participiales remplacent des relatives classiques, et les constructions à base de gérondifs mettent davantage l'accent sur les compléments circonstanciels de manière. D'ailleurs ces recours ne font qu'amplifier un phénomène en vogue dans les mises en prose tardives, à savoir l'éclatement des structures phrastiques et leurs longueurs.

3.7.2. Le perpétuel mouvement des structures phrastiques

Confronter les microstructures des romans en vers aux différentes mises en prose de ses romans nous mène à une étude minutieuse de la typologie des phrases dans chacune des versions étudiées : phrases simples ou complexes ? Voix active ou passive ? Discours direct ou indirect ? Réécriture ou « récréïture » ? Autant de questions auxquelles on tentera ici de répondre.

3.7.2.1. Discours direct ; discours indirect

Rappelons d'abord que dans le discours direct l'acte d'énonciation se trouve rapporté à sa situation d'énonciation. « *A l'écrit, il se manifeste par la présence de guillemets qui jouent le rôle d'une frontière*[1] » entre le discours direct et les autres types de discours. A partir de là, on peut d'ores et déjà avancer que le discours direct occupe **51,8**% de la *Charrette* en vers, soit **51,9**% chez Chrétien de Troyes et **51,3**% chez Godefroi ; alors qu'il n'occupe que **35,55**% de la *Charrette* du XIIIè et **42,83**% dans la *Charrette* dérimée. En d'autres termes, le discours direct touche un peu plus de la moitié du *Chevalier de la charrette*, alors qu'il dépasse à peine le tiers dans sa mise en prose du XIIIè et que sa version du XIVè vient se placer entre les deux avec un pourcentage qui dépasse le tiers de la prose du XIIIè, mais qui n'atteint pas la moitié de l'usage du vers. Force nous est aussi de constater que les versions de l'*Érec* et du *Cligès* présentent un tout autre recours quant au choix du style de discours. Les versions en vers présentent indubitablement le plus grand usage de ce type de discours, mais force nous est de remarquer que le recours à ce type de discours est moins important que celui noté dans la version en vers de la *Charrette*. En effet, aux **51,8**% notés dans cette version s'opposent **36,51**% dans *Érec et Énide* et encore moins dans le *Cligès* en vers qui accorde à ce type de discours **33,24**% de la totalité du texte. Peut-être pourrions-nous d'ores et déjà expliquer la régression du discours direct dans le roman d'*Érec et Énide* par le fait que son protagoniste principal avance longuement dans le roman dans un mutisme qu'installe la trame même de l'histoire. Quant au *Cligès*, l'action se passe entre deux rives. L'auteur semble accorder de l'importance aux faits et attribue le discours direct libre plus aux lamentations des personnages qu'aux échanges entre eux. Les versions en prose en profitent et le discours indirect gagne de l'ampleur au fil des versions. Voici d'ailleurs un récapitulatif de tous les emplois du discours direct et indirect dans la totalité des romans que nous étudions :

		% Discours direct	**% Discours indirect**
Les « Charrette »	***Charrette* en vers (*partie de Chrétien*)**	**51,9%**	**48,1%**
	***Charrette* en vers (*partie de Godefroi*)**	**51,3%**	**48,7%**
	***Charrette* en vers**	**51,8%**	**48,2%**
	***Charrette* du XIIIè**	**35,55%**	**64,45%**
	***Charrette* du XIVè**	**42,83%**	**57,17%**
	Érec et Énide	**36.51%**	**63.49%**

[1] Dominique Maingueneau, *L'Énonciation en linguistique*, Paris, Hachette, 1992, p. 123.

Les « Érec »	***Érec* en prose, ms. 363**	**22.63%**	**77.37%**
	***Érec* en prose, ms. 7235**	**25.31%**	**74.69%**
Les « Cligès »	***Cligès* en vers**	**33,24%**	**66,76%**
	***Cligès* en prose**	**28,08%**	**71,92%**

Discours direct et discours indirect dans les romans étudiés

Dans les versions de la *Charrette*, l'écart dans les statistiques ne semblerait peut-être pas être très important, mais l'écart structurel, lui, l'est. Quand Lancelot veut s'installer dans le lit merveilleux, une demoiselle le lui interdit :

Ch. en vers

*« Dites moi, **fet il**, la querele*
Por coi cist liz an desfanse. »
Cele respondi, par ne panse,
Qui en ere apansee bien :
*« Avos, **fet ele**, ne taint rien*
Del demander ne de l'anquerre,
Honiz est chevaliers an terre
Puis qu'il a esté an charrete,
Si n'est pas droiz qu'il s'antrenete
De ce don vos m'avez requise,
Entemes ce que il i gise,
Qu'il le porroit tost comparer,
Ne ge ne l'ai pas fet parer
Si richemant por vos colchier.
Vos le conparriez molt chier
Se il vos venoit nes en pans.
*- Ce verroiz vos, **fet il**, par tans*
- Jel verrai ? Voire ! Or i parra.
- Je ne sai qui le conparra,
***Fet li chevaliers**, par mon chief !*
Cui qu'il enuit ne cui soit grief,
An cestui lit voel ge jesir
Et reposer tot a leisir[1] ».

***Ch. du XIII**[e]*

*« « Por coi, **fet il**, ne girai je en celui lit?»*
*« Por coi? **fait elle**. Si m'aïst Diex, il n'est mie drois ke vous em parlés : mout est ore mains drois ke vous i gisiés. Et bien vous i gardés, car vous n'i mestriés ja gage mains ke le cors. »*
*« Je ne sai, **fait il**, ke jou i meterai, mais dedens girai je a nuit. »*
*« Fi ! **fait l'autre**, vous i girés ? Li plus preudom del monde et li plus hounorés i aroit assés a faire, et vous i girés, ki iestes li plus hounis? »*
*« Au lever, **fait il**, verés ki hounis*

***Ch. du XIV**[e]*

*« Et le chevalier respont, cil qui sur la charrette vint, qui a desdaing et despit le tient : « Dites moy, **fait il**, la querelle pourquoy ce lit est deffenduz ».Et celle respont, que petit y pense, qu'elle s'ert pourpensee bien : « A vous, **fait elle**, n'affiert point du demander ne de l'enquerre, car honiz est chevalier en terre puis qu'il a esté en charrette, si n'est pas droit qu'il demant ce dont vous parlés, car n'aroit pouoir qu'il y gise ; car durement le pourroit comparer, ne on ne l'amie si richement paré pour vous. – Ce verray, par mon chief, **fait le chevalier**, par temps : qui qu'il*

[1] *Charrette* en vers, *op.cit*, v. 480 et ss, p. 74.

	sera, mais je m'i coucherai[1] ».	*anuit et qui qu'il soit grief, en cestui lit voulray je gesir*[2] ».

Une des principales différences est celle relative à la longueur des répliques tendant souvent vers des tirades chez Chrétien de Troyes et dans la version dérimée de la *Charrette* aussi. Ceci n'est pas le cas de la *Charrette* du XIIIè qui reformule ses phrases en les simplifiant. Nous y reviendrons. Mais notons pour le moment, que le choix du vocabulaire marque une ressemblance criante entre le vers et la prose du XIVè et que la version du XIIIè s'en détache. Quant aux incises, elles sont **en gras** et soulignées en **noir** dans nos extraits. Elles viennent scander tout le dialogue. En effet, chaque réplique est systématiquement nourrie d'une proposition incise. Celle qu'on retrouve dans le passage cité de la prose du XIIIè est certainement celle dont les occurrences sont les plus nombreuses dans le *Lancelot,* à savoir l'incise construite à partir du verbe «faire» suivi du sujet chargé du discours direct (qu'il soit pronom personnel ou non). Dans ces extraits, elles se font l'écho des mêmes incises qu'on retrouve dans *Le Chevalier de la charrette* et dans la *Charrette* dérimée. Plus loin, les échos du style direct se font moins entendre entre les trois versions de la *Charrette*. Nous pensons notamment à l'épisode du chevalier prétentieux qui ne veut pas écouter son père et qui insiste pour prendre de force la demoiselle qui est sous la protection de Lancelot. Dans la version en vers, comme dans la *Charrette* dérimée, le chevalier prétentieux et son père n'assistent pas aux performances de Lancelot dans l'épisode des tombes. Ils arrivent plus tard et c'est le moine qui leur rapporte les exploits du chevalier de la charrette :

Ch. en vers	***Ch. du XIIIè***	***Ch. du XIVè***
«***Et lors dit le pere a son fil :*** ***« Filz, que te sanble ? Don n'est il*** ***Molt preuz qui a fet tel esforz ?*** ***Or sez tu bien cui fu li torz,*** ***Bien sez se il fu tuens ou miens.*** *Je ne voldroie por Amiens* *Qu'a lui te fusses conbatuz* *Einçois qu'an t'an poïst torner.* *Or nos an poons retorner,* *Car grant folie i ferïens* *S'avant de ci les suïens. »*	*« Laiens fu mout hounourés li chevaliers, et ne demoura gaires ke li vavassours ki ne laissa son fil a lui combatre vint après et se hierbrega laiens, car li frere l'amoient mout et il estoit sires de grant*	***« Et lors a dit le pere a son filz tout en riant : « Filz, que t'en semble donc ? N'est il moult preuz qui a fait tel effort ? or cez tu bien qui le tort en fu, ou tien ou mien****. Aussi m'aïst Dieux, je ne voulzisse pour la moitié du*

[1] *Charrette* du XIIIè, *op.cit*, §4, p .96.

[2] *Charrette* du XIVè, *op.cit*, p. 182.

Et cil respont : « Je l'otroi bien, *Li siudres ne nos valdroit rien.* ***Des qu'il vos plest, ralons nos an.*** *»* *Del retorner a fet grant san* [1] *».*	*partie del païs [...] Et li vavassours ki ne laissa son fil z lui combatre [...] li fait aporter le haubierc son fil [...]. Et il [Lancelot] s'en part entre lui et la damoisielle, et* ***li vavassors et ses fieus d'autre part, ki tout sont esbahi des mierveilles k'il li ont veu faire*** [2] *».*	*royume de Sorelois que tu a lui te feusses combatu ne eue mellee. Et si t'en es tu huy moult debatu ainçois que je destourner t'en peusse. Mais or en pouons nous aller, car trop ferions que folz se plus après alions. – Et ce ottroye je bien, fait cil, car le suivir petit nous voulroit.* ***Et quant il vous plaist, ralons nous ent*** *». Et lors retournent* [3] *».*

Au premier abord, nous pouvons noter la ressemblance incontestable entre le passage en vers et celui du XIVè. Le vavasseur et son fils ne sont pas témoins des exploits de Lancelot dans l'épisode des tombes. Mais une fois que le moine leur a conté les prouesses de Lancelot, c'est au style direct que le vavasseur s'adresse à son fils pour le raisonner. La version du XIVè rajoute même un circonstanciel, soulignant le manque de maturité du fils. C'est en effet « ***tout en riant*** » que le père aborde son fils. Ce dernier acquiesce et propose à son père de rebrousser chemin : « ***Des qu'il vos plest, ralons nos an*** » dans le vers et « ***Et quant il vous plaist, ralons nous ent*** » dans la version dérimée. La version du XIIIè opère différemment dans la mesure où le vavasseur et son fils deviennent témoin de la scène. Le vavasseur prête même à Lancelot le haubert de son fils. A l'étonnement exprimé par le biais d'une interrogative négative dans le vers et dans la version dérimée (*«* ***Filz, que te sanble ? Don n'est il/ Molt preuz qui a fet tel esforz ?*** [4] *» et «* ***Filz, que t'en semble donc ? N'est il moult preuz qui a fait tel effort ?*** [5] *»*) répond une déclarative affirmative recourant à l'adjectif « *esbahi* » dans la *Charrette* du XIIIè. L'auteur prête moins d'importance au dialogue entre le père et son fils et annonce lui-même et de manière neutre le départ de ceux-ci : « *Et il [Lancelot]*

1 *Charrette* en vers, *op.cit*, v. 1981 et ss.

2 *Charrette* du XIIIè, *op.cit*, §6i, p. 138 et ss.

3 *Charrette* du XIVè, *op.cit*, p. 198.

4 *Charrette* en vers, *op.cit*, v. 1982 et ss.

5 *Charrette* du XIVè, *op.cit*, p. 198.

s'en part entre lui et la damoisielle, et ***li vavassors et ses fieus d'autre part***[1] ». Selon l'auteur de cette version, c'est probablement une manière d'écourter un dialogue n'ayant pas de raison d'être dans la trame principale de l'histoire. Dans les différentes versions de l'*Érec*, nous pouvons rappeler quelques exemples pour mieux appréhender les types de discours utilisés par les auteurs :

Érec et Énide	***Érec* ms. 363**	***Érec* ms. 7235**
« *Quant a lor aise orent sopé* *Et des tables furent levé,* ***Erec mist son hoste a raison,*** ***Qui sire estoit de la meson :*** ***« Dites moi, beax ostes, fait,*** ***De tant povre [et] si vil*** ***Por qu'est vostre fille atornee,*** *Qui tant par est bele et sennee ?* - ***Beax amis, fait li vavasors,*** ***Povretez fait mal a plusors,*** ***Et autretel fait ele moi***[2] » ».	« *Apréz soupper* ***Erec et son hoste l'ancien chevalier commencerent a deviser de plusieurs choses, entre lesquelles Erec demanda a son hoste pourquoy il tenoit sa fille si povrement atournee*** ; ***le chevalier respondi :*** *« Haa, sire chevalier, vous sçavés que povreté fait mal a plusieurs gens*[3] » ».	« ***et après souper, comme Erec et son hoste entrassent en devisez, Erec lui demanda pourquoi sa fille estoit tant simplement atournee***, *et* ***il respondi disant :*** *« Hellas ! mon ami, fet le chevalier, vous savés que povreté fait mal a plusieurz*[4] » ».

Nous constatons que la version en vers choisit d'introduire du discours direct dans tout son passage. Érec « *mist son hoste a raison* » l'interrogeant sur la raison pour laquelle il tenait sa fille si pauvrement vêtue. L'interrogation s'est faite par le moyen d'une locution adverbiale « *por que* » qu'on retrouve au vers **507**. Cette locution évolue vers une forme simple (*pourquoy/pourquoi*) prônée autant par l'auteur du **ms. 363** que par celui du **ms. 7235**. Dans ces deux versions, la question est posée au style indirect ; ce qui confère à la proposition son attribut d'interrogative indirecte. Quant à la réponse du vavasseur, elle s'est faite au style direct dans les trois versions. Cela étant, chaque version a opéré différemment des autres. Chrétien de Troyes place la réponse du père d'Énide à la suite de la question d'Érec. Nous n'avons noté ni de verbe

---

1 *Charrette* du XIIIè, *op.cit*, §6i, p. 139 et ss.

2 *Érec et Énide, op.cit*, §2, v.501 et ss.

3 *Érec* en prose, **ms. 363**, *op.cit*, §2, p. 212.

4 *Érec* en prose, **ms. 7235**, *op.cit*, §3, p. 213.

introducteur, ni de guillemets ouverts, mais seulement une incise insérée entre l'apostrophe « *Beax amis* » et l'explication que le vavasseur donne à Érec. Les deux proses proposent, à l'inverse, un verbe introducteur « *respondi* ». Elles recourent à la fonction d'interpellation du langage dans une proposition qui débute dans les deux versions par « *vous sçavés que...* ». C'est celle que prononce le vavasseur à l'encontre d'Érec. Ceci n'empêchera pas l'auteur du **ms.7235** de rajouter une incise, imitant en cela le vers. Toutefois, la présence d'un vers introducteur rend cette incise quelque peu de trop ; sa présence ne se justifiant plus par la cohésion narratologique du passage. Peut-être pourrons-nous même dire que cette occurrence est tautologique et qu'elle ne traduit que la volonté de l'auteur de cette version d'appuyer son discours et de le rendre le plus clair possible pour son lecteur. En nous penchant sur les versions du *Cligès*, nous avons pu remarquer que les discours direct et indirect ont souvent été respectés dans le passage de la version en vers à sa mise en prose. En voici un exemple :

***Cligès* en vers**

« ***Biaus fiuz Cligés***, *ja ne savras*
Conoitre combien tu avras
De ***proesce ne de vertu***
Se a la cort le roi Artu
Ne te vas esprover einço[i]s
Et as Bretons et as François.
Se avanture la te maine,
Einsint te contien et demaine
Que tu n'i soies coneüz
Jusqu'à tant qu'as plus esleüz
De la cort esprovez te soies.
De ce te lo que tu me croies,
Et se ç'avient, ja poor n'aies
Que a ton oncle ne t'essaies,
Mon seignor Gauvain, ce te pri
Que tu nel metes en oubli[1] ».

***Cligès* en prose**

« ***Cligès, mon filz, le resjoïssement de mon cuer***, *soies seur que tu ne parvendras ja a* ***honneur*** *se tu ne vas servir le roy Artus. Si te pri que, se Adventure t'y maine, tu te gouverneras saigement et te facez congnoistre a messire Gavain ton oncle*, car entre les aultres il a le plus grant bruit et est cellui qui pour l'amour de moy voulentiers t'advencera*[2] ».

Dans les deux versions, les conseils d'Alexandre à son fils sont exprimés au style direct. Du vers à la prose, le vocabulaire évolue, dans le sens où à « ***proesce*** » et **« *vertu* »**, l'auteur de la prose préfère le substantif « ***honneur*** ». C'est également l'auteur de la prose qui inscrit plus de subjectivité dans la tirade d'Alexandre. Chez Chrétien, Cligès est apostrophé sous forme d'une apposition

[1] *Cligès* en vers, *op.cit*, v.2561 et ss.
[2] *Cligès* en prose, *op.cit*, §28, p. 102.

liant le rapport de parenté qui lie le personnage à l'émetteur du message, ici Alexandre, au nom même de Cligès. L'apostrophe bénéficie aussi d'un qualificatif assez commun venant se greffer au substantif « *filz* » dans « *Biaus fiuz Cligés* ». Dans le *Cligès* en prose, le procédé est le même dans la mesure que l'auteur recourt à l'apposition dans l'apostrophe de Cligès. Pourtant celle-ci est plus accentuée. Elle débute par « *Cligès* », puis l'auteur ajoute le lien de parenté « *filz* » auquel il attribue un déterminant possessif « *mon* » pour mieux mettre en exergue ce rapport entre le père et son fils. Et là où l'auteur de cette version surpasse Chrétien, c'est lorsqu'il rajoute, toujours dans l'apostrophe et en fonction d'apposition, une métaphore élevant le rang du fils et lui octroyant la source du « *resjoïssement d[u] cuer* » de son père. Notons par ailleurs, que de manière générale, l'importance du discours indirect est incontestable. Dans les romans en vers, il allège le roman de ses longues tirades et privilégie aussi le développement de l'action des protagonistes. Souvent, ce type de discours marque son entrée par la présence d'un verbe introducteur[1] suivi d'une complétive généralement introduite par la conjonction de subordination «ke» ou alors par «se» dans le cas des interrogatives indirectes[2]. C'est d'ailleurs le même cas pour les proses, sinon que celles-ci sont beaucoup plus rigoureuses au niveau de l'emploi du sujet pronominalisé[3]. Nous n'oublierons pas non plus de noter la proposition la plus célèbre dans tout le *Lancelot* en prose, à savoir le « *or dist li contes ke* ». Cette formule scande le roman, mais elle indique de plus l'existence d'une source où l'on puise les contes des aventures des chevaliers. Nous retrouvons ce même mécanisme dans *Le Chevalier de la charrette*, sinon que le discours indirect est issu du contenu d'une lettre lue devant la cour du roi Arthur[4]. Toutes les autres proses s'en inspirent. Nous renvoyons d'ailleurs au tableau récapitulatif que nous avons dressé au chapitre **1** de la première partie[5].

---

[1] *Charrette* en vers, *op.cit*, « dist » : v. 4171-73, 4444, 5408, 5655, 5876, 5880, 5993-95, 6051, 6269, 6900 ; apele : v. 5011-15 ; desfendi : v. 5551 ; conseillié : v. 5852-53 ; jure : v. 6718-22.

[2] *Ibidem*, « requiert/requist » : v. 6735-37, v. 5134-36 ; s'en merveilla : v. 6543-44.

[3] D'ailleurs, cette remarque n'est pas uniquement valable pour le discours indirect, mais pour toute l'écriture du *Lancelot* en prose. Nous y reviendrons un peu plus tard, dans « la syntaxe de la phrase».

[4] *Charrette* en vers, *op.cit*, v. 5256-5272.

[5] Voir *supra*, « ***Du je au « or dist li contes »*** », Chapitre 1, partie 1, p. 28 et ss.

Signalons aussi qu'aux côtés des discours direct et indirect, il existe un troisième type de discours appelé « *discours indirect libre* ». Celui-ci « *peut n'être introduit par aucun élément nettement marqué ; dans ce cas, c'est l'ensemble du contexte linguistique qui permet de repérer [s]a présence*[1] ». Nous avons détecté quelques exemples relatifs à ce type de discours dans les versions de la *Charrette*. Sans marquer une quelconque transition, Chrétien passe du récit au discours indirect libre. Ainsi en est-il de l'embarras de Lancelot face à la demande de la sœur de Méléagant, embarras qui se traduit autrement dans la prose :

Ch. en vers

«Largece et Pitiez li comandent
Que lor boen face a enbedeus,
Qu'il estoit larges et piteus,
Mes se cele la teste an porte,
Donc iert Pitiez vaincue et morte,
Et s'ele ne l'an porte quite,
Donc iert Largece desconfite.
An tel prison, an tel destrece
Le tienent Pitiez et Largece,
Que chascune l'angoisse et point.
La teste vialt que il li doint
La pucele, qui li demande,
Et d'autre part li recomande
Sor Pitié et sor sa franchise.
Et des que il li arequise
Merci, et ne l'avra il donques ?
Oïl! ce ne li avint onques
Que nus, tant fust ses anemis,
Des que il l'ot au desoz mis
Et merci crier li covint,
Onques ancor ne li avint
C'une foiz merci li veast,
Mes au sorplus ja ne baast.
Donc ne le vehera il mie
Cestui qui li requiert et prie,
Des qui ensi feire le sialt.
Et cele qui la teste sialt
Avra la ele ? Oïl, s'il puet[2] *».*

Ch. du XIIIè

«Cil ne set ke faire, car la damoisiele rest a genous devant lui et li demande son couvent ke il li creanta sor la riens ke il plus amoit. Et cil li crie mierchi pour Dieu et pour Pitié. Et il avoit tel coustume k'il n'ocesist ja chevalier ki criat mierchi, se il se pensse a acomplir a une fie la volonté de l'un et de l'autre[3] *».*

Ch. du XIVè

« Si lui commande Largece et Pitié qu'il faceleur bon tous deux, car il estoit larges et piteux. Mais se celle la teste emporte, donc est pitié morte en lui, et se elle lui est devee qu'elle ne la porte ensemble o soy, donc a il largesce desconfite. Et chacune chose le point et angoisse en luy mesmes, car la teste veult il que il doint a la damoiselle et, d'autre part, il voit, sur pitié et sur franchise lui demande cil mercy. ***Et comment lui pourra il donc veer quant nulz homs ou monde, tant feust son ennemy, puis que il l'ot mis au dessoubz, et merci crier li couvint, il ne lui advint oncques a nul jour que il merci lui deveast ? Mais ja ne beast au surplus, pour riens qui lui peüst advenir !*** *Donc ne le veera il pas cestui qui lui prie et requiert*[4] *».*

---

[1] Dominique Maingueneau, *op.cit*, p. 140.

[2] *Charrette* en vers, *op.cit*, v. 2838 et ss, p. 214.

[3] *Charrette* du XIIIè, *op.cit*, p. 172.

[4] *Charrette* du XIVè, *op.cit*, p. 211.

Force nous est de remarquer la divergence de la *Charrette* du XIIIè par rapport aux deux autres versions, à commencer par la longueur du passage. À la rigueur de la syntaxe de la prose du XIIIè s'oppose dans le vers une certaine légèreté dans le choix d'une syntaxe presque caractéristique du discours direct : les interrogations[1], les interjections[2], les répétitions[3] et les phrases courtes[4]. En somme, c'est une écriture inscrite entre les frontières du discours direct et celles du discours indirect, mais qui pourtant ne se lie ni à l'un ni à l'autre[5]. La *Charrette* du XIVè vient se greffer à la version en vers empruntant le même vocabulaire, les mêmes interjections et faisant honneur au discours indirect libre prôné par le roman de Chrétien.

Les versions de l'*Érec* n'empruntent guère ce type de discours. Même les plaintes d'Énide s'étalant sur de longues tirades prennent la forme de monologues exprimés à voix basse, et ce aussi bien dans la version en vers que dans le **ms. 7235**. En voici le récapitulatif :

Érec et Énide	***Érec* ms. 363**	***Érec* ms. 7235**
1- Énide culpabilise, v.2461 et ss		1''- Énide culpabilise, §18, p.171
2- Lamentations d'Énide, v.2585 et ss.		2''- Lamentations d'Énide, §19, p. 172
3- Énide culpabilise et se lamente, v. 3095 et ss.		3''- Énide culpabilise et se lamente, §22, p. 177 et ss.
4- Dilemme d'Énide, v. 3711 et ss		4''- Dilemme d'Énide, §26, p. 184 et ss

Le **ms. 363** exclut complètement ces passages ; son auteur les jugeant accessoires et n'altérant pas la cohérence de l'histoire. Quant aux versions du *Cligès*, rappelons que dans la prose, les

---

[1] *Charrette* en vers, *op.cit,* v. 2853 et 2865.

[2] *Ibidem,* v. 2854 et 2865.

[3] *Ibidem, Largece,* v. 2836, 2844 et 2846 ; *Pitiez,* v. 2836, 2842, 2846 et 2851.

[4] *Ibidem,* v. 2865.

[5] Il en est de même pour d'autres passages dont : *Charrette* en vers, *op.cit,* v. 3222-3223, *Charrette* du XIIIè, *op.cit,* p. 182 : lignes 24-25, *Charrette* du XIVè, *op.cit,* p. 215 ; *Charrette* en vers, *op.cit,* v. 4600 ; 4731-36 ; 6010-14, *Charrette* du XIVè, *op.cit,* p. 236 et ss.

discours direct et indirect qu'on retrouve chez Chrétien de Troyes ont le plus souvent été rapportés dans le même style. Cela étant, plusieurs passages exprimant les lamentations des protagonistes se trouvent complètement évincés de la mise en prose du *Cligès*. Nous pensons notamment au monologue où Soredamores exprime son penchant pour Alexandre. L'extrait existe seulement chez Chrétien de Troyes.

> « *[...] « Œil, vos m'avez traïe !*
> *Par vos m'a soloit estre de foi.*
> *Or me grieve ce que je voi.*
> *Grieve ? Non fait, einçois me siet.*
> *Et se je voi rien qui me griet,*
> *Don n'ai ge mes eulz en baillie ?*
> *Bien me seroit force faillie*
> *Et poi me devroie prisier*
> *Se mes euz ne puis joustisier*
> *Et faire autre part esgarder.*
> *Einsint me porrai bien garder*
> *D'Amor qui joustisier me velt.*
> *Que eulz ne voit ? A cuer ne deult ?*
> *Se je nel voi ? Riens ne m'en iert.*
> *[...]*
> *Autre li covient envoier,*
> *Car je ne sui de rien a lui,*
> *Ja n'i serai, n'onques n'i fui,*
> *Ne ja n'amerai s'acointance*[1] ».

Les interjections, les fausses interrogatives et tous les signes du discours tournant autour des allomorphes du « *je* », ici Soredamores, disparaissent de la prose. Celle-ci garde cependant le passage où est décrit l'amour que se vouent ces deux personnages[2]. Dans tous les cas, plusieurs passages au style direct (mais qui ressemblent davantage au discours indirect libre) disparaissent complètement de la prose. C'est le cas des complaintes d'Alexandre[3], de la description des plaintes de Soredamores[4], du monologue de Soredamors lorsqu'elle ne sait sous quel nom appeler Alexandre[5], ou encore du monologue de Fénice[6]. C'est que l'auteur de la mise en prose n'a pas jugé

---

[1] *Cligès* en vers, *op.cit*, v. 475-523.

[2] *Cligès* en vers, *op.cit*, v. 528 et ss ; *Cligès* en prose, *op.cit*, §6, p. 72 et ss...

[3] *Cligès* en vers, *op.cit*, v. 774 et ss.

[4] *Ibidem,* v. 872 et ss et 984 et ss.

[5] *Ibidem*, v. 1368 et ss.

[6] *Ibidem*, v. 4352 et ss.

important d'annexer tous ces détails jugés probablement inutiles et n'ayant d'autre rôle que de ralentir davantage la trame de l'histoire.

De façon générale, le discours est considéré comme l'un des principaux piliers de l'écriture. Lorsque nous nous penchons sur des réécritures, il devient fondamental de s'y attarder. L'acte d'énonciation vêtit diverses formes et couleurs apportant une certaine dynamique aux romans que nous étudions. Il rafraîchit, dans son mouvement, le processus de réécriture. La prédominance du discours direct est sans appel et dans quasi toutes les versions retenues dans notre analyse. Cela étant, les versions de la *Charrette* sont celles qui admettent le plus de pourcentage consacré à ce type de discours. La version dérimée balance entre cette volonté de reproduire fidèlement la version en vers du roman et celle de se rapprocher de la *Charrette* du XIIIè. En ce qui concerne toujours le discours direct, la structure des phrases et leur nature se distinguent davantage entre la version du XIIIè, d'une part, et, d'autre part, la version en vers et celle du XIVè. Ces deux dernières versions s'accordent aussi et exclusivement quant à l'usage du discours indirect libre. Celui-ci sera complètement absent de la version du XIIIè de la *Charrette*, mais aussi, des autres romans analysés. Quant aux versions de l'*Érec* et du *Cligès*, leur particularité est cette régression notable du discours direct au profit du discours indirect. Rien d'étonnant pour des réécritures du XVè qui tendent tant bien que mal de résumer l'histoire de Chrétien et de ne rapporter que l'essentiel de ce qui, selon eux, doit être rappelé au lecteur.

3.7.2.2. La syntaxe des phrases

Dans son *Histoire de la littérature française*, Emmanuèle Baumgartner explique que : *« mieux que le vers, la prose, la syntaxe plus élaborée qu'elle autorise est sans doute un outil mieux adapté à une écriture qui cherche, tant au niveau de l'ensemble (le cycle) qu'au niveau de la phrase, à saturer le temps et à configurer sans faille (et à donner l'illusion) l'enchaînement (chrono)logique des causes et des conséquences[1] ».* En d'autres termes, les structures phrastiques des mises en prose seraient plus complexes que celles du vers. En revoyant de près les différents types de phrases usités

[1] Emmanuèle Baumgartner, *Histoire de la littérature française*, Tome I, Moyen Age, Paris, Bordas, 1988, p. 129.

dans les divers romans retenus dans notre analyse, nous avons pu constater, sans peine, la prédominance des phrases complexes. En voici le récapitulatif :

	% Phrases. Simples	% Ph. Complexes
	Charrette	
***Charrette* en vers (partie de Chrétien)**	**7,4%**	**92,6%**
***Charrette* en vers (partie de Godefroi)**	**10,2%**	**89,8%**
***Charrette* en vers**	**7,8%**	**92,2%**
***Charrette* du XIIIè**	**10,4%**	**89,6%**
***Charrette* du XIVè**	**5,05%**	**94,95%**
	Érec	
Érec et Énide	**12.64%**	**87.36%**
***Érec* en prose, ms. 363**	**10.33%**	**89.67%**
***Érec* en prose, ms. 7235**	**13.46%**	**86.54%**
	Cligès	
***Cligès* en vers**	**14,62%**	**85,38%**
***Cligès* en prose ms. 108**	**9,87%**	**90,13%**

Les statistiques relatives aux phrases dans les romans étudiés

Les pourcentages se rapprochent beaucoup. À ce niveau, il nous semble intéressant à noter que parmi les trois versions de la *Charrette*, c'est la version du XIIIè qui compte le plus de phrases simples. À l'inverse, c'est la version en vers du *Cligès* qui reste en tête avec **14,62**% de phrases simples contre seulement **9,87**% dans la prose. Peut-être pouvons-nous expliquer cet écart par le fait que la version de la *Charrette* du XIIIè tend à élucider, davantage, les détails demeurant floues chez Chrétien. Le nombre de phrases devient plus important ; ce qui accroît indubitablement le nombre de phrases simples par rapport à celui des phrases complexes de cette version. Quant au *Cligès* en prose, il ne faut pas oublier le contexte de la réécriture et son époque. Le résumé étant en vogue et les prosateurs du XVè ne rappelant que l'essentiel de l'histoire, toute l'histoire du *Cligès* se trouve abrégée dans son contenu et ses constructions phrastiques réécrites. La phrase complexe est de loin la plus privilégiée. Elle explose avec des constructions et des propositions, parfois, interminables. Nous pouvons même aller jusqu'à dire qu'elle devient l'une des principales marques de l'écriture du XVè. Nous y reviendrons sous peu. Mais avant, il nous reste à revoir les versions de l'*Érec*. C'est l'auteur du **ms. 363** qui utilise le moins de phrases simples dans sa version. Les interjections et les interrogatives y disparaissent complètement. Ce qui n'est nullement le cas de l'auteur du **ms. 7235** plus impliqué, semble-t-il, et respectant, dans sa forme, le squelette syntaxique de l'écriture du Chrétien. Malgré ces différences relevées au premier abord, nous pouvons sans peine noter que les compilateurs respectent, en gros, les versions originales de Chrétien jusque dans les types de phrases simples. Revoyons pour commencer leur récapitulatif :

	Déclaratives	**Interrogatives**	**Exclamatives**	**Impératives**
Ch. en vers (partie de Chrétien)	**46,8%**	**35,1%**	**13,9%**	**4,2%**
Ch. en vers (partie de Godefroi)	**36,4%**	**36,3%**	**22,7%**	**4,6%**
Ch. en vers	**45,8%**	**35,3%**	**14,5%**	**4,4%**
Ch. du XIIIè	**61,5%**	**30%**	**5,3%**	**3,2%**
Ch. du XIVè	**18,09%**	**65,71%**	**13,34%**	**2,86%**
Érec et Énide	**64%**	**14.8%**	**12%**	**9.2%**
***Érec* en prose, ms. 363**	**100%**	**0%**	**0%**	**0%**
***Érec* en prose, ms. 7235**	**83.8%**	**4.77%**	**9.53%**	**1.9%**
***Cligès* en vers**	**59,4%**	**28,95%**	**2,63%**	**9,02%**
***Cligès* en prose ms. 108**	**86,59%**	**6,09%**	**7,32%**	**0%**

Les types de phrases simples dans les romans étudiés

A part une exception qui concerne la version dérimée de la *Charrette*, dans tous les autres romans analysés, ce sont les phrases simples du type déclaratif qui sont les plus importantes. Elles sont unanimes et exclusives dans le **ms. 363** de l'*Érec*. En d'autres termes, dans cette version, nous n'avons pu relever aucune phrase simple de type autre que déclaratif. Toutes les interrogatives, impératives ou exclamatives relevées ne viennent se greffer que dans la construction de phrases complexes. Reprenons quelques exemples illustrant le recours aux phrases simples dans nos romans. Au début du roman de l'*Érec*, au moment de la présentation du chronotope où débute l'histoire, chacun des auteurs le fait à sa propre manière :

Érec et Énide	***Érec* ms. 363**	***Érec* ms. 7235**
« Un jor de Pasque, au tens novel	*« En ceste partie*	*« Le commencement*

A Caradigant son chastel ***Ot** li rois Artus cort **tenue***». v. 27 et ss.	***dist** le conte **que** le roy Artus **duquel** la renommee **s'espandoit** par tout le monde, **tint** ung jour de Penthecouste court au chastel de Caradigan a tresgrande et notable compaignie...* », §1, p. 102.	*de nostre present compte **est** tel **que** le roy Artus, **duquel** la glorieuse renommé **s'espandoit** par tout le monde, **tinst** par ung jour de Pasques sa court au chasteau de Karadigan, Dieux **scet** a belle baronnie* », §1, p. 103.

Chrétien de Troyes se contente d'une phrase simple y juxtaposant des compléments circonstantiels de temps « *Un jor de Pasque, au tens novel* » et de lieu « *A Caradigant son chastel* ». Les deux mises en prose opèrent différemment en proposant chacune une phrase complexe par subordination qui rappelle que leurs romans proviennent d'une source écrite et reprise : « *En ceste partie **dist** le conte que*[1]» et « *Le commencement de nostre present compte **est** tel que...*[2] ». Ensuite, les deux proses rallongent leurs phrases respectives par une relative qui vient se greffer autour de la personne du roi Arthur « ***duquel** la renommee* » dite « *glorieuse* » dans le **ms. 7235** « ***s'espandoit** par tout le monde* » dans les deux versions. Et ce n'est qu'après qu'on introduit le chronotope où débute l'action. C'est que la logique de la narration prend plus d'ampleur dans les proses tardives. Les constructions phrastiques s'éloignent davantage des phrases simples, leur préférant les phrases complexes. Plus encore, les phrases complexes que nous retrouvons dans les mises en prose tardives des romans de Chrétien de Troyes ne se contentent plus de deux propositions liées entre elles par un lien ou paratactique ou hypotactique. Nous avons même remarqué à plus d'un moment qu'une seule phrase complexe pouvait souvent accueillir davantage de propositions ou subordonnées ou coordonnées entre elles ou les deux. Nous y reviendrons plus amplement à la fin du chapitre.

Dans les trois *Charrette*, nous avons retrouvé des phrases simples lors de discours directs émis par les protagonistes. Nous pensons notamment à l'extrait où Gauvain retient Lancelot et le

---

[1] *Érec en prose,* **ms. 363**, op.cit, §1, p. 102.

[2] *Érec en prose,* **ms. 7235**, op.cit, §1, p. 103.

tire en arrière pour éviter, à la vue du cortège de la reine, qu'il ne chute du haut de la fenêtre :

***Ch.* en vers**	***Ch.* du XIII[è]**	***Ch.* du XIV[è]**
« *Por Deu, nel vos pansez ja mes* *Que vos faciez tel desverie !* ***A grant tort haez vostre vie.*** » v. 571 et ss.	« ***Ha ! biaus dous amis, pour coi haés vous vostre vie*** *? Pour .I. poi ke vous n'iestes chi mors !* », §4, p. 100.	« *Mercy, sire, ne faites mais, mais a pais soyés.* ***Ne vous occiés, car a grant tort haiéz vostre vie.*** », p. 182.

L'extrait est présent dans les trois *Charrette*. La *Charrette* en vers et la version dérimée présentent les phrases dans le même ordre, dans le sens où la proposition « *[a] grant tort haez vostre vie* » vient se placer à la fin du discours de Gauvain. Cela étant, Chrétien de Troyes opte pour une phrase simple de type déclaratif. La *Charrette* du XIV[è], elle, préfère placer cette même proposition dans une phrase complexe par coordination, mettant l'accent sur le rapport de cause à effet par le moyen de la conjonction de coordnation « ***car*** ». Quant à la *Charrette* du XIII[è], elle s'éloigne quelque peu des autres versions, proposant plutôt une phrase simple non plus déclarative, cette fois-ci, mais plutôt interrogative, et qui véhicule le même contenu que celui qu'on retrouve dans la *Charrette* en vers et la *Charrette* du XIV[è]. Toujours est-il qu'une fois de plus, nous remarquons la liberté dans le choix d'écriture de l'auteur de la *Charrette* du XIII[è] par rapport à la fidélité quasi parfaite à la source de la part de l'auteur de la *Charrette* dérimée[1]. **P**our ce qui est des phrases simples présentes dans les versions du *Cligès*, nous avons eu du mal à en trouver qui correspondent aux mêmes passages dans les deux versions. Nous pouvons rappeler l'emplacement des

---

[1] Un autre souci concerne l'expression du sujet. Le XII[è] siècle exprime peu le pronom sujet ; les désinences verbales suffisant à indiquer clairement la personne. Quand arrive le XIII[è] siècle, on note une nette évolution dans l'emploi du pronom sujet qui, de surplus, vient saturer la première place dans une proposition donnée (voir Philippe Ménard, *Syntaxe de l'ancien français*, Bordeaux, éditions Bière, 1988, « les pronoms personnels », p. 52-75). L'ancien français est certes une langue à verbe médian – l'ordre le plus connu étant **C**omplément-**V**erbe-(**S**ujet) – mais ce qu'on notera le plus souvent dans l'écriture du XIII[è], et plus exactement dans la *Charrette* du XIII[è], c'est la concurrence de l'ordre **S**-**V**-**C** sur l'ordre **C**-**V**-(**S**). Nous pouvons illustrer notre idée par quelques extraits de la *Charrette* du XIII[è] : « ***La nuit*** *s'en ala Meleagans hors de la ville.* » (p. 212) et « *La karete vint* ***par devant le roi****....* » (p. 226).

phrases simples détectées dans le *Cligès* en vers[1] et dans le *Cligès* en prose[2] et en citer quelques unes :

---

[1] Les occurrences sont présentes aux v. 61 et ss ; v.169 et ss ; v. 232 et ss ; v. 242 ; v. 270 ; v. 366 ; v. 366 ; v. 367 ; v. 367 ; v.367 ; v. 368 ; v. 369 ; v. 385 ; v. 422 ; v. 504 ; v. 504 ; v. 505 ; v. 505 ; v. 511 ; v. 515 ; v. 515 ; v. 530 ; v. 558 ; v. 641 ; v. 649 ; v. 663 ; v. 663 ; v. 664 ; v. 675 ; v. 675 ; v. 681 ; v. 687 ; v. 694 ; v. 694 ; v. 695 ; v. 695 ; v. 705 ; v. 789 ; v. 789 ; v. 821 ; v. 829 ; v. 896 ; v. 897 ; v. 898 ; v. 901 ; v. 901 ; v. 911 ; v. 912 ; v. 912 ; v. 913 ; v. 922 ; v. 922 ; v. 926 ; v. 927 ; v. 944 ; v. 944 ; v. 953 ; v. 957 ; v. 985 ; v. 985 ; v. 993 ; v. 993 ; v. 994 ; v. 994 ; v. 1008 ; v. 1017 ; v. 1017 ; v. 1045 ; v. 1108 ; v. 1122 ; v. 1129 ; v. 1140 ; v. 1295 et ss ; v. 1297 ; v. 1298 ; v. 1320 et ss ; v. 1361 ; v. 1386 ; v. 1386 ; v. 1386 ; v. 1387 ; v. 1387 ; v. 1391 ; v. 1391 ; v. 1392 ; v. 1393 ; v. 1399 ; v.1446 ; v. 1447 et ss ; v. 1677 ; v. 1712 ; v. 13 (p. 146) ; v. 1821 ; v. 1932 et ss ; v. 1946 ; v. 2045 et ss ; v. 2069 ; v. 2075 ; v. 2162 ; v. 2259 ; v. 2260 ; v. 2261 ; v. 2264 et ss ; v. 2322 et ss ; v. 2328 ; v. 2340 ; v. 2371 et ss ; v. 2373 ; v. 2394 et ss ; v. 2398 et ss ; v. 2421 et ss ; v. 2460 ; v. 2468 et ss ; v. 2534 ; v. 2551 et ss ; v. 2577 et ss ; v. 2586 ; v. 2706 et ss ; v. 2746 ; v. 2773 ; v. 2773 ; v. 2774 ; v. 3062 et ss ; v. 3091 ; v. 3118 ; v. 3195 ; v. 3206 et ss ; v. 3266 et ss ; v. 3283 ; v. 3289 ; v. 3342 et ss ; v. 3450 ; v. 3480 et ss ; v. 3503 ; v. 3520 ; v. 3524 ; v. 3593 ; v. 3627 ; v. 3628 et ss ; v. 3643 ; v. 3649, v. 3665 ; v. 3976 et ss ; v. 3982 et ss ; v. 3984 ; v. 3985 ; v. 4022 et ss ; v. 4147 ; v. 4154 et ss ; v. 4156 et ss ; v. 4212 et ss ; v. 4251 ; v. 4251 ; v. 4252 ; v. 4285 ; v. 4312 et ss ; v. 4334 et ss ; v. 4380 ; v. 4386 et ss ; v. 4394 ; v. 4394 ; v. 4397 ; v. 4397 ; v. 4409 ; v. 4409 ; v. 4410 ; v. 4424 et ss ; v. 4439 ; v. 4444 ; v. 4444 et ss ; v. 4450 ; v. 4459 ; v. 4477 ; v. 4497 et ss ; v. 4570 et ss ; v. 4588 ; v. 4595 ; v. 4595 ; v. 4596 ; v. 4597 ; v. 4597 ; v. 4614 ; v. 4614 ; v. 4615 ; v. 4629 ; v. 4692 ; v. 4698 ; v. 4760 et ss ; v. 4792 et ss ; v. 4878 et ss ; v. 4911 ; v. 4911 ; v. 5000 et ss ; v. 5051 et ss ; v. 5110 et ss ; v. 5130 ; v. 5145 ; v. 5150 ; v. 5163 ; v. 5164 ; v. 5256 et ss ; v. 5346 et ss ; v. 5404 ; v. 5444 et ss ; v. 5453 ; v. 5454 ; v. 5469 ; v. 5496 et ss ; v. 5507 ; v. 5508 et ss ; v. 5574 ; v. 5718 ; v. 5745 ; v. 5762 ; v. 5781 ; v. 5795 ; v. 5868 et ss ; v. 5870 ; v. 5934 et ss ; v. 5958 et ss ; v. 5960 et ss ; v. 5962 et ss ; v. 5970 ; v. 5999 ; v. 6092 et ss ; v. 6161 ; v. 6162 et ss ; v. 6166 et ss ; v. 6170 ; v. 6204 ; v. 6228 et ss ; v. 6230 ; v. 6230 ; v. 6320 et ss ; v. 6327 ; v. 6343 ; v. 6357 ; v. 6372 ; v. 6272 ; v. 6373 ; v. 6378 et ss ; v. 6388 ; v. 6388 ; v. 6389 ; v. 6421 ; v. 6473 ; v. 6516 ; v. 6516 et ss ; v. 6562 et ss ; v. 6568 et ss ; v. 6614 et ss ; v. 6620 et ss ; v. 6702.

[2] Nous retrouvons les références aux §1, ligne 24 et ss, p. 67 ; §6, ligne 4 et ss, p. 72 ; §9, ligne 8 et ss, p. 75 ; §9, ligne 28 et ss, p. 76 ; §9, ligne 28 et ss, p. 76 ; §9, ligne 29 et ss, p. 76 ; §9, ligne 16 et ss, p. 77 ; §12, ligne 29 et ss, p. 80 ; §12, ligne 2 et ss, p. 81 ; §12, ligne 3 et ss, p. 81 ; §12, ligne 27 et ss, p. 81 ; §14, ligne 1 et ss, p. 83 ; §16, ligne 7 et ss, p. 86 ; §16, ligne 1 et ss, p. 87 ; §18, ligne 24 et ss, p. 88 ; §19, ligne 18 et ss, p. 89 ; §21, ligne 3 et ss, p. 93 ; §22, ligne 21 et ss, p. 93 ; §22, ligne 31 et ss, p. 93 ; §24, ligne 1 et ss, p. 96 ; §24, ligne 26 et ss, p. 97 ; §25, ligne 9

Cligès **en vers**	***Cligès*** **en prose**
1- « *Li rois Artus en cel termine* ***S'en volt*** *en Breteigne passer.*[1]»	
	A- « *Pareillement* ***est demenee*** *la belle damoiselle Soredamores.*[2] »
2- « *Einsint* ***sont acordé*** *li frere.*[3]»	
	B- « *Cligés doncquez* ***servist*** *son oncle du vin enchanté.*[4]»
3- « *Cligés* ***a aquité*** *la voie.*[5]»	
	C- « *Que vous* ***diroit*** *on plus ?*[6] »
4- « *Or* ***est*** *Fenice molt a aise.*[7]»	
	D- « *De cez nouvellez* ***fu*** *le roi Artus, Cligés, Fenice et les baronz moult joieux.*[8]»

Nous pouvons revoir de près l'ordre des mots dans ces phrases. Chez Chrétien de Troyes, l'ordre **S-V-C** a été respecté dans les exemples **1** et **3**. C'est un ordre canonique qui n'est pas respecté dans les exemples **2** et **4**. Les deux phrases commencent par un adverbe « *Einsint* » dans l'exemple **2** et par une conjonction « *Or* » dans l'exemple **4**. Nous pouvons rappeler qu'en ancien français, le verbe tend à être exprimé avant le sujet. Mais les phrases ne pouvant pas commencer par un élément dit « **atone** », en l'occurrence ici « **le verbe** », les auteurs ont tendance à ajouter un élément « **tonique** » qui peut ou bien avoir une fonction dans la phrase – le cas de « *Einsint* » (adverbe exprimant la synthèse) dans l'exemple **2** – ou bien ne pas avoir de fonction proprement dite, mais qui remplit une place tonique dans la phrase – le cas de « *Or* » dans l'exemple **4**. Se rajoutent à ce constat les caprices de l'écriture

---

et ss, p. 98 ; §25, ligne 16, p. 98 ; §28, ligne 2 et ss, p. 102 ; §38, ligne 10 et ss, p. 114 ; §50, ligne 11, p. 129 ; §51, ligne 22 et ss, p. 130 ; §53, ligne 14, p. 134 ; §53, ligne 22, p. 134 ; §53, ligne 24, p. 134 ; §53, ligne 8 et ss, p. 136 ; §57, ligne 26 et ss, p. 141 ; §59, ligne 18 et ss, p. 145 ; §60, ligne 24, p. 146 ; §61, ligne 23, p. 147 ; §62, ligne 17, p. 148 ; §68, ligne 23 et ss, p. 154 ; §69, ligne, p. 155 ; §75, ligne 15 et ss, p. 163.

[1] *Cligès* en vers, *op.cit*, v. 422 et ss.

[2] *Cligès* en prose, *op.cit*, §9, ligne 10 et ss, p. 75.

[3] *Cligès* en vers, *op.cit*, v. 2534.

[4] *Cligès* en prose, *op.cit*, §38, ligne 10 et ss, p. 114.

[5] *Cligès* en vers, *op.cit*, v. 4147.

[6] *Cligès* en prose, *op.cit*, §50, ligne 11 et ss, p. 129.

[7] *Cligès* en vers, *op.cit*, v. 6343.

[8] *Cligès* en prose, *op.cit*, §75, ligne 15 et ss, p. 163.

en vers qui peut, de manière générale, compromettre l'ordre des mots dans la phrase.

Dans la prose du XV^{è}, les phrases simples relevées respectent l'ordre des mots que l'on retrouve dans la grammaire moderne, soit : **S-V-C**. Dans les occurrences que nous citons dans ce tableau, ce même ordre a été relativement suivi dans l'exemple **B**. Le sujet (animé humain) est exprimé en début de phrase : « *Cligés* ». Ensuite, avant d'y rattacher son verbe « *servist* », l'auteur ajoute une conjonction de coordination « *doncquez* » qui vient séparer le verbe de son sujet et qui, en français moderne, aurait ou bien pris la première position dans la phrase, ou bien aurait été mise entre deux virgules. Toujours est-il que le sujet devance son verbe et que les compléments d'objets directs « *son oncle* » et « *du vin enchanté* » viennent se placer en troisième position, soit après le verbe. C'est que la langue évolue et, au XV^{è} siècle, on arrive à retrouver un ordre régulier dans la présentation des mots dans la phrase simple. En témoigne parfaitement l'exemple **C**. La phrase répond à l'ordre canonique pour toute phrase interrogative commençant par un adverbe interrogatif, ici, « *Que* ». L'inversion du sujet s'impose et se fait respectée : « *Que vous **diroit on*** ». Ne restent que les exemples **A** et **D** qui présentent un tout autre ordre. Les deux phrases commencent par des compléments. Dans l'exemple **A**, l'adverbe « *Pareillement* », en fonction de complément circonstanciel de manière, vient occuper la première position dans la phrase déclenchant une inversion du sujet et du verbe de la phrase. Il en est de même pour l'exemple **D**. Le complément de l'adjectif « *joieux* » : « *De cez nouvellez* » ouvre la phrase et provoque l'inversion du verbe et du sujet de la phrase. Peut-être était-ce une manière de mettre l'accent sur la cause de la joie des protagonistes. Toujours est-il que dès lors que la phrase commence par un adverbe ou un syntagme en fonction de complément, on notera souvent une inversion du sujet par rapport au verbe. Les réécritures sont plus riches dès lors qu'il s'agit de comparer les phrases complexes entre elles. Un premier travail a été pour nous de répertorier les phrases complexes selon leur nature caractérisée par un moyen paratactique (coordination et juxtaposition[1]), ou bien par l'hypotaxe. En voici le récapitulatif :

---

[1] Il va sans dire qu'au Moyen Age il est difficile de parler de coordination et de juxtaposition distinctement (à cause des corrections qui pourraient avoir été apportées par les éditeurs et qui ne figureraient pas dans les manuscrits). Nous

	Parataxe				Hypotaxe	
	Coordination		Juxtaposition		Subordination	
	Nbre	%	Nbre	%	Nbre	%
Ch. en vers	**1593**	**28,92%**	**699**	**12,69%**	**3216**	**58,39%**
Ch. du XIII[è]	**1298**	**32,17%**	**603**	**14,94%**	**2134**	**52,89%**
Ch. du XIV[è]	**2408**	**34,23%**	**680**	**9,67%**	**3947**	**56,11%**
Érec et Énide	**1133**	**23.59%**	**1379**	**28.72%**	**2290**	**47.69%**
ms. 363	**584**	**31.48%**	**166**	**8.95%**	**1105**	**59.57%**
ms. 7235	**910**	**33.8%**	**243**	**9.03%**	**1539**	**57.17%**
Cligès en vers	**1746**	**33,4%**	**419**	**8,02%**	**3062**	**58,58%**
Cligès en prose	**1307**	**35,04%**	**126**	**3,38%**	**2297**	**61,58%**

Nature des phrases complexes dans les romans étudiés

Le premier constat est le nombre de propositions faisant leur apparition au sein de phrases complexes. La *Charrette* du XIV[è] arrive en tête avec **7035** propositions contre seulement **5508** chez Chrétien de Troyes et **4035** dans la *Charrette* du XIII[è], soit **3000** propositions de moins que dans la version dérimée ! L'auteur de celle-ci tentait, en effet, de reproduire avec fidélité le contenu de la source tout en y greffant des éléments de la Vulgate ; ce qui explique l'étendue des propositions présentes dans sa version. Ensuite et à l'inverse du constat de la *Charrette* du XIV[è], dans les autres romans de Chrétien de Troyes, ce sont les versions en vers qui regroupent le plus de propositions, soit **4802** dans *l'Érec et Énide*, contre seulement **1855** dans le **ms. 363** et **2692** dans le **ms. 7235**. Pareillement pour les *Cligès* : alors que le roman en vers comprend **5227** propositions saisies dans des phrases complexes, la mise en prose se réduit à **3730**, beaucoup moins que le roman de Chrétien, mais plus que les mises en prose de l'*Érec*. Rien d'étonnant dans ce constat puisque les mises en proses tardives tendent à résumer l'histoire connue de leur public. Ensuite, et en nous attardant davantage sur les statistiques relevées, nous pouvons constater que seul *Érec et Énide* comprend plus de propositions paratactiques que de propositions hypotactiques. Dans toutes les mises en prose, mais aussi dans la *Charrette* et le

---

choisissons pour autant de présenter un tableau séparant la coordination de la juxtaposition ; mais nous les regrouperons plus tard sous l'égide de la parataxe.

Cligès en vers, ce sont les propositions hypotactiques qui prennent le dessus. Le pourcentage relatif à la récurrence de ces propositions se confondent presque entre un roman et un autre, mais nous constaterons sans difficulté que c'est le *Cligès* en prose qui se place en tête avec **61,58%** de propositions subordonnées contre seulement **38,42%** de propositions coordonnées et juxtaposées entre elles. Avec ce roman, nous arrivons dans une période avancée dans le processus de réécriture des romans de Chrétien de Troyes. Les objectifs des auteurs changent et leur stratégie d'écriture aussi. A partir de là et au vu de l'ampleur des propositions détectées dans nos romans, nous avons choisi de répertorier toutes les phrases complexes proposant des explications dans les romans[1]. C'est ce qui nous permettra d'étudier de manière adéquate les différentes réécritures d'une même phrase dans les divers romans analysés. Les tableaux que nous donnons regroupent toutes les explications relevées et assimilées à un constat de vraisemblance et de véridicité défendu par les auteurs des différentes réécritures en prose des romans de Chrétien de Troyes. Vue leur étendue, nous choisissons de les répertorier dans les annexes de notre thèse et ne reprendre que les explications partagées par toutes les versions d'un même roman. Commençons par les versions de la *Charrette*. Nous avons noté **cinq** cas que voici :

***Ch.* en Vers**	***Ch.* du XIIIe**	***Ch.* du XIVe**
A- « *La dameisele prist andeus* *Ses ostes qu'ele ot ostelez,* *.II. liz molt biax et lons et lez* *Lor mostre et dit : A oés voz cors* *Sont fet cist dui li ça defors,* *Mes an cest lit est dela* *Ne gist qui desservi ne l'a,* *Ne fu pas fez cist a vostre ués* » *Li chevaliers li respont lués,* *Cil qui sor la charrete vint,* *Qu'a desdaing et a despit tint* *La desfanse a la dameisele.* « *Dites moi, fet il, la querele* ***<u>Por coi</u>*** *cist liz est an desfanse.* *[...]* *Honiz est chevaliers an terre* ***Puis qu'****il a esté an charrete* », v. 468 et ss.	A'- « « *Quant elles virent k'il estoit couchiés en la biele couche, si se miervellierent encore plus ki il estoit. Et l'une li dist :* « *Fi ! sire chevaliers hounis, dehais ait ore l'eure ke vous i couchastes !* » « *Fi ! sire chevaliers hounis, dehais*	A''- « *Et quant il fu temps de couchier, la dame prist ans .ii. ses ostes que elle ot ostellés et leur monstra deux liz moult beaulz, et dist : A vostre oeus sont faits ces deux lis ça dehors, mais en cel autre lit ne gist nulz s'il ne l'a desservi, n'il ne fu pas fait a vostre oés.* » *E t*

[1] Nous en parlions au chapitre 4 de notre thèse. Voir *supra* **2.4.1.2.** Réponse à un stimulus.

	ait ore l'eure ke vous i couchastes ! » « *Por coi ?* » *fait il.* « *Pour çou ke trop i a rice lit a tel homme con vous iestes !* » », §4, p. 92.	*le chevalier respont, cil qui sur la charrette vint, qui a desdaing et despit le tient :* « *Dites moy [...] la querelle* **pourquoy** *ce lit est deffenduz.* » *Et celle respont, que petit y pense, qu'elle s'ert pourpensee bien :* « *A vous, fait elle, n'affiert point du demander ne de l'enquerre, car honiz est chevalier en terre puisqu'il a esté en charrette* » » p. 181 et ss.
B- « *Or nos an poons returner* **Car** *grant folie ferïens* *S'avant de ci les suïens* », v. 1990 et ss.	B'- « *Et lors le laissent tout,* **car** *en avant n'osent aller* », §6g, p. 132.	B''- « *or en pouons nous aller,* **car** *trop ferions que folz se plus après alions* », p. 198.
C- « *[...] Ne la creez mie,* **Qu'***ele me het [...]* », v. 2818 et ss.	C'- « *Ne le crées vous mie,* **car** *elle me het trop* », §9d, p. 172.	C''- « *ne la crées pas, la desloyal,* **car** *elle me het de mort* », p. 211.
D- « *Il la doit mialz avoir sanz faille* *Par bataille que par bonté* **Por ce qu'***a pris li ert conté* *[...] il n'an quiert point* **Por ce que** *l'an an pes li doint* *Einz la vialt par bataille avoir* », v. 3240 et ss.	D'- « *et mieus le vaurroit il avoir par bataille ke par bonté,* **car** *che ses tu bien nus n'est mieudres chevaliers de lui* », §10, p. 182.	D''- « *de tant suis-je tous seurs qu'il ameroit mieulx qu'il la conqueïst par bataille que par bonté [...]* **pour ce que** *il a grant pris tourné lui seroit* », p. 218.
E- « *Si ala querre et amener*	E'- « *Lors est*	E''- « *Lors s'en*

Car *il se voloit molt pener De s'anor et de son servise* », v. 3567 et ss.	*montés en la tour, si prent la royne et le met as feniestres de la sale pour la bataille miex veoir,* ***car*** *mout voloit faire de ses voloirs* », §11, p. 184.	*vait la ou il savoit la royne,* ***car*** *elle lui avoit prié la nuit devant que il la meïst en tel lieu la ou ele veïst la bataille.* », p. 223.

Bien que communes aux trois versions, ces phrases ne répondent pas pour autant aux mêmes processus d'écriture. Nous pouvons étudier de près un exemple pour corroborer notre idée. Les trois premiers exemples (en rouge) proposent un discours direct. Pourtant, les exemples A et A'' s'accordent sur la structure de la question posée ainsi que sur la réponse proposée, alors que l'exemple A' est différent. En d'autres termes, Chrétien de Troyes et l'auteur de la *Charrette* dérimée optent pour une interrogative indirecte. Celle-ci est agencée sous forme d'une phrase de type impératif introduite par la proposition principale « *dites moi* » à laquelle est attachée une interrogative indirecte introduite par le moyen de l'adverbe interrogatif « ***por coi*** » chez Chrétien de Troyes et dans la *Charrette* dérimée. Ensuite ces deux versions proposent la même réponse à l'interrogation que pose Lancelot à la demoiselle quant à la raison pour laquelle le lit lui était interdit. L'explication de la demoiselle débute par une réprimande ou presque. Mais là, contrairement à Chrétien qui juxtapose ses deux propositions, l'auteur de la *Charrette* dérimée juge nécessaire de lier les deux phrases entre elles par une conjonction de coordination mettant en exergue le rapport de causalité commun aux deux propositions. « *A vous, fait elle, n'affiert point du demander ne de l'enquerre,* ***car*** *honiz est chevalier en terre* ***puisqu****'il a esté en charrette* ». Il est d'ailleurs étonnant de constater que c'est là l'unique différence notable entre les deux versions. En d'autres termes, l'auteur de la *Charrette* dérimée a presque recopié au mot près la version de Chrétien. Même les rimes (dites internes, puisqu'il s'agit d'une prose) ont été respectées « *enquerre* » et « *terre* ». Seule la conjonction « *car* » a été ajoutée, mettant davantage l'accent sur le lien logique qui raccorde les deux propositions. Dans les deux exemples, la cause avancée à l'interdit du lit pour Lancelot est présentée telle une évidence par le moyen de la proposition subordonnée causale « ***puisqu****'il a esté en* *charrette* ». Le fait étant d'ores et déjà connu du lecteur, mais aussi des acteurs, la locution adverbiale semble le mieux correspondre au sens véhiculé par les phrases des deux versions.

A présent, nous pouvons nous pencher sur l'exemple A', très distinct dans sa structure. L'altercation ne se fait pas entre Lancelot et une seule demoiselle, mais plutôt deux. De même, celles-ci ne viennent commenter l'épisode du lit que lorsque Lancelot y a pris place. L'auteur de la *Charrette* du XIII[è] attribue à Lancelot une question au style direct, mais se limitant à la locution adverbiale « *Por coi* ». La réponse fournie ne rappelle pas le contexte. Les émettrices du message ne présentent pas non plus le même argument trouvé chez Chrétien ou la *Charrette* dérimée. Mais elles dénigrent Lancelot sous-entendant son démérite par une réponse commençant directement par la locution adverbiale « ***Pour çou ke*** ». C'est que l'auteur rappelle plus haut la faute de Lancelot (le fait qu'il est monté dans la charrette[1]) et ne juge, de ce fait, pas nécessaire de le répéter, quelques lignes, plus bas. À la différence de l'auteur de la *Charrette* dérimée, c'est ici une liberté que se permet l'auteur de la *Charrette* du XIII[è] de se détacher de la version source et de présenter les faits dans l'ordre qu'il juge le plus approprié pour la cohésion de son roman. Dans les trois versions pourtant, c'est la phrase complexe qui vole la vedette.

Dans les versions de l'*Érec*, les explications communes aux trois romans se font rares. En effet, nous n'avons détecté qu'un seul cas que voici :

Erec et Enide	**ms. 363**	**ms. 7235**
I-« « *Damoisele estez !, fait li nains,* *Qui de felenie fu plains,* *Qu'alez vos ceste part querant ?* *Ça ne passeroiz vos avant.* *- Nains, fait ele, laisse m'aller :* *A cel chevalier vuil parler,* ***Car*** *la roÿne m'i envoie.* » » **v. 163 et ss.**	I'- « « *Damoiselle, quel besoing vous amaine icy ? Retournés et n'aléz plus avant,* ***car*** *celle part n'avéz vous que faire.* » « *Si ay certes, mon amy, dist la damoiselle,* ***car*** *la royne*	I''- « « Damoiselle, fet le naim, *qui vous chasse ? N'aléz avant,* ***car*** *celle part n'avéz vous que faire.* » « *Si ay certes, dist la pucelle,* ***car*** *la reyne*

[1] « *Si m'aït Diex, sire chevaliers, vous vous deuisseés bien garder de saluer damoisielles !* »
« *Por coi ?* » *fait il.*
« *Pour chou ke vous avés esté en karete, si iestes hounis en tous lieus* », §4, p. 92.

	m'envoie parler au chevalier vostre maistre. » », [194r°b], p. 106.	*m'envoie parler au chevalier ton maistre »,* [3r°], p. 107.

Les deux écritures des mises en prose se rapprochent dans la forme de présentation du passage. Leurs auteurs accordent au nain une explication à la raison pour laquelle il interdit à la demoiselle de parler au chevalier. Les deux écritures sont quasiment les mêmes. Le **ms.363** accentue davantage l'ordre émis par le nain en recourant à deux verbes coordonnés entre eux « *Retournés et n'aléz plus avant* » contre seulement « *N'aléz avant* » dans le **ms. 7235**. À part cette différence, l'explication est dite similairement dans les deux proses. Les auteurs recourent à la conjonction de coordination « *car* » dans la proposition reproduite à l'identique dans leurs versions « [...] ***car*** *celle part n'avéz vous que faire* ». Quant à Chrétien de Troyes, il préfère se limiter à une phrase de forme négative, sous-entendant un ordre et interdisant à la demoiselle de passer : « *Ça ne passeroiz vos avant* ». Les trois versions s'accordent dans la suite du passage, dans le sens où la réponse de la demoiselle est à chaque fois exprimée dans une phrase complexe et que l'explication se trouve agencée par le moyen de la conjonction de coordination « ***car*** ». Pourtant chez Chrétien, et au vu de la réplique du nain, la demoiselle rétorque d'abord en demandant au nain son accord « *laisse m'aller* » et ensuite en argumentant. Les deux proses opèrent différemment puisque la demoiselle commence par infirmer la confirmation du nain « *Si ay certes* ». Ensuite, elle appuie son infirmation par la coordonnée « ***car*** *la royne m'envoie parler au chevalier vostre maistre* ». Contrairement au fonctionnement d'ensemble du **ms.363**, dans cet extrait, c'est l'auteur de cette version qui semble le plus impliqué. Il ajoute des impératifs que l'on ne retrouve nullement dans les autres versions : « *Retournés* » et recourt même à des apostrophes de courtoisie « *mon amy* ». Peut-être est-ce un des rares moments de fantaisie que l'auteur de cette prose s'est permis. Toujours est-il que les trois versions recourent aux phrases complexes pour expliquer des situations et avancer avec limpidité dans la trame de l'histoire. Quant aux deux *Cligès*, c'est le roman où l'on compte le plus d'explications communes aux deux versions. En voici le récapitulatif :

***Cligès* en vers**	***Cligès* en prose**
1- « *Et pesance de l'autre part* ***Porce que*** *de lui se depart* »,	1'- « ***pour ce qu****'il couvient que la departie se face, a*

v. 173 et ss.	*grant paine pueent ilz dire parolle l'un l'autre.* », [5r°], p. 68.
2- « *Et s'i voudrai tant demorer* *Que chevaliers soie noviaux* *Se me servises vos est biaux,* *De vostre main, non de l'autrui* ***Car** se je par vos ne le sui,* *Ne sarai chevaliers clamez* », v. 350 et ss.	2'- « **pour ce que** *ta haulte exellence court par toutes les regions du monde […] je, desirant d'apprendre le noble mestier et gent usage d'armes* », [6v°], p. 70.
3- « *Mes bien veignant soiez vos tuit ;* ***Car** bien semblez, et je le cuit* *Que vos estes fil de hauz homes* », v. 363 et ss.	3'- « *je suis moult joieux de ta venue […].* ***Car** ton personnage me denotte et magnifeste que tu viens de bon lieu* », [7r°], p. 70.
4- « *ce qui Amors m'aprent et enseigne* *Doi je garder et meintenir,* ***Car** tost m'en puet grant biens venir* », v. 682 et ss.	4'- « *qui bien considere le mal d'Amours, il est plus dur a porter que nul aultre ;* ***car** je suis sceur que, se Amours ne m'est favourable […] il pourra estre nourri en soi* », [12r], p. 76.
5- « *En mon non est de color d'or,* ***Car** li meillor sont li plus sor* », v. 965 et ss.	5'- « *je ferai ce que mon nom m'enseigne.* ***Car** « sore » vault autant a dire comme couleur de l'or* », [14v°], p. 78.
6- « *Et la fin Amors me recorde* ***Car** qui par mon droit non m'apele,* *Touz jorz Amors me renovele* », v. 969 et ss.	6'- « *je ne suis pas trop eslongee des termes raisonnables se je fais ce que mon nom me segnefie, et* **pour ce** *jamés ne me deporteray d'amer cellui de qui je puis mieulx valloir toute ma vie* », [15r°], p. 78.
7- « *Ce li ont conté li messages* *Que trop puet en Bretaigne ester,* ***Car** cil li voudra contrester* *Cui sa terre avoit comandee* », v. 1054 et ss.	7'- « *il n'a garde du roy ne de tout le monde.* ***Car**, endementiers que le roy estoit en la Petite Bretaigne, lui, qui estoit garde des grans tresors, les avoit enfondréz et avoit fait ouvrer a sa place* <…> *seant sur une roce bien fondee* », [18v°], p. 82.
8- « *Alixandre vint en corage* *Que il aille le roi prier* *Que il le face chevalier,* ***Car** s'il ja mais doit lors aquerre* *Il l'aquerra en ceste guerre* »,	8'- « *il vouldra essaier leur force et hardiesse,* ***ad ce qu**'il puisse faire parler de lui et monstrer qu'il est plain de francise et bon*

v. 1100 et ss.

vouloir », [20r°], p. 83.

9- « *Alixandres garde s'en prist*
Et li prie, s'il fet a dire,
Qu'*el li die qui la fait rire.* »
v. 1562 et ss.

9'- « *[Alexandre] requist a la dame et reyne qu'elle lui dist* ***la cause pour quoi*** *elle ryst s'elle fait a dire* », [25r°], p. 88.

10- « *A morir vos i covendra,*
Que *ja pitié ne m'en prendra* »,
v. 2153 et ss.

10'- « *Or regarde dont de com grande affliction et martire ta charone doit estre tourmentee* ***pour*** *la recompensacion de ton delict* », [34v°], p. 97.

11- « *D'amors endoctriner vos vueil,*
Car *bien sai qu'amors vos afole* »,
v. 2252 et ss.

11'- « ***pour ce que*** *j'ay pitié de toy, veul je savoir se je ta secretaire et advocate en ceste matiere te polray aider* », [36v°], p. 99.

12- « *Ne vueil par parole le descrivre*
Car *se .M. anz avoie a vivre*
Et chascun jor doublast mes sens,
Si perdroie je tout mon tems »,
v. 2693 et ss.

12'- « ***pour ce que*** *je ne suffiroie pas a descripre la figure et tresautentique forme de ceste belle damoiselle, je m'en deporte, disant que chascun s'esmervilloit de la veioir* », [43r°], p. 104.

13- « *Si l'ama tant quant il la vit*
Qu'il en fu morz si com en dit
Porce qu'*il ne la pot avoir* »,
v. 2723 et ss.

13'- « *pareillement est il de la damoiselle.* ***Car*** *elle est la plus desplus, sans per et sans ce que nulle aultre dame soit digne d'estre comparee a la tierce partie de sa haultaine beaulté* », [43r°], p. 105.

14- « *Tant sai d'orine et tant de pos*
Que ja mar querrez autre mire,
Et *sai, se je l'osoie dire,*
D'enchantement et de charaies,
Bien esprovees et veraies,
Plus c'onques Medea n'en sot ».
v. 2980 et ss.

14'- « *je ne fai nulle doubte que je ne remedie bien a ta malladie,* ***car*** *oncques Medea n'aultres se sceuvent les tourz que je fai en de ce cine* », [50r°], p. 111.

15- « *Maistre, fet ele, sanz mentir,*
Nul mal ne cuidoie sentir,
Mais je le cuiderai par tens.
Ce solement que je i pens
Me fet poor et si m'esmaie.
Mais coment set qui ne l'essaie
Que puet estre ne mals ne biens ?
De touz mals est divers li miens,
Car *se voir dire vos en vueil,*
Molt m'enbelist et molt m'en dueil.
Si me delit en ma mesese,
Et se mals puet estre qui plese,

15'- « *A vous doncques, ma mestresse, qui interroguiés moi, vostre fille, sur le fait de ma doleance, soubz condiction de leaulté vous declaire je que la doulour que je rechoi me samble doulce et angoiseuse, et ne vouldroie pour nulle rien nee que je n'eusse ceste malladie, qui me vient de telle adventure que, se je*

Mes anuiz est ma volentez
Et ma doulors est ma santez,
Ne ne sai de coi je me pleigne,
***Car** riens ne sai dont mals me vieigne*
Se de ma volenté ne vient. »,
v. 3017 et ss.

m'en vouloie garir et expurgier, le cuer n'en seroit pas comptant. ***Car*** *il me dist que le mal que j'endure ne me puelt grever [...]* ***car*** *j'en seuffre maintenant douleur et misere, et tantost sur une mesmes heure joie et leesse.* » » [50v°], p. 111.

16- « *Donc amez vos, i ce vos pruis,*
***Car** douçor en nul mal ne truis*
S'en amor non tant solement »,
v. 3069 et ss.

16'- « *les douleurs [...] vous samblent confictez de doulces oilles et emmiellees.* ***Car*** *c'est la nature du mal d'Amourz [...] que personne puisse souffrir ne porter* » [51r°], p. 112.

17- « *Sa fiance sera fausse,*
***Car** adés m'espousera il* »,
v. 3140 et ss.

17'- « *elle fera ajouster a Alix (un breuvage], aiant telle vertu que jamés voulenté ne lui prendre de baesier n'acoler femme sinon en dormant,* ***car*** *lors cuidera il veillier et prendre grant plesance avec elle* », [52v°], p. 113.

18- « *La poison prent, si s'en reva,*
***Car** ne set qu'il i ait nul mal* »,
v. 3264 et ss.

18'- « *Il lui sambla bon et en but tresvolentierz,* ***car*** *il luy randissoit parmi le corps* », [53v°], p. 114.

19- « *De neent est en si grant poïne,*
***Car** por voir cuide et si s'en prise*
Qu'il ait la forteresce prise »,
v. 3320 et ss.

19'- « *en telles redecies est il et sera demené sans ce qu'il ait ung seul baisier d'elle,* ***car*** *il n'en fait compte par jour comme cil qui en cuie prendre asséz en songeant* », [54v°], p. 115.

20- « *Mais il n'en i a nul trové,*
Qu'au très s'en furent retorné
***Por** lor aventure conter* »,
v. 3421 et ss.

20'- « *Or estoit il seulet,* ***car*** *sez escuiers s'en estoient fuis compter aux empereurz son adventure* », [56r°], p. 117.

21- « *Mes molt pariés et juenne aage.*
***Por ce** me pens et sai de fi*
Que se te veinc et oci,
Ja los ne pris n'en aquerrai »,
v. 4102 et ss.

21'- « ***pour ce que*** *je suis ja viellart, je me hontoie et me fains de te donner trop grans coupz* », [65v°], p. 124.

22- « *Ne redeüst en nule guise*
Cligès dire qu'il fust toz miens,
S'amors ne l'a en ses liens,

22'- « *Je ne suis pas abusee,* ***car*** *[...] il a monstré qu'il est mon leal*

Car *s'il ne m'aime, il ne me doute* », v. 4352 et ss.	*ami* », [67r°], p. 126.
23- « *Et s'a bien aise et leu del dire* *S'il ne dotast de l'escondire,* ***Car*** *tote jor la puet veer* *Et sol a sol lez lié seer* *Sanz contredit et sanz defense,* ***Car*** *nus mal n'i entent ne pense* », v. 5087 et ss.	23'- « *Par pluseurz fois se trouva Cligès seul a seul avecques Fenice,* ***car*** *l'empereur n'y souspeçonnoit rien* », 78v°], p. 138.
24- « *[...] ne la voldroie perdre,* ***Car*** *mon cuer n'en puis desaerdre* *Ne je ne l'en ferai ja force* », v. 5137 et ss.	24'- « *Il n'ose descouvrir sa pence a sa tres desiree dame,* ***de paour qu'****il ne mesprende* », [78v°], p. 138.
25- « *En moi n'a rien fors que l'escorce,* ***Car*** *sainz cuer vif et sanz cuer sui* », v. 5140 et ss.	25'- « *je eusse fait ce a grant paine,* ***car*** *puisque je me partis de vous, mon cuer ne me tinst compaignie* », [97r°], p. 138.
26- « *Dame, donc sunt ci avec nos* *Andui li cuer, si com vos dites,* ***Car*** *li miens est vostre toz quites* », v. 5166 et ss.	26'- « ***puisque*** *vous avéz conffessé que vostre cuer a tous jourz avec moy esté, je puis bien dire qu'il est mien* », [80r°], p. 139.
27- « ***Car*** *molt vos ai bien esprouvee* *Et molt vos ai sage trovee* », v. 5354 et ss.	27'- « *se vous savés aulcune rien faire, que vous le monstrés,* ***car*** *sans vostre science je ne puis parvenir a mon entreprise* », [82v°], p. 142.
28- « *Tel ostel covient a tel oste,* ***Qu'****il i a chambres et estuves [...]* *Qui vient par conduit desoz terre* *Qui voldreit leu aaisié querre* ***Por*** *s'amie metre et celer* », v. 5548 et ss.	28'- « *ja ne vous sera besoing de l'emmener ailleurz de vostre meson [...].* ***Car*** *il y fait autant plesant* », [84v°], p. 144.
29- « *Nos vos dirons la verité,* ***Que*** *acompeignier vos volons* *Au duel de quoi nos nos dolons* », v. 5751 et ss.	29'- « *bonne raison nous moeult de ce faire :* ***car*** *la [...] Mort nous au jour d'ui tel dommage pourchassé* », [90r°], p. 149.
30- « *Laisse ton duel, si te conforte !* ***Car*** *se vive ne la te ren,* *Ou tu m'afole o tu me pen* », v. 5822 et ss.	30'- « *metz fin a ton pleur oppressé,* ***car*** *[...] je pren que ta femme n'est pas morte* », [91r°], p. 150.
31- « *De rien ne vos desesperez,* ***Car*** *se conseil nos requerez* *Tuit troi vos asseürerons* *Qu'a nos poers voir vos aiderons* », v. 5863 et ss.	31'- « ***pour ce,*** *se vous vouléz parler [...] nous vous sceurons [...] que nous pourrons, permettans de vostre honneur garder en*

toux cas », [92r°], p. 151.

32- « *Mes de folie se debatent,*
Car *por ce parole n'en traient* »,
v. 5884 et ss.

32'- « *c'est pour neant,* ***car*** *elle a en son ayde Amours qui l'admonnestre de non soy remouvoir* », [92v°], p. 151.

33- « *Biauls sire, or vos en revenez,*
Car *tuit vostre baron vos mandent* »,
v. 6648 et ss.

33'- « *ilz me ont envoié avec ces noblez barons* ***pour*** *vous dire qu'ilz sont pretz de vous recepvoir comme empereur* », [104v°], p. 163.

Nous pouvons affirmer que quasiment toutes les explications communes sont explicitement réécrites. Cette réécriture touche aussi bien les structures des phrases, que le choix du vocabulaire, que le fonctionnement de la syntaxe. L'on ressent davantage l'évolution de la langue et l'écart qui s'installe entre l'ancien français caractérisant l'écriture en vers de Chrétien de Troyes et le moyen français, celle du XV[è]. Rappelons les exemples **15** et **15'** :

Cligès **en vers**

15- « *Maistre, fet ele, sanz mentir,*
Nul mal ne cuidoie sentir,
Mais je le cuiderai par tens.
Ce solement que je i pens
Me fet poor et si m'esmaie.
Mais coment set qui ne l'essaie
Que puet estre ne mals ne biens ?
De touz mals est divers li miens,
Car *se voir dire vos en vueil,*
Molt m'enbelist et molt m'en dueil.
Si me delit en ma mesese,
Et se mals puet estre qui plese,
Mes anuiz est ma volentez
Et ma doulors est ma santez,
Ne ne sai de coi je me pleigne,
Car *riens ne sai dont mals me vieigne*
Se de ma volenté ne vient. » »,
v. 3017 et ss.

Cligès **en prose**

15'- « *A vous doncques, ma mestresse, qui interroguiés moi, vostre fille, sur le fait de ma doleance, soubz condiction de leaulté vous declaire je que la doulour que je rechoi me samble doulce et angoiseuse, et ne vouldroie pour nulle rien nee que je n'eusse ceste malladie, qui me vient de telle adventure que, se je m'en vouloie garir et expurgier, le cuer n'en seroit pas comptant.* ***Car*** *il me dist que le mal que j'endure ne me puelt grever [...]* ***car*** *j'en seuffre maintenant douleur et misere, et tantost sur une mesmes heure joie et leesse.* » » [50v°], p. 111.

Les deux extraits correspondent au même passage dans l'histoire du *Cligès*. Les explications fournies sont faites par le moyen de la conjonction de coordination « *car* » soulignée dans les deux extraits. Elles rappellent le dilemme de Fénice et les ressentis contradictoires provoqués par sa passion. Chaque version l'écrit à sa façon. Le vocabulaire utilisé n'est plus le même, ni les structures des phrases, ni leurs longueurs. Dans la prose, la première explication s'opère en début de phrase : « ***Car*** *il me dist que le mal que j'endure ne me puelt grever* ». Ici, la conjonction « *car* » vient occuper la première position dans la phrase non pas comme élément tonique venant occuper la place vide d'un sujet non exprimé[1] – puisque le sujet pronominal « *il* » est bel est bien présent. Au contraire, c'est une véritable conjonction de coordination qui annonce une proposition coordonnée exprimant la cause. Elle précède une personnification synecdotique du lexème « *cuer* » dans « *le cuer n'en seroit pas comptant.* ***Car*** *il me dist que le mal que j'endure ne me puelt grever, combien qu'il me soit amer* ». Il prend la place du sujet réel « Fénice ». Celle-ci est présentée comme sous l'emprise complète de ses sentiments. Cette personnification est totalement absente de la version vers qui préfère octroyer la première explication à Fénice qui dit : « *De touz mals est divers li miens, /**Car** se voir dire vos en vueil, /Molt m'enbelist et molt m'en dueil.* » C'est elle qui est à la fois le sujet réel et le sujet apparent. Dans les deux versions, la première explication engendre la seconde qui est pourtant différente dans chaque version. La prose articule cette seconde explication comme suit : ***Car*** *il me dist que le mal que j'endure ne me puelt grever, combien qu'il me soit amer,* ***car*** *j'en seuffre maintenant douleur et misere, et tantost sur une mesmes heure joie et leesse* ». La partie concernée est en rouge. Elle explique le dilemme de Fénice qui ressent à la fois douleur et joie. La phrase coordonne plusieurs substantifs opposés, en l'occurrence « *douleur* » et « *misere* » qui s'opposent à « *joie* » et «*leesse* ». Les vers de Chrétien expriment plus amplement et surtout différemment ce dilemme. « *Si me delit en ma mesese,/Et se mals puet estre qui plese,/Mes anuiz est ma volentez/Et ma doulors est ma santez,/Ne ne sai de coi je me pleigne,/**Car** riens ne sai dont mals me vieigne/Se de ma volenté ne vient* ». Aux substantifs repérés dans la prose, Chrétien préfère opposer un mélange de verbes et de substantifs opposés « *me delit* » et « *ma mesese* ». Ensuite, il propose deux propositions subordonnées hypothétiques qui encadre les propos de Fénice. C'est bon gré que notre protagoniste aurait accepté de souffrir par amour : « *se mals puet estre qui plese* » et « *Se de ma volenté [...] vient* » dit-elle. Entre les deux hypothétiques, elle renforce ses

[1] C'est ce qu'on retrouve fréquemment dans l'écriture du XIIè siècle.

propos non pas par des substantifs à sens opposés comme dans la prose, mais par deux phrases coordonnées dont chacune est construite sous une forme oxymorique. En effet, elles réunissent sous la même égide des termes pourtant opposés. Ainsi Fénice avance-t-elle : « *Mes anuiz est ma volentez/Et ma doulors est ma santez* ». Le mal d'amour est ici à son comble, et c'est peut-être cette exagération que la prose du *Cligès* refuse. L'économie de ces détails, jugés peut-être inutiles, semblent corroborer le style d'une écriture résumée et qui se veut de plus en plus économe en détails. Dans ces exemples, c'est la version en vers qui se trouve la plus chargée de propositions à la fois subordonnées et coordonnées entre elles.

Par souci de synthèse, nous proposons de repertorier toutes les explications dans un seul tableau, séparant les propositions hypotactiques et paratactiques, et les regroupant lorsque dans une même phrase les deux phénomènes coexistent. En voici le récapitulatif :

			Para-taxe		Hypo-taxe		Para + hypo		Infinitives et substantives	
Cha-rrette	Vers		58		13		0		2	
	XIIIè		109		6		0		0	
	XIVè		202		11		0		0	
	vers et XIIIè	Vers	2	4	0		0	0	0	0
		XIIIè	2		0		0		0	
	vers et XIVè	Vers	40	81	3		2	2	2	2
		XIVè	41		3		0		0	
	XIIIè et XIVè	XIIIè	19	39	2		1	1	0	0
		XIVè	20		1		0		0	
	Les 3 ver-sions	Vers	3	13	2		1	1	0	0
		XIIIè	4		1		0		0	
		XIVè	6		1		0		0	
	TOTAL		506		43		4		4	
Érec	Vers		148		16		3		3	
	ms. 363		56		13		3		0	
	ms. 7235		60		23		7		3	
	vers et ms. 363	Vers	1		0		0	0	0	0
		ms. 363	0	1	0	0	0		1	
	vers et ms. 7235	Vers	13		1		0	2	0	
		ms. 7235	10	23	5	6	2		0	0
	ms. 363	ms.	13		7		4		0	

	et ms. 7235	363								
		ms. 7235	17		4		0		0	
	Les 3 versions	Vers	2	5	1	4	0	0	0	3
		ms. 363	1		2		0		0	
		ms. 7235	2		1		0		3	
	TOTAL		**323**		**73**		**19**		**10**	
Cligès	**Vers**		**28**		**242**		**3**		**0**	
	Prose		**122**		**54**		**15**		**0**	
	Les 2 versions	Vers	37	65	3	14	0	2	0	0
		Prose	28		11		2		0	
	TOTAL		**215**		**310**		**20**		**0**	

Quelques rapports paratactiques et hypotactiques dans les romans étudiés[1]

Il faut rappeler que ce relevé ne concerne que les explications et non toutes les phrases complexes. Le premier constat que nous pouvons en tirer est celui de la présence massive de phrases complexes paratactiques dans les romans étudiés. Celles-ci dépassent de loin les rapports hypotactiques présents dans nos romans. Seulement, ce fait ne concerne pas la version en vers du *Cligès*, puisque c'est l'hypotaxe (**242** cas) qui prend largement le dessus sur la parataxe (**28** cas). Peut-être est-ce la volonté de résumer le roman de Chrétien qui altère la nature des phrases complexes présentes dans les deux versions. Pour mieux appréhender ce phénomène, nous proposons de nous attarder sur d'autres phrases complexes. Celles-ci imbriquent des propositions de diverses natures et longueurs. Dans un premier temps, nous proposons d'étudier cinq séquences extraites des mises en prose étudiées. Celles-ci ne coïncident pas entre les versions d'un même roman. Notre choix s'est plutôt fait parmi les phrases les plus longues présentes dans les mises en prose et que nous soumettons dans ce tableau :

***Ch. du XIII**è*	***Ch. du du XIV**è*	**ms. 363**	**ms. 7235**	***Cligès* en prose**
*« A cel jour tenoit li rois Artus sa court a Kmaalot **ki***	*« Si se mist es forests de Cornuaille, si quist **tant que** la veille*	*« **Quant** Erec vit ce, il mist l'espee ou foeure **et** court au*	*« Ilz furent servis Dieux scet a grant largesse, **et** après*	*« **Comme** doncques Cligés de jour en jour emploiast sa*

[1] Nous renvoyons aux détails des explications dans les annexes (Annexes 6) qui leur sont relatives.

estoit la plus aventureuse ville **k'**il eust et une des plus delitables ; **mais (1)** che n'estoit mie des hautes cours mierveilleuses **k'**il soloit tenir a la vie au bon Gallehout **et (A)** tant **com** Lanselos del Lak i estoit, **dont** chascuns cuidoit **ke** mors fust, **anchois** fu la cours le jour tristre et dolante **et (2)** maintes larmes i furent plourees **anchois ke** elle departist, **car (3) la u** li rois fu venus de la messe entra laiens Lyoniaus, li cousins Lancelot, **ki** venoit de lui querre par mains perieus, si li salli li rois a l'encontre **et (B)** la royne **ki** sour tous en fist joie, **et (C)** la

de la Chandelleur le trouva en une forest haulte et espesse, **et** estoit **tel** atournés **que** nul **qui** devant l'eüst veu ne le recongneüst **ne** ne peüst cuidier **que** ce feust il ; **ne** la Dame du Lac mesmes, **qui** l'avoit nourri, ne l'eüst jamais recongneu **se** ne feust par l'annel **que** il avoit on doit, **qu'**elle lui avoit donné.[2] »

chevalier **et** l'ahert a bras de corps, **puis** le fist tumber a terre, il lui oste l'espee du poing, **puis** le prêt par le heaulme **et** lui esrache de la teste **tant que** tous ceulz de la place voient la face du chevalier toute sanglente et tres mal atournee ; si lui eust la trenchie la teste **pour** le desplaisir **que** son nain lui fist en la forest adventureuse, **se** il ne lui eust crié mercy disant : « Haa, gentil chevalier, pour Dieu ayéz pitié de moy, **car se** vous me occiéz vous n'y acquerréz ja loenge ne honneur, **pourveu que** je ne me puis mais deffendre contre vous, **et** ne vous meffiz oncques en vostre personne **dont**

souper, **comme** Erec et son hoste entrassent en devisez, Erec lui demanda **pourquoi** sa fille estoit tant simplement atournee, **et** il lui respondi disant : « Hellas ! mon ami, **fet le chevalier,** vous savés **que** povreté fait mal a pluseurz, **et** ce puis je bien dire par moy mesmez, **car**, si m'aÿst Dieux, je suis moult dolant **quant** je la voy si povrement advestue, **mais** las ! je ne le puis aultrement faire, **car** par fortune de guerre et de mer moy, **qui** jadis ay esté hault et poissant terrien, suis ung trespovre homme de

jeunesse a serchier joustez, tournois, behourdz et aultrez telz ordenances ou entretenances du noble mestier d'armez, **et** il eust esté par pluseurz contrees et regions **qui** trop seroient longues a racompter, **lesquelles** il fist parler grandement de soi, advint ung jour **qu'**il chassoit en ung bois, **comme** il fust bien avant entré, **que** Fortune le mena **et** conduisi si **avant que** il ne trouva mais voie ne sentier, **car** en ce boscage conversoient pou de gens **a cause qu'**il estoit loingz de villes et de maisons, s'estoyt ainsi c'un desert, **et** n'y avoit **que** deux **ou que** trois

[2] La *Charrette* du XIVè, *op.cit*, p. 178, (lignes 1-5).

dame de Maloaut ***que*** *nule riens ne pooit faire lie,* ***car (4)*** *elle avoit pierdu en la mort Gallehout a iestre dame de .XXX. roiaumes* ***et (5)*** *le devoit espouser cel an*[1]. »		*j'aye souvenance,* ***dont*** *il me semble* ***que*** *par raison ne me devéz mal faire* ***et que*** *sans vraye occasion m'avéz prins en hayne mortelle ;* ***et*** *au fort,* ***se*** *j'ay en riens mesprins envers vous, je metz mon corps e vostre mercy.*[3] »	*mon estat,* ***combien qu'****il n'y a si grant chevalier environ ce païs* ***qui*** *monobstant mon infortune ne prist voulentiers ma fille a femme ;* ***mais quant*** *Dieu plaira elle aura mieux,* ***car*** *sa bonté et beaulté valent bien* ***qu'****elle ayt filz de roy, duc ou grant prince a mariage.*[4] »	*grans chemins par* ***lesquelz*** *il convenoit aucunes gens passer pour aller de ville a aultre.*[5] »

Chacun des exemples constitue une seule phrase. L'extrait de la *Charrette* du XIIIè présente **20** propositions liées entre elles par des liens, ou bien paratactiques, ou bien hypotacttiques, soit les deux, comme dans le cas de « ***car la u*** … » et « ***et tant com***… ». Ce sont les conjonctions de coordination « ***mais***, ***et***, ***car*** » qui prennent en charge les rapports paratactiques qui lient les propositions entre elles. Dans les cas ***(1)***, ***(2)***, ***(3)***, ***(4)*** et ***(5)***, ces conjonctions de coordinations lient des principales entre elles. Seulement, celles-ci sont elles-mêmes des propositions subordonnées. Dans ce cas, les conjonctions de coordinations coordonnent des subordonnées. C'est notamment le cas des exemples ***(A)***, ***(B)*** et ***(C)***. Concernant les propositions subordonnées, remarquons que sur les **10 cas** détectés, **7** constituent des subordonnées relatives avec antécédent. En d'autres termes, ce sont des relatives dites explicatives ou adjectives. Elles apportent des éclaircissements qui,

---

[1] La *Charrette* du XIIIè, *op.cit*, §2, p. 68, (lignes 1-14).

[3] L'*Érec* en prose, **ms. 363**, *op.cit*, §3, p. 132 (lignes 15-29).

[4] L'*Érec* en prose, **ms. 7235**, *op.cit*, §3, p. 133 (lignes 9-22).

[5] *Cligès* en prose, *op.cit*, §53, p. 133 (lignes (16-27).

grammaticalement parlant, demeurent accessoires et donc supprimables. Peut-être ces rajouts sont-ils l'apanage d'une écriture qui souhaite apporter un maximum d'informations susceptibles de clarifier l'histoire contée. Il reste à préciser que sur les **20** propositions notées, seulement **5** sont concernées par ou bien la non expression du sujet ou par l'inversion de l'ordre des mots. Pour la non expression du sujet, c'est le cas dans « ***et*** *le devoit espouser cel an* ». Ici, le sujet réel est La dame de Malehaut. La proposition est introduite par la conjonction de coordination « ***et*** » qui lie deux propositions principales à sujet identique. Comme en français moderne, l'expression du sujet est dans ce cas facultative. Et c'est uniquement la désinence verbale qui permet de repérer l'agent. De même, le pronom fonction objet « *le* » devance le verbe. C'est que la langue est encore prise sous l'influence de l'ordre **C**-**V**-(**S**). Dans les autres cas, soit « *A cel jour tenoit li rois Artus sa court a Kmaalot* », « ***anchois*** *fu la cours le jour tristre et dolante », « **la u** li rois fu venus de la messe entra laiens Lyoniaus* », et « *si li salli li rois a l'encontre* ». Tous ces exemples présentent la subordonnée en tête de phrase. Dans tous les cas, le sujet figure après le verbe. L'auteur préfère saturer la place **1** par un élément tonique. D'usage, c'est pour éviter que le verbe ou un élément atone (tels que les pronoms personnels sujets) ne se trouve en tête de phrase ou de proposition[1]. Dans les cas présents dans cet exemple, le sujet est un nom propre ou un nom commun, pourtant l'auteur garde les mêmes faveurs. Une exigence de «*véridicité*» et de vraisemblance semble hanter l'esprit du compilateur qui, par souci de cohérence, scande la majorité de ses phrases ou d'adverbes (*lors, atant, einsi, apriès*...) ou de conjonctions de subordination ou encore – et c'est ce qu'on retrouve le plus souvent – une conjonction de coordination, en l'occurrence « *et* », ou « *car* » combinée à une conjonction de subordination, toutes deux présentes en tête de phrase ou de proposition. Et si dans la coordination, la conjonction suffit à lier les deux propositions, il est à noter que dans une proposition subordonnée, on ne se limite pas

[1] Voir Christine Marchello-Nizia, « La forme vers et la forme prose », in *Perspectives médiévales*, Genève, Droz, 1977, p. 32-42. Voir aussi *Le Merlin en prose*, approche linguistique de Nelly Andrieux-Rex, Etudes littéraires, Recto-Verso, PUF, 2001, p. 78-123 ; voir également Jean Rychner, « L'Attaque et la délimitation des phrases narratives dans « La Mort Artu » », in *Mélanges de langue te de littérature du Moyen Age et de la Renaissance* (offerts à Jean Frappier, professeur à la Sorbonne, par ses collègues, ses élèves et ses amis, Genève, Droz, Tome II, p. 973-986.

forcément à une seule conjonction mais à plusieurs : à une subordonnée conjonctive, mise généralement en amont de la phrase, succède, en effet, une principale qui omet le sujet dans le cas de co-référencialité du sujet de la principale et de celui de la subordonnée. Pensant à d'autres extraits de la *Charrette* du XIIIè, nous retenons surtout la subordonnée circonstancielle de temps introduite par la conjonction de subordination « **quant** » :

1- « ***Et quant*** *il ont alé entour deus lieues si viennent à .I. autre castiel,* ***si*** *entrent ens* [1]».
2- ***« Et quant*** *il l'ont descauchié,* ***si*** *prie a la damoisiele, pour Dieu, ke elle le face mie couchier aveuc li*[2] ».
3- ***« Et quant*** *il orent une piece alé,* ***si*** *les aconsieut messires Gauwains...* [3]».
4- « ***Quant*** *il vit le chevalier en la Karete,* ***si*** *l'em pesa mout et dist au nain*[4] ».
5- « ***Quant*** *il se voit a pié,* ***si*** *est trop dolans* [5]».
6- « ***Et*** *maintenant viennent chevalier et siergant a grant plenté.* ***Et quant*** *Lancelos les voit venir, si se dresche, car il s'estoit assis pour descauchier.* ***Et*** *il se metent tout a genous ; il leur demande k'il viennent querre* ***et*** *il dient k'il le viennent descauchier.* ***Et quant*** *il l'ont descauchié, si prie a la damoisielle, pour Dieu, ke elle ne le face mie couchier aveuc li,* ***et*** *elle dist ke couchier li couvient s'il ne se veut parjurer,* ***et*** *il dist k'il s'i couchera*[6] ».

Reprenons maintenant l'exemple proposé dans le tableau et qui est extrait de la *Charrette* du XIVè. Il présente **12** propositions liées entre elles par le moyen de la parataxe (**4 cas**) ou par celui de l'hypotaxe (**8 cas**). Ce qui est frappant, c'est de constater que les sujets renvoyant à Lancelot et à la Dame du Lac n'ont été utilisé qu'une seule fois, soit dans les propositions « *par l'annel* ***que il*** *avoit on doit* » et « ***ne*** *la Dame du Lac mesmes,* ***qui*** *l'avoit nourri, ne l'eüst jamais recongneu* ». Seul le contexte nous permet de déduire le sujet de l'action, car syntaxiquement parlant, les premières phrases prêtent à confusion et le lecteur ne comprend pas forcément que c'est la Dame du Lac qui part à la recherche de Lancelot. Ce qui en ressort aussi, c'est que l'omission du sujet a été possible grâce à l'ajout d'un élément tonique « *si* » qui vient

[1] La *Charrette* du XIIIè, *op.cit*, §4, p. 90.
[2] *Ibidem*, §6b, p. 110.
[3] *Ibidem*, §4, p. 88.
[4] *Ibidem*, §4, p. 88.
[5] *Ibidem*, §3, p. 86.
[6] *Ibidem*, §6b, p. 110.

saturer la première position comme le veut principalement l'écriture en vers. Par ailleurs, les subordonnées relatives sont moins nombreuses que celles relevées dans l'exemple de la *Charrette* du XIII[è]. Mais un point commun aux deux versions, c'est la parataxe qui lie deux relatives adjectives comme c'est le cas dans « ***ne*** *la Dame du Lac mesmes,* ***qui*** *l'avoit nourri, ne l'eüst jamais recongneu* ***se*** *ne feust par l'annel* ***que*** *il avoit on doit,* ***qu'****elle lui avoit donné* ». Ce sont des détails qui viennent étayer l'origine de l'anneau de Lancelot et qui forment ensemble une courte analepse. Le troisième exemple est extrait du **ms. 363** de l'*Érec* en prose. Il présente **22** propositions réparties en **9** liées entre elles par le moyen de la parataxe, **10** par celui de l'hypotaxe, **2** propositions liées par un articulateur logique, ici « ***puis*** » et **1** proposition exprimant la cause avec la préposition « ***pour*** ». La première proposition est une subordonnée temporelle introduite par l'adverbe « ***quant*** ». Celle-ci va déclencher une avalanche de coordonnées exprimées par le moyen de la conjonction de coordination « ***et*** » et l'articulateur logique « ***puis*** ». Les propositions fusent davantage et les coordonnées s'entremêlent aussi aux subordonnées dans une avalanche faisant abstraction du point **(.)** dans les propos du chevalier orgueilleux. Sémantiquement, ses propos prêtent presque à confusion. On y trouve une incidente « ***pourveu que*** *je ne me puis mais deffendre contre vous,* » coordonnée à trois relatives coordonnées entre elles « ***et*** *ne vous meffiz oncques en vostre personne* ***dont*** *j'aye souvenance,* ***dont*** *il me semble* ***que*** *par raison ne me devéz mal faire* ***et que*** *sans vraye occasion m'avéz prins en hayne mortelle* ». Ici, la seconde relative est subordonnée à une autre proposition en fonction d'objet coordonnée à une troisième relative qui occupe la même fonction dans le fragment. La phrase continue encore le temps d'une coordonnée qui annonce deux propositions subordonnées entre elles par le moyen de l'adverbe hypothétique « ***se*** ». La rigueur syntaxique est poussée ici à son extrême. À force de vouloir peut-être se libérer de la ponctuation cadencée du vers, l'auteur du **ms. 363** entasse les propositions frôlant l'amalgame sémantique. A ce sujet, Daniel Poirion avance que :

> *«la prose romanesque se délivre de la ponctuation rythmique du vers pour mieux se livrer à la rigueur syntaxique. Certes, elle perd ainsi les précieuses garanties de la mémoire que sont les rimes, concernant le vers, et le rythme, concernant les mots à l'intérieur du vers, et cela s'explique sans*

doute par l'apparition de nouvelles conditions de transmission et de consommation[1] ».

Daniel Poirion parle de la délivrance de la prose quant à la «*ponctuation rythmique du vers*». Cette idée est certes vraie, mais elle ne s'applique pas à toute l'œuvre de Chrétien de Troyes qui « *use de l'octosyllabe avec habilité. Il sait par exemple briser le rythme trop mécanique du couplet, c'est-à-dire des deux vers unis par une même rime plate pour en tirer des effets de surprise que la lecture à haute voix pouvait accentuer*[2] ». Il brise en effet la rime plate en usant du rejet[3] :

«*Car il cuident qu'au roi bel soit*
Se pris et mené li avoient
Lancelot. Et li suen [...] [4]»

du contre-rejet[5] :

«*[...]. Il beisoit*
Et conjoïssoit Lancelot. [6]»
«*[...]. Lors l'enmainne*
Li rois la reïne veoir[7] »

ou encore d'un rejet suivi d'un contre-rejet, et ce au vers **3121** de la *Charrette* en vers :

« *Lors li remanbre et resovient*

---

1 Daniel Poirion, « La prose et la chanson de geste » in *Perspectives médiévales*, Paris, 1977, p. 53.

2 Philippe Walter, *Chrétien de Troyes*, P.U.F, Que sais-je ?, Paris, 1997, p. 61.

3 *« On appelle rejet le phénomène grâce auquel, selon la définition qu'en donne Jean Mazaleyrat, « un élément verbal bref, placé au début d'un vers ou à l'hémistiche précédent, et prend de par sa position une valeur particulière ». Eléments de métrique française*, Arnand Colin, U2, p. 119. » Michèle Aquien et Georges Molinié, op.cit, p. 641.

4 *Charrette* en vers, *op.cit*, v. 4124 et ss.

5 « *[L]e contre-rejet est le procédé de décalage entre mètre et vers qui réalise l'inverse du rejet : un élément verbal bref, en fin d'hémistiche [...] ou en fin de vers [...] est étroitement lié par la syntaxe à l'hémistiche ou au vers qui suit.* » Michèle Aquien et Georges Molinié, *op.cit*, p. 499.

6 *Charrette* en vers, *op.cit*, v. 6830 et ss.

7 *Ibidem*, v. 4458 et ss.

Des .II. Lyons qu'il i cuidoit
Avoir veüz quant il estoit
De l'autre part. Lors si esgarde,
N'i avoit ne une leisarde
Ne rien nule qui mal li face[1] »

L'amalgame que nous évoquions dans l'extrait du **ms. 363**, nous le retrouvons dans l'extrait du *Cligès* en prose. Celui-ci présente **15** propositions dont **11** hypotactiques et seulement **5** paratactiques. La phrase commence par la combinaison d'une conjonction de subordination « ***comme*** » et d'une conjonction de coordination « ***doncques*** ». Ensuite, la proposition est coordonnée à une autre proposition par le moyen de la conjonction de coordination « ***et*** » qui va énumérer deux subordonnées relatives adjectives « ***qui*** *trop seroient longues a racompter,* **lesquelles** *il fist parler grandement de soi* ». Celles-ci sont juxtaposées entre elles et viennent se greffer à la locution circonstancielle de lieu « *par pluseurz contrees et regions* ». L'auteur continue en coordonnant davantage de propositions subordonnées circonstancielles de temps « *advint ung jour* ***qu****'il chassoit en ung bois* » et de cause « ***comme*** *il fust bien avant entré* » et « ***que*** *Fortune le mena* ***et*** *conduisi si* ***avant que*** *il ne trouva mais voie ne sentier* »... Une coordonnée explicative se rajoute à la liste « ***car*** *en ce boscage conversoient pou de gens* ». Celle-ci déclenche une subordonnée de cause introduite par la locution conjonctive « ***a cause que*** ». A cette proposition subordonnée sera coordonnée une autre proposition dont l'objet « *grans chemins* » engendrera une dernière subordonnée de lieu. Toutes ces propositions forment une seule phrase. Le souci d'élucidation de l'auteur du *Cligès* en prose rend la compréhension du passage ardue. Nous ne sommes plus entre l'ancien et le moyen français ; il ne s'agit plus d'une langue intermédiaire entre les deux, mais tout laisse à croire que nous abordons une forme archaïque du français moderne ; une forme qui se cherche encore dans des structures de phrases interminables et des découpages encore maladroits[2].

---

[1] *Charrette* en vers, *op.cit*, v. 3118 et ss.

[2] Christiane Marchello Nizia, *Histoire de la langue française au XIVè et XVè siècles*, Série de langue française dirigée par Jean Batani, Bordas, Paris, 1979 ; Dunod, Paris, 1992, p. 6.

Nous en arrivons ainsi au dernier exemple évoqué dans le tableau, extrait, cette fois-ci, du **ms. 7235** de l'*Érec* en prose. L'exemple en question fait partie d'une des plus longues phrases de cette version. La phrase est constituée de **18** propositions dont **8** paratactiques et **10** hypotactiques. Les conjonctions de coordination auxquelles l'auteur recourt sont « ***et*** », « ***car*** » et « ***mais*** ». Dans cette version de l'*Érec*, les structures phrastiques semblent mieux acheminées que dans le **ms. 363**. La logique narrative est plus claire et la compréhension plus facile. Le seul aspect tautologique est celui de l'incidente que nous jugeons de trop : « ***fet le chevalier*** », puisque la prise de parole du père d'Énide est déjà annoncée dans « ***et*** *il lui respondi disant...* ». L'expression du sujet est omniprésente, même lorsqu'il est dans sa forme pronominale. La seule exception concerne le fragment : « ***moy*, qui** *jadis ay esté hault et poissant terrien, suis ung trespovre homme de mon estat* ». Peut-être est-ce la présence de la forme tonique du pronom « *je* », ici « ***moy*** » qui explique l'économie du sujet pronominal. Hormis cet écart, les autres propositions sont construites de façon ordonnée et suivant l'ordre **S+V+C**. Des relatives adjectives sont certes présentes, mais leur agencement dénote d'une démarche logique et d'une écriture recherchant avant toute chose la clarté. Pour mieux expliquer cette évolution, nous choisissons de comparer entre elles des phrases extraites des diverses versions étudiées et correspondant au même moment dans l'histoire. Commençons par les versions de la *Charrette*. Après que la reine a refusé de lui parler, Lancelot décide de quitter la cour de Baudemagus pour partir à la recherche de Gauvain. Les trois versions présentent cette séquence comme suit :

***Ch.* en vers**	***Ch. du XIIIè***	***Ch.* du XIVè**
« *« Or soit a son comandemant, »* ***Fet Lanceloz qui*** *mialz ne puet,* ***Et*** *dit : « Congié prandre m'estuet,* *S'irai mon seignor Gauvain querre,* ***Qui*** *est antrez an ceste terre* ***Et*** *covant m'ot* ***que*** *il vandroit* *Au Pont desoz Eve tot droit »*[1] ».	« ***Quant*** *il ot assés parlé, si se lieve Lanselos* ***et*** *dist* ***k'****il mouvra le matin a aller querre mon seignour Gauwain au Pont desour Aive*[2] ».	« *Et lors lui dist Lancelot « Je prens congié a vous,* ***car*** *je m'en vray querre mon seigneur Gauvain,* ***car*** *il m'ot en couvent* ***qu'****il venroit en ceste terre* ***et*** *m'ot en convenant* ***qu'****il*

[1] *Charrette* en vers, *op.cit*, v. 4076 et ss.

[2] *Charrette* du XIIIè, *op.cit*, §12, p. 198.

venroit ou Pont Soubz l'Eaue »[1] ».

De prime abord, nous constatons la ressemblance entre la version en vers et la version dérimée de la *Charrette*. Celles-ci octroient à Lancelot un discours direct, alors que la *Charrette* du XIIIè transpose les paroles du protagoniste au style indirect « *dist **k'**il…* ». Lancelot y explique qu'il part chercher Gauvain au Pont Sous l'Eau, mais il ne donne pas davantage de détails. Les deux autres versions de la *Charrette* déploient que c'est suite à la promesse que Gauvain a faite à Lancelot – à savoir qu'il se rendrait au Pont Sous l'Eau – que ce dernier part à sa recherche. Notons aussi que l'extrait de la *Charrette* du XIIIè est plus court que les deux autres extraits. Il est construit autour d'une subordonnée temporelle introduite par « ***quant*** » dont la principale « ***si se lieve Lanselos*** » est coordonnée à une autre proposition. Celle-ci subordonne à son tour la quatrième proposition du passage qui prend ici la fonction d'objet : « *dist **k'**il mouvra le matin a aller querre mon seignour Gauwain au Pont desour Aive* ». La *Charrette* du XIVè quant à elle propose **5** propositions pour le même passage. Les propos de Lancelot se font au style direct. Il explique les raisons pour lesquelles il quitte la cour du roi Baudemagus par le moyen de trois propositions coordonnées introduites **2** fois par la conjonction de coordination « ***car*** » et une fois par la conjonction de coordination « ***et*** ». La première explication « ***car** je m'en vray querre mon seigneur Gauvain* » est construite autour d'une principale et d'une infinitive. La seconde explication « ***car** il m'ot en couvent **qu'**il venroit en ceste terre* » est formée d'une principale et d'une subordonnée. Celles-ci sont coordonnées à une autre principale et une autre subordonnée « ***et** m'ot en convenant **qu'**il venroit ou Pont Soubz l'Eaue* ». En d'autres termes, ces explications sont présentées sous forme d'énumération de plusieurs raisons relatives à la décision de Lancelot. Le souci excessif de véridicité rend l'écart saillant entre les constructions phrastiques de cette version de la *Charrette* et celle du XIIIè, mais pas seulement. En effet, bien qu'ayant remarqué que l'extrait de la *Charrette* dérimée ressemble davantage à celui de la *Charrette* en vers (le vers et la *Charrette* dérimée se rejoignent le temps d'une coordonnée introduite par la conjonction de coordination « ***et*** »), celui-ci s'en démarque aussi. L'énumération des coordonnées explicatives n'existe pas dans le vers. À la place, on trouve une relative adjective « ***Qui** est antrez an*

[1] *Charrette* du XIVè, *op.cit*, p. 230.

ceste terre » attribuée à Gauvain. Les thématiques traitées sont donc les mêmes, mais la stratégie d'écriture est singulière à chaque auteur. Dans les vers de l'*Érec*, nous retrouvons la même fantaisie. De retour à la cour du roi Arthur en compagnie de celle qui deviendra sa femme, Érec s'empresse de la présenter à la reine. Chacun des auteurs décrit cette arrivée à sa façon :

***Érec* en vers**

« **(1)** *Après, Erec et la roÿne*
Sont andui monté main a main.
(2) *« Dame,* ***fait il,*** *je vos amain*
Ici ma pucele et m'amie
De povres vestemenz garnie ;
Si ***con*** *ele me fu donnee,*
<u>Einsi</u> *la vos ai amenee.*
(3) *D'un povre vavassor est fille :*
Povretez maint prodome aville.
(4) *Ses peres est frans et cortois,*
<u>Mais</u> *que d'avoir a petit pois ;*
<u>Et</u> *mout gentil dame est sa mer,*
Qu'*ele a un riche conte a frere.*
(5) *Ne por beauté ne por lignage*
Ne doi je pas le marïage
De la pucele refuser.
(6) *Povretez li a fait user*
Le blanc chainse ***tant que*** *as coutes*
En sont andeus les manches routes.
(7) *Et neporquant,* ***se*** *moi pleüst,*
Beles robes assez eüst,
C'*une pucele, sa cosine,*
Li vost doner robe d'ermine
D'un drap de soie, ou vair ou grise.
(8) *Mais je ne vox en nule guise*
Que *d'autre robe fust vestue,*
Tant que *vos l'eüssiez veüe.*
(9) *Ma douce dame, or en pensez,*
Grant mestier a‿bien le veez⸤
D'une bele robe avenant.[1]»

ms. 363

« **(1)** *Apréz lesquelz, main a main aloient messire Gauvain et Erec,* **(2)** ***<u>et</u> lorsqu'****ilz vindrent amont Erec dist a la royne<u>:</u> « Madame, je vous amaine cheens m'amie* ***qui*** *povrement est atournee⸤* **(3)** *nonobstant toutes voyes* ***qu'****elle est de noble generation* ***<u>et</u>*** *de bonnes meurs* ***<u>et</u>*** *bien adressie de dis et de faiz,* **(4)** ***<u>mais</u>*** *son père par fortune a perdu le sien en mer par fourdre et aultre inconvenient,* **(5)** ***<u>mais</u>*** *nonpourtant je ne l'en ayme point mains,* **(6)** ***<u>ains</u>*** *le tiengz aussi chiere* ***que s'****elle avoit toute la richesse du monde,* **(7)** ***<u>car</u>*** *la mercy Dieu il me souffrist bien* ***ce que*** *elle a ;* **(8)** ***<u>et</u>*** *se j'eusse <voulu> souffrir* ***que*** *l'on l'eust atournee richement⸤ elle a*

ms. 7235

« **(1)** *Après lesquelz, main a main aloient Erec et Guenievre⸤ si mist Erec la reyne <...>* **(2)** ***<u>et</u>*** *lui dist<u>:</u> « Madame, je vous amaine ceans ma belle amie* ***qui*** *meschamment est atournee,* **(3)** *nonobstant toutesvoiez* ***qu'****elle est de noble generacion⸤ fille d'un chevalier*

---

[1] *Érec* en vers, *op.cit*, v. 1548 et ss.

plusieurs nobles dames ses parentes ***qui*** *voulentiers s'i fussent emploiees,* ***ce que*** *je n'ay pas souffert.*[1]»

On peut d'abord remarquer que les **9** phrases consacrées par Chrétien de Troyes à ce passage se réduisent à **une** seule dans chacune des deux proses. Chez Chrétien de Troyes, **deux** de ces **neuf** phrases sont simples : **(1)** et **(5)**. Les autres phrases sont complexes parfois par le moyen de la parataxe, comme c'est le cas pour les phrases **(3)** et **(9)**. Elles peuvent également être complexes par le moyen de l'hypotaxe. C'est ce que nous retrouvons dans les phrases **(6)**, **(7)** et **(8)**. Et elles peuvent également contenir les deux types de rapports paratactique et hypotactique dans une même phrase. C'est le cas de la phrase **(2)**. Dans tous les cas, et même lorsqu'elles sont complexes, les phrases ne dépassent pas une, voire au plus, deux subordonnées ou coordonnées. Ce qui nous amène à dire que ces phrases sont relativement courtes chez Chrétien de Troyes. Les deux proses opèrent différemment dans le sens où chacun des deux passages constitue une seule phrase. Mais, si l'on regarde de près les propositions indépendantes, on constate que leur nombre se rapproche considérablement de celui des phrases relevées dans la version en vers. Le **ms. 363** compte **8** propositions indépendantes. Le **ms. 7235**, quant à lui, en contient **9** ; c'est-à-dire que le nombre de propositions indépendantes qu'on y retrouve correspond au même nombre de phrases relevées dans le vers. Ce sont les rapports hypotactiques et paratactiques qui changent par rapport à la version en vers. En effet, le **ms. 363** dispose de **10** propositions paratactiques contre seulement **7** dans le **ms. 7235**. Inversement, c'est le **ms. 7235** qui compte plus de propositions hypotactiques, soit **12** contre seulement **9** dans le **ms. 363**. Dans les deux versions en prose, la volonté d'allonger les phrases semble évidente. À force de vouloir rationaliser leur narration, les auteurs en oublieraient-ils les exigences d'une grammaire, certes pas encore fixe, mais qui, chez eux, est sujette à des « péripéties » peu communes dans les réécritures du XIIIè.

---

[1] *Érec* en prose, **ms. 363**, *op.cit*, §5, p. 146 et ss.

Quant aux deux *Cligès*, nous choisissons de rappeler l'épisode où Alexandre, le père de Cligès, exprime son désir de se faire adouber par le roi Arthur de Bretagne. Voici le passage qui correspond à la description de la renommée de la cour du roi arthur :

***Cligès* en vers**

« *Oït ot fere mention*
Dou roi Artu ***qui*** *lors regnoit*
Et *des barons* ***que*** *il tenoit*
En sa compeignie touz jorz,
Par quoi *doutee estoit sa corz*
Et *renomee par le monde*[1] ».

***Cligès* en prose**

« *Mais,* ***comme*** *il enquist sur ceste matiere a pluseurs nobles chevaliers, l'en ne lui parla que du roy Artus,* ***qui*** *avoit le bruit et la renommee pour ce tampz,* ***pour ce qu'****en sa court convenoient de jour en jour les milleurs chevaliers de la terre universelle*[2] ».

La version en vers et la version en prose regroupent chacune de leurs séquences en **1** seule phrase. Chez Chrétien de Troyes, nous notons **5** propositions dont **2** liées par le biais de la parataxe et **3** par le moyen de l'hypotaxe. La prose ne propose que **3** subordonnées. En effet, la parataxe disparait du passage au profit d'une syntaxe plus soignée et d'un ordre de mots plus canonisé. Le passage de l'écriture vers à l'écriture prose explique probablement cette variation ; l'évolution de la langue aussi. Dans tous les cas, la nature des phrases et leur fonctionnement interne progresse dans le sens de la rationalisation de l'écriture du XV^{è}.

Ainsi aurons-nous passé en revue des aspects qui ont trait aux structures phrastiques de nos romans. Afin de rappeler les convergences, mais surtout les divergences entre les versions analysées, nous avons choisi d'étudier les différents modes et temps. L'indicatif présent prône dans toutes les versions, hormis dans le **ms. 363** de L'*Érec* en prose. Il y est substitué par le passé simple et l'imparfait de l'indicatif. Les règles de concordances de temps sont à l'image du flottement de la grammaire propre à une langue en plein évolution. Les modes impersonnels dont le participe et le gérondif sont la mise des proses tardives des romans de Chrétien. Ils sont presque inexistants dans les romans que nous étudions (excepté la *Charrette* en vers) et ne prennent une ampleur relative que dans les mises en prose tardives des romans de

---

[1] *Cligès* en vers, *op.cit*, v. 68.

[2] *Cligès* en prose, *op.cit*, §1, p. 66.

Chrétien. Les participiales remplacent parfois les relatives classiques ; les gérondifs, les compléments circonstanciels de manière. C'est ce qui confère aux phrases des mises en prose tardives des longueurs étonnantes et qui rejoint ce qu'Emmanuèle Baumgartner avance, à savoir cette volonté qu'ont les auteurs de la prose de *« saturer le temps et [...] configurer sans faille (et [..] donner l'illusion) l'enchaînement (chrono)logique des causes et des conséquences*[1] *»*. De même, en nous attardant sur l'étude de l'acte d'énonciation, nous avons réalisé que le discours direct est le plus dominant avec en tête les différentes versions de la *Charrette*. Et c'est la version dérimée qui oscille entre le désir d'imiter le plus fidèlement possible le roman de Chrétien (en partageant avec elle le recours au discours indirect libre absent de la *Charrette* du XIII[è]) et celui de se raccorder au style et contenu de la *Charrette* du XIII[è]. Quant aux versions de l'*Érec* et du *Cligès*, on y découvre ce repli considérable du discours direct au profit du discours indirect. Il n'y a rien d'étonnant pour des réécritures qui tentent de résumer l'histoire de Chrétien pour n'en rapporter que ce qui selon eux est essentiel.

---

[1] Emmanuèle Baumgartner, *Histoire de la littérature française*, Tome I, Moyen Age, Paris, Bordas, 1988, p. 129.

CONCLUSION

Rappelons une évidence. Aucune réécriture ne peut être assimilée à une autre. Pourtant, lorsqu'il s'agit d'évoquer « les réécritures », on a tendance à utiliser le terme au pluriel. Il y a certes « des » réécritures, mais elles sont toutes singulières. Elles n'ont pas toujours la même trajectoire, ni les mêmes conséquences, ni les mêmes acteurs. Ainsi, en articulant notre réflexion autour des diverses mises en prose des romans de Chrétien de Troyes, nous avons constaté l'originalité de chacun des romans sur lesquels notre analyse s'est attardée. Le modèle de recherche que nous avons dressé tient compte de l'ensemble des variables toutes importantes de par les divers rôles qu'elles jouent dans la perception de l'écriture, de la réécriture et de ce que nous avons baptisé « récréïture » des romans de Chrétien.

La narratologie revisitée par les réécritures

D'abord, notre analyse s'est voulu la plus exhaustive possible, dans la mesure où nous avons tenu compte d'une large variété de facteurs participant de l'aspect narratologique de l'écriture. Nous avons mis en concurrence les différentes versions d'un même roman, mais aussi les mises en prose entre elles, afin d'apprécier les facteurs pouvant jouer sur l'instance narrative. Celle-ci se présente sous de multiples formes. En articulant notre réflexion autour de ses diverses manifestations, nous avons constaté que le narrateur à la première personne, présent chez Chrétien, se confond parfois avec « l'auteur ». Il évolue au fil des réécritures pour occuper un nouveau statut qui va prendre en charge de rappeler ce que « *le conte dist* ». Dans les versions en vers, lorsque l'on renvoie à Chrétien, ce n'est non pas par son nom, mais par des périphrases rappelant les œuvres dont il est l'auteur dans des prologues. Ceux-ci deviennent « *en blanc*[1] » dans le cas des mises en prose de la *Charrette* et tentent de rappeler le

---

[1] Annie Combes, « Le Prologue en blanc du *Lancelot* en prose », in *Seuils de l'œuvre dans le texte médiéval*, *op.cit*, p. 21.

chronotope où commence l'action du roman, mais en se chargeant d'une nouvelle mission et s'habillant d'une forme « inédite » dans les mises en prose tardives de l'*Érec* et du *Cligès*.

Les réécritures, quant à elles, ne s'inspirent peut-être pas directement des romans de Chrétien de Troyes mais dans tous les cas de la célèbre matière de ses romans. Les manifestations de l'instance énonciative prenant en charge d'agencer des faits et de les articuler dans les versions laissent apparaitre des traces de l'éventuelle intervention du narrateur « je » dans les proses du XIII[è] et XIV[è] siècles. Dans les proses tardives, ces traces ne constituent que la marque de quelques oublis ne participant plus de l'oralité des œuvres étudiées. Même les personnages deviennent conteurs de leurs propres aventures ou de celles dont ils ont été témoins. Chrétien de Troyes a posé les jalons de cette technique. Les proses, mais surtout celle du *Lancelot* du XIII[è], se la sont appropriées, s'exerçant ainsi à la mise en abyme de différents récits au sein d'un même roman.

La dynamique engendrée par ce procédé a permis, entre autres, de doter les personnages principaux, présents surtout dans les deux versions en prose de la *Charrette,* d'un passé et/ou d'un avenir. Un effet d'entrelacement voit le jour surtout dans le *Lancelot*. Il est porté par un voyage dans le temps qui se fond dans l'image de la vie. Un semblant de véridicité prend de plus en plus d'envergure. Il est orchestré dans une boite à tiroirs qui abrite les récits selon leur importance chronologique dans le ou les romans analysés. Ainsi, Lancelot, l'éponyme du roman, demeure le chevalier privilégié de la narration. Mais à ses côtés, et à l'inverse de la structure du roman de Chrétien, des personnages doubles du Lancelot mais aussi ses antonymes viennent occuper le roman le temps d'une aventure ou d'un épisode. Le point commun à tous ces personnages, c'est que leurs actions se déclenchent par le départ de Lancelot et s'arrêtent souvent dès lors que celui-ci réoccupe le premier plan. Tous ces récits demeurent allusifs dans toutes les versions ou les romans autres que la *Charrette* du XIII[è]. C'est donc une des spécificités de ce roman qui tente de garantir « la véridicité » dont parle Annie Combes ainsi que la vraisemblance pour une histoire qui a l'aspect d'un « *conte* ».

Ensuite, en cohérence avec cette écriture dialogique, nous nous sommes attardés à l'étude de la progression de la narration. Bien sûr, lorsque Bernard Combettes en parle, il attribue ce concept à la phrase. Dans notre étude, nous empruntons le concept, mais en l'adaptant au niveau des paragraphes. C'est ce qui nous a permis de mettre en avant l'un des principes explicatifs de l'effervescence du phénomène de réécriture. En effet, les sujets et les objets de l'action se dupliquent au gré des épisodes et des mises en prose. Les voies esquissées s'entremêlent doublant la progression d'un « *thème constant* » avec un schéma de progression dite « *linéaire* ». Celle-ci met en vedette la technique de l'entrelacement si importante dans le *Lancelot*. Elle permet de créer une synergie qui donne plus de vie à des protagonistes anonymes ou passagers dans les versions en vers, et qui pourtant le demeurent dans le cas des mises en prose de l'*Érec* et du *Cligès*.

A ces deux modes de progressions « *à thème constant* » et « *linéaire* » se rajoutent deux autres types de progression. Rappelons d'abord la progression « *à thème éclaté* » qu'on retrouve rarement dans nos romans mais qui s'épanouit surtout et de façon générale dans le *Lancelot* en prose. Elle consiste en l'énumération classifiée de certains protagonistes regroupés d'abord sous l'égide d'un nom générique. Ce procédé permet de mettre en exergue le chevalier sur qui l'auteur veut attirer l'attention, tout comme il donne parfois vie à un nouvel effet de surprise. Présent de façon notable dans le *Lancelot* en prose ou le chapitre **53** du *Cligès* en prose, cet effet crée une rupture dans la progression « logique » et attendue de la narration, de même que la pause narrative qu'il engendre permet de renforcer le statut d'« auteur démiurge », d'auteur maitre du dessein de son roman.

Le masque dévoilé de la nomination

En un deuxième lieu, nous avons employé plusieurs angles d'approche afin de cerner le fonctionnement de la nomination et son évolution à travers les réécritures. Il va sans dire que le passage du vers à la prose coïncide avec un passage indubitable de l'implicite vers l'explicite de la nomination. Un festival de questions voit le jour dans les romans de Chrétien de Troyes. Mais c'est dans les mises en proses qu'elles acquièrent le plus de pertinence. Elles tentent de dépasser le flou des romans en vers pour éclairer les situations ainsi que toute zone obscure rôdant autour d'un personnage ou d'un lieu. Elles constituent des stimuli qui mettent l'accent sur l'interaction entre les différents protagonistes et

génèrent de ce fait des réponses de tout genre. Nous avons noté des réponses négatives, voire des non réponses aux interrogations posées par les protagonistes. Mais dans tous les romans étudiés, ce sont les réponses éclairantes qui l'emportent. Et c'est dans les versions de la *Charrette* qu'elles sont les plus présentes. Et c'est l'influence de la version du XIII[è] qui justifie le nombre important de questions relevées dans la *Charrette* dérimée. En effet, à vouloir concurrencer la version du XIII[è], l'auteur de la *Charrette* du XIV[è] multiplie à l'envi les interrogatives et tente par ce moyen d'élucider plus de détails éclairés par son prédécesseur, pensant ainsi pouvoir octroyer à son roman les qualités de « *vraisemblance* » et de « *véridicité* » attribuées jusque-là à l'écriture du *Lancelot* en prose.
La prise en compte de la dynamique des questions/réponses présentes dans toutes les versions étudiées nous a permis également de constater que le **ms. 363** de l'*Érec* en prose montre le moins de questions et d'explications. A la suite de Maria Colombo Timelli[1], nous confirmons que parmi les auteurs des mises en prose même les plus tardives, celui du **ms. 363** est à ce titre le plus isolé de tous. Concernant les explications, les outils utilisés diffèrent d'une version à l'autre. En effet, les conjonctions de coordination utilisées changent au gré des réécritures. On remarque l'omniprésence de la conjonction de coordination « *que* » dans les versions en vers. Exprimant la « *cause* », celle-ci se substitue petit à petit à la conjonction de coordination « *car* » qui tend à prendre sa place à partir du XIII[è]. A cette même conjonction de coordination « *car* », s'en ajoutent d'autres dans les mises en prose dont « *pour, pour ce, par* » ...etc. Elles expriment toujours la cause. Elles se moulent dans des structures non plus uniquement coordonnées mais aussi subordonnées entre elles et peuvent se référer au lieu ou au temps de l'action, à la manière, mais surtout au sujet et à l'objet de l'action. Toutes ces informations peuvent être imbriquées les unes dans les autres. C'est ce qui constitue au premier égard la gageure des mises en prose : celle d'articuler les propositions selon des liens hiérarchiques, logiques et plus structurés, en apparence, que les versions en vers.

Outre les questions/réponses pouvant enrichir la réflexion autour de la problématique de la nomination, nous avons également exploré de près le système onomastique et analysé les potentialités des différents anthroponymes et toponymes présents dans nos romans. « *En soi dépourvu de sens, simple désignateur, [le*

---

[1] Maria Colombo Timelli, Introduction à l'*Érec* en prose, *op.cit*, pp 9-99.

nom propre] se charge en contexte de multiples « couches de signification »»[1] nous dit Florence Plet. C'est le cas des anthroponymes simples relevés dans les deux versions du *Cligès*. Nous avons pu voir comment ces deux versions chargent de significations les noms de leurs protagonistes. Leur histoire, leur caractère, voire les qualités de chacun d'entre eux se dévoilent rien que dans chaque nom propre. Cette stratégie n'est nullement reproduite par les auteurs des trois versions de l'*Érec*. Les diverses versions de la *Charrette,* quant à elles, n'élucident pas forcément le sens des noms des personnages. Ce sont le contexte et le cotexte, voire la force de l'intertextualité qui confèrent aux noms des personnages principaux un semblant d'histoire. Les toponymes affluent également dans les versions étudiées. Les frontières entre les toponymes réels et imagés s'estompent dans les versions de la *Charrette* et les versions de l'*Érec* (excepté bien sûr le **ms. 363**). A l'opposé, les deux *Cligès* se vouent purement aux toponymes réels. Les deux textes n'octroient plus de place à l'imaginaire susceptible de compromettre l'aspect véridique et vraisemblable recherché par l'histoire.

Et ce qui contribue davantage à donner à la diégèse sa forme romanesque, c'est en partie le système de nomination relatif aux personnages et aux lieux, mais qui s'opère, cette fois-ci, par le biais de noms génériques. On se réfère au « *petit personnel* » des romans en mettant l'accent sur les rapports de féodalité et les liens de parenté qui lient les personnages entre eux. On renvoie aussi aux fonctions publiques ou religieuses de certains personnages, à leurs statuts...etc. Une prolifération onomastique voit le jour à travers des noms génériques fluctuants dans toutes les versions étudiées. Ce sont tous ces éléments qui introduisent des différences entre les romans analysés et qui les font aussi converger vers un même souci de nomination. Et c'est alors qu'on peut entendre aussi toute la capacité des noms communs à renvoyer à des lieux ou à des personnages ; ce qui n'est possible que parce que les référents sont incontestablement fictionnels.

---

[1] Florence Plet utilise l'expression dans sa thèse, *op.cit*, p. 549. Cette expression est de Marie-Luce Chênerie à propos du *Lancelot* en prose, in « Le Thème du nom dans la carrière héroïque de Lancelot du Lac. II. La Révélation du nom du lignage », in *Littératures*, n°12, Presses universitaires du Mirail, Toulouse, 1985, p. 29.

Propositions enchâssées et syntaxe bousculée

L'aménagement de la syntaxe et l'évolution des structures phrastiques semblent représenter l'un des défis les plus importants pour les auteurs des mises en prose des romans de Chrétien. Ce sont ces seuils, auparavant évoqués dans les recherches, mais à notre sens insuffisamment pris en compte, que nous avons analysés pour apporter des éclaircissements sur le fonctionnement de la syntaxe et son évolution à travers les différentes réécritures des divers romans de Chrétien. Le volet consacré à l'étude du fonctionnement de la syntaxe est d'envergure au vu de la dynamique des phrases des versions étudiées. Celles-ci garantissent de près l'originalité de chacune d'entre elles. La découverte des convergences, mais surtout des dissemblances entre les versions, amène à étudier le fonctionnement des divers modes et temps. Ceux-ci suivent les règles de concordance des temps qui résultent d'une langue en pleine évolution.

Les temps de l'indicatif sont les plus représentés dans nos romans. Il n'y a rien d'étonnant ici pour un mode dit du réel. Le présent arrive en tête sauf dans le **ms. 363** de l'*Érec* en prose qui lui préfère le passé simple et l'imparfait. C'est que l'isolement de cet auteur se fait encore ressentir. En optant pour les temps du passé de l'indicatif, il place d'office son roman dans la position d'« histoire » contée, d'histoire fictive. Par ailleurs, dans toutes les versions étudiées, les modes du virtuel que sont le subjonctif et le conditionnel n'interviennent souvent que lorsque la concordance des temps l'exige. Quant aux modes impersonnels comme le participe et le gérondif, ils sont les vedettes des mises en prose tardives des romans de Chrétien. Les participiales remplacent quelquefois les relatives adjectives. Quant aux gérondifs, ils prennent la place des compléments circonstanciels de manière, convertissant de la sorte la phrase simple en une phrase complexe, ou transformant une proposition indépendante en une principale et une subordonnée. Ils se concurrencent et participent surtout à l'allongement des phrases complexes dans la *Charrette* dérimée, dans les versions de l'*Érec* en prose ainsi que dans le *Cligès* en prose.

L'allongement des phrases complexes s'opère aussi par le moyen de phrases complexes alliant à la fois parataxe et hypotaxe, s'allongeant sur plusieurs lignes et incluant de multiples propositions. Il arrive aussi que le style de discours emprunté par l'acte d'énonciation balance entre un style direct généralement prédominant dans les différentes versions de la *Charrette* et un style indirect qui s'impose de plus en plus surtout dans les versions de l'*Érec* et du *Cligès* en prose. Dans ces romans, on constate le recul élevé du discours direct au profit du discours indirect. Leurs auteurs tentent de résumer l'histoire de Chrétien pour n'en rapporter que ce qui selon eux demeure indispensable à la cohérence diégétique. Encore une fois, la version dérimée flotte entre la volonté de se rapprocher le plus possible du roman de Chrétien – dans ce sens, elle prodigue autant que le vers un discours indirect libre absent de la *Charrette* du XIIIè – et en même temps, la volonté de se raccorder au style et au contenu de la *Charrette* du XIIIè. C'est d'ailleurs ce qui fait entre autres l'originalité de cette version dérimée.

Tous ces facteurs ont été séparément étudiés dans d'autres analyses, et le plus souvent dans des études qui comparent la version vers d'un seul roman de Chrétien à une ou plusieurs des mises en prose de ce même roman. Dans ce sens, notre recherche présente l'originalité d'intégrer des ressources qui, lorsqu'elles sont associées, permettent de mettre en avant l'un des principes explicatifs du fonctionnement des phrases, surtout dans les mises en prose des différents romans du Champenois. Dans toutes les réécritures retenues, et à plus d'un égard, un bouquet de propositions se réunissent autour d'une seule phrase. La *Charrette* dérimée, le **ms. 363** de l'*Érec* en prose et le *Cligès* en prose s'accordent sur un point. Les propositions paratactiques et hypotactiques regroupées autour d'une même phrase peuvent engendrer, de par leur longueur, des amalgames sémantiques. En effet, la rigueur syntaxique y est poussée à l'excès, puisque les romanciers semblent vouloir rompre avec la tradition de l'écriture vers de Chrétien, faisant presque le choix d'« *entasser* » maladroitement les propositions, et frôlant ainsi la confusion.

Les passages relevés et étudiés nous permettent d'avancer que ce sont la *Charrette* du XIIIè et le *Cligès* en prose qui proposent les structures phrastiques les mieux structurées dans les phrases retenues et qui ont les plus longues phrases relevées. La logique narrative y semble plus cohérente et la compréhension des textes y est de ce fait plus accessible. Cependant, les mécanismes par lesquels se définit la jonction entre la parataxe et l'hypotaxe au niveau de la phrase complexe n'ont pas été assez établis dans notre étude. Il serait très utile de s'y attarder plus longuement afin d'en tirer des conclusions plus fermes par rapport aux tendances générales de chacune des versions étudiées. Dans le même sens, une possibilité serait de revoir le mode de fonctionnement des explications dans les versions étudiées. Il serait intéressant d'analyser phrase par phrase les explications qui coïncident entre les versions d'un même roman pour dresser avec plus de pertinence les constats globaux de la progression des propositions pouvant former une phrase et comparer de manière plus minutieuse l'exercice du passage du vers à la prose et d'une prose à une autre.

Une littérature en perpétuel renouvellement

Nous avons étudié des romans qui se présentent comme d'infinis palimpsestes dans lesquels sont réécrites des histoires perpétuellement renouvelées. Elles s'articulent comme un carnet de voyages qui invite le lecteur à une escale à chaque version. Chaque roman porte une perspective singulière et projette une ambition inédite. Chacun des auteurs des mises en prose réinvente l'histoire pour lui donner un nouveau souffle de vie adapté à son époque, cohérent dans son ensemble et respectueux de sa source. Chacun a rencontré ses propres difficultés et fait ses propres choix d'écriture, lesquels parfois convergent et d'autres fois divergent. Une panoplie d'éléments narratologiques, linguistiques, onomastiques et syntaxiques s'imbriquent et s'entremêlent pour offrir aux héros de Chrétien l'envergure qu'on leur connait. Ainsi auront-ils parcouru des siècles grâce à la renommée de leurs parcours respectifs, mais pas seulement. C'est sans doute aussi toute l'aventure et l'évolution du langage – que véhicule leurs histoires – qui est à la source et qui participe de cette renommée perpétuellement rafraichie, inspirant cinéastes et romanciers, stimulant bien d'autres expressions artistiques et octroyant de ce fait aux romans de Chrétien et à leurs réécritures leur qualité inépuisable.

BIBLIOGRAPHIE

I- Textes

1- Les versions de la *Charrette*

A- En vers

- <u>Texte utilisé</u>

Chrétien de Troyes, *Le Chevalier de la charrette*, éd. bilingue Ch. MELA, Lettres gothiques, Paris, Librairie Générale Française, 1992.

- <u>Autres éditions</u>

Chrétien de Troyes, *Le Chevalier de la charrette*, éd. par J. FRAPPIER, Paris, Champion, 1962.

Chrétien de Troyes, *Le Chevalier de la charrette*, éd. par A. FOULET et K. D. UITTI, Bordas, Paris, « Classiques Garnier », 1989.

Chrétien de Troyes, *Le Chevalier de la charrette*, éd. par Mario ROQUES, Paris, Champion, 1990 (C.F.M.A 89).

Chrétien de Troyes, *Le Chevalier de la charrette,* édition bilingue, J.Cl. AUBAILLY, Garnier-Flammarion, Paris, 1991.

Chrétien de Troyes, *Le Chevalier de la charrette*, édition bilingue par Daniel POIRION, *Œuvres complètes*, Gallimard, Paris, « Bibliothèque de la Pléiade », 1994, Texte pp. 505-682.

Chrétien de Troyes, *Le Chevalier de la charrette*, édition bilingue par Catherine CROIZY-NAQUET, Paris, Champion Classiques, 2006.

B- Romans mis en prose

- <u>Texte utilisé</u>

Lancelot, roman du XIIIè siècle, éd. bilingue (incxomplète), 5 volumes, éd.Y.LEPAGE et M.L. OLLIER, « L'enlèvement de Guenièvre » volume numéo 5, Paris, Lettres gothiques, 1999.

Le Conte de la Charrette : Version dérimée du Chevalier de la Charrette de Chrétien de Troyes, édité par David F. HULT, *in Romance Philology*, Vol 57, Spring 2004.

Le Conte de la Charrette dans le Lancelot en prose : une version divergente de la Vulgate, édité par Annie COMBES, Champion, Paris, 2009.

- Autres éditions

Lancelot, roman en prose du XIII^{è} siècle, éd. Critique avec introduction et notes par Alexandre MICHA. 9 volumes, Droz, Genève, 1978-83.

Lancelot, traduction partielle de A. MICHA, Paris, 10/18, 2 vol, 1983-1984 : l'épisode de la « *Charrette* » correspondant aux pages 13-68 du tome 2.

Lancelot du Lac, Roman français du XIII^{è} siècle, texte présenté, traduit et annoté par François MOSES, d'après l'édition d'Elspeth KENNEDY. Préface de Michel ZINK, (Le Livre de Poche), Paris, Lettres gothiques, 1991.

2- Les versions de l'*Erec*

A- En vers

- Texte utilisé

Chrétien de Troyes, *Erec et Enide*, Lettres gothiques, édition critique d'après le manuscrit N. fr. 1376, traduction, présentation et notes de Jean-Marie FRITZ, Librairie Générale Française, Paris, 1992.

- Autres éditions

CARROLL C.W., *Chrétien de Troyes, Erec et Enide*, ed. and Transl., New York and London, 1987 (Garland Library of Medieval Literature, A/25).

Chrétien de Troyes, *Erec et Enide*, édition bilingue par Mario ROQUES, Paris, Champion, 1990.

Chrétien de Troyes, *Erec et Enide*, édition bilingue, introduction et notes par Michel ROUSSE, GF, Paris, 2007.

B- Romans mis en prose

- Texte utilisé

Histoire d'Erec en prose, éd. M. COLOMBO TIMELLI, Genève, Droz, 2000.

- Autres éditions

Géreint et Enid, Récit gallois du XIIIe siècle, traduction française de J. LOTH, *Les Mabinogion*, t.II, Paris, 1913, p. 121-185.

3- Les versions du *Cligès*

A- En vers

- Texte utilisé

Chrétien de Troyes, *Cligès*, éd. et trad. MELA et O. COLLET (BN 12560), Lettres gothiques 1994, repris dans *Chrétien de Troyes, Romans*, Paris, Le Livre de Poche, La Pochothèque, 1994.

- Autres éditions

Chrétien de Troyes, *Cligès*, Roman traduit de l'ancien français par Alexandre MICHA, Champion, Paris, 1957.

Chrétien de Troyes, *Cligès*, éd. MICHA (d'après BN 794, copie GUIOT), CFMA 1957.

Les Romans de Chrétien de Troyes édités d'après la copie GUIOT (Bibl. Nat.Fr. 794), II : *Cligès*, publié par Alexandre MICHA, Paris, Champion, 1957 (CFMA, 84).

Chrétien de Troyes, *Cligès*, ed. by Claude LUTTRELL and Stewart GREGORY, Cambridge, D.S. BREWER, 1993 (*Arthurien Studies*, XXVIII).

Chrétien de Troyes, *Cligès*, éd. S. GREGORY et C. LUTTRELL, Cambridge, Brewer, 1993.

LUTTRELL C.- GREGORY S. (éditions), Chrétien DE TROYES, *Cligès*, Cambridge, Brewer, 1993.

Chrétien de Troyes, *Cligès*, éd. et trad. P. WALTER (BN 794) dans *Chrétien de Troyes, Œuvres complètes*, Paris, Gallimard, Bibliothèque de la Pléiade, 1994.

Chrétien de Troyes, *Cligès*, édition bilingue, publication, traduction, présentation et notes par Laurence HARF, Champion, Paris, 2006.

B- Romans mis en prose

- Texte utilisé

COLOMBO TIMELLI M., *Le Livre de Alixandre empereur de Constentinoble et de Cligès son filz*, Roman en prose du XV[è] siècle, édition critique, Textes littéraires français, Droz, 2004.

- Autres éditions

De POORTERE L., *Le Livre de Alixandre, empereur de Constentinoble et de Cligès, son filz* (Leipzig. Bibli. Com. No. 108), *Edition critique*, Université Catholique de Louvain, Faculté de Philosophie et Lettres, 1968.

FORESTER W., *Le Livre de Alixandre, empereur de Constentinoble et de Cligès, son filz*, in *Cligès*, Grosse Ausgabe, p. 281-353.

4- Les autres romans de Chrétien

A- En vers

Chrétien de Troyes, *Le manuscrit d'ANNONAY*, ed. par Albert PAUPHILET, Paris, Droz, 1934. (*Cligès*, pp. XVII-LI).

ROQUES M., *Les Romans de Chrétien de Troyes d'après la copie GUIOT. Erec et Enide*, Paris, 1952 [C.F.M.A.80]. Trad. Française du texte de cette édition par R. LOUIS, Paris, Champion, 1954.

Chrétien de Troyes, *Le Chevalier au lion*, éd. Par Mario ROQUES, Champion, Paris, 1990 (CFMA 86).

Chrétien de Troyes, *Œuvres complètes*, Gallimard, Bibliothèque de la Pléiade, 1992.

B- Romans mis en prose

Yvain en prose, National Library of Wales ms 444D, en cours d'édition. Voir son contenu dans éd. FOERSTER d'*Yvain* de Chrétien de Troyes.

5- Autres romans médiévaux

BORON R. de. , *Le Roman de l'Estoire dou Graal*, éd. W.A.NITZE, CFMA 57, Paris, 1927.

Le Tristan, le ms. B.N.fr. 12599 (y est les 5 chapitres d'*Erec* en prose).

II- Etudes relatives aux œuvres

1- Etudes relatives au *Chevalier de la Charrette* et au *Lancelot* en prose

A- Ouvrages

BOGDANOW F, *La Folie Lancelot*, M. Niemeyer, 1965, pp. xi, xxvij.

COMBES A., *Les Voies de l'aventure : réécriture et composition romanesque dans le Lancelot en prose*, Paris, Champion, 2001.

DUFOURNET J. éd., *Approches du Lancelot en prose*, Paris, Champion, 1984 (Collection Unichamp 6).

KENNEDY E., *Lancelot and the grail*, Oxford 1986 et 1990.

LOT, F., *Etude sur le Lancelot en prose*, Champion, Paris, 1918.

LOT-BORODINE M., *Trois essais sur le roman de Lancelot du Lac et la Quête du Saint Graal*, Paris, Champion, 1919.

RIBARD J., *Chrétien de TROYES : Le Chevalier de la charrette : essai d'interprétation symbolique*, A. G. Nizet, Paris, 1972-1991.

VALETTE J.R., *La Poétique du merveilleux dans le « Lancelot » en prose*, Champion, Paris, 1998.

B- Articles

ACCARIE M., « L'éternel départ de Lancelot. Roman clos et roman ouvert chez Chrétien de TROYES », *Mélanges de langue et de littérature médiévales offerts à Alice PLANCHE*, Les Belles Lettres, Paris, 1984, vol. I, pp.1-20.

BAUMGARTNER E., "Le Lion et sa peau, ou les aventures d'Yvain dans le Lancelot en prose" dans *PRIS-MA*, III2, 1987, p. 93-102.

BAUMGARTNER E., «L'Aventure amoureuse dans le Lancelot en prose» *Liebe und Aventure in Artustroman des Mittelalters* éd. P. Schulze-Belli et M. Dallapiozza, Göppingen, 1990, pp. 93-108.

BAUMGARTNER E., «Joseph d'Arimathie dans le Lancelot en prose», Lancelot », Université de Picardie, Centres d'études Médiévales, *Actes du Colloque d'Amiens des 14 et 15 janvier 1984*, éd. Par Danielle Buschinger, Kümmerle, Göppingen, 1984, pp. 7-15.

BAUMGARTNER E., «Remarques sur la prose du Lancelot», *Romania* 105, 1984, p. 1-15.

BOUTET D., « Lancelot : préhistoire d'un héros arthurien », *in Annales* ESC, 44, 1982, p. 1229-1244.

BRANDMA F., "Gathering the narrative threads. The function of the court scenes in the narrative technique of interlace and in the insertion of new romances in the Lancelot Compilation", *Queste* VII, 2000, p. 1-18.

CHASE C.J., "Multiple Quests and the Art of Interlacing in the 13th Century Lancelot", *Romance Quaterly* XXXIII, 1986, p. 407-420.

CHASE C.J., "Or dist li contes ": Narrative Interventions and the Implied Audience in the Estoire del Saint Graal", *The Lancelot-Grail Cycle. Text and Transformations*, éd. par William Kibler, University of Texas Press, Autin, 1994, pp. 117-138.

CHASE C.J., «Sur la théorie de l'entrelacement : Ordre et désordre dans le Lancelot en prose», *Modern philology* VIII, 1982-1983, p. 227-241.

COMBES A., «Le dérimage du Chevalier de la charrette : les vers de Chrétien comme ressource de la prose», *Littérales*, 41, 2007, p. 173-186.

FOULON C., "Les Deux humiliations de Lancelot" dans *B.B.S.I.A*, 1956, p. 79-90.

FOWLER D.C., "L'Amour dans le *Lancelot* de Chrétien", dans *Romania*, t. 91, 1970, p. 378-391.

HALASZ K., "Changements de perspective temporelle dans la réécriture : *Le Chevalier de la charrette* de Chrétien de Troyes et le *Lancelot* en prose", dans *Soi-même et l'autre, Varia. Etudes médiévales*, 4è année, t. 4, 2002, p. 238-243.

KENNEDY E., "The role of the supernatural in the first part of the Old French prose Lancelot", *Studies in Medieval Literature an Languages in Memory of Frederick Whitehead,* Manchester, Manchester University Press, 1973, p. 173-184.

KENNEDY E., "Structures d'entrelacement contrastantes dans le *Lancelot* en prose et le Perlesvaus", in *Miscellanea Mediaevalia*, Mélanges offerts à Philippe MENARD, Paris, Champion, 1998, 2 vol., t I, p. 745-757.

KENNEDY E., "Chr2tien de Troyes comme intertexte du *Lancelot* en prose", in *Amour et chevalerie dans les romans de Chrétien de Troyes*, Publications sous la direction de D. QUERUEL, Les Belles Lettres, Paris, 1995, p. 279-286.

LAURIE H. C. R., "Eneas and the *Lancelot* of Chrétien de TROYES" *Medium Aevum*, 37, 1968, p. 142-156.

LOT, F. "Sur la date du *Lancelot* en prose", dans *Romania*, LVII, 1931, p. 137-146.

MANDEL J., "Elements in the *Charrette* world: the father-son relationship", dans *Modern Philology*, t. 62m 1964-65m p. 97-104.

MICHA A. "La Tradition manuscrite du Lancelot en prose", dans *Romania*, t. 85, 1964, p. 293-318 et p. 478-517.

RYCHNER J., "Le prologue du *Chevalier de la Charrette* et l'interprétation du roman", dans Mélanges offerts à Mme Rira LEJEUNE, Gembloux, 1969, t. II, p. 1121-1135.

RYCHNER J., "Le Sujet et la signification du *Chevalier de la charrette*", dans *Vox Romanica*, t. 27, 1968, p. 50-76.

SALY A., "Motifs folkloriques dans le *Lancelot* de Chrétien de Troyes", *Bulletin bibliographique de la Société Internationale Arthurienne*, 30, 1978, p. 187-195.

SARGENT B.N., ""L'Autre" chez Chrétien de Troyes", dans *Cahiers de Civilisation Médiévale*, X, 1967, p. 199-205.

VALETTE J.R, «Ecriture et réécriture de la merveille dans le Conte de la charrette», *L'œuvre de Chrétien de TROYES dans la littérature française*, éd C. LACHET, Lyon, 1998.

VINAVER E, «Les deux pas de Lancelot », *Mélanges pour Jean Fourquet*, Klincksieck, Paris, 1969, pp. 355-361.

WHITEHEAD F., "Lancelot's Redemption", dans *Mélanges offerts à M. DELBOUILLE*, t. II, p. 729-739.

2- Etudes relatives à *Erec et Enide* de Chrétien de Troyes et à l'*Erec* en prose

A- Ouvrages

ALLARD J.P., *L'Initiation royale d'Erec, Le Chevalier*, Milano/Paris, 1987 (Analyse dumésilienne à partir du texte d'HARTMANN).

BURGESS G.S., *Chrétien de Troyes : Erec et Enide*, London, 1984.

MADDOX D., *Structure and Sacring, The systematic Kingdom in Chrétien's "Erec et Enide"*, Lexington: French Forum, French Forum Monographs, 8, 1978.

B- Articles

COLOMBO TIMELLI M., "Entre histoire et compte : de l'*Erec* de Chrétien de Troyes à la prose du XVè siècle", *Les Lettres Romanes*, numéro spécial, 1997, p. 23-30.

COLOMBO TIMELLI M., "L'*Érec* en prose - ou quelques traces de l'implication du lecteur dans un roman du XVè siècle", Le *goût du lecteur à la fin du Moyen Age* (Bordeaux, mai 1999, Actes sous presse).

PHILIPOT E., "Un Episode d'*Érec et Énide* : La Joie de la Cour-Mabon l'Enchanteur", *Romania*, 25, 1896, p. 258-294.

WALLEN M., "Significant Variations in the Burgundian Prose Version of *Érec et Énide*", *Medium Aevum* 51, 1982, p. 187-196.

WOLFZETTEL F., "Le Roman d'*Erec* en prose du XIIIè s: un anti Erec et Enide?", in *The Legacy of Chretien de Troyes*, Amsterdam, 1987-1988, II, 215-228.

3- Etudes relatives au *Cligès* de Chrétien de Troyes et au *Cligès* en prose

A- Ouvrages

MICHA A., *Prolégonènes à une édition de Cligès*, Paris, 1939, (Annales de l'Université de Lyon, 3è série, fac.8).

B- Articles

COLOMBO TIMELLI M., "*Cligès* dans la "Bibliothèque Universelle des Romans". Etude et édition", *Il Confronto Letterario* 40, 2003b, p. 277-306.

COLOMBO TIMELLI M., "Le *Cligès* en prose (1455), ou l'actualisation d'un ancien *conte* en vers", *Actes du IIè Colloque International sur la Littérature en Moyen Français* 51-52-53, 2000b, p. 159-175.

COLOMBO TIMELLI M., "Talanz li prant que il s'an aille : le v. 5056 du *Cligès* de Chrétien de TROYES et l'invention d'un prosateur du XVè siècle", *Favola, mito e altri saggi. Studi di letteratura e filologia in onore di Gianni Monbello*, Alessandria, edizioni dell'Orso, 2004, p. 359-375 ; voir aussi

Mélanges Gianni Monbello, éd. P. CIFARELLI et A. AMATUZZI, Alessandria, ed. Dell'Orso, 2003.

DEES A., "Analyse par l'ordinateur de la tradition ms. du *Cligès* de Chrétien de TROYES, *Actes du XVIII*[è] *congrès International de Linguistique et de Philologie romanes*, Université de Trèves, 1986, Tübingen, Max NIEMEYER, 1988, t. VI, p. 62-75.

ENDERS J., "Memory and Psychology of the Interior Monologue in Chrérien's *Cligès*", *Rhetorica* (The International Society for the History of Rhetoric) X, 1, 1992, p. 5-23.

FAVATI G., "Le *Cligès* de Chrétien de TROYES dans les éditions critiques et dans les manuscrits", *Cahiers de civilisation médiévale*, 10, 1967, pp. 385-407.

FRAPPIER J., *Le Roman breton, Chrétien de TROYES* : "*Cligès*", Paris, CDU, 1951 ("Les cours de Sorbonne"). Voir aussi le chapitre consacré à *Cligès* dans *Chrétien de TROYES*, Paris, Hatier, nouv. éd. 1968 (Connaissances des lettres), p. 104-121.

FREEMAN M. A., "Chrétien de TROYES' *Cligès*: a close reading of the prologue", *Romanic Review*, 67, 1976, p. 89-101.

FREEMAN M. A., "Transpositions structurelles et intertextualité : le *Cligès* de Chrétien", *Littérature*, 1981, p. 50-61.

FREEMAN M., "The Poetics of translatio Studii and Conjointure. Chrétien de TROYE's *Cligès*". Lexington: French Forum, *French Forum Monographs*, 12, 1979.

FREEMAN M.A., The Poetics of "Translatio Studii" and "Conjointure": Chrétien de TROYE's "*Cligès*", Lexington, French Forum Publ., 1979 (French Forum Monographs, 19). Voir aussi "*Cligès*" dans D. KELLY, ed, *The Romances of Chrétien de TROYES : A Symposium*, Lexington, *French Forum Pub.*, 1989.

GAULLIER-BOUGASSAS C., "L'Altérité de l'Alexandre du *Roman d'Alexandre* et en contrepoint l'intégration à l'univers arthurien de l'Alexandre de *Cligès*", *Cahiers de Recherches Médiévales*, 4, 1997, p. 143-149.

GREGORY S., "Fragments inédits de *Cligès* de Chrétien de T*ROYES*, Le ms. de L'Institut de France", *Romania*, 106, 1985, p. 254-269.

KAHANE H. et R., " L'Enigme du nom de *Cligès*", *Romania*, 82, 1961, p. 113-121.

KOOIJMAN J. C., " Cligès, Héros ou Anti-héros", *Romania*, 100, 1979, p. 505-519.

LACY N. J., "Adaptation as Reception: the Burgundian Cligès", *Fiftenth-Century Studies* 24, 1998, p. 198-207.

LAURIE H.C., "*Cligès* and the legend of Abelard and Heloïse", *Zeitschrift für romanische Philology*, 107, 1991, p. 324-342.

MADDOX D. L., "Critical trends and Recent Works on the *Cligès* of Chrétien de TROYES", *Neuphilologische Mitteilungen*, 74, 1973, p. 730-745.

MICHA A., "*Eneas et Cligès*" ; "Tristan et Cligès", articles antérieurs repris dans *De la chanson de geste au roman*, Genève, Droz, 1976 (Publications romanes et françaises, 139), p. 55-61 et 63-72.

NORRIS J. Lacy, "Adaptation and Reception: The Burgundian Cligès", *Fifteenth-Century Studies*, 24 (1998), 198-207F LOT, *Etude sur le Lancelot en prose*, Paris, 1918.

PAOLI G., "La Relation œil-cœur. Recherches sur la mystique amoureuse de Chrétien de TROYES dans *Cligès*", "Le Cuer au Moyen Age", *Senefiance*, n°30, Publications du C.U.E.R.M.A., Université de Provence, 1991, p. 233-244.

PARIS G., "*Cligès*", dans *Mélanges de littérature française du Moyen Age*, publiés par Mario ROQUES, Paris, 1912, p. 229-327 (d'abord paru dans le Journal des Savants, Août et décembre 1902).

POLAK L., "Cligès, Fénice et l'arbre d'amour", *Romania*, 93, 1972, p. 303-316.

POLAK L., Chrétien de Troyes : "*Cligès*", Londres, *Grant and Culter*, 1983. (Critical Guides to French Texts, 23).

SHIRT D. J., "Cligès, a XIIth C. Matrimonial Casebook?", *Forum for Modern Language Studies*, 18, 1982, p. 75-89.

STIENNON J., "Histoire de l'art et fiction poétique dans un épisode du *Cligès* de Chrétien de Troyes", *Mélanges Rita Lejeune*, I, 1969, p. 695-708.

THIRY-STASSIN M., "Interventions d'auteur dans le *Cligès* en prose de 1454", *Hommage au professeur Maurice DELBOUILLE*, numéro spécial de Marche Romane, 1973, p. 269-277.

WALTER P., "L'Or et l'essai : Hermétisme et Tradition dans *Cligès* de Chrétien de TROYES", *Razo, Cahiers du Centre d'Etudes médiévales de Nice*, n°11, 1990, "Traditions ésotériques littéraires au Moyen Age", p. 9-24.

WILLARD C. C., "The Misfortunes of Cligès at the Court of Burgundy", *Arthurus Rex*-Volumen II (éds. W. Van. HOECKE, G. TOURNOY, W. VERBERKE), Leuven University Press, 1991 a, p. 397-403.

WOLFZETTEL F., "Cligès, roman "épiphanique"", *Miscellanea mediaevalia*, Mélanges Ph. MENARD, Paris, Champion, 1998, p. 1489-1507.

4- Etudes relatives aux romans arthuriens en général

A- Ouvrages

BADEL P.Y., « « Rhétorique et polémique dans les prologues de romans au Moyen Age » *Littérature* 20, 1975, p. 81-94.

BAUMGARTNER E., *Chrétien de Troyes, Yvain, Lancelot, la charrette et le lion,* PUF « Etudes littéraires », Paris, 1992.

BAUMGARTNER E., *L'Arbre et le pain. Essai sur la Queste del saint graal*, SEDES, Paris, 1981 (Bibliothèque du Moyen Age).

BAUMGARTNER E., *Yvain et Lancelot*, Paris, PUF, 1992.

BEDNAR J., *La Spiritualité et le symbolisme dans les œuvres de Chrétien de Troyes.* Paris, Nizet, 1974.

BEZZOLA R.R., *Le Sens de l'aventure et de l'amour (Chrétien de Troyes)*. Paris, Jeune Parque, 1947.

BOUTET D., *Charlemagne et Arthur ou le roi imaginaire*, Paris, Champion, 1992.

BUSBY T., KEITH, NIXON; A. STONES, et L. WALTERS, *The Manuscripts of Chrétien de Troyes*, Amsterdam/ Atlanta GA, Editions Rodopi, 1993, 2 vol. Voir GREGORY, S., et LUTTRELL, Cl., "The Manuscripts of Cligès".

CAROSSO-BULOW L., *The Merveilleux in Chrétien de TROYES' romances*, Genève, Droz, 1976.

CHANDES G., *Le Serpent, La femme et l'épée : recherches sur l'imagination symbolique d'un romancier médiéval : Chrétien de TROYES*, Amsterdam, Rodopi, 1986.

CHENERIE M-L., *Le Chevalier errant dans les romans arthuriens en vers des XIIè et XIIIè siècles*, Genève, droz, "Publ. Romanes et françaises", CLXXII, 1986.

Chrétien de TROYES et le Graal, Actes du Colloque arthurien de Bruges, Paris, Nizet, 1984.

DE BLANDY Le Cte A., *La Forme des Tournois au Temps du roy Uter et du roy Artus, suivie de l'Armonial des Chevaliers de la Table Ronde*, Caen (Valin), 1897.

DELCOURT T., *La Littérature arthurienne*, Que sais-je, PUF, 2000.

FARAL E., *La Légende arthurienne, étude et documents*, 3 vol., Paris, Bibliothèque des Hautes Etudes, 1929.

FRAPPIER J., *Autour du Graal*, Genève, Droz, *Publications romanes et françaises*, CXLVII, 1977.

FRAPPIER J., *Chrétien de Troyes, l'homme et l'œuvre*, Connaissances des Lettres 50, Hatier, 1968.

GOUTTEBROZE J-G., "Cousin cousine? Dévolution du pouvoir et sexualité dans *Le Conte du Graal*", in Chrétien de TROYES et le Graal, *Actes du colloque arthurien belge de Bruges*, Paris, Nizet, 1984, p. 77-87.

JAMES-RAOUL, D., *Chrétien de Troyes, la griffe d'un style*, Paris, Champion, 2007.

JAMES-RAOUL, D., *La parole empêchée dans la littérature arthurienne*, Paris, Champion, 1997.

La Légende arthurienne, Le Graal et la Table Ronde, édition établie sous la direction de Danielle REGNIER-BOKLER, Robert LAFFONT « bouquins », Paris, 1989.

LACY N.J., *The Craft of Chrétien de TROYES, An Essay on Narrative Art*, Leyde, 1980.

LOOMIS R.S. *éd., Arthurian Literature in the Middle Ages*. A collaborative History, Clarendon Press, Oxford, 1959.

LOOMIS R.S., *Arthurian Tradition and Chrétien de TROYES*, Columbia University Press, New York and London, 1949.

LUTTRELL C., *The Creation of the First Arthurian Romance: A Quest*, London, 1974.

Maddox D., *The Arthurian romances of Chrétien de Troyes: Once and future fictions*, Cambridge, 1991.

MELA Ch., *La Reine et le Graal. La conjointure dans les romans du Graal, de Chrétien de Troyes au Livre de Lancelot*, Seuil, Paris, 1979.

MICHA A., *Essais sur le cycle du Lancelot* Graal, Droz, Genève, 1987.

MICHA A., *La Traduction manuscrite des romans de Chrétien de TROYES*, nouvelle éd., Genève, 1966 (surtout p.78-102).

MILLAND-BOVE, B, *Figures de l'aventure, figures du récit [Texte imprimé] : les demoiselles dans les romans en prose du XIIIè siècle : Lancelot, La Queste del Saint Graal, La mort le roi Artu, Perlesvaus, Tristan*, Paris, [s.n.], 2001.

MILLAND-BOVE, B, *La Demoiselle arthurienne: écriture du personnage et art du récit dans les romans en prose du XIIIè siècle*, Paris, Champion, 2006.

MILLAND-BOVE, B, *Miracles d'un autre genre : récritures médiévales en dehors de l'hagiographie*, études réunies par Olivier BIAGGINI et Bénédicte MILLAND-BOVE, Madrid, Casa de Velázquez, 2012.

MUI L. r, "A reappraisal of the Prose Yvain", *Romania* 85, p. 355-365.

MULLALLY E., *The Artist at work. Narrative Technique in Chrétien de TROYES*, Philadelphiie, 1988.

PICKFORD C. E., *L'Evolution du roman arthurien en prose vers la fin du Moyen Age*, d'après le manuscrit 112 du fonds français de la Bibliothèque nationale, A.G. Nizet, éditeur, 3 bis Place de la Sorbonne, ParisV, 1959.

SEGUY, M., *Les romans du Graal ou Le signe imaginé*, Paris, Champion, 2001.

SEGUY, M., *Monstrances du Graal : l'inscription du signe dans la littérature romanesque des XIIè et XIIIè siècles, du "Conte du Graal" au "Lancelot-Graal"*, Paris, [s.n.], 1999.

SUARD Fr., *Guillaume d'Orange. Etude du roman en prose*, Paris, 1979, pp. 147-166.

TOPSFIELD L. T., *Chrétien de Troyes: A Study of the Arthurian Romances*, Cambridge, University Press, 1981 (p. 64-102).

VALETTE, J-R., *La Pensée du Graal : fiction littéraire et théologique, XIIè et XIIIè siècles*, Paris, Champion, 2008.

VALETTE, J-R., *La poétique du merveilleux dans le Lancelot en prose*, Paris, Champion, 1998.

VALETTE, J-R., *Personne personnage et transcendance aux XIIè et XIIIè siècles*, Presses universitaires de Lyon, cop. 1999.

VALETTE, J-R., *Sommes et cycles, XIIè-XIVè siècles* : actes des colloques de Lyon, 31 mars 1998 et 5-6 mars 1999, Université catholique de Lyon, 2000.

WALTER P., *Chrétien de Troyes*, Que sais-je?, Paris, Mai 1997.

WEST G.D., *An Index of Proper Names in French Arthurian Prose Romances*, Buffalo-London, University of Toronto press, 1978.

YVON J., *L'Illustration des romans arthuriens du XIIIè au XVè siècle*, dans *Positions des Thèses de l'Ecole Nationale des Chartes*, 1948, 159-164.

ZADDY Z.P., *Chrétien Studies. Problem of form and meaning in Erec, Yvain, Cligès and the Charrete*, Glas gow, 1973.

B- Articles

BAUMGARTNER E., « *Le Graal et le temps : les enjeux d'un motif », Le Temps, sa mesure et sa perception au Moyen Age »,* Actes du colloque d'Orléans (12-13 avril 1991), publ. Par Bernard Ribemont, Paradigme, Caen, 1992, pp. 9-17.

BAUMGARTNER E., « *Retour des personnages et mise en prose de la fiction arthurienne au XIIIè siècle* », BBSIA XLIV, 1992, pp. 297-314.

BLONDEAU Ch., "Arthur et Alexandre le Grand sous le principat de Philippe le Bon : Les témoins d'un imaginaire en mutation", *Le Héros bourguignon : histoire et épopée, Publications du Centre Européen d'Etudes Bourguignonnes (XIVè-XVIè siècles)* 41, 2001, p. 233-246.

CHENERIE M-L, "Le Motif de la fontaine dans les romans arthuriens en vers das XIIè et XIIIè siècles", *Mélanges Charles FOULON*, t. I, Rennes, 1980, p. 99-104.

DELBOUILLE M., "Morgain sœur d'Arthur", *Bulletin bibliographique de la Société Internationale Arthurienne*, 18, 1966, p. 167.

FARAL E., "L'Ile d'Avallon et la fée Morgane", *Mélanges Alfred JEANROY*, Paris, Droz, 1928, p. 243-253.

FLUTRE L-F., "Nouveaux fragments du manuscrit dit d'ANNONAY des œuvres de Chrétien de Troyes", *Romania* 75, 1954, p. 121.

FOULON Ch., "La Fée Morgue dans les romans de Chrétien de TROYES", *Mélanges Jean FRAPPIER*, Genève, Droz, 1970, t. 1, p. 283-290.

FOULON Ch., "Les Voyages merveilleux dans les romans bretons", *Conférences universitaires de Bretagne, Assoc. Guillaume BUDÉ, Section bretonne*, 1942-1943 ; p. 61-92.

FRAPPIER J., "Le Cortège du Graal", in *Lumière du Graal*, Paris, 1951, p. 175-221.

FRAPPIER J., "Le Graal et la chevalerie", dans *Romania*, LXXV (1954), 165-210.

FRAPPIER J., "Le Motif du don contraignant", *Travaux de Linguistique et de Littérature*, t.VI, 2, 1969, p. 7-46 (rep. dans *Amour courtois et Table ronde*, Genève, Droz, *Publications romanes et françaises*, CXXVI, 1973, p. 225-264).

FRAPPIER J., "Remarques sur la peinture de la vie et des héros antiques dans la littérature française du XIIè et du XIIIè siècles", *L'Humanisme médiéval dans les littératures romanes du XII au XIVè siècle*, Paris, Klincksieck, 1964, p. 13-54.

FRAPPIER J., "Virgile source de Chrétien de TROYES?", *Romances Philology*, XIII, 1959, p. 50-58.

GUERREAU A., " Romans de Chrétien de TROYES et contes folkloriques. Rapprochements et observations de méthode", *Romania*, 104, 1983, p. 1-48.

GYORY J., "Prolégomènes à une imagerie de Chrétien de TROYES", *Cahiers de civilisation Médiévale*, 10, 1967, p. 361-384 et 11, 1968, p. 29-39.

HAIDU P., *Aesthetic Distance in Chrétien de Troyes: Irony and Comedy in Cligès and Perceval*, Genève, Droz, 1968, LF p 87 M.

HART T.E., "Chrétien, Macrobius and Chartrean, Science: The Allegorial Robe as Symbol of Textual Design in the Old French Erec", *Medieval Studies*, 43, 1981, p. 250-296.

HARTOG F., *Le Miroir d'Hérodote. Essai sur la représentation de l'Autre*, Gallimard, Paris, 1991.

HOEPFFNER E., "Robert de Boron et Chrétien de Troyes", in *Les Romans du Graal dans la littérature des XIIè et XIIIè siècles*, Paris, C.N.R.S., 1956, p. 93-106.

HUNT T., "Chrestien and the Comediae", *Mediaeval Studies*, 40, 1978, p. 120-156.

HUNT T., "Chrestien de TROYES: The Textual Problem", *French Studies*, 33, 1979, p. 257-271.

JODOGNE O., "L'Autre Monde celtique dans la littérature française du XIIè siècle", *Bulletin de l'Académie Royale de Belgique* (Classe des Lettres), 46, 1960, 5è série, p. 584-597.

LAURIE H. C., "Chrétien de TROYES and the love religion", *Romanische Forschungen*, 101, 1989, p. 169-183.

LOOMIS R. S., "Some names in arthurian romances", *Publications of the Modern Language Association of America*, 45, 1930, p. 416-443.

LOZACHEMEUR J-C., "Le problème de la transmission des thèmes arthuriens à la lumière de quelques correspondances onomastiques", *Mélanges Charles FOULON*, t. I, Rennes, 1980, p. 217-225.

MÉNARD P., "La Ville dans les romans de chevalerie en France aux XIIè et XIIIè siècles", *Un idea di Città, L'Imaginaire de la ville médiévale*, 50, Rue de Varenne, 1992, p. 96-109.

MÉNARD Ph., "Le don en blanc qui lie le donnateur : réflexions sur un motif de conte", *An Arthurian Tapestry. Essays in memory of Lewis Thorpe*, University of Glasgow, 1981, p. 37-53.

MÉNARD Ph. "Le Temps et la durée dans les romans de Chrétien de TROYES", in *Le Moyen Age*, 1967, t. LXXIII, p. 375-411.

MERTENS-FONCK P., "Morgan, fée et déesse", *Mélanges R. LEJEUNE*, Gembloux, Duculot, 1969, p. 1067-1076.

MICHA A., "L'épreuve de l'épée dans la littérature française du Moyen Age", in *De la Chanson de geste au roman*, Genève, Droz, 1976, p. 433-446.

MICHA A., "L'Esprit du Lancelot-Graal", in *De la Chanson de geste au roman*, Genève, Droz, 1976, p. 251-272.

MISRABI J., "Symbolism and Allegory in Arthurian romance", dans *Romance Philology*, XVII, 1964, p. 555-569.

NITZE W. A., "An Arthurian crux: Viviane or Niniane?", *Romance Philology*, 7, 1953-1954, p. 326-330.

OLLIER M.L., « L'Auteur dans le texte : les prologues de Chrétien de Troyes », *in La Forme du sens*, Orléans, Paradigme, 2000, pp. 111-123.

OWEN D. D. R., "Profanity an dits Purpose in Chrétien's Cligès and Lancelot", D. D. R., OWEN ed., *Arthurian Romance: Seven Essays*, Edimbourg et Londres, Scottish Academic Press, 1970, p. 37-48.

PARIS G.,"La femme de Salomon", *Romania*, 9, 1880, p. 436-443.

PAUPHILET A., "Nouveaux fragments manuscrits de Chrétiens de Troyes", Romania, 63, 1937, p.310-323.

PAYEN J. Ch., "L'Enracinement folklorique du roman arthurien", *Travaux de linguistique et littérature*, 1978, N°16-1, p. 427-437 et *in Mélanges J. Rychner*, tra. Li. Li., 1978, p. 427-437.

PAYEN J. Ch., "Les Valeurs humaines chez Chrétien de Troyes", dans *Mélanges offerts à Mme Rita Lejeune,* Gembloux, 1969, t. II, p. 1087-1101.

PICKFORD C. E., "The Good Name of Chrétien de Troyes", *An Arthurian Tapestry. Essays in memory of Lewis Thorpe, University of Glasgow*, 1981, p. 389-401.

REID T.B.W., "Chrétien de Troyes and the Scibe Guiot", *Medium Aevum*, 45, 1976, p. 1-19 (exclusivement sur *Erec et Enide*).

RIBARD J., "Pour une interprétation théologique de la "coutume" dans le roman arthurien, dans *Funktion und Vermittlung, Mélanges Erich Köehler, C. Winter, Heidelberg* (N° spécial de Romanistische Zeitschrift für Literatur-geschichte), 1984.

ROQUES M., "Le Graal de Chrétien et la demoiselle du Graal", in *Romania*, 1955, t. LXXVI, p. 1-27.

ROUBAUD J., "Généalogie des Rois Pêcheurs" in *Change* n°16, La Critique générative, septembre 1973, p. 228-247.

ROUSSE M., "Niniane en Petite Bretagne", *Bulletin bibliographique de la Société Internationale Arthurienne*, 16, 1964, p. 107-120.

SKEELS D.R., "Guingamor et Guerrehés, psychological symbolism in a medieval romance", *Journal of American Folklore*, 79, 1966, p. 52-83.

TAYLOR J. H. M., "The Significance of the Insignificant: Reading reception in the Burgundian Erec and Cligès", *Fifteenth-Century Studies* 24, 1998, p. 183-197.

THOMASSET C., "Des jeunes filles accidentellement muettes", *L'Hostellerie de pensée*, 1995, p. 459-466.

VALETTE J-R., "Personnage, signe et transcendance dans les scènes du Graal (de Chrétien de Troyes à la Queste del Saint Graal)", in *Personne, personnage et transcendance (XII-XIII^{è} siècles)*, ouvrage dirigé par M. E. Bély et J-R. Valette, Lyon, PUL, 1999, p. 1-24.

WILLARD C. C., "Chrétien de Troyes, Burgundian Adaptations of ", *The New Arthurian Encyclopedia* (ed. N. J. Lacy et all.) New York, Garland, 1991 b, p. 91-92.

III- Etudes générales

A- Ouvrages

AGAMBEN G., *Stranze, Parole et Fantasme dans la culture occidentale* ; traduit de l'italien par Y. Hersant, Paris : Christian Bourgois, 1981.

BAUMGARTNER E. *Histoire de la littérature française*. Tome I, Moyen Age, Paris, Bordas, 1988.

BAUMGARTNER E. *Le Récit médiéval*, Paris, Hachette, 1995.

BAYRAV S., *Le Symbolisme médiéval*, Paris, 1957.

BAYRAV S., Symbolisme *médiéval, Béroul, Marie, Chrétien*, Paris, P.U.F, 1957.

BLOCH H. R., *Etymologie et généalogie. Une anthropologie littéraire du Moyen Age français*, trad, B. et J-C Bonne, Paris, Seuil, "Des Travaux", 9, 1989.

BLOOMFIELD M.W., *Symbolism in medieval literature, Modern Philology*, LVI, 2, 1958.

BURGAT M. C., *D'un Orient l'autre. Les métamorphoses successives des perceptions et des connaissances,* CEDEJ, 1991.

CALIN W., "Rapports entre chanson de geste et roman du XIII[è] siècle, rapport introductif", *Essor et Fortune de la chanson de geste dans l'Europe et l'Orient latin*, 1984, t. II, p. 407-424.

CALMETTE J., *Les Grands Ducs de Bourgogne*, Paris, Albin Michel, 1987 (2è édition).

CARTELLIER O., *La Cour des ducs de Bourgogne*, Paris, Payot, 1946. (trad. franç.)

DOUTREPONT G., *La Littérature française à la cour des Ducs de Bourgogne*, Paris, Champion (Genève, Slatkine Reprints, 1970), 1909.

DRAGONETTI R., *Le Mirage des sources. L'art du faux dans le roman médiéval*, Paris, Seuil, 1987, p. 59-129.

DUBOST F., *Aspects fantastiques de la littérature narrative médiévale*, Paris, Champion, 1991.

DUPRONT A., *Du sacré, croisades et pèlerinages,* Gallimard, Paris, 1987.

DUPRONT A., *Le Mythe de croisade,* Gallimard, Paris, 1997.

DURAND G., *Les Structures anthropologiques de l'imaginaire*, Paris, Bordas, 1978.

EBERSOLT J., *Constantinople et les voyageurs du Levant*, Ernest Leroux, 1918.

FOURRIER A., *Le Courant réaliste dans le roman Courtois au Moyen Age*, T. I, " Les Débuts (XIIe siècle)", Paris, Mizet, 1960. Voir du même sur la chronologie de Chrétien de Troyes, BBSIA, II, 1950, p. 68-88.

FRAPPIER J., *Histoire, mythes et symboles, Etudes de littérature française*, Genève, Droz, *Publications romanes et françaises*, CXXVII, 1976.

HENTSCH. T., *L'Orient imaginaire, la vision politique occidentale de l'Est méditerranéen,* Minuit, Paris, 1988.

GALLAIS P., La *Fée à la Fontaine et à l'arbre, un archétype du conte merveilleux et du récit courtois*, Amsterdam/ rodopi, CERMEIL, 1992.

GUALLIER-BOUGASSAS C., *La Tentation de l'Orient dans le roman médiéval, sur l'imaginaire médiéval de l'autre*, Paris, Champion, 2003.

GUIETTE R., *Symbolisme et senefiance au Moyen Age*, dans *Romanica Gandensia*, Questions de littérature, VIII, 1960, p. 33-49.

HARF L., *Les Fées au Moyen Age. Morgane et Mélusine. La naissance des fées,* Paris, Champion, 1984.

HUIZINGA J., *L'Automne du Moyen Age*, Paris, Payot (traduction française : édition originale hollandaise, 1919), 1989.

KLIBANSKY R., *The Continuity of the Platonic tradition during the Middle Ages*, Londres: The Warburg Institute, 1939.

KOHLER E., *L'Aventure chevalresque. Idéal et réalité dans le roman courtois*. Paris: Gallimard, 1974 (trad. de *Ideal oud Wirklichkeit in der Höfischen Epik*. Tübingen: Max Niemeyer, 1956).

KRAPPE A. H., *La Genèse des mythes*, Paris, Payot, 1938.

L'Homme médiéval, F. Cardini, E. Castelnuevo, G. Cherubini, M. Fumagalli Beoniobrocchieri, B. Geremek, A.I. Gourevitch, C. Klapisch-Zuber, J. Le Goff, G. Miccoli, J. Rossiaud, A. Vauchez, sous la direction de Jacques Le Goff, éditions du Seuil, Octobre 1989 pour l'édition française, Giuseppe Laterza & Figli Spa, Rome-Bari, 1987.

La Géographie au Moyen Age, Espaces pensés, espaces rêvés, Perspectives médiévales, supplément au n° 24, 1998.

La Géographie dans les textes narratifs médiévaux, Greifswald, Reineke Verlag, 1996.

La Représentation de l'Antiquité au Moyen Age, Actes du Colloques d'Amiens (26-28 Mars, 1981). Université de Picardie, Centre d'Etudes Médiévales, publiée par D. Buchinger et A. Ctépin. Vienne: K.M.Haloser, *Wiener Arbeiten zur germanischen Altertumskunde und Philologie*, 1992.

LAZAR M., *Amour courtois et "Fin amors" dans la littérature du XIIè siècle*, Paris : Klincksieck, 1964.

DE LABORDE Le Cte, *Les Ducs de Bourgogne. Etudes sur Les Lettres, Les Arts et l'Industrie pendant le XVè siècle et plus particulièrement dans les Pays-Bas et le Duché de Bourgogne, Seconde Partie*, Preuves, Paris (Plon) 1849-1952, 3 vols. In-8°.

LE GENTIL P., *La Littérature française du Moyen Age,* Armand Colin, Paris, 1968, 1990.

LE GOFF J., *L'Imaginaire médiéval*, Gallimard, Paris, 1985.

LOT-BORODINE M., *De l'amour profane à l'amour sacré, études de psychologie sentimentale au Moyen Age*, Nizet, Paris, 1979.

LUBAC H. de, *Exégèse Médiévale, Les quatre sens de l'Ecriture*, seconde partie, II, Paris, Aubier, *Théologie*, 59, 1964.

MALORY (Sir Thomas), *The Works of Sir Thomas Malory*, edited by Eugène Vinaver, 3 vol.in-8, pagination continue, CXV-1742 p., 9 planches, Oxford (Clarendon Press) 1947 (*Oxford English Texts*). Vol.I, p.1 vi, 2ème édition, 1968, Vol. I, p.1 xxij.

MARCHAL J. F. F., *Catalogue des manuscrits de la Bibliothèque Royale des ducs de Bourgogne*, Bruxelles-Leipzig, C. Muquardt, 1842.

MARCHELLO-NIZIA Ch., *Histoire de la langue française aux XIVè et XVè siècles*, Paris, Bordas, 1979.

MARROU H-I., *Troubadours et trouvères au Moyen Age*, Paris, Le Seuil, 1971.

MARTIN J-P., *Les Motifs dans la chanson de geste, définition et utilisation (discours de l'épopée médiévale)*. Centre d'Etudes Médiévales et Dialectales, Université de Lille III, 1992.

MORAWSKI J., *Proverbes français antérieurs au XVè siècle*, Paris, Champion, 1925.

PARIS G., *Esquisse historique de la littérature française au MA (depuis les origines jusqu'à la fin du XVè siècle)*, Paris, Armand Colin, 1907.

PARIS G., *Les Romans en vers du cycle de la Table Ronde* (Extraits du t. XXX de l'Histoire littéraire de la France), Paris, Imprimerie Nationale, 1887.

PAYEN J.CH., *Le motif du repentir dans la littérature française médiévale (des origines à 1230)*. Genève, Droz, 1968.

PETERSEN DYGGVE H., *Onomastique des trouvères*, Annales Academiae Scientiarum Fennicae B, XXX, I, Helsinki, 1934.

POIRION D., *Précis de la littérature française du Moyen Age*, PUF, Paris, 1983.

POIRION D., *Résurgences*, PUF, Paris, 1986.

Pour une mythologie du Moyen Age, études rassemblées par Laurence HARF-LANCNER et Dominique BOUTET, Paris, coll. De l'ENS, 41, 1988.

RIBARD J., *Du Mythique au mystique : la littérature médiévale et ses symboles* : recueil d'articles offerts par ses amis, collègues et disciples, H. Champion, 1995.

RIBARD J., *Le Moyen Age : littérature et symbolisme*, H. Champion, Paris, 1987.

RIBARD J., *Symbolisme et christianisme dans la littérature médiévale*, H. Champion, 2001.

RICHARD J-P., *Littérature et Sensation*, Paris, Seuil, 1954.

SAID E.W., *L'Orientalisme*, Seuil, Paris, 1980.

SCHMITT J-C., *Les Revenants. Les Vivants et les morts dans la société médiévale*, Paris, Gallimard, "Bibliothèque des histoires", 1994.

TODOROV T., *Introduction à la littérature fantastique*, Seuil, Paris, 1970 (collection Points).

TODOROV T., *Symbolisme et interprétation*, Paris, Seuil, 1978.

VINAVER E., *A la recherche d'une poétique médiévale*, Paris, Nizet, 1970.

ZINK M., *Introduction à la littérature française du Moyen Age*, Le Livre de Poche, Presses universitaires de Nancy et librairie générale française, 1993, pour la présente édition.

ZINK M., *Formes littéraires et conscience historique. Aux origines de la littérature française*, PUF, Paris, 1998.

ZINK M., *Les voix de la conscience, Parole du poète et parole de Dieu dans la littérature médiévale*, Caen, Paradigme, 1992.

ZUMTHOR P., *Histoire littéraire de la France médiévale, « VI-XIIIè siècles,* Les Belles Lettres, 1991.

ZUMTHOR P., *Introduction à la poésie orale*, Paris, Seuil, 1983.

B- Articles

ALBERT J-P., "Destins du mythe dans le christianisme médiéval", *L'Homme*, 113, 1990, p. 53-72.

BAUMGARTNER E., "Troie et Constantinople dans quelques textes du XIIè et du XIIIè siècles : fiction et histoire", *La ville, histoires et mythes, Littérales*, 1983, p. 6-16.

BRUCKER Ch., "Mentions et représentations du Diable dans la littérature Française Epique et Romanesque du XIIè et du début du XIIIè siècles : Quelques jalons pour une étude évolutive" dans *Senefiance* N°6, Champion, 1979, p. 37-69.

CLINE H.R., "Hart and Eyes", *Romance Philology*, 25, 1971-1972, p. 263-297.

FREEDMAN P., "Sainteté et sauvagerie. Deux images du paysan au Moyen Age", Annales E.S.C, 3, 1992, p. 547-561.

GALLAIS P., Bléheri, "La Cour de Poitiers et la diffusion des récits arthuriens sur le continent", dans *Moyen age et littérature comparée*, Paris, Didier, 1967, p. 47-79.

GATTO G., "Le Voyage au Paradis : la christianisation des traditions folkloriques au Moyen Age", *Annales ESC*, 1979, p. 929-942.

GILSON E., "Humanisme médiéval et Renaissance", Les Idées et les Lettres. Paris : Vrin, *Essais d'art et de philosophie*, 1955, p. 171-196.

GROS G., "La Semblance de la verrine. Description et interprétation d'une image mariale", Le Moyen Age, 97, 1991, p. 217-257.

HALLARD G. H., "La Pensée Symbolique au Moyen Age", *Cahiers Internationaux de Symbolisme*, XXI, 1972, p. 3-17.

LAPLANCHE J. et Pontalis, J-P. "Fantasme originaire, fantasme des origines, origine du fantasme", *Les Temps Modernes*, 215, 1964, p.1833-1868.

MARTIN H., "Bibliothèque de Bourgogne. Date de l'inventaire dit de 1467", *Bulletin du Bibliophile*, 1917, p. 385-391.

PAYEN J-C., "Pour en finir avec le Diable medieval", in *Senefiance* N°6, ouvr. Cité, p. 401-425.

POIRION D., "Le Roman d'aventure au Moyen Age : étude d'esthétique littéraire", *Cahiers de l'association internationale des études françaises*, 40, 1988, p. 111-127.

POIRION D., "Quelques types féminins de la littérature du Moyen Age", *Cahiers de l'U.E.R. Froissart*, Centre Universitaire de Valenciennes et du Hainaut Cambresis, 2, 1977, p. 61-70.

QUERUEL D., "Le Jardin d'Herdin et les jardins de la cour de Bourgogne", *Le Jardin médiéval (colloque, concert et exposition). Les Cahiers de l'Abbaye de Saint-Amoult* 3, 1988, p. 104-117.

RAMEY L., "Voyage en Orient : réalité et imagination dans la géographie du roman médiéval", *La Géographie dans les textes narratifs médiévaux*, Greifswald, Reineke Verlag, 1996, p. 129-138.

RAYNAUD Ch., "Alexandre le Grand dans les bibilothèques bourguignonnes", *Alexandre le Grand dans les littératures occidentales et proche-orientales* (sous la direction de L. Harf-Lancner, C. Kappler, F. Suard), Université de Paris X-Nanterre, 1999, p. 187-207.

RIBARD J., "Espace romanesque et symbolisme dans la littérature arthurienne du XIIè siècle", dans *Espaces romanesques*, Paris, diffusion P.U.F, 1982, p. 73-82.

RIBARD J., "Le Symbolisme des quatre éléments dans le tournoi d'Osenefort du *Cligès* de Chrétien", D. Buschinger, éd., *Les Quatre éléments dans la culture médiévale*, Göppingen, Kümmerle, 1983, (G. A. G., 386), p. 163-169.

RIBARD J., *"L'Interprétation symbolique des œuvres littéraires médiévales"*, dans *Marche romane, Mediaevalia* 79, XXIX, 3-4, 1979, p. 5-14.

IV- Etudes relatives aux techniques narratives au Moyen Age

1- Etudes relatives à la narratologie et à la stylistique

A- Ouvrages

ABRAMOWICZ M., *Réécrire au Moyen Age, Mises en prose des romans en Bourgogne au XVè siècle*, Lublin, 1996.

AUERBACH E., *Mimesis,* Gallimard, Paris, 1977.

BAKHTINE M., *Esthétique et théorie du roman*, Gallimard « Bibliothèque des idées », Paris, 1978 (Traduction par Daria Olivier).

BALDWIN C.S., *Medieval rhetoric and poetics*, New York, 1928.

BARTHES R., le degré zéro de l'écriture, éditions du Seuil, 1953 et 1972, « L'Ecriture du Roman », pp. 25-32.

BERTHELOT A., *Figures et fonction de l'écrivain au XIIIè siècle*, Presses Universitaires de Montréal-Vrin, Montréal/Paris, 1991 (Publications de l'Institut d'Etudes Médiévales XXV).

BUSCHINGER D. (éd.), *Figures de l'écrivain au Moyen Age*, Actes du Colloque du Centre d'Etudes Médiévales de l'Université de Picardie-Amiens, 18-20 mars 1988, Göppingen, Kümmerle Verlag, 1991.

COMBETTES B., *Pour une grammaire textuelle : la progression thématique*, De Boeck-Wesmael, Bruxelles, 1988.

DOUTREPONT G., *Les Mises en prose des épopées et des romans chevaleresques du XIVè au XVIè siècle,* 1 vol. in-8, 732 p. Bruxelles, 1939 (Mémoire de l'Académie Royale de Belgique Classe des Lettres, XV), pp. 262-264, 425-427.

DOUTREPONT G., *Les Mises en prose des épopées et des romans chevaleresques du XIVè au XVIè siècle*, Bruxelles, Palais des Académies (Slatkine Reprints, Genève, 1970), 1939.

DRAGONETTI R., *La Technique poétique des trouvères dans la chanson courtoise. Contribution à l'étude de la rhétorique médiévale*, Bruges, De Tempel, 1960.

FARAL E., *Les Arts poétiques du XIIè et du XIIIè siècles. Recherches et documents sur la technique littéraire du Moyen Age*, Paris, 1924.

GALLAIS P., *Dialectique du récit médiéval : Chrétien de Troyes et l'hexagone logique*, éd. Rodopi B. V, Amsterdam, 1982.

GENETTE G., *Fiction et diction*, Seuil « Poétique », Paris, 1991.

GENETTE G., *Figures I*, éditions du Seuil, Points, Paris, 1966.

GENETTE G., *Figures II*, éditions du Seuil, Points, Paris, 1969.

GENETTE G., *Figures III*, éditions du Seuil, Points, Paris, 1969.

GENETTE G., *Palimpsestes, La littérature au second degré*, Paris, Seuil, Poétique, 1982.

GENETTE G., *Seuils,* Seuil « Poétique », Paris, 1987.

GREIMAS A. J., *Du sens, Essais sémiotiques.* Paris : Seuil, *Poétique*, 1970.

GREIMAS A. J., *Sémantique structurale*, Paris, Larousse, 1966.

GUERREAU-JALABERT A., *Index des motifs narratifs dans les romans arthuriens français en vers (XIIè-XIIIè siècles)*, Genève, Droz, "Publ. Romanes et françaises", CCII, 1992.

GUIETTE R., *Forme et senefiance*, Genève, Publications Romanes et françaises, Droz, 1978.

HASSEL J. W., *Middle French proverbs, Sentences and Proverbial Phrases*, Toronto, Pontifical Institute of Medieval Studies, 1982.

KELLY D., *Medieval french Romance*. New York: Twayne Publishers, *Twayne's World Authors Series* 838, 1993.

KELLY D., *The Arts of poetry and prose*, Turnhout, Brepols, 1991, coll. Typologie des sources 59.

KLEIBER G., *La Sémantique du prototype. Catégories et sens lexical*, Paris, PUF, *Linguistiques Nouvelles*, 1990.

LACAN J., *Erits II*, Paris : Seuil, 1971.

LACAN J., *Le Séminaire, Livre XI, Les quatre concepts fondamentaux de la psychanalyse*, Paris, Seuil, 1994.

Le Langage ; direction Bernard Pottier. Paris : CEPL., 1973.

Le Roman en prose de Tristan, Le Roman de Palamèdes, et la Compilation de Rusticien de Pise, Analyse critique d'après les manuscrits de Paris, 1 vol. in-8, xxij-543 p. Paris (Bouillon), 1890, (Bibliothèque de l'Ecole des Hautes Etudes, fasc.82). §639a, p.467. / Ms.B.N.fr. 363, ff.193b-213d.Löseth (Eilert).

LEVI-STRAUSS C., *Anthropologie structurale II*, Paris, Plon, 1973.

LEVI-STRAUSS C., *Regarder. Ecouter. Lire*, Paris, Plon, 1993.

LORIAN A., *Tendances stylistiques dans la prose narrative française du XVIè siècle*, Paris, Klincksieck, 1973.

LOTE, G., *Histoire du vers français*, Paris, 1949-1955.

MARNETTE S., *Narrateur et points de vue dans la littérature française médiévale. Une approche linguistique*, Berne, Peter Lang, 1998.

RASMUSSEN J., *La Prose narrative française du XVè siècle- Etude esthétique et stylistique*, Copentague, Munksgaard, 1958.

RICOEUR, P, *Temps et récit*, 4 tomes, Seuil, Paris, 1983.

ROBERT M., *Roman des origines et origine du roman*, Paris, Grasset, 1972 ; rééd. Gallimard (Tel), 1976.

SCHULZE-BUSACKER E., *Proverbes et expressions proverbiales dans la littérature narrative du Moyen Age français. Recueil et analyse*, Genève-Paris, Slatkine, 1985.

SUARD F., *Guillaume d'Orange. Etude du roman en prose*, Paris, Champion, 1979.

WOLEDGE B., *Bibliographie des romans et nouvelles en prose française antérieures à 1500*, Genève, Droz, 1954.

WOLEDGE B., *Bibliographie des romans et nouvelles en prose française antérieures à 1500*, (Supplément 1954-1973), Genève, Droz, 1975.

ZUMTHOR P., *La Lettre et la voix : De la "littérature" médiévale*, Paris, Seuil, 1987.

ZUMTHOR P., *Langue, texte, énigme*, Paris, Seuil, 1975.

ZUMTHOR P., *Le Masque et la lumière. La poétique des Grands Rhétoriqueurs*, Paris, Seuil, 1978.

B- Articles

BAKELAAR B. L., *From Verse to prose: A study of the 15th-Century Versions of Chrestien's Erec et Cligès*, Diss. Othio State University, 1973.

BATANY J., "Paradigmes lexicaux et structures littéraires au Moyen Age", *Revue d'Histoire littéraire de la France*, 1970, N°5-6.

BAUMGARTNER E., "Une structure arborescente : les proses du Graal" in *Littérales* n°5, Actes du Colloque "les modèles de la création littéraire" (28 nov. 1987), prés. M. Ch. Gomez-Géraud et H. Levillain, Paris X-Nanterre, 1989, p. 49-58.

BAUMGARTNER E., « *Les Techniques narratives dans le roman en prose* », dans The Legacy of Chrétien de Troyes, N.J. Lacy éd., Amsterdam, Rodopi 1987, I, p. 167-190, repris dans E. Baumgartner, *De l'Histoire de Troie au livre du Graal*, Orléans, Paradigme, 1994, pp. 93-116.

BAUMGARTNER E., *« Masques de l'écrivain et masques de l'écriture dans les proses du Graal », Masques et déguisements dans la littérature médiévale,* publ. Par Marie-Louise Ollier, Presses Universitaires de Montréal-Vrin, Montréal/Paris, 1988, pp. 167-175.

BAUMGARTNER E., « *Temps linéaire, temps circulaire et écriture romanesque (XIIè-XIIIè siècles* », ***Le Temps et la Durée dans la littérature au Moyen Age et à la Renaissance***. Actes du colloque organisé par le Centre de Recherche sur la Littérature du Moyen Age et de la Renaissance de l'Université de Reims (Novembre 1984), publ. par Yvonne Bellenger, Nizet, Paris, 1986, pp. 7-21.

BOINET A., "Un bibliophile du XVè siècle, Le Grand Bâtard de Bourgogne" dans *Bibliothèque de l'Ecole des Chartes*, LXVII (1906), 255-269.

BRUKNER M.T., *"In*tertextuality*"*, in *The Legacy of Chrétien de Troyes*, éd. Par Norris J. Lacy, Douglas Kelly et Keith BUSBY, Rodopi, Amsterdam, 1987, vol 1, pp. 223-265.

CHAPELAIN J. le, "Dialogue de la Lecture des Vieux Romans", dans *Opuscules Critiques* (p. 205-241) publiés sous le patronage de la Société des Textes Français modernes avec une Introduction par Alfred C. Hunter, Paris, Droz, 1936, in-8°.

COLOMBO TIMELLI M., "Pour une "défense et illustration" des titres de chapitre : analyse d'un corpus de romans mis en prose au XVè siècle", *Du roman courtois au roman baroque* (Saint-Quentin-en-Yvelines, juillet 2002, actes sous presse).

DESCHEPPER C., "Mise en prose" et "translation", *La Tradition intralinguale des romans de Chrétien de Troyes en moyen français*, Thèse de Doctorat sous la direction de Claude Thiry, Louvain-La-Neuve, 2003.

FRAPPIER J., "La Naissance du roman arthurien en prose au XIIIè siècle", *Arthurian Colloquium : Colloque sur le roman en prose au XIIIè siècle*, Institut Français du Royaume-Uni, Londres, 1963, pp. 3-6.

GUIETTE R., "Chanson de geste, chronique et mise en prose", *Cahiers de Civilisation Médiévale* 6, 1, 1963, p. 423-440.

HAIDU P., "Au début du roman, l'ironie", *Poétique*, 9, 1978, p. 443-466.

HUBY M., "L'Adaptation courtoise : position des problèmes", *Actes du septième Congrès de la Société française de Littérature Comparée : Moyen Age et Littérature Comparée*, Paris, Didier, 1967, p. 16-27.

HUNT T., "Aristotle, Dialectic and courtly literature", *Viator*, 10, 1979, p. 95-129.

KELLER H-E., "The mises en prose and the Court of Burgundy", *Fifteenth-Century Studies* 10, 1984, p. 91-105.

KRUEGER R. L., " The Author's voice: narrators, audience and the problem of interpretation", *The Legacy of Chrétien de Troyes*, Amsterdam, Rodopi, 1987, p. 125-129.

LEBSANFT F., "Le Problème du mélange du "tu" et du "vous" en ancien français", *Romania* 108, 1987, p. 1-19.

LEROUX G., "Du topos au thème", *Poétique*, 64, 1985, p. 445-455.

LEVI-STRAUSS C., "L'Analyse structurale en linguistique et en anthropologie", *Word Journal of the Linguistic Circle of New York*, vol.1, 2, 1945, p. 1-21 (rep. *Anthropologie structurale*, 1974, op. cit., p. 37-62).

MARNETTE S., "Sources du récit et discours rapportés : l'art de la représentation dans les chroniques et les romans français des XIVè et XVè siècles", *Le Moyen Français* 51-52-53, 2002-2003, p. 435-457.

MONSONEGO S., "*Nous* dans le texte narratif au XVè siècle", Paris, Champion, *Verbum* 9, 1986, p. 275-302.

POIRION D., *« Romans en vers et en prose »*, in Grandiss der romanischen Literatur des Mittelalters, IV/1, Carl Winter, Heidelberg, 1978, p. 74-81.

POIRION D., « *Ecriture et réécriture au Moyen Age* », Littérature 41, 1981, p. 109-118.

Pour le fragment d'Annonay, voir A. Paufhilet, "Nouveaux fragments manuscrits de Chrétien de Troyes", *Romania*, 63, 1937, p. 310-323.

QUEREL D., "Des mises en prose aux romans de chevalerie dans les collections bourguignonnes", *Rhétorique et mise en prose au XVè siècle*, Milan, 1991, p. 173-193.

QUERUEL D., "La Naissance des titres : rubriques, enluminures et chapitres dans les mises en prose du XVè siècle", *A plus d'un titre. Les titres des œuvres dans la littérature française du Moyen Age au XXè siècle*, Lyon, Université Jean Moulin, C.E.D.I.C, 2001, p. 49-60.

ROQUES G., "Le *Vent* dans les locutions médiévales françaises", *Travaux de Linguistique et de Littérature* 25, 1987, p. 181-206.

ROSSI M., "les séquences narratives stéréotypées", Mélanges Pierre Jonin, Sénéfiance n°7.

STUIP R., "Entre mise en prose et texte originel. Le cas de *l'Histoire des seigneurs de Gavre", Rhétorique et mise en prose au XVè siècle*, Milan, 1991, p. 211-228.

TODOROV T., "La Quete du récit" dans *Poétique de la prose*, Editions du Seuil, Paris, 1971, p. 129-150.

WALLEN M., *The Art of Adaptation in the Fifteenth-Century "Erec et Enide" and "Cligès"*, University of Wisconsin, 1972.

WALTERS L., "Le rôle du scribe dans l'organisation des manuscrits des romans de Chrétien de Troyes", *Romania*, 106, 1985, pp. 303-325 [étude des mss. B (BN, Fr 1450) et P (BN, Fr 375)].

ZINK M., "Le roman", dans *Grundriss der romanischen Literatur des Mittelalters, VIII/1, La littérature française aux XIVe et XVe siècles*, Heidelberg, 1988, 197-218.

ZINK M., "Une Mutation de la conscience littéraire : le langage romanesque à travers des exemples français du XIIè siècle", *Cahiers de Civilisation Médiévale*, 1981, N°24, p. 3-27.

2- Etudes relatives aux syntaxe, morphologie et phonétique

A- Ouvrages

BATANY J., *Français médiéval*, Paris, Bordas, 2è éd., 1972.

CERQUIGLINI B. et alii, *Grammaires du texte médiéval, Langue française*, n°40, 1978.

CERQUIGLINI B., *La Parole médiévale. Discours, syntaxe, texte*, Paris, Minuit, 1981.

COFFEN B., *Histoire culturelle des pronoms d'adresse. Vers une typologie des systèmes allocutoires dans les langues romanes*, Paris, Champion, 2002.

FLUTRE, L-F., *Table des noms propres figurant dans les romans du M.A*, Poitiers, 1962.

FOUCHÉ P., *Le Verbe français : étude morphologique*, Paris, Klincksieck (2è éd), 1967.

FOUCHÉ P., *Phonétique historique du français*, vol. II, *Les Voyelles*, Paris, Klincksieck (2è édition), 1969.

GOSSEN CH. T., *Grammaire de l'ancien picard*, Paris, Klincksieck, 1970.

GUIRAUD P., *Le Moyen français*, Paris, PUF, Que sais-je? n°1086, 1963.

MARCHELLO-NIZIA C. et PICOCHE J., *Histoire de la langue française*, Nathan, Paris, 1999.

MARCOTTE S., *La Coordination des propositions subordonnées en moyen français*, Droz, Genève, 1997.

MARTIN R. et Wilmet M., *Manuel du français du Moyen Age. t2, Syntaxe du Moyen français*, Sobodi, Bordeaux, 1980.

MARTIN R. - Wilmet M., *Syntaxe du Moyen français*, Bordeaux, Sobodi, 1980.

MARTIN R., *Temps et aspect. Essai sur l'emploi des temps narratifs en Moyen français*, Paris, Klincksieck, (Bibl.fr et rom. A. 20.), 1971.

RYCHNER J., *L'Articulation des phrases narratives dans "La Mort Artu"*, Neuchâtel-Genève, Droz, 1970. (Université de Neuchâtel, recueil de travaux publiés par la faculté des Lettres, 32).

Sémantique lexicale et sémantique grammaticale en Moyen français. Actes du Colloque de Bruxelles publiés par Marc Willmet.- Bruxelles, V. U. B, 1979.

STEFANINI J., *La Voix pronominale en ancien et en moyen français*, Aix-en-Provence, Ophrys, (Annales de la fac. des Lettres d'Aix-en-Provence, N. S. 31), 1962.

WAGNER R-L., *L'Ancien français*, Paris, Larousse, 1974.

WAGNER R-L., *Les Phrases hypothétiques commençant par "si" dans la langue française, des origines à la fin du XVIè siècle*, Paris, Droz, 1939.

B- Articles

ANDIEUX-REIX N. et S ; Monsonégo, "Les Unités graphiques du français médiéval : mots et syntagmes, des représentations mouvantes et problématiques", *Langue française* n° 119, 1998, p. 30-51.

BAKELAAR B. L., "Certains Characteristics of the Syntax and Style in the 15th-Century mises en prose of Chrestien's Erec and Cligès", *Semasia* 3, 1981, p. 61-73.

BATANY J., "Paradigmes lexicaux et structures littéraires au Moyen Age", *Revue d'Histoire littéraire de la France*, 1970, N°5-6.

BAUMGARTNER E., *« Jeux de rimes et roman arthurien* « Romania CIII, 1982, pp. 550-560.

BRUCKER Ch., "Les constructions infinitives en moyen français", *Actes du Colloque Linguistique et philologie. Applications aux textes médiévaux*, publiés par D. Buschinger, Paris, Champion, 1977, p. 325-344.

BURIDANT C., "L'Ancien français à la lumière de la typologie des langues : les résidus de l'ordre "objet-verbe" en ancient français et leur effacement en moyen français", *Romania*, t. 108,1987, vol1, pp. 20-65.

ENGLEBERT A., "Etude fonctionnelle d'un *QUE* dit « pléonastique »", *Information grammaticale*, 86, 2000, pp. 25-30.

HAYRINEN H., "Constructions disloquées dans quelques textes de moyen français", *Approches du moyen français II* (éd. E. Sakari et H. Häyrinen), Jyväskilä, Université de Jyväskilä, 1992.

MARCHELLO NIZIA C., « La Forme vers et la forme prose : leurs langues spécifiques, leurs contraintes propres », *Perspectives médiévales* 3, 1977, p. 35-42.

MARCHELLO NIZIA C., « Ponctuation et « unités de lecture » dans les manuscrits médiévaux », *Langue française,* 1978, p. 32-44.

PONCHON T., *Sémantique lexicale et sémantique grammaticale : le verbe faire en français médiéval*, Genève, Droz, 1994.

V- Autres ouvrages

BACHELARD G., *La Poétique de l'espace*, Paris, PUF, 1957.
DIDOT A-F., *Essai de classification méthodique et synoptique des romans de chevalerie inédits et publiés*, Paris, Didot, 1870.
MOURA J-M., *Lire l'exotisme*, Dunod, 1992.
GIRARD R., *Le Bouc émissaire*, Paris : Bernard Grasset et Frasquelle, Le Livre de Poche essais, 1982.
HAUVETTE H., *La Morte vivante*, Paris, Boivin, 1933 (notamment p. 100-108).
LEVI-STRAUSS C., *Des Symboles et leurs doubles*, Paris, Plon, 1989.
LEVI-STRAUSS C., *Le Regard éloigné*, Paris, Plon, 1983.
LEVI-STRAUSS C., *Les Structures élémentaires de la parenté*, Paris, La Haye : Mouton et Co., 1973.
LEVI-STRAUSS C., *Paroles données*, Paris, Plon, 1984.
Lieux commun topoï, stéréotypes, clichés ; dir. Christian Plantin, Paris, ed. Kimé, 1993.
TODOROV T., *Nous et les autres. La réflexion française sur la diversité humaine*, Seuil, Paris, 1989.

VI- Dictionnaires

DI STEFANO G., *Dictionnaire des locutions en moyen français*, Montréal, CERES, 1991.
Dictionnaire des Lettres françaises, Le Moyen Age, Pochothèque, 1992 : articles « Chrétien de Troyes », « Lancelot en prose ».
Dictionnaire des symboles, sous la direction de Chevalier (J) & Gheerbrant (A), nouvelle édition revue et corrigée. Paris, Robert Laffont, 1989. Coll. « Bouquins ».
Dictionnaire étymologique, Dauzat (A), Dubois (J), Mitterand (H), 4ème édition, Paris, Larousse, 1971.

VII- Thèses

DENOYELLE C. *Le Dialogue dans les textes courtois des XIIè et XIIIè siècles,* Thèse de doctorat sous la direction de Michèle Sklinznik, Paris III, Sorbonne, Nouvelle, 2006.
EVDOKIMOVA L., *Livre et roman. L'opposition de la formr-vers et de la forme-prose au XIIIè*, Atelier national de reproduction des thèses, Lille, 2004.

TABLE DES MATIERES

www.ingramcontent.com/pod-product-compliance
Lightning Source LLC
LaVergne TN
LVHW020653110826
845149LV00012B/1980

* 9 7 8 2 3 4 3 1 5 3 0 2 5 *